刑事庭审调查改革的
理论与实践

Theory and Practice of
the Criminal Trial Investigation Reform

李文军 著

社会科学文献出版社
SOCIAL SCIENCES ACADEMIC PRESS (CHINA)

图书在版编目（CIP）数据

刑事庭审调查改革的理论与实践／李文军著 . ﹣﹣北
京：社会科学文献出版社，2020.9
（中国社会科学博士后文库）
ISBN 978 - 7 - 5201 - 6125 - 1

Ⅰ.①刑…　Ⅱ.①李…　Ⅲ.①刑事诉讼﹣审判﹣研究
﹣中国　Ⅳ.①D925.218.4

中国版本图书馆 CIP 数据核字（2020）第 026262 号

·中国社会科学博士后文库·
刑事庭审调查改革的理论与实践

著　　者／李文军

出　版　人／谢寿光
组稿编辑／刘骁军
责任编辑／关晶焱
文稿编辑／张春玲

出　　　版／社会科学文献出版社·集刊分社　（010）59367161
　　　　　　地址：北京市北三环中路甲 29 号院华龙大厦　邮编：100029
　　　　　　网址：www. ssap. com. cn
发　　　行／市场营销中心（010）59367081　59367083
印　　　装／三河市龙林印务有限公司

规　　　格／开　本：787mm × 1092mm　1/16
　　　　　　印　张：22　字　数：369 千字
版　　　次／2020 年 9 月第 1 版　2020 年 9 月第 1 次印刷
书　　　号／ISBN 978 - 7 - 5201 - 6125 - 1
定　　　价／98.00 元

本书如有印装质量问题，请与读者服务中心（010﹣59367028）联系

第八批《中国社会科学博士后文库》编委会及编辑部成员名单

（一）编委会

主　任：王京清

副主任：崔建民　马　援　俞家栋　夏文峰

秘书长：邱春雷

成　员（按姓氏笔画排序）：

卜宪群　王立胜　王建朗　方　勇　史　丹

邢广程　朱恒鹏　刘丹青　刘跃进　孙壮志

李　平　李向阳　李新烽　杨世伟　杨伯江

吴白乙　何德旭　汪朝光　张车伟　张宇燕

张树华　张　翼　陈众议　陈星灿　陈　甦

武　力　郑筱筠　赵天晓　赵剑英　胡　滨

袁东振　黄　平　朝戈金　谢寿光　樊建新

潘家华　冀祥德　穆林霞　魏后凯

（二）编辑部（按姓氏笔画排序）：

主　任：崔建民

副主任：曲建君　李晓琳　陈　颖　薛万里

成　员：王　芳　王　琪　刘　杰　孙大伟　宋　娜

张　昊　苑淑娅　姚冬梅　梅　玫　黎　元

序　言

　　博士后制度在我国落地生根已逾 30 年，已经成为国家人才体系建设中的重要一环。30 多年来，博士后制度对推动我国人事人才体制机制改革、促进科技创新和经济社会发展发挥了重要的作用，也培养了一批国家急需的高层次创新型人才。

　　自 1986 年 1 月开始招收第一名博士后研究人员起，截至目前，国家已累计招收 14 万余名博士后研究人员，已经出站的博士后大多成为各领域的科研骨干和学术带头人。这其中，已有 50 余位博士后当选两院院士；众多博士后入选各类人才计划，其中，国家百千万人才工程年入选率达 34.36%，国家杰出青年科学基金入选率平均达 21.04%，教育部"长江学者"入选率平均达 10% 左右。

　　2015 年底，国务院办公厅出台《关于改革完善博士后制度的意见》，要求各地各部门各设站单位按照党中央、国务院决策部署，牢固树立并切实贯彻创新、协调、绿色、开放、共享的发展理念，深入实施创新驱动发展战略和人才优先发展战略，完善体制机制，健全服务体系，推动博士后事业科学发展。这为我国博士后事业的进一步发展指明了方向，也为哲学社会科学领域博士后工作提出了新的研究方向。

　　习近平总书记在 2016 年 5 月 17 日全国哲学社会科学工作座谈会上发表重要讲话指出：一个国家的发展水平，既取决于自然科学发展水平，也取决于哲学社会科学发展水平。一个没有发达的自然科学的国家不可能走在世界前列，一个没有繁荣的哲学社会科学的国家也不可能走在世界前列。坚持和发展中国特色社会主义，需要不断在实践和理论上进行探索、用发展着的理论指导发展着的实践。在这个过程中，哲学社会科学具有不可替代的重要地位，哲学社会科学工作者具有不可替代的重要作用。这是党和国家领导人对包括哲学社会科学博士后在内的所有哲学社会科学领域的研究者、工作者提出的殷切希望！

中国社会科学院是中央直属的国家哲学社会科学研究机构，在哲学社会科学博士后工作领域处于领军地位。为充分调动哲学社会科学博士后研究人员科研创新积极性，展示哲学社会科学领域博士后优秀成果，提高我国哲学社会科学发展整体水平，中国社会科学院和全国博士后管理委员会于 2012 年联合推出了《中国社会科学博士后文库》（以下简称《文库》），每年在全国范围内择优出版博士后成果。经过多年的发展，《文库》已经成为集中、系统、全面反映我国哲学社会科学博士后优秀成果的高端学术平台，学术影响力和社会影响力逐年提高。

下一步，做好哲学社会科学博士后工作，做好《文库》工作，要认真学习领会习近平总书记系列重要讲话精神，自觉肩负起新的时代使命，锐意创新、发奋进取。为此，需做到以下几点。

第一，始终坚持马克思主义的指导地位。哲学社会科学研究离不开正确的世界观、方法论的指导。习近平总书记深刻指出：坚持以马克思主义为指导，是当代中国哲学社会科学区别于其他哲学社会科学的根本标志，必须旗帜鲜明加以坚持。马克思主义揭示了事物的本质、内在联系及发展规律，是"伟大的认识工具"，是人们观察世界、分析问题的有力思想武器。马克思主义尽管诞生在一个半多世纪之前，但在当今时代，马克思主义与新的时代实践结合起来，愈来愈显示出更加强大的生命力。哲学社会科学博士后研究人员应该更加自觉地坚持马克思主义在科研工作中的指导地位，继续推进马克思主义中国化、时代化、大众化，继续发展21世纪马克思主义、当代中国马克思主义。要继续把《文库》建设成为马克思主义中国化最新理论成果的宣传、展示、交流的平台，为中国特色社会主义建设提供强有力的理论支撑。

第二，逐步树立智库意识和品牌意识。哲学社会科学肩负着回答时代命题、规划未来道路的使命。当前中央对哲学社会科学愈发重视，尤其是提出要发挥哲学社会科学在治国理政、提高改革决策水平、推进国家治理体系和治理能力现代化中的作用。从2015年开始，中央已启动了国家高端智库的建设，这对哲学社会科学博士后工作提出了更高的针对性要求，也为哲学社会科学博士后研究提供了更为广阔的应用空间。《文库》依托中国社会科学院，面向全国哲学社会科学领域博士后科研流动站、工作站的博士后征集优秀成果，入选出版的著作也代表了哲学社会科学博士后最高的学术研究水平。因此，要善于把中国社会科学院服务党和国家决策的大智库功能与《文库》的小智库功能结合起来，进而以智库意识推动品牌意识建设，最终树立《文库》的智库意识和品牌意识。

第三，积极推动中国特色哲学社会科学学术体系和话语体系建设。改革开放30多年来，我国在经济建设、政治建设、文化建设、社会建设、生态文明建设和党的建设各个领域都取得了举世瞩目的成就，比历史上任何时期都更接近中华民族伟大复兴的目标。但正如习近平总书记所指出的那样：在解读中国实践、构建中国理论上，我们应该最有发言权，但实际上我国哲学社会科学在国际上的声音还比较小，还处于有理说不出、说了传不开的境地。这里问题的实质，就是中国特色、中国特质的哲学社会科学学术体系和话语体系的缺失和建设问题。具有中国特色、中国特质的学术体系和话语体系必然由具有中国特色、中国特质的概念、范畴和学科等组成。这一切不是凭空想象得来的，而是在中国化的马克思主义指导下，在参考我们民族特质、历史智慧的基础上再创造出来的。在这一过程中，积极吸纳儒、释、道、墨、名、法、农、杂、兵等各家学说的精髓，无疑是中国特色、中国特质的重要保证。换言之，不能站在历史、文化虚无主义立场搞研究。要通过《文库》积极引导哲学社会科学博士后研究人员：一方面，要积极吸收古今中外各种学术资源，坚持古为今用、洋为中用；另一方面，要以中国自己的实践为研究定位，围绕中国自己的问题，坚持问题导向，努力探索具备中国特色、中国特质的概念、范畴与理论体系，在体现继承性和民族性，体现原创性和时代性，体现系统性和专业性方面，不断加强和深化中国特色学术体系和话语体系建设。

新形势下，我国哲学社会科学地位更加重要、任务更加繁重。衷心希望广大哲学社会科学博士后工作者和博士后们，以《文库》系列著作的出版为契机，以习近平总书记在全国哲学社会科学座谈会上的讲话为根本遵循，将自身的研究工作与时代的需求结合起来，将自身的研究工作与国家和人民的召唤结合起来，以深厚的学识修养赢得尊重，以高尚的人格魅力引领风气，在为祖国、为人民立德立功立言中，在实现中华民族伟大复兴中国梦的征程中，成就自我、实现价值。

是为序。

中国社会科学院副院长

中国社会科学院博士后管理委员会主任

2016 年 12 月 1 日

摘　要

本书以刑事庭审调查改革为主要研究对象，通过对成都市两级法院示范庭和对比庭的实证考察，并结合刑事诉讼法的基本理论，重点研究法庭举证、法庭质证、人证、法庭认证问题，以期对我国以审判为中心的刑事庭审实质化改革有所助益。本书在结构上共分为七章，主要内容如下。

第一章"导论"，主要介绍在以审判为中心的诉讼制度改革背景下，成都市两级法院改革试点的部署过程以及对解决庭审虚化的意义。本书的实证材料主要源于两级法院刑庭一审改革试点的示范庭案件，以及与此大致类似且同期审理的未经改革试点的对比庭案件。示范庭和对比庭案件的审理时间范围为2015年2月至2016年4月。研究总结成都市两级法院庭审实质化改革经验，可以为接下来改革的继续推进提供理论支持。

第二章"刑事庭审调查改革的案件考察"，主要对案件类型、案件审级和未来走向进行了讨论。繁简分流机制构建的不当直接导致法院无法将有限的司法资源投入被告人不认罪以及关键证据存疑的案件。庭审实质化改革的有限性，部分体现在基层法院案件对象的选择上，将大量适用简易程序的案件作为试点改革对象，违背了改革主要针对重大疑难案件和被告人不认罪案件的要求。按照普通程序审理的案件，也掺杂了较多被告人完全认罪认罚的案件和认罪但有少数争议的案件。根据诉讼程序的动态规律，审判人员的心证会随着一审程序的推进和后续审级的改变而发生变化。但案件事实的认定、法律的适用，一审程序相较二审上诉程序更具优势，合理的诉讼程序运行机制在审级上应以一审为中心。二审上诉案件原则上不属于庭审实质化改革的对象，仅在少数情况下可将其纳入实质化的审理范围。未来的庭审实质化改革应更多关注一审案件的法庭调查环节，控辩双方用于证明本方主张的证据资料，必须经过充分调查、辩论后，才能将其作为法院裁决的根据，无特殊原因控辩双方应接受一审法庭调查的结果。

第三章"刑事庭审调查改革的法庭举证"，主要对举证顺序、举证主体、举证范围进行了探讨。证据调查顺序的确定，应在控辩双方达成一致意见的基础上，征求合议庭法官的意见。我国与大陆法系国家和地区的法庭调查程序设置大体相当，只不过因制度设计的理念偏差，使部分人权保障程序缺失，出现了"客观到主观"或"主观到客观"的证据调查顺序。这种看似有序的证据出示方式，内在缺陷是法庭举证形式化、缺乏逻辑性，容易造成证明体系紊乱。1996年《刑事诉讼法》将被害人纳入诉讼当事人范畴，虽然在一定程度上契合了强化被害人保护的国际趋势，有利于实现各诉讼主体之间的利益平衡，但被害人的当事人化与法理存在冲突，有违刑事诉讼程序运行的基本法理。公诉人讯问被告人的前置明显削弱了被告人的主体地位，而被告人角色定位的客体化与其诉讼主体地位不符，容易导致公诉方和法庭过度依赖被告人的供述和辩解。当前实务中面临的另一个突出问题是控方的举证过于简单和片面：一是分组批量举证导致辩方无法有效进行质证。二是公诉方的举证偏于定罪证据、罪重证据而忽视量刑证据、罪轻证据，这明显有违检察官的举证责任和客观义务。

第四章"刑事庭审调查改革的法庭质证"，主要对法庭质证的意义、法庭质证的内在结构、法庭质证的配套程序优化进行了探讨。法庭质证不仅是控辩双方反驳对方出示证据资料的重要手段，也是对裁判者心证施加影响的重要途径。法官在诉讼证明过程中的职能定位，决定其只能作为消极的听审主体而不是积极的质证主体。质证对象与证明对象不同，前者是证据资料而后者是与犯罪有关的定罪量刑事实。至于免予质证证据与免证事实的区别，前者是无争议的证据、保密证据等，后者是具有高度可靠性的证据资料。虽然免予质证的证据资料不要求进行质证，但必要时仍可将部分证据资料纳入质证的客体范围。质证内容包括证据能力和证明力两方面。随着庭审实质化改革的继续推进和直接言词原则的贯彻，以人证调查为主线并穿插实物证据的庭审调查方式，将取代以讯问被告人为中心的证据审核方式，形成以交叉询问和对质询问为主、职权询问为辅的混合式人证调查方法。法庭质证配套程序的优化，主要应从两方面着手：一是通过庭前会议聚缩质证的范围；二是保障被告人获得律师的帮助权。

第五章"刑事庭审调查改革的人证问题"，主要对证据调查发展变化、人证调查基本方法、关键证人出庭进行了探讨。人证调查因诉讼结构不同存在差异，传统职权主义的证据调查由法官主导，发问方式多采叙述式陈述体现事实，利在于陈述完整、易于发现案件事实真相；弊则易混淆争点，使裁判者产生预断。我国刑诉法针对控辩双方的对抗性制度设置并不合理，没有严格划分控方证人和辩方证人，也没有适当区分主询问和反询问，以致刑事证据调查的禁止诱导询问规定，为绝对禁止诱导询问规则。完善刑事庭审人证调查制度，要改变以讯问被告人为中心的证据审核方式；案件的关键证人应出庭接受控辩双方的询问，适当调整裁判者对证据调查的诉讼指挥权；完善庭审调查控辩双方进行对抗的相关规则；弥合证据调查主体和调查方式的多元性冲突；根据证据资料的不同形式，应采取以人证调查为主线并穿插物证、书证等实物证据资料的言词化审理。庭审实质化改革尽管在一定程度上促成了部分必要证人的出庭，但必要证人的出庭率仍然偏低。证人出庭作证本身并非目的，而是落实传闻证据规则或直接言词原则，以确保控辩双方尤其是辩方的对质权。

第六章"刑事庭审调查改革的法庭认证"，主要对法庭认证的意义、当庭认证的纷争、认证依据、认证内容进行了探讨。根据裁判者认证时间节点的不同，法庭认证可分为庭前认证、庭审认证、裁判认证，庭审认证又可分为当庭认证和迟延认证。当庭认证符合集中审理原则和直接言词原则的要求，认证时间既可在法庭调查阶段，也可在法庭辩论后闭庭前。庭审实质化改革要求对当庭出示的证据是否采纳或采信，当庭作出判断。但改革并没有明显提升证据资料的当庭认证率，这与我国刑事审判认证规则体系缺乏可操作性、审判人员的裁判说理能力有限相关。证据的本质属性为证据能力和证明力，而非仅涵盖部分一般标准的客观性、关联性、合法性。从司法认证的规律来看，证明力规则仅可作为自由心证的例外，应构建以证据能力规则为中心的证据规则体系；同时应分离证据准入和证据评估的审查认定，包括审查主体、审查阶段、审查效果，并完善控辩双方对证据资格认定提出异议和获得上诉救济的程序保障机制。

第七章"结论"，主要对刑事庭审调查改革的实现程度、效果评价、改革路径展开了论述。庭审实质化改革的成效主要体现在证人出庭增多、被告人辩护权得到保障、控辩双方的对抗化明显。但是，改革并未使以往庭审模式发生根本转变，法官认定案件事实仍依赖书面证言，关键证人出庭较少，"排非"调查形式化。因此，庭审实质化改革虽然有效但有限，尚未达到改革的预期目标。这与改革的规划有限、执行不力，以及侦诉审各机关之间的宪法法律定位相关。改革规划的有限性在于缺乏顶层设计的改革试点方案，偏向制度改良而忽视制度创新，可能导致对某一问题改革的"内卷化"现象。庭审实质化改革的技术路径和法治路径，属于协同关系而非排斥关系，二者的直接目的虽有不同，但最终目标都在于充分保障人权、提升司法能力、维护司法独立。技术路径是法治路径达成的基本方式，而法治路径是技术路径的前进方向。通过破除技术路径遇到的制度框架障碍，可以促进改革目标的达成。

关键词： 以审判为中心　庭审实质化　证据调查　实证研究

Abstract

Through the empirical study of the demonstration court and contrast court of two-level courts in Chengdu, and with the combination of the basic theory of criminal procedure law, this book takes the criminal trial investigation reform as the main object of study, mainly focusing on the study of the proof-providing, court examination, witness problem and court certification, with a view to be helpful to the trial-centered substantive reform, including the future direction of development and possible optimization path. This book is divided into seven chapters, and the main contents are as follows.

The first part is the introduction. It mainly introduces the process of the pilot reform of the two-level court in Chengdu and the significance of the settlement of the trial emptiness in the context of advancing the trial-centered litigation system. The empirical material for this book is mainly derived from the demonstrated court case of the first instance trial reform in the two-level courts and the contrast court cases which are similar to the trial in the corresponding period. The span of the trial time of demonstration court and contrast court cases is from February 2015 to April 2016. It can provide theoretical support for the further reform of the trial by concluding the experience of substantive reform of the court in Chengdu. This book, based on the existing excellent research results, and combing with the two-level courts in Chengdu pilot reform cases, conducts the empirical research on the trial of the proof-providing, cross-examination, witness, and certification.

The second part is the case scope of making criminal trials substantive. In this part, the case type, case level and future trends are mainly discussed. The limitation of the reform making criminal trials substantive partly reflects the case choice in grass-roots court, which select a large number of cases applied to simple procedures against the request of the substantive trial. The reform mainly refers to the major and difficult cases as well as the defendant does not plead guilty. There are also many cases applied to ordinary procedure which mix the defendant completely pleaded guilty as well as less controversial cases. The dynamics of the judicial proceedings will make the judges evaluate the evidence differently with the advancement of the first instance and the change of subsequent procedure in the trial level. However, the first instance procedure is more advantageous than appeal procedure in the fact-finding of a case and the application of the law. Thus, a reasonable mechanism for the operation of the proceedings in the trial should be the first instance as the center. In principle, the second instance adjudicating an appeal does not belong to the case making criminal trials substantive, only in a few special cases can be used to it. The reform making criminal trials substantive should pay more attention to the survey link of the first instance, and the evidence used to prove claims of the prosecuting and defending parties must be fully investigated can be taken as a basis for the court adjudication. If there is no special reason, the prosecuting and defending parties should accept the results of the first-instance court investigation.

The third part is the proof-providing of making criminal trials substantive. This part mainly discusses the proof-providing sequence, the main body of proof-providing and the proof-providing scope. On the determine of the evidence investigation sequence, the prosecution and the defense should seek the collegial panel judge's opinions on the basis of reaching a consensus. The court investigation procedures in China's mainland is basically the same as that in civil law system countries and regions, except that due to the deviation of system design concept, some human rights protection procedures are missing, and the evidence investigation sequence of "objective to subjective" or "subjective to objective" appears. However, the inherent defect of this seemingly orderly way of presenting evidence is the formalization and lack of logic of court evidence, which easily leads to the disorder of proof system. In 1996, the Criminal Procedure Law incorporated the victims into the litigant category. Although this corresponded with the internationalization trend of strengthening the protection of victims and was beneficial to realize the balance of interests among litigation subjects to a certain extent, there was a conflict with the victim as the legal party, and it was contrary to the basic legal principles of criminal proceedings. The prosecutor questioning the defendant clearly weakened the defendant's subjective status, and the objectification of defendant's role and the discrepancy of its litigation status made it extremely easy to lead the prosecution and the court to overly rely on the defendant's confession and excuse. Another prominent problem the current practice faces is that the prosecution's proof is too simple and one-sided: First, the defendant cannot effectively examine the evidence under the group proof-providing. Second, the proof-providing of the prosecutor is partial to the incriminating evidence and serious evidence, but neglects sentencing evidence and innocence or misdemeanor evidence, which is obviously contrary to the prosecutor's burden of proof and objective obligations.

The fourth part is the court examination of making criminal trials substantial. This part mainly discusses the meaning of court examination, the internal structure of court examination, as well as the complementary measures to optimize the court examination. The court examination is undoubtedly an important means for the accuser and the accused to refute and attack the other party's evidence and also an important way to influence judges. The function and status of the judges in the process of litigation determine that they should be a negative "hearing" subject rather than a positive subject. The subject matter is different from the proof object. The former refers to the evidence and the latter refers to the conviction and sentencing facts related to the crime. As for the distinction between questioning-free evidence and non-testimonial facts, the former refers to the undisputed evidence, confidential evidence, while the latter refers to a highly reliable evidence. Although the evidence of questioning-free evidence does not provide the court examination, it should be included in the scope of the cross-examination in necessity. The scope of the contents of the examination evidence mainly refers to the evidence competence and weight. The examination method mainly refers to the ways and means of questioning or verifying the relevant evidence of the case, which can be divided into the basic form of examination evidence and the basic method of examination evidence. With the continuous promotion of making criminal trials substantive, as well as the implementation of the words of the trial, the way of evidence investigation with the main line of witness survey and interspersed with physical evidence will replace the former evidence audit method of investigation which is centered on interrogating the defendant. Therefore, cross-questioning and confrontation questioning will become the basic examination evidence method for court investigation. As for the complementary measures to optimize the court examination, it can mainly be proceeded from two aspects: first, narrow the scope of examination at the pre-trial meeting; second, protect the defendant to obtain help from lawyer.

The fifth part is the witness survey of making criminal trails substantive. This part mainly discusses the development and changes of evidence investigation, the basic method of witness investigation and the key witness appearing in court. For the different litigation structures in the method of witness survey, the witness is asked by the court in the traditional mode of authoritarian litigation and they should generally narratives their experiments. The advantage of this is that the statement is complete and not fragmented and is easy to find the truth of the case. But the disadvantage is that it cannot easily come to the point and mix the argument, which makes the judge have prejudge and bias. However, the setting of confrontation between the prosecution and defense in China's criminal procedure law is not clear and there is no strict division of prosecution witnesses and defense witnesses, nor is strict distinction between differences of the cross-examination and the leading-examination. This leads to forbid induction inquiring rules in the evidence survey in China, and it doesn't have any difference for prohibiting induction between the cross-examination and the leading-examination. At present, the key witness of the case should appear in court to accept the cross-examination both the prosecution and the defense, and change the way of evidence survey centered on the interrogation of the defendant; we should narrow the judge's power to command litigation evidence survey appropriately; setting the adversarial system for parties of prosecution and defense; the improvement of main body investigation and the way of evidence survey its diversity; the way to witness survey as the main line and with the words of the physical evidence trial etc. to perfect the examination system of evidence survey. Although the reform of making criminal trials substantive, to some extent, prompts the appearing in court of some necessary witnesses, the attendance rate of the necessary witness is still low. It is not the purpose of witnesses to testify in court, but to implement the hearsay evidence rule or the principle of directness and verbalism to ensure the right of confrontation between the prosecution and the defense, especially the defense.

The sixth part is the court certification of making criminal trails substantive. This part mainly discusses the significance of court certification, the disputes of court certification, certification basis, and the contents of the certification. In accordance with the different time points of judge's certification, the certification can be divided into pre-court certification, court certification, adjudication certification, and court certification can be divided into in-court certification and delay certification. The time of in-court certification could be in the phase of evidence investigation or between the court debate and the court closed，which meets the requirements of the trial principle of centralized hearing，direct hearing and word processing. The reform of making criminal trials substantive requires that collegiate bench shall make a judgment whether the evidence presented by the prosecutor and defendant shall be adopted or not to truly realize the judge's heart certificate and the reason of the judgment in the court. However，the reform of making criminal trials substantive does not significantly improve the rate of attestation in court，which is related to the lack of feasibility of our country's system of certification rules and the judge's lack of ability to reason the judgmental arguments. The essential attribute of evidence is competence and weight，not just referring to covering part of the general standard of objectivity，relevance and legitimacy. The reason why the evidence legislation in our country is in the form of verdict evidence covering the competence and weight is related to the misplacement of the essential attribute of evidence，which often results in mixing the concept of " admissibility " and " acceptance " in judicial practice. From the regularity of judicial proof，the rule of weight can only be used as the exception of discretion and the competence but the rule of weight-centered evidence law system should be constructed. Meanwhile，we should build the dissociation procedure including the subject，stage，effect for evaluating the competence and weight，and the corresponding procedural guarantee mechanism for parties of prosecution and defense.

The seventh part is conclusion. This part mainly discusses the realization degree，the effectiveness of the evaluation and the reform path of making criminal trails substantive. The achievement of making criminal trials substantive is mainly manifested in the witness to appear in court，the right to defend the accused，the detailed proof-providing and cross-examination activities，the confrontation of the prosecuting and defending parties，the defense opinions eventually adopted obviously. However，the reform is not a fundamental shift from the previous trial mode, the judge decided the case facts still rely on the written file, the prosecuting evidence investigation occupies the dominant position, the methods of illegal evidence exclusion are malfunctioned. Thus, the reform of making criminal trials substantive is effective but limited, not yet to meet the expected goal of the pilot reform. The limitation of reform plan reflects the lack of top-level design of the pilot reform, inclined to improve the system and ignore the system innovation, which could lead to the involution of one sort of question. The improved path and innovated path of making criminal trials substantive belong to the cooperative relationship between each other and not exclusive. Although the direct purpose of both is different, the ultimate goal is to fully protect human rights, promote judicial ability, maintain the judicature independence. The technological path is the basic way to achieve the rule of law, and the rule of law is the advance direction of the technological path. The feasibility and effectiveness of reform target can be improved by breaking down the institutional barriers encountered in the technical path.

Keywords: Proceedings Centered on Trial; Making Criminal Trials Substantive; Evidence Investigation; Empirical Study

目　录

第一章　导论 ··· 1

　第一节　研究缘起与意义 ····························· 1

　　一、研究缘起 ······································· 1

　　二、研究意义 ······································· 5

　第二节　研究方法与材料 ····························· 6

　　一、研究方法 ······································· 6

　　二、研究材料 ······································· 8

　　三、文献综述 ······································ 11

第二章　刑事庭审调查改革的案件考察 ············· 14

　第一节　导语：为何要考察案件范围？ ··········· 14

　第二节　庭审调查改革的案件类型 ················ 16

　　一、与以审判为中心的异同 ···················· 17

　　二、能否适用于所有案件？ ···················· 18

　　三、案件类型实证比较分析 ···················· 20

　第三节　庭审调查改革的案件审级 ················ 22

　　一、强化一审的中心地位 ······················ 23

　　二、突出二审的救济功能 ······················ 27

　第四节　如何迈向实质化的案件审理 ············· 35

　第五节　小结 ······································· 36

第三章　刑事庭审调查改革的法庭举证 ……………………… 40

第一节　导语：对法庭举证实践的质疑 ………………… 40

第二节　举证顺序：新型混合式庭审调查程序 ………… 43

一、证据调查顺序的确定 ……………………… 43

二、证据调查顺序的方法 ……………………… 48

第三节　举证主体：诉讼角色冲突的理性回归 ………… 70

一、被害人的角色定位 ………………………… 71

二、被告人的角色定位 ………………………… 85

第四节　举证范围：如何减少控方的不当举证 ………… 96

一、批量举证与逐一举证 ……………………… 97

二、定罪证据与量刑证据 ……………………… 99

三、有罪证据与无罪、罪轻证据 ……………… 101

第五节　小结 ……………………………………… 104

第四章　刑事庭审调查改革的法庭质证 ……………………… 108

第一节　导语：法庭质证虚化如何生成 ………………… 108

第二节　法庭质证的功能及实践样态 …………………… 110

一、法庭质证的功能 …………………………… 111

二、质证的实践样态 …………………………… 114

第三节　法庭质证的内在结构剖析 ……………………… 116

一、质证主体资格的认定 ……………………… 116

二、质证对象范围的厘清 ……………………… 121

三、质证内容范围的确定 ……………………… 126

四　质证程式与方法的区别 …………………… 130

第四节　法庭质证的配套程序优化 ……………………… 137

一、通过庭前会议聚缩质证的范围 …………… 138

二、保障被告人获得律师的帮助权 …………… 147

第五节　小结 ……………………………………… 158

第五章 刑事庭审调查改革的人证问题 ………………………………… 164

第一节 导语：证据调查方式的发展变化 ………… 164

第二节 以人证调查为主线的逻辑展开 ………… 166

一、人证调查的主体范围 …………………………… 166

二、人证调查的积极作用 …………………………… 168

第三节 控辩式诉讼的人证调查基本方法 ………… 171

一、交叉询问制度 …………………………………… 172

二、对质询问制度 …………………………………… 187

第四节 如何解决有争议关键证人出庭 ………… 198

一、证人出庭的范围与意义 ………………………… 199

二、证人出庭实证比较分析 ………………………… 204

三、必要证人出庭率低的原因 ……………………… 207

四、我国证人出庭的改革进路 ……………………… 212

第五节 小结 …………………………………………… 221

第六章 刑事庭审调查改革的法庭认证 ………………………………… 225

第一节 导语：法庭认证的价值意义 ………………… 225

第二节 认证方式：关于当庭认证的纷争 ………… 226

一、对当庭认证的质疑 ……………………………… 227

二、对当庭认证的支持 ……………………………… 228

三、实践中的积极探索 ……………………………… 230

四、认证实证比较分析 ……………………………… 232

第三节 认证依据：严格规则抑或自由裁量 ………… 236

一、证据能力 ………………………………………… 236

二、证明力 …………………………………………… 241

第四节 证据能力和证明力的混同与厘清 ………… 246

一、证据属性的误解与纠偏 ………………………… 246

二、不得作为定案根据的学理辨析 ·················· 251

三、证据能力与证明力的审查认定 ·················· 253

四、认证具体标准的局限与完善 ···················· 255

第五节 小结 ··· 267

第七章 结论 ··· 272

第一节 刑事庭审调查改革的实现程度 ·················· 272

一、肯定性评价 ···································· 272

二、否定性评价 ···································· 276

第二节 改革有效但有限：一个深度追寻 ·············· 279

一、改革规划执行有限 ······························ 280

二、既有制度框架束缚 ······························ 283

第三节 刑事庭审调查改革的优化路径 ·················· 288

一、技术路径的完善 ································ 289

二、法治路径的展望 ································ 292

参考文献 ··· 296

索 引 ·· 311

后 记 ·· 318

Contents

Chapter 1   Introduction   / 1

    1. 1   Researching Origins and Significance   / 1

        1. 1. 1   Researching Origins   / 1

        1. 1. 2   Researching Significance   / 5

    1. 2   Researching Methods and Materials   / 6

        1. 2. 1   Researching Methods   / 6

        1. 2. 2   Researching Materials   / 8

        1. 2. 3   Literature Review   / 11

Chapter 2   The Case Inspection of Criminal Trial Investigation Reform / 14

    2. 1   Why Should We Inspect Case Scope?   / 14

    2. 2   The Case Type for Trial Investigation Reform   / 16

        2. 2. 1   The Difference with Proceedings Centered on

               Trial   / 17

        2. 2. 2   Can Apply to All Cases?   / 18

        2. 2. 3   Empirical Comparative Analysis for Case Type   / 20

    2. 3   The Case Level of Trial Investigation Reform   / 22

        2. 3. 1   Strengthen the Centrality of the First trial   / 23

        2. 3. 2   Highlight the Relief Function of the

               Second Trial   / 27

2. 4　How to Move towards Trial Investigation Reform　/ 35

2. 5　Brief Summary　/ 36

Chapter 3　The Proof-providing of Criminal Trial Investigation Reform　/ 40

3. 1　The Question on the Practice for Proof-providing　/ 40

3. 2　Proof-providing Order：The New Mixed Court

Investigation　/ 43

3. 2. 1　The Confirmation of Evicence Investigation

Order　/ 43

3. 2. 2　The Method of Evicence Investigation Order　/ 48

3. 3　Proof-providing Subject：The Rational Regression of

Litigation Role Conflict　/ 70

3. 3. 1　The Role of the Defendant　/ 71

3. 3. 2　The Role of the Victim　/ 85

3. 4　Proof-providing Scope：How to Reduce the

One-sided Proof-providing of the Prosecution　/ 96

3. 4. 1　Batching Proof-providing and One-by-one Proof-

providing　/ 97

3. 4. 2　Incriminating Evidence and Sentencing Evidence / 99

3. 4. 3　Evidence of Guilt and Innocence or Misdemeanor

Evidence　/ 101

3. 5　Brief Summary　/ 104

Chapter 4　The Court Examination of Criminal Trial Investigation

Reform　/ 108

4. 1　How does the Court Examination Become

Functionless　/ 108

4. 2　The Function and Practice of Court Examination　/ 110

4. 2. 1　The Function of Court Examination　/ 111

4. 2. 2   The Practice of Court Examination   / 114

4. 3   The Internal Structure of Court Examination   / 116

    4. 3. 1   The Identification of the Examination Subject

        Qualification   / 116

    4. 3. 2   The clarification of the Examination Object

        Scope   / 121

    4. 3. 3   The Confirmation of the Examination Content

        Scope   / 126

    4. 3. 4   The Difference between the Examination

        Procedure and Method   / 130

4. 4   The Optimization of Supporting Procedures for Court

    Examination   / 137

    4. 4. 1   Narrow the Scope of Examination at the

        Pre-trial Meeting   / 138

    4. 4. 2   Protect the Defendant to Obtain Help from

        Lawyer   / 147

4. 5   Brief Summary   / 158

Chapter 5   The Witness Survey of Criminal Trial Investigation

    Reform   / 164

5. 1   The Development and Change of Evidence

    Investigation   / 164

5. 2   The Logic of Witness Survey as Main Line   / 166

    5. 2. 1   The Subject Scope of Witness Survey   / 166

    5. 2. 2   The Positive Function of Witness Survey   / 168

5. 3   The Basic Methods of Witness Investigation in the

    Accusing and Defending Trial Mode   / 171

    5. 3. 1   The Cross-examination System   / 172

    5. 3. 2   The Confrontation System   / 187

5. 4　How to Enhance the Key Witnesses Testfying in

　　Court　　　　　　　　　　　　　　　　　　　 / 198

　　5. 4. 1　The Scope and Significance of Witnesses

　　　　　　Testfying in Court　　　　　　　　　　 / 199

　　5. 4. 2　Empirical Comparative Analysis for Witnesses

　　　　　　Testfying in Court　　　　　　　　　　 / 204

　　5. 4. 3　The Reason for the Low Attendance Rate of Key

　　　　　　Witnesses　　　　　　　　　　　　　　 / 207

　　5. 4. 4　The Reform of Witnesses Testfying in Court in

　　　　　　our Country　　　　　　　　　　　　　 / 212

5. 5　Brief Summary　　　　　　　　　　　　　　　 / 221

Chapter 6　The Court Certification of Criminal Trial Investigation

　　Reform　　　　　　　　　　　　　　　　　　　 / 225

6. 1　The Significance of Court Certification　　　　　 / 225

6. 2　Certification Methods: Of the Dispute over In-court

　　Certification　　　　　　　　　　　　　　　　 / 226

　　6. 2. 1　The Question on In-court Certification　　　 / 227

　　6. 2. 2　The Support for In-court Certification　　　 / 228

　　6. 2. 3　The Empirical Comparative Analysis for Court

　　　　　　Certification　　　　　　　　　　　　 / 230

　　6. 2. 4　The Exploration in Practice　　　　　　　 / 232

6. 3　Certification Basis: Strict Rules or Discretion　　 / 236

　　6. 3. 1　The Competency of Evidence　　　　　　 / 236

　　6. 3. 2　The Weight of Evidence　　　　　　　　 / 241

6. 4　The Confusion and Clarification of Competency and

　　Weight of Evidence　　　　　　　　　　　　　 / 246

　　6. 4. 1　The Misunderstanding and Correction of Evidence

　　　　　　Attribute　　　　　　　　　　　　　　 / 246

6. 4. 2   The Theoretical Analysis of not Being Used as

Basis for Decision   / 251

6. 4. 3   The Identification of Competency and Weight of

Evidence   / 253

6. 4. 4   The Limitation and Perfection of Specific

Certification Standards   / 255

6. 5   Brief Summary   / 267

Chapter 7   Conclusion   / 272

7. 1   The Aims Achieved of Criminal Trial Investigation

Reform   / 272

7. 1. 1   The Positive Evaluation   / 272

7. 2. 2   The Negative Evaluation   / 276

7. 2   Effective but Limited: A Deep Research   / 279

7. 2. 1   The Rational Planning for Reform is Limited   / 280

7. 2. 2   The Existing System Framework is Bound   / 283

7. 3   The Optimized Path of Criminal Trial Investigation

Reform   / 288

7. 3. 1   The Improvement of the Technical Path   / 289

7. 3. 2   The Prospect of the Path Rule of Law   / 292

References   / 296

Index   / 311

Acknowledgements   / 318

第一章　导论

第一节　研究缘起与意义

一、研究缘起

2014 年 10 月中共十八届四中全会通过的《中共中央关于全面推进依法治国若干重大问题的决定》（以下简称《决定》），在"保证公正司法，提高司法公信力"部分明确提出，"推进以审判为中心的诉讼制度改革，确保侦查、审查起诉的案件事实证据经得起法律的检验。全面贯彻证据裁判规则，严格依法收集、固定、保存、审查、运用证据，完善证人、鉴定人出庭制度，保证庭审在查明事实、认定证据、保护诉权、公正裁判中发挥决定性作用"。因此，以审判为中心的诉讼制度改革，是中国当前司法和刑诉法改革的重要内容，受到了理论界和实务部门的强烈关注和讨论。但就如何推进以审判为中心的诉讼制度改革，有关部门由于身处立场和考虑视角的不同，对此所涵括的理论意义和未来走向得出了不尽相同的结论。然而，值得注意的是，部分地方司法机关结合《决定》的顶层设计要求，对以审判为中心的诉讼制度改革做了许多有益尝试，并取得了一定的成效。据我们所知，全国有两个地方法院进行了改革试点，一个是四川成都，另一个是浙江温州。① 其中，四川省成都市中级人民法院（简称"成都中院"）及其下辖的 20 个基层法院

---

① 浙江是中央确定的第二批司法体制改革试点省份，浙江省高级人民法院 2015 年召开的全省法院院长会议要求试点工作做好三个结合：坚持顶层设计与发挥基层首创精神相结合，坚持（转下页注）

（以下简称"成都市两级法院"）率先共同进行的改革试点工作尤其突出，得到了专家学者和中央政法机关的积极肯定。2016 年 10 月"两高三部"联合印发的《关于推进以审判为中心的刑事诉讼制度改革的意见》、2017 年 2 月最高人民法院印发的《关于全面推进以审判为中心的刑事诉讼制度改革的实施意见》以及 2018 年 1 月最高人民法院印发的《人民法院办理刑事案件庭前会议规程（试行）》《人民法院办理刑事案件排除非法证据规程（试行）》《人民法院办理刑事案件第一审普通程序法庭调查规程（试行）》的相关内容，实质上吸收了成都中院的改革试点经验，特别是其出台的一系列切实推进刑事庭审实质化改革的制度规范和重要文件。①

为顺利在全市范围内的法院开展庭审实质化改革，成都中院不仅进行了充分的改革推进工作，而且在两级法院之间选择了具有典型意义的案件展开庭审试点。② 同时，成都中院于 2015 年 2 月 18 日、5 月 11 日先后确定温江区法院、高新区法院、青羊区法院、大邑县法院、新津县法院、龙泉驿区法院为刑事庭审实质化改革试点工作基层法院。③ 表 1 - 1 统计的数据显示，2015 年成都市两级法院示范庭和对比庭案件的选择主要集中

（接上页注①）继续深化改革与巩固现有成果相结合，坚持有理想和接地气相结合。参见余建华、孟焕良《浙江推进以审判为中心的诉讼制度改革》，《人民法院报》2015 年 2 月 8 日，第 1 版。浙江温州两级法院的具体改革实践可参见徐建新、吴程远《以审判为中心的诉讼制度改革的温州实践》，《人民司法（应用）》2016 年第 25 期。

① 如《成都市中级人民法院刑事诉讼证据开示操作规范（试行）》《成都市中级人民法院刑事诉讼庭前会议操作规范（试行）》《成都市中级人民法院刑事诉讼举证规则（试行）》《成都市中级人民法院非法证据调查程序操作规范（试行）》《成都市中级人民法院刑事诉讼人证出庭作证操作规范（试行）》《成都市中级人民法院刑事庭审实质化改革第一审裁判文书制作规范》《成都市中级人民法院刑事庭审笔录制作规范（讨论稿）》等。参见成都中院《全省法院刑事庭审实质化改革工作推进会资料汇编》，2016，第 19—84 页。

② 如 2015 年 2 月 18 日印发的《成都市中级人民法院关于成立刑事庭审实质化改革试点工作领导小组的通知》；2015 年 2 月 25 日印发的《成都市中级人民法院关于开展以审判为中心的刑事庭审实质化改革试点工作的通知》；2015 年 4 月 22 日印发的《成都市中级人民法院关于在全市法院开展刑事庭审实质化改革专项课题调研的通知》；2015 年 5 月 11 日印发的《成都市中级人民法院关于确定第二批刑事庭审实质化改革试点法院的通知》；2015 年 6 月 30 日印发的《成都市中级人民法院关于全面推进刑事庭审实质化改革试点工作的通知》；2015 年 11 月 2 日印发的《成都市中级人民法院关于贯彻落实最高法院李少平副院长等领导重要指示精神进一步推进刑事庭审实质化改革试点工作的通知》等。参见成都中院《全省法院刑事庭审实质化改革工作推进会资料汇编》，2016，第 7—14 页。

③ 为了继续深化改革，经成都中院研究决定，从 2015 年 7 月 1 日开始，在成都市两级法院全面推开改革试点工作。各基层法院院长为市中院刑事庭审实质化改革试点工作领导小组成员。各基层法院应成立刑事庭审实质化改革试点工作领导小组，并由院长担任组长，加强对改革试点 （转下页注）

于市区法院，原因在于：一方面，成都中院负责改革试点的牵头工作，不仅需要确保试点工作及时有序推进、取得成效，还需要为全市基层法院的改革积累有益经验，形成可借鉴、可复制的刑事庭审规范化操作模式[①]；另一方面，相关优秀的审判和专家资源多集中在都会区，这充分体现了本次改革试点坚持把实践资源优势和理论研究优势相结合的改革思路。为了继续深化改革，经成都中院研究决定，从 2015 年 7 月 1 日开始，在成都市两级法院全面推开改革试点工作。各基层法院院长为市中院刑事庭审实质化改革试点工作领导小组成员。各基层法院应成立刑事庭审实质化改革试点工作领导小组，并由院长担任组长，加强对改革试点工作的领导，确保工作及时有序推进，取得实效。各基层法院和中院刑事审判业务庭按改革要求每月至少完成 1—2 个示范庭（试验庭）的开庭工作，并于每月 30 日前报送下一月拟开示范庭的案件信息，交市中院刑二庭汇总。[②] 从现有的试点部署和相关执行情况反馈的结果来看，成都中院的刑事庭审实质化改革，在制度改良方面取得了较大进步，但笔者通过实证研究特别是案件卷宗统计得出的数据发现，现在的改革试点在制度创新方面仍然存在诸多不足，需要进一步细化和调整改革方案，并纠正部分试点单位执行不到位的问题。

表 1 – 1　各法院示范庭和对比庭案件数量的统计结果

单位：件

法院名称	成都中院	高新	金牛	青羊	龙泉驿	锦江	武侯	成华	新都	双流	郫县	温江	青白江	彭州	金堂	都江堰	新津	崇州	邛崃	大邑	浦江	共计
示范庭	21	2	8	8	5	4	3	7	9	2	1	3	3	3	3	4	1	2	4	6	3	102
对比庭	17	2	8	8	5	4	2	6	9	2	1	3	3	3	3	2	1	2	4	4	2	91

（接上页注③）工作的领导，确保工作及时有序推进，取得实效。各基层法院和中院刑事审判业务庭按改革要求每月至少完成 1—2 个试验庭或示范庭的开庭工作，并于每月 30 日前报送下一月拟开试验庭、示范庭案件信息，交市中院刑二庭汇总。参见成都中院《全省法院刑事庭审实质化改革工作推进会资料汇编》，2016，第 12—13 页。

① 成都市中院成立了刑事庭审实质化改革试点工作领导小组并下设办公室于刑二庭，主要负责改革试点的牵头工作。成都市中院在刑一庭、刑二庭、少审庭设立三个指导组，由庭长担任组长，分别对口指导大邑县法院、温江区法院、高新区法院。指导组主要对试点基层法院的庭审程序、规则制度、课题研究等改革试点相关工作进行业务指导。参见成都中院《全省法院刑事庭审实质化改革工作推进会资料汇编》，2016，第 5—6 页。

② 参见成都中院《全省法院刑事庭审实质化改革工作推进会资料汇编》，2016，第 12—13 页。

　　成都市两级法院的刑事庭审实质化改革的实施方案，主要依据是2013年11月最高院发布的《关于建立健全防范刑事冤假错案工作机制的意见》、2014年10月通过的《中共中央关于全面推进依法治国若干重大问题的决定》①、2015年2月4日最高院发布的《关于全面深化人民法院改革的意见——人民法院第四个五年改革纲要（2014—2018）》。② 以上几个文件均提出了"以庭审为中心"或"以审判为中心"的相关改革要求。基于此，成都市两级法院将改革的着力点定位于充实庭审并使之实质化，建立点上庭审示范、线上类案指导、面上内外协同的改革工作体系，最大限度防范冤假错案，努力实现让人民群众在每一个司法案件中感受到公平正义③，并于2015年2月25日印发的《成都市中级人民法院关于开展以庭审为中心的刑事庭审实质化改革试点工作的通知》中明确规定了改革目标。④ 相应地，通过改革试点促进庭审方式转变，对审判实践的各方面形成积极影响，最终落实刑事诉讼法规定的各个参与主体的角色、定位和工作格局，真正实现从"以侦查为中心"到"以审判为中心"的转变，促进了司法水平新的提升和司法文明质的飞跃。⑤ 按照成都市两级法院改革试点方案的相关规定，有关刑事庭审实质化改革的案件现在仅限于控辩双方对案件事实认定较难、证据争议较大的一审案件；对符合轻罪快速审理机制及被告人全部认罪的简单案件也不试点，不适用刑事庭审实质化要求，而是通过推行繁简分流和专业化审判相结合，建立难案精审、简案快办的合理格局。⑥ 笔者认为，虽然成都市两级法院在庭审实质化改革方面取得了一定的成效，但仍然面临很多尚未完成或完成得不够理想的棘手问

----

① 第11条"切实遵守法定诉讼程序，强化案件审理机制"部分明确提出，"审判案件应当以庭审为中心。事实证据调查在法庭，定罪量刑辩论在法庭，裁判结果形成于法庭"。

② 建立以审判为中心的诉讼制度部分提出，"建立中国特色社会主义审判权力运行体系，必须尊重司法规律，确保庭审在保护诉权、认定证据、查明事实、公正裁判中发挥决定性作用，实现诉讼证据质证在法庭、案件事实查明在法庭、诉辩意见发表在法庭、裁判理由形成在法庭。到2016年底，推动建立以审判为中心的诉讼制度，促使侦查、审查起诉活动始终围绕审判程序进行"。

③ 成都中院：《全省法院刑事庭审实质化改革工作推进会资料汇编》，2016，第19页。

④ 开展以庭审为中心的刑事庭审实质化改革，要努力实现诉讼证据质证在法庭、案件事实查明在法庭、辩诉意见发表在法庭、裁判理由形成在法庭，促使侦查、审查起诉活动始终围绕审判程序进行，促进审判程序特别是庭审活动的实质化。成都中院：《全省法院刑事庭审实质化改革工作推进会资料汇编》，2016，第5页。

⑤ 成都中院：《全省法院刑事庭审实质化改革工作推进会资料汇编》，2016，第19页。

⑥ 成都中院：《全省法院刑事庭审实质化改革工作推进会资料汇编》，2016，第20页。

题，如案件范围限定问题、侦审阻断机制问题、证据开示问题、证据排非问题、证据调查问题、证人出庭问题、律师辩护问题、配套制度问题等。可以说，相关改革现在几乎是在既有的制度框架内拟定的改革措施，而许多关键性问题很少甚至几乎没有作出实质性变革，仍然遵照以往的审判模式。所以，有必要结合当前改革试点情况，对与庭审实质化改革相关的一些问题进行深入研究，以期对以审判为中心的刑事庭审实质化改革有所助益。

二、研究意义

20 世纪 80 年代末期，基于对传统超职权主义审判方式的反思，相关部分开始进行刑事审判方式改革，试图通过强化公诉人的举证责任，淡化审判人员的查证责任，使审判过程趋于实质化，但由于司法体制的限制，加之刑事审判总体趋于一种政策实施型的司法活动，几乎所有刑事案件的审判是一种走过场，仅仅是对侦查结果的确认而已，整个刑事审判呈现明显的形式化特征。[①] 因此，我国现行的刑事诉讼运行机制中，审判阶段的程序构造并非严格意义上的裁判者居中，合议制、陪审制、回避制等名存实亡，代之以各种形式的"审批""上报"间接定案机制。而控方和辩方也并未形成平等的诉讼格局，大量刑事案件的被告人没有辩护人帮助，或者即使有辩护人帮助，辩护人的权利也处处受限，无法与强大的公诉方积极对抗，加之关键证人不出庭以及相关证据规则的缺失，书面式的庭审调查成了公诉人单方的立证过程。虽然这在一定程度上可以高效率地打击犯罪、实现国家刑罚权，但其存在的严重弊端是容易造成庭审虚化，进而导致冤假错案的频繁发生。庭审实质化改革主要针对的是庭审虚化问题，基于公正审判理念实现"四个在法庭"，即诉讼证据质证在法庭、案件事实查明在法庭、辩诉意见发表在法庭、裁判理由形成在法庭。[②] 笔者认为，研究总结成都市两级法院庭审实质化改革经验，可以为接下来继续推进改革提供理论支持。除此之外，本论题的研究还具有有效防止冤假错案生成和促成刑诉制度现代转型的作用。

---

① 参见孙长永、王彪《论刑事庭审实质化的理念、制度和技术》，《现代法学》2017 年第 2 期。
② 成都中院：《全省法院刑事庭审实质化改革工作推进会资料汇编》，2016，第 5 页。

第二节　研究方法与材料

一、研究方法

对于法律的研究既需要关注法学形式化特点，也需要关注其实用主义特点，在研究方法上需要秉承一种形式与实用之间的实践学科。[①] 如果人们从这个意义上来衡量法学，那么，结果似乎是清楚的：法学作为科学，应限制在各种命题上，这些命题在描述意义上是可检验的。一个如此理解的法学之任务，除了描述立法行为和法官的判决之外，还可能使法官判决的预测，因为判决表示无争议地表达出一个可观察的事实，判决可能满足了经验的意义标准，法学的科学性得以拯救。[②] 基于一种精细化深描以揭示行为意义的观点，本书的研究方法主要是在实证调研和统计分析基础上，辅之以一定的比较研究方法，着重对文本和实践对接中存在问题的"描述性的方法"（decriptive）来解释与说明庭审实质化改革的具体运行。鉴于成都市两级法院的庭审实质化改革正处于探索阶段，很多具体问题还需要进一步进行细化和论证，因此，有必要对改革试点情况展开实证研究。

调研活动主要集中在以下四个方面：第一，分析成都中院应用于指导庭审实质化改革试点的相关文件（见表1-2），并了解它们应用于指导实践的规范性依据；第二，旁听成都市两级法院的庭审实质化改革试点案件；第三，参加四川省政协组织的关于"推进以审判为中心刑事诉讼制度改革"的调研活动，具体了解四川省各地法院有关庭审实质化改革的实施情况，如内江市中级人民法院、成都市锦江区人民法院、成都市龙泉

[①] Over the last century, empirical legal scholarship has joined the ranks of the mainstream within the legal academy. See Michael Heise, "The Past, Present, and Future of Empirical Legal Scholarship: Judicial Decision Making and the New Empiricism", University of Illinois Law Review, vol. 2002, 2002, p. 819.

[②] 参见［德］考夫曼、［德］哈斯默尔主编《当代法哲学和法律理论导论》，郑永流译，法律出版社2013年版，第451页。

驿区人民法院、甘孜藏族自治州中级人民法院等;第四,对相关的试点法院工作人员进行访谈,并应用统计学的方法对示范庭案件和对比庭案件进行比较分析。①之所以采取这些方法对本书研究进行论证分析,关键在于相关试点单位和其他实务部门在如何贯彻中央宏观决策,以及成都市两级法院的改革试点方案方面,可能需要通过这些具体的实践来回应实际上的宏观方向部署。而我们注重司法实践的改革动向和实施情况,也就是在关注中国推行以审判为中心改革的现实必要性和可行性,包括未来的发展方向和可能的优化路径。

表1-2 成都市中级人民法院刑事庭审实质化改革试点方案

改革程序	具体措施
1. 规范证据开示制度	明确证据开示的范围;规范技侦证据的开示;规范新出示证据的开示;明确补充证据的开示;规范证据开示流程
2. 规范庭前会议制度	规范庭前会议的召开条件;明确庭前会议的主要内容;明确庭前会议的启动条件;明确庭前会议的参与人员;明确庭前会议的召开形式;明确庭前会议的流程;明确庭前会议的效力;建立庭前会议报告制度
3. 完善证据"排非"程序	明确应予排除证据的范围;规范"排非"申请的提出;推行"两步法"排非程序;细化"排非"庭审调查流程;明确非法证据排除的效力
4. 突出庭审的中心地位	法庭调查阶段重点审理争点问题;引导控辩双方合理高效举证;法庭辩论阶段注重充分保障辩护权利和强调控辩意见当庭发表;设置相对独立的庭审量刑程序;强化当庭宣告裁判
5. 强化关键人证出庭	明确出庭人证的范围;明确庭审开始后申请人证出庭的处理方式;明确人证不能按时出庭的处理方式;细化人证出庭调查操作规则;建立人证出庭保障制度
6. 明确改革内容在裁判文书中的体现方式	审理经过概述;庭前会议概述;非法证据排除概述;举证、质证范围与顺序概述;争议焦点整理概述;人证出庭概述;裁判理由概述
7. 完善改革配套制度	明确刑事案件繁简分流机制;推进轻案快办审理机制;推进审级优化改革探索;充分保障被告人的辩护权利

---

① 本书利用的数据主要是"小数据",即一些局部性与抽样性的数据。此种"小数据"是某一或若干区域性司法机关生产或研究者自行收集的某一时段之整体性或局部性数据,而不是长时段的全国性大数据,只有个别情况才有大数据的收集与分析。参见左卫民《一场新的范式革命?——解读中国法律实证研究》,《清华法学》2017年第3期。

二、研究材料

经验性的实证研究成功的一个重要前提就是资料的充分性和真实性，这两者在很大程度上都取决于资料的来源和收集方式。[①] 本书的实证分析统计材料主要源于成都市两级法院刑庭一审改革试点案件（示范庭），以及与此大致相类似同期审理的未经改革试点的案件（对比庭）。艾尔·巴比认为比较分析法是一种在社会科学中，具有悠久历史并且在目前广受欢迎的研究形式，正如实施调查一样，比较分析法是一种定性研究方法，而比较分析法的名称之所以包含"比较"两个字，是由于社会科学家试图发现不同时期和地点的一般模式。[②] 示范庭和对比庭的审理时间跨度为2015 年 2 月至 2016 年 4 月。在此阶段，成都市中级人民法院及其所辖的20 个基层法院审结的一审刑事案件有 1.5 万件左右。[③] 表 1 - 3 统计的数据显示，成都市两级法院的示范庭案件共 102 件，对比庭案件共 91 件，除了示范庭有 1 件为二审上诉案件外，其他均为刑事一审案件。受示范庭与对比庭汇编材料总量的限制，成都市中院相关部门所收集的各示范庭材料并不包括全案卷宗，而仅为起诉书、辩护意见、庭前会议记录、庭审笔录、判决书，本书所指主要案件材料包括庭前会议笔录、庭审笔录、判决书，对于本调研报告所需统计的数据而言，这些案卷材料虽然有限，但也基本能从中获取较为全面与有价值的信息。但需要说明的是，从数据统计的初步结果来看，主要材料均相对完整的示范庭案件为65 件，约占示范庭有效案件总量的 63.73%，而对比庭案件为 57 件，约占对比庭有效案件总量的 62.64%；主要材料均缺失的示范庭案件为14 件，约占示范庭有效案件总量的 13.73%，而对比庭案件为 7 件，约占对比庭有效案件总量的 7.69%；仅缺庭前会议记录、仅缺庭审笔录、仅缺判决书的示范庭案件分别为 9 件、4 件、3 件，约占示范庭有效案件总量的 8.82%、3.92%、2.94%，而对比庭案件分别为 2 件、23 件、2 件，约占对比庭有效案件总量的 2.20%、25.27%、2.20%；缺庭前

---

① 郭松：《审查逮捕制度实证研究》，法律出版社 2011 年版，第 16 页。

② 参见［美］巴比《社会学研究方法》，邱泽奇译，华夏出版社 2009 年版，第 317 页。

③ 资料来源：2016 年《成都市中级人民法院工作报告》，2015 年成都市共审结一审刑事案件14575 件。

会议笔录和庭审笔录的示范庭案件为4件，约占示范庭有效案件总量的3.92%，而对比庭案件为0件；缺庭审笔录和判决书的示范庭案件为3件，约占示范庭有效案件总量的2.94%，而对比庭案件为0件。虽然示范庭和对比庭的庭前会议记录、庭审笔录、判决书在搜集中出现了不同程度的缺失，但是主要材料均齐全的案件数量示范庭和对比庭仍然分别有65件、57件，而且二者分别所占有效案件总量的比例相当。本书的分析主要根据材料均齐全的案件展开，但有所侧重的是对庭审笔录较为完整案件的分析统计。

表1-3 示范庭和对比庭材料情况统计结果

单位：件，%

案件分类	主要材料均齐全	主要材料均缺	仅缺庭前会议记录	缺庭审笔录	仅缺判决书	缺庭审笔录、判决书	总计
示范庭	65/63.73	14/13.73	9/8.82	4/3.92	3/2.94	3/2.94	102
对比庭	57/62.64	7/7.69	2/2.20	23/25.27	2/2.20	0/0	91

相关研究的比较必须先后连贯、符合规律，而要做到这一点，不仅要使这些变化之间也具有自然进化的各种不同时期之间的连续性，还要使这些变化所表示的进化是一个相当长的过程，以使人们对它的发展方向没有怀疑的余地。[1]成都市两级法院的改革试点在最大限度范围内遵循了社会科学的基本准则，所选择的研究对象注重在较广范围和时间内的案件类型分布，并与以往实践模式进行对比分析。表1-4统计的数据显示，示范庭中危害公共安全罪、破坏社会主义市场经济秩序罪、侵犯公民人身权利、民主权利罪、侵犯财产罪、妨害社会管理秩序罪、贪污贿赂罪分别为10件、7件、26件、34件、21件、4件，约占示范庭有效案件数量的9.80%、6.86%、25.49%、33.33%、20.59%、3.92%；而对比庭选择的与示范庭相对应案件数量分别为8件、7件、24件、31件、17件、4件，约占对比庭有效案件数量的8.79%、7.69%、26.37%、34.07%、18.68%、4.40%。根据以上两组数据的对比，我们可以发现，两级法院在示范庭和对比庭的选择上（包括时间跨度）作了大致均

---

[1] 参见［法］迪尔凯姆《社会学方法的准则》，狄玉明译，商务印书馆1995年版，第144页。

衡的考量，既考虑到选择相同或者类似的案件，也考虑到各类案件在比例上的持平。

表1－4　案件类型的统计结果

单位：件，%

类型	危害公共安全罪	破坏社会主义市场经济秩序罪	侵犯公民人身权利、民主权利罪	侵犯财产罪	妨害社会管理秩序罪	贪污贿赂罪	总计
成都市全年案件	2864/19.65	637/4.37	1309/8.98	5576/38.28	3795/26.04	394/2.70	14575
示范庭	10/9.80	7/6.86	26/25.49	34/33.33	21/20.59	4/3.92	102
对比庭	8/8.79	7/7.69	24/26.37	31/34.07	17/18.68	4/4.40	91

成都市两级法院试点案件主要涉及的罪名是我国刑法分则第二章危害公共安全罪，第三章破坏社会主义市场经济秩序罪，第四章侵犯公民人身权利、民主权利罪，第五章侵犯财产罪，第六章妨害社会管理秩序罪，第八章贪污贿赂罪，而没有包含第一章危害国家安全罪、第七章危害国防利益罪、第九章渎职罪、第十章军人违反职责罪。具体如下。第一，示范庭中危害公共安全罪包括交通肇事罪4件，危险驾驶罪3件，放火罪，非法持有、私藏枪支罪，组织、领导、参加恐怖组织罪各1件，分别约占示范庭有效案件总量的3.92%、2.94%、0.98%、0.98%、0.98%；对比庭中危害公共安全罪包括交通肇事罪3件，危险驾驶罪3件，放火罪，非法持有、私藏枪支罪各1件，分别约占对比庭有效案件总量的3.30%、3.30%、1.10%、1.10%。第二，示范庭中破坏社会主义市场经济秩序罪包括假冒注册商标罪、合同诈骗罪各2件，骗取贷款、票据承兑、金融票证罪，非法吸收公众存款罪，信用卡诈骗罪各1件，分别约占示范庭有效案件总量的1.96%、1.96%、0.98%、0.98%、0.98%；对比庭中破坏社会主义市场经济秩序罪包括合同诈骗罪3件，假冒注册商标罪2件，非法吸收公众存款罪、信用卡诈骗罪各1件，分别约占对比庭有效案件总量的3.30%、2.20%、1.10%、1.10%。第三，示范庭中侵犯公民人身权利、民主权利罪包括故意伤害罪17件，故意杀人罪5件，强奸罪2件，拐骗儿童罪、诬告陷害罪各1件，约占示

范庭有效案件总量的 16.67%、4.90%、1.96%、0.98%、0.98%；对比庭中侵犯公民人身权利、民主权利罪包括故意伤害罪 18 件，故意杀人罪 4 件，强奸罪 2 件，分别约占对比庭有效案件总量的 19.78%、4.40%、2.20%。第四，示范庭中侵犯财产罪包括抢劫罪 11 件，盗窃罪 11 件，诈骗罪 7 件，职务侵占罪 3 件，拒不支付劳动报酬罪、抢夺罪各 1 件，分别约占示范庭有效案件总量的 10.78%、10.78%、6.86%、2.94%、0.98%、0.98%；对比庭中侵犯财产罪包括抢劫罪 12 件，盗窃罪 11 件，诈骗罪 6 件，职务侵占罪 2 件，约占对比庭有效案件总量的 13.19%、12.10%、6.60%、2.20%。第五，示范庭中妨害社会管理秩序罪包括走私、贩卖、运输、制造毒品罪 12 件，容留他人吸毒罪，非法采伐、毁坏国家重点保护植物罪，寻衅滋事罪各 2 件，非法持有毒品罪、非法出售珍贵濒危野生动物罪、污染环境罪各 1 件，约占示范庭有效案件总量的 11.76%、1.96%、1.96%、1.96%、0.98%、0.98%、0.98%；对比庭中妨害社会管理秩序罪包括走私、贩卖、运输、制造毒品罪 12 件，寻衅滋事罪 2 件，容留他人吸毒罪，非法采伐、毁坏国家重点保护植物罪，非法持有毒品罪各 1 件，约占对比庭有效案件总量的 13.19%、2.20%、1.10%、1.10%、1.10%。第六，示范庭中贪污贿赂罪仅包括贪污罪 2 件、受贿罪 2 件，约占示范庭有效案件总量的 1.96%、1.96%；对比庭中贪污贿赂罪仅包括受贿罪 3 件，贪污罪 1 件，约占对比庭有效案件总量的 3.30%、1.10%。整体上看，当前的改革试点没有覆盖我国刑法分则所有章节的罪名，这可能是考虑到了罪名的易发程度和日常审理案件的主要类型有关，但这并不影响根据现有的资料对成都市两级法院的改革试点进行研究。

三、文献综述

庭审实质化改革涵摄的理论意义是什么，这一命题从提出开始就是一个见仁见智的问题，学术界对此的认识并不完全一致。而庭审实质化改革应该如何展开，学者们结合了刑事普通程序的相关要求，以及部分试点单位的改革方案，从制度层面提出了较为全面的改革建议。有学者明确提出庭审实质化是刑事审判方式的重大变革，从"适度阻断侦审联结，直接有效审查证据；充实庭审调查，改善举证、质证与认证；完善庭审调查规则，改革裁判方式；充实二审庭审，推进庭审实质化；提供支持条件，完善配套措施等”方面进行了论述，并具体提出了强化证人出庭、非法证据排除、改善庭审调查、调整审判节奏、完善法庭证据调查规则、改革裁判方式、充实庭审调查（包括举证、质证、认证的改革）、改善庭审准备、加强法律援助、加强繁简分流、推动审判权运行机制改革等措施。① 也有学者从“完善审判权力运行机制，努力实现‘让审理者裁判、由裁判者负责’；完善公开审判制度，努力实现阳光司法；完善证据制度，努力实现真实发现和程序公正的平衡；完善辩护制度，确保被追诉人得到有效辩护；完善人民陪审员参加审判制度，确保人民陪审员实质参与庭审；完善审级制度，确保审级制度功能的有效实现；优化刑事案件繁简分流的程序设计；构建具有预断排除功能的庭前准备程序；完善普通审判程序的技术设计；建立符合公正审判要求的人证交叉询问程序；健全合议庭的评议和裁判程序等”②，对庭审实质化改革提出了具体的改革建议。其他学者研究成果的路径和结论也大体和上述研究相同。③ 通过比较，我们发现，这些优秀研究成果基本上从相同的问题视角，就如何顺利推进庭审实质化进行了概括性、全面性的论述，并得出了较为一致的结论。笔者认为，这对于庭审实质化改革的初期性探索是必要的，也是推进下一步深入研究、改革应当具备的基础性沉淀。但是，我们也容易发现这些成果研究的具体论点和结论都似曾相识，比如证人出庭问题、非法证据排除问题、侦审阻断机制问题、庭前会议问题、人民陪审员问题、裁判方式改革问题、法律援助问题、繁简分流问题等，大多是若干年前就已经探讨得比较成熟的议题，以至于当我们检索与这些论点相关的文献时不免有重复研究的感叹。当然，在此并非批评学者们的研究路径，也不是否定他们对庭审实质化改革作出的贡献。相反，这给予了笔者进行研究这一论题必要的反思，并时刻提醒自己应该注意，要与已有研究成果在论证方法上有所不同。一方面，这是为了避免不必要的重复性文字堆砌，仅从比较法的视野寻求改革论据；另一方面，也是为了能与司法实践相衔接，通过实证

---

① 参见龙宗智《庭审实质化改革的路径和方法》，《法学研究》2015 年第 5 期。
② 参见孙长永、王彪《论刑事庭审实质化的理念、制度和技术》，《现代法学》2017 年第 2 期。
③ 参见汪海燕《论刑事庭审实质化》，《中国社会科学》2015 年第 2 期；熊秋红《刑事庭审实质化与审判方式改革》，《比较法研究》2016 年第 5 期。

研究发现审判实践中存在的真实问题，有针对性地提出改革建议，进而为我国的庭审实质化改革贡献一份自己的力量。因此，笔者对庭审调查实质化改革的研究，是在充分借鉴既有优秀研究成果的基础上，结合成都市两级法院的改革试点情况，就刑事庭审调查中的举证、质证、人证、认证问题进行的实证研究。

第二章　刑事庭审调查改革的案件考察

第一节　导语：为何要考察案件范围？

　　无论是从刑事司法制度的历史发展角度，还是政治和社会需求角度，我们都需要建立和保持一系列恰当的程序来将犯罪与惩罚有机地联系起来。[1] 西方国家刑事诉讼制度的变革趋势，包括英美法系的当事人进行主义诉讼结构、大陆法系的职权主义诉讼结构以及兼采两大法系特点的混合式诉讼结构，皆有缓解案件压力的替代性分流措施，如辩诉交易、刑事处罚令、快速审判程序等。[2] 这类替代性措施出现的必然结果，即使法庭正式审理程序被限定于一定的案件范围，主要适用于重大疑难案件和被告人不认罪案件。[3] 因此，刑事庭审程序若要成为践行人权保障、实现司法裁判公正的载体，必须依赖于刑事庭审的繁简分流改革，使部分案件得到实质化、精细化审理。因为从政治因素的角度看，

---

① 参见岳礼玲《刑事审判与人权保障》，法律出版社 2010 年版，第 8 页。

② See Joachim Herrmann, "Bargaining Justice-A Bargain for German Criminal Justice", *University of Pittsburgh Law Review*, vol. 53, 1992, p. 755 – 776; Carol A. Brook, Bruno Fiannaca, David Harvey, Paul Marcus, "A Comparative Look at Plea Bargaining in Australia, Canada, England, New Zealand, and the United States", *William & Mary Law Review*, vol. 57, 2016, p. 1147 – 1224.

③ A romantic view of criminal law suggests that an accused may only be convicted of a crime after a trial before a jury of his peers. In reality, however, the vast majority of criminal cases are resolved by guilty pleas. See F. Andrew Hessick III, Reshma M. Saujani, "Plea Bargaining and Convicting the Innocent: the Role of the Prosecutor, the Defense Counsel, and the Judge", *BYU Journal of Public Law*, vol. 16, 2002, p. 189.

如果以民主与法治为标准，公民不仅需要得到符合程序正义的裁决结果，也需要以能够看得见的正义方式实现，即法庭调查案件事实真相的过程。

庭审实质化改革的本质在于构建更加精密、规范的刑事审判制度，以促成当前我国刑事政策要求形成难案精审、简案快审的合理格局。此项改革承载了国家推动现代法治建设的重要使命，其实现程度将成为司法文明指数的重要标志。但我国幅员辽阔、人口众多，法院每年审理的刑事案件数量较大。根据《中国法律年鉴》统计，2015 年全年新收刑事案件1126748 件，比去年上升 8.29%，占刑事一审、二审、再审案件总数的88.53%；全年审结刑事一审案件 1099205 件，比去年上升 7.45%，判决生效被告人 1232695 人，比去年上升 4.06%；全年新收刑事二审和复核案件 143219 件，比去年上升 17.98%，占刑事案件的 11.25%，二审收案中，上诉 134729 件，占 96%，抗诉 5612 件，占 4%；全年审结刑事二审和复核案件 141155 件，比去年上升 18.70%。[1] 面对当前不断上涨且基数如此庞大的刑事案件量，法庭必须为当事人搭建一个充分表达意见和行使权利的平台，但如果将所有类型和审级案件都进行实质化审理，则无疑需要投入较多的办案资源。所以，有效的审前案件分流程序和合理的审级制度，成了事关庭审实质化改革成功的先决条件。

我国学界对于"案件分流"概念的理解，通常在狭义和广义的层面上使用，前者仅指案件程序的繁简分流，通常根据案件的复杂难易程度进行相应区分，将"争议不大、事实清楚"的案件划入简易程序以提高诉讼效率；而后者是指案件虽然进入了诉讼程序但没有经过"正式审理程序"的状态，不仅包括案件的繁简分流，还包括转处程序、辩诉交易等。[2] 也有学者将案件分流定义为包括警察在侦查中甄别情形作出不立案决定、撤销案件决定、检察官对案件不予起诉以及在审判程序中将部分案件纳入简易程序审理等一系列过滤机制。[3] 即通过构建一整套"过滤机制"，将众多刑事案件在不同阶段、不同出口分别进行相应分流，法院的正式处理程序仅处理一小部分大案要案以及被告人

---

① 参见《中国法律年鉴》(2015)，中国法律年鉴社 2015 年版，第 140—142 页。

② 参见王禄生《刑事诉讼的案件过滤机制：基于中美两国实证材料的考察》，北京大学出版社 2014年版，第 7 页。

③ 姜涛：《刑事程序分流研究》，人民法院出版社 2007 年版，第 2 页。

不认罪的案件。① 我国刑事诉讼法中的案件分流现仅限于狭义的案件分流，尽管在2012年刑诉法修改时扩大了简易程序适用范围，即简易程序不再限于三年以下有期徒刑、拘役、管制的轻刑案件，而是扩大到所有基层法院审理的、被告人认罪的一审案件，这可以在某种程度上简化案件的审理程序，进而分流出"争议不大、事实清楚"的一审刑事案件。然而，我国的刑事简易程序相较于其他法治发达国家和地区的相关制度，如德国的协商性司法制度、美国的辩诉交易制度，在制度的具体构建上差异较大，难以有效发挥简化庭审、分流案件的作用。2018年刑诉法修改新增了刑事案件速裁程序，因此，通过速裁程序、简易程序、普通程序等不同类别程序设置分流处理案件的方式，审判效率得以显著提升。不过，笔者认为案件分流问题并非仅在案件处理流程的横向维度展开，也包括纵向层面审级制度的构造，尤其是二审程序采全面审查原则或部分审查原则，涉及二审法院司法资源的投入和分配，合理的刑事二审上诉程序可避免不必要的重复审理。刑事庭审实质化改革直接外化的结果为案件审理时间的延长，因而将改革所涉及的案件范围进行合理限定，对于还原案件事实、防止冤假错案生成具有重要意义。

第二节　庭审调查改革的案件类型

根据《最高人民法院关于建立健全防范刑事冤假错案工作机制的意见》《人民法院第四个五年改革纲要（2014—2018）》《中共中央关于全面推进依法治国若干重大问题的决定》的相关规定，试点全面落实开展以庭审为中心的刑事庭审实质化改革，要努力实现诉讼证据质证在法庭、案件事实查明在法庭、辩诉意见发表在法庭、裁判理由形成在法庭，促使侦查、审查起诉活动始终围绕审判程序进行，促进审判程序特别是庭审活动的实质化。因此，庭审实质化为一种向庭审"本质"回归而避免"虚化"的动态过程，主要是指在以审判为中心的诉讼制度改革的背景下，保证庭审在查明事实、认定证据、保护诉权和公正裁判中发挥决定性作用。

---

① 姜涛：《刑事程序分流研究》，人民法院出版社2007年版，第2页。

一、与以审判为中心的异同

一种观点认为，以审判为中心的改革不是以法官、审判权或者审判阶段为中心，而是指法庭举证、质证、认证等环节的程序问题和实体权益的改革。[①] 这种观点直接将以审判为中心等同于庭审实质化，指出以审判为中心就是完善审判活动。另一种观点认为，庭审实质化改革是相对于庭审"虚化"而言的刑事审判活动的应然要求，核心在于决定被告人的刑事责任应在审判阶段的庭审，无论是采普通程序还是简易程序的审理案件，庭审实质化改革都可以防止庭审虚化，避免完全沦为审前程序的"橡皮图章"，仅为侦查、审查起诉阶段程序结论的确认。[②] 但笔者并不赞同上述观点。事实上，无论是将庭审实质化等同于以审判为中心，还是认为庭审实质化是为解决庭审的非中心问题，都存在对庭审实质化改革本意的严重认识误区。而不正确或恣意地解释庭审实质化改革的内涵和本质，可能会误导改革试点单位对案件范围的划定。

以审判为中心必然要求严格区分审前阶段和审判阶段，并着重强调审判阶段在侦诉审三阶段的中心性地位，其改革本意在于诉讼阶段的功能转换和结构调整，属于更加宏观的司法体制改革问题。[③] 法院在审判阶段的庭审活动具有程序正义的完整形态，尤其是证据资料调查、案件事实认定以及相关法律条文的适用，需要建立于两造充分质证和辩论基础上。在此过程中，被告人的程序参与权包括质证权和辩护权应该得到最有力的保障，以体现审判阶段法院对集中审理、公开审理、直接言词等原则的贯彻执行。[④] 因此，以审判为中心就是指侦诉审三阶段，以审判为中心并对诉讼结果产生终局性影响。这不同于三机关之间封闭的分段模式，即侦诉审三阶段公检法的职责分工演化为各管一段的程序自控模式，且各程序阶段为平行、并列、接力关系，审判程序对审前程序的继受和认可，使得法院的权威性、独立性被严重削弱。然而，庭审的实质化相对于庭审的表演化

[①] 参见闵春雷《以审判为中心：内涵解读及实现路径》，《法律科学》2015 年第 3 期。

[②] 参见熊秋红《刑事庭审实质化与审判方式改革》，《比较法研究》2016 年第 5 期。

[③] 参见左卫民《审判如何成为中心：误区与正道》，《法学》2016 年第 6 期。

[④] 参见魏晓娜《庭前会议制度之功能"缺省"与"溢出"——以审判为中心的考察》，《苏州大学学报》（哲学社会科学版）2016 年第 1 期。

和形式化而言，更多涉及的是微观层面的技术完善和审判机制的优化问题。对于推进以审判为中心的改革，虽然学界观点多认为在于推进庭审实质化改革，相关试点单位的改革也在此层面展开。但是，笔者认为庭审实质化与以审判为中心是较为不同的两个概念，认为二者可以等同的观点并不合理。实际上，庭审实质化改革直面的更多是庭审过程中的技术性问题，没有直接涉及三机关之间权力的再分配问题，不能将其等同于以审判为中心的司法体制改革。当然，庭审实质化改革是以审判为中心改革的一部分，对于强化法院的权威性、独立性具有促进作用。

二、能否适用于所有案件？

有学者指出，无论是何种审判程序（普通程序、简易程序）、审判方式（开庭审理、书面审理）、庭审结构（对抗式、抗辩式），在法庭审判阶段都不能"空转"，这是诉讼法理上法官保留原则最基本的要求。[①] 因而，对于重大、疑难、复杂的普通程序案件，以及适用简易程序、速决程序的案件，都要重视庭审的最终决定性作用，不能因为程序被简化而沦为审前程序的"背书"。但如上所述，如果将庭审实质化完全等同于以审判为中心，则可能陷入的另一个误区是认为实质化改革适用于所有程序案件。因为以审判为中心要求的侦查、审查起诉面向并服从审判，不仅适用于被告人不认罪案件和疑难复杂案件，也适用于简易程序、速裁程序、处罚令程序、辩诉交易程序等案件。需注意的是，英美法系国家的辩诉交易案件多数在庭前阶段达成，根本没有进入庭审对抗环节，因而不能认为这类案件适用于实质化审理。

但是否可以认为辩诉交易案件缺乏以审判为中心呢？很显然，以审判为中心在这类案件中依然得到了贯彻，因为协议达成后最终能否生效需要得到法官的批准，两造无论在实质上还是形式上仅是裁判的请求主体。虽然法官在公平交换的答辩谈判中的积极参与程度在各管辖区差距很大，大部分被告人在谈判有罪协议过程中的主要目的是减轻刑罚，但从被告人的角度来看，持王牌的人是法官，因为只有法官享有决定惩罚的权力，如果被告人能直接与法官谈判或使法官同意以明确的刑罚交换有罪答辩，被告

---

① 参见熊秋红《刑事庭审实质化与审判方式改革》，《比较法研究》2016年第5期。

人就增加了对刑罚的确定性。① 当法官认为对被告人的刑期进行辩诉交易是适当的，而检察官却不作出能够使交易变成可能不起诉决定时，法官可以建议被告人基于如下（明示或默示）理解而选择非陪审团审判，即法官将通过裁决被告人那部分阻碍法官想要判处的较低刑罚的检察官指控无罪，而创设自己的不起诉权。② 美国政府的权力分属于不同分支，借以互相牵制而取得均衡，在这样的体制内，让法官获得一部分权力和循着某些规律使用此种权力，似乎是自然而明智的。③ 同样，在大陆法系国家的简易程序中，庭审的证据调查和辩论相当简单，认罪案件通常直接围绕量刑程序展开举证、质证、辩论，但我们并不因此认为此类简式审判程序缺乏以审判为中心。例如，在日本刑诉程序中法院收到检察院简易命令请求时，必须审判该简易命令适用的程序是否合法、适用的理由是否恰当。④ 如果没有履行相关告知和说明程序，或者没有附上被追诉人对该程序的适用有无异议的文书，则检察官的简易命令请求不合法，此时，法院应立即转换为普通程序对被告人进行审理。而法院在审理后发现案件适用简易命令欠缺相关要件，如有罪明确性、科刑范围，即使检察院提交材料程序合法，法院也可以将其撤销后转为普通程序进行审理。

　　综上所述，虽然两大法系的案件分流程序都契合于以审判为中心，但不能认为庭审实质化改革可适用于被告人认罪认罚和认罪但有少数争议的简易程序案件。简易审判程序因不需要进行严格的庭审调查、辩论程序，所以很多属于严格证明法则范畴的庭审规则并不适用于这类程序。例如，台湾地区的简式审判程序，由于此新制适用简式的证据调查，故明文宣示不适用诸多严格证明之调查程序；简易判决处刑乃基于迅速原则之考量，而对于情节轻微、证据明确且已足认定犯罪的案件为之，本来无须行言词

① 参见［美］爱伦·豪切斯泰勒·斯黛丽、［美］南希·弗兰克《美国刑事法院诉讼程序》，陈卫东、徐美君译，中国人民大学出版社 2002 年版，第 386 页。
② 参见［美］乔治·费希尔《辩诉交易的胜利：美国辩诉交易史》，郭志媛译，中国政法大学出版社 2012 年版，第 207 页。In the wake of Santobello v. New York（1971），lower courts crafted Due Process doctrines through which they supervised the fairness of some aspects of the plea bargaining process. See Darryl K. Brown， "Judicial Power to Regulate Plea Bargaining"，*William & Mary Law Review*，vol. 57，2016，p. 1225 – 1276.
③ ［美］哈罗德·伯曼编《美国法律讲话》，陈若桓译，三联书店 1988 年版，第 12 页。
④ 参见［日］松尾浩也《日本刑事诉讼法》（下卷），张凌译，中国人民大学出版社 2005 年版，第 325 页。

审理，故特别规定不适用上述传闻证据法则；协商程序乃 2004 年新制，为简化证据调查之程序，故明定不适用传闻之排斥原则。这些审查程序均非认定被告有无犯罪的实体审判程序，其证据法则无须严格证明，仅以自由证明为已足。① 根据大陆地区《关于在部分地区开展刑事案件速裁程序试点工作的办法》的规定，对危险驾驶罪等 11 种犯罪和依法单处罚金刑的案件，在符合一定条件时也可以进一步简化庭审程序。所以，庭审实质化改革要求的诉讼证据质证在法庭、案件事实查明在法庭、辩诉意见发表在法庭、裁判理由形成在法庭，不适用于简易程序案件和轻罪速裁案件。

三、案件类型实证比较分析

庭审实质化改革应该如何推进才能取得预期效益呢？抑或此项改革如何进行才符合刑事诉讼程序的运行机制呢？当前已经有了一些较为明确的改革思路，成都市两级法院较早提出推进庭审实质化改革，先后得到了四川省政法委和中央政法委的充分肯定。笔者根据对成都市两级法院 2015 年 2 月至 2016 年 4 月审理的 102 件示范庭和 91 件对比庭一审案件的统计，分析发现示范庭相较于对比庭取得了一些进步，但就如何推进庭审实质化改革实践部署仍缺乏理性规划，示范庭和对比庭掺杂了大量的简易程序案件。根据表 2-1 的数据统计，简易程序案件示范庭有 6 件，约占示范庭有效案件数量的 5.9%；对比庭有 38 件，约占对比庭有效案件数量的 42%。然而，成都市两级法院改革试点选择简易程序案件作为示范庭和对比庭存在争议：第一，简易程序案件是被追诉人认罪认罚的案件，这部分案示范庭的数量较少、缺乏对比性，无法准确反映案件庭审指标的变化情况；第二，简易程序案件作为改革的对象是选择性的错误，不仅与试点实施方案的案件适用范围不符，也与庭审实质化改革的内在要求相悖。需要注意的是，示范庭简易程序迅速出现认罪比例大幅度下降，对比庭认罪率却达到 94.74%。证人出庭、律师参与辩护、辩方质证、庭前会议等，在简易程序案件示范庭也出现了类似问题。这充分说明，庭审实质化改革有碍于简易程序的适用。虽然通过对简易程序案件示范庭和对比庭

① 参见林钰雄《刑事诉讼法》（上册），元照出版有限公司 2010 年版，第 472—510 页。

各项指标的比较，可反映出改革试点给庭审程序带来的一些变化，但笔者认为简易程序案件不能作为庭审实质化改革的选择对象。

表 2 – 1　简易程序示范庭和对比庭被告人认罪认罚情况统计结果

单位：件，%

数据类型	可以查明被告人认罪情况的案件	完全认罪认罚案件	认罪但有重大争议案件			部分不认罪案件*	完全不认罪案件
			认罪但对起诉事实有重大争议	认罪但对证据合法性有重大争议	认罪但对量刑情节有重大争议		
示范庭	6/5.88	2/33.33	0	0	0	4/66.67	0
对比庭	38/41.76	36/94.74	0	0	0	2/5.26	0

＊对指控犯罪事实无异议，但对量刑有少数争议。

注：由于法定的刑事简易程序适用条件已包括被告人承认自己所犯罪行，对指控的犯罪事实无争议，因而本统计表中便无被告人对事实及罪名存在重大争议或完全不认罪的情况出现，只需统计完全认罪认罚及有少量争议的案件。

根据表 2 – 2 的数据统计，普通程序示范庭掺杂了 15 件完全认罪认罚案件、18 件认罪但有少数争议案件，分别约占示范庭有效案件数量的 18.52％、22.22％。相应地，对比庭案件也掺杂了 18 件完全认罪认罚案件、14 件认罪但有少数争议案件，分别约占对比庭有效案件数量的 36.73％、28.57％。而完全不认罪案件数量示范庭和对比庭分别仅有 20 件、10 件，约占示范庭和对比庭有效案件数量的 24.69％、20.41％。《成都市中级人民法院刑事庭审实质化改革试点实施方案》的案件范围明确规定，按照庭审实质化要求开庭的案件，目前主要限于两造对案件事实认定较难、证据争议较大的一审案件；对符合轻罪快处审理机制、被告人全部认罪的简单案件以及职务犯罪案件，不适用刑事庭审实质化要求，通过推行繁简分流和专业化审判相结合，建立难案精审、简案办快的合理格局。实际上，成都市两级法院的改革试点案件真正符合实质化改革的不到 47％。另外，虽然试点方案明确规定庭审实质化改革不适用于职务犯罪案件，但统计发现，示范庭和对比庭都分别有 4 件职务类犯罪案件，分别占示范庭和对比庭有效案件数量的 3.92％、4.40％（见表 1 – 4）。因此，相关试点单位并没有切实遵循改革试点方案的要求。笔者赞同左卫民教授在成都市两级法院庭审实质化改革推进会议上提出的案件类型选择方案，即庭审实质化改革的突破口在于被告人不认罪案件，且主要适用于职务犯罪和被告可能被判处死刑案件。职务犯罪案件高度依赖口头化证据，主要是被告人供述和证人证言，但这类证据具有高度的不稳定性，在庭审中容易发生被告人翻供和证人改变证言问题。职务犯罪也是律师辩护最为愿意出庭的案件，两造极易形成对抗局面。被告人可能被判处死刑的案件不仅具有上述职务犯罪案件的特征，也与被告人可能被剥夺生命权紧密相关，对此应该尤其慎重以避免酿成不可挽回的冤假错案。

表 2-2　普通程序示范庭和对比庭被告人认罪认罚情况统计结果

单位：件，%

数据类型	可以查明被告人认罪情况的案件	完全认罪认罚案件	认罪但有重大争议案件			认罪但有少数争议案件	完全不认罪案件
			认罪但对起诉事实有重大争议	认罪但对证据合法性有重大争议	认罪但对量刑情节有重大争议		
示范庭	81	15/18.52	17/20.99	4/4.94	7/8.64	18/22.22	20/24.69
对比庭	49	18/36.73	5/10.20	0	2/4.09	14/28.57	10/20.41

注：本表统计的案卷中，有部分案件是多被告人或者一被告被控多罪的情况。因此，为了确定被告人认罪情况与庭审情况的关系，表中的统计结果是：一案中，部分被告人认罪，部分被告人不认罪或认罪但有异议时，以异议最大者为统计参考值。例如，在某多被告案件中，一名被告人完全不认罪，另一名被告人认罪但有少数争议，其他被告人完全认罪，则在统计时列入完全不认罪一列。

第三节　庭审调查改革的案件审级

我国刑事二审程序采全面审查原则，既要审查事实认定是否准确，又要审查法律适用有无错误。全面了解案情并考虑上诉、抗诉的理由是否充分，可以使已上诉和未上诉被告人的错误判决得到纠正。成都市中院的改革方案虽然将案件范围限于两造对案件事实认定较难、证据争议较大的一审案件，但示范庭对二审程序案件也有所涉及。二审程序采全面审查原则的弊端较多，有必要在厘清一审、二审功能基础上，结合我国审级制度的改革对实质化审理的案件范围从纵向层面进行限定。

一、强化一审的中心地位

1. 以一审为中心改革的缘由

以一审为中心可从以下两方面进行理解：一是在侦查、审查起诉、审判三阶段中，侦查、审查起诉应该面向审判、服务审判，审判为案件事实认定和法律适用的决定环节；二是在一审与上诉审（包括控诉、上告和抗告）的审级制度中，一审程序应该是最为重要的审级，在庭审程序运行和被告人权利保障方面最为完整。因为诉讼程序的动态性必然使裁判者心证随着一审程序的推进和之后审级的改变发生变化，但就案件事实的认定、法律的适用而言，一审程序相对于上诉程序更具优势，因而在案件范围审级的选择上应该以一审为中心，即着重实现一审程序案件的实质化。但由于多方面原因，我国的一审庭审程序并未成为案件事实认定的中心。[①] 一方面，这与现阶段我国刑事诉讼构造注重发现真实有关，因而在审级制度上未能严格区分法律审和事实审，二审法院可以对一审法院尚未生效的案件进行全面审查；另一方面，部分下级法院担心上级法院推翻自己的判决结果，其往往倾向于就与案件相关的事实和法律问题向上级法院请示汇报，导致下级法院的裁判权被不当上移，下级法院事实认定、法律适用功能被虚置。然而，刑事一审程序中心地位的下降可能带来的问题是二审程序和死刑复核程序纠错功能的丧失，裁判权的不当转移也可能带来一定的责任风险，尤其是死刑案件的判决。

虽然一般普遍认为二审法官的资历、素质、经验要高于一审法官，能够准确地认定案件事实和适用法律，同时也可以有效减少、消除各种地方性案外因素的不当影响，但就案件事实的认定而言，学界普遍认为一审程序要优于二审程序。蔡墩铭教授认为，以今日最优制度来看，今日立法例的趋向是以事实审理于第一审为中心，而将采事后审。如此方能一方面疏减讼源，避免事实证据的重复浪费；另外也借助周遭措施如起诉状一本主义、诉因制度、传闻证据法则等加强第一审当事人主义的功能色彩，检察者起诉、追诉更加落实证据与实体法的结合，同时也能兼顾被告的防御及

---

① 参见孙长永、王彪《论刑事庭审实质化的理念、制度和技术》，《现代法学》2017 年第 2 期。

人权。① 陈朴生教授在更早时候指出，复审制度是第一审判决经上诉部分的完全重复审理，不免有轻视第一审程序趋向而造成当事人的滥诉情况。况且，第二审程序的审理距离案发时间和场所相较第一审程序为远，其获得的证据资料可能因时间流逝失去其可靠性、真实性。② 另外，建构第一审刑事诉讼程序之进行，系以践行交互诘问制度、实质地发现真实为重心，第一审程序在新制度之设计上，系定位为坚实之事实审，而第一审既已花费大量之人力、物力，由两造在第一审充分利用审判期日进行攻击、防御之行为，其结果，即不应再由第二审法院重复浪费人力、物力，徒耗宝贵之司法资源……第一审程序，系以发现犯罪事实为重心，原则上若无判决或诉讼程序违背法令之情形，第一审所为之判决应受到全面性之尊重与支持。③ 基于此，通过庭审实质化改革强化一审程序的中心地位，是在纵向层面优化我国刑事审级制度的必然要求。相应地，庭审实质化改革案件范围应主要限定于一审程序。

2. 域外审级制度重心的构造

西方法治国家审级制度的显著特点是法律适用的上行权威结构，但事实认定问题则相反，权威性整体上呈下沉趋势。④ 在美国，大多数上诉仅提出一个或两个有争论的问题。被判决有罪被告人的辩护律师必须制作一份上诉状，以概括反映被告人对原审有罪裁判的质疑，即针对原审法院裁判的错误（主要是原审法院违背法令）。上诉状声称事实和引用支持己方主张案件遵循了不正当或非法程序的判例法和制定法。对所有的错误原审法院（一审法院）都必须有庭审记录。上诉方提交上诉状后由被上诉方提交一份答辩状，主张上诉法院应该裁定原审法院遵循了公平和合法程序。⑤ 一审法院实际上在整个诉讼程序中应居于核心地位，特别是在案件事实的认定方面，针对原审法院的上诉原则上仅限于法律适用问题，而对事实问题几乎没有上诉的可能性。为确保一审判决的中心地位，贯彻当事

① 蔡墩铭：《两岸比较刑事诉讼法》，五南图书出版公司 1996 年版，第 368 页。

② 陈朴生：《刑事证据法》，海天印刷厂有限公司 1979 年版，第 62 页。

③ 参见黄翰义《程序正义之理念（二）》，元照出版有限公司 2010 年版，第 213 页。

④ 参见魏晓娜《以审判为中心的刑事诉讼制度改革》，《法学研究》2015 年第 4 期。

⑤ 参见［美］爱伦·豪切斯泰勒·斯黛丽、［美］南希·弗兰克《美国刑事法院诉讼程序》，陈卫东、徐美君译，中国人民大学出版社 2002 年版，第 553—554 页。

人进行主义以及确保诉讼经济，美国联邦法院确立了以下重要规则。[1] 第一，未提出视为放弃法则是指除了少数例外的情形外，对于一审法院的错误，两造如果没有在原审程序中指出并要求保留其权利，则不得在二审程序中主张。[2] 例如，检察官提出某实物证据，辩护方在审判中未主张证据为非法取得，嗣后即不得再以证据非法取得作为上诉之理由。第二，无害错误法则是指虽然一审法院有错误，但如果裁决结果的生成对其显著权利无害，则不再发回重新审判。[3] 在判断错误是不是无害错误时，上诉法院应当检视全部卷宗，判断系争证据若为正确之取舍，是否会影响被告显著之权利。第三，检察官原则上不得就无罪判决提起上诉。美国联邦最高法院表示，刑事被告受宪法上禁止双重危险规定的保护，在一审经历审判之危险与痛苦而判决无罪后，如容许检察官就无罪判决上诉，会使被告因同一犯罪遭受双重之危险。[4] 第四，一审判决无须撰写判决书，第二审程序原则上只审查法律问题而不审查事实问题，除了审查卷宗外不得接受当事人提出新的事实和提交新的证据。

部分大陆法系国家和地区采取三审终审制，有关案件事实的争议止于第一次上诉，而第三审一般针对的是法律适用问题。从不同审级启动的条件来看，一审是二审的基础，未经一审上诉的案件，不能进行二审之审判；从功能的区分来看，一审是回应公诉和辩护的全面审理，而上诉审是救济程序，可以对部分案件进行纠错，但作为救济程序的上诉审无法起到保障案件质量的基础性作用。证据裁判主义要求依靠证据认定案件事实，而一审相较于上诉审具有以下三方面优势。一是一审程序离案发时间和场所较近，证据资料的真实性、可靠性较强，毕竟离案发时间越近证人的记忆越清晰，而物证、书证等的提取、保管、固定更容易，且遗失、毁灭的风险较小。二是一审程序是关于定罪与量刑的全面审理，对于普通程序案件需要集齐各方面的证据资料，以便于全面地调查与案件相关的事实和证据。

---

[1] 参见王兆鹏《美国刑事诉讼法》，北京大学出版社 2014 年版，第 683—702 页。

[2] The historical development of "raise or waive" and its narrow exception. See Nicholas Nybo, "Preserving Justice: A Discussion of Rhode Island's Raise or Waive Doctrine", *Roger Williams University Law Review*, 2015, vol. 20, p382 – 386.

[3] Harmless error in American criminal case. See Stephen A. Saltzburg, "The Harm of Harmless Error", *Virginia Law Review*, vol. 59, 1973, 998 – 1010.

[4] See Anne Bowen Poulin, "Double Jeopardy Protection against Successive Prosecutions in Complex Criminal Cases: A Model", *Connecticut Law Review*, vol. 25, 1992, p108 – 114.

一审之后的其他上诉程序，一般仅围绕有争议的问题展开，而无争议的问题仅作形式审查。三是首次审判证据资料受到污染的可能性较小。例如，证人在出庭作证时应当隔离于法庭，而被告人、被害人提供陈述也应当尽量让他们首先独立陈述，之后才让他们作为诉讼当事人和参与人接触其他证据资料；共同被告则应首先独立供述，然后再相互对质并参与其他证据调查。① 总之，一审程序调查的证据资料，证人、鉴定人、被害人等尚未了解案件的全部信息，因此初次作证时受到其他证据资料的干扰较小。

3. 以一审为中心改革的进路

2014 年 10 月中共十八届四中全会通过的《中共中央关于全面推进依法治国若干重大问题的决定》，在优化司法职权配置部分明确规定，"完善审级制度，一审重在解决事实认定和法律适用，二审重在解决事实法律争议、实现二审终审，再审重在解决依法纠错、维护裁判权威"。根据这一改革要求，成都市中院在《刑事庭审实质化改革试点实施方案》中也明确对一审普通程序的改革提出了要求。② 笔者认为，为强化刑事一审程序的中心地位，贯彻庭审实质化改革的相关要求，有必要确立以一审为案件审理中心的诉讼理念，并主要从以下几方面着力。

第一，完善主审法官责任制，强化合议庭职责。庭审功能的强化与完善主审法官责任、强化合议庭职责存在密切关联。有必要通过司法责任制改革加强对法官和合议庭的监督，全面落实由审理者裁判、裁判者负责，以防止因司法腐败而酿成冤假错案。

第二，减少审判委员对案件事实的把关，更多发挥其法律适用的指引功能。长期以来，我国司法实践存在审而不判、判而不审的现象，特别是大案要案、疑难案件的事实认定和法律适用，需通过以院、庭长为主要成员的审委会把关，但这明显有违司法活动的亲历性要求。如果确实需要审委会对案件事实进行把关，则参与案件讨论的审委会成员必须亲自听审案

① 参见龙宗智《论建立以一审为中心的事实认定机制》，《中国法学》2010 年第 2 期。
② 刑事案件一审程序应当通过庭前程序和开庭审理，查明案件的全部事实，包括定罪事实和量刑事实，核实控辩双方的指控、辩护意见，全力解决认定案件事实问题，实现一审重在解决事实认定的改革要求。同时，努力提升一审法官解释和适用法律的水平和能力。一审法官应当着力发现法律，全力查找与本案有关的所有法律、司法解释和相关判例，并努力追求对法律的正确理解、解释和适用；应当在口头宣判或裁判文书中完整准确地阐释所适用的法律及理由。参见成都中院《全省法院刑事庭审实质化改革工作推进会资料汇编》，2016，第 31 页。

件，否则不得径行改变合议庭对案件事实的认定。

第三，重视庭审笔录制作的完整性，以作为一审裁判的主要依据。如果一审、二审程序合议庭仍以庭前公诉机关移送的卷宗，而不是通过庭审调查、辩论后形成的笔录为案件最终判决的依据，我国的刑事审判仍难以摆脱侦查中心主义的困扰，庭审实质化改革要求以一审为中心的努力也会化为泡影。随着一审程序查明案件事实基础性作用的丧失，两造更多会寻求二审程序的全面审理。这不仅会造成上诉法院有限司法资源的消耗，也会影响一审程序判决的权威性和安定性。因此，实现以一审为中心的事实认定机制，必须注意庭审笔录制作的完整性，一审、二审合议庭需要认真对待一审庭审形成的笔录，并以此为裁决和审查的主要依据。

第四，规范一审法院向上级法院的请示汇报，避免一审程序功能的虚置和转移。当前我国司法活动的行政化倾向，与司法体制和司法环境层面的因素存在较大关联。在法院和法官缺乏独立性保障的情况下，法院内部和法院上下级之间科层化管理模式强化在所难免，内部的请示汇报较为普遍。但就案件事实、证据以及法律问题向上级法院请示汇报，不仅有违诉讼程序的运行规律，也严重削弱了一审程序的权威和功能。笔者认为，应该严格限制下级法院就事实和证据认定向上级法院不当转移。因为上下级法院之间缺乏规范性的请示汇报，必然会导致两审终审制的异化，进而不当限缩当事人寻求上级法院诉讼救济，也容易造成下级法院对上级法院过度依赖。当然，在特殊情况下独任法官或合议庭也可以就相关法律适用问题咨询上级法院。

第五，加强基层法官队伍建设，努力提高法官的素质。一审程序相对于二审程序来讲具有较为良好的审理条件，要保证案件审理质量就需要将重心放在一审程序。因此，加强基层和中级人民法院建设就显得尤为必要，而法官队伍素质的提高事关案件审理质量和纠纷、冲突的妥善解决。

二、突出二审的救济功能

一种观点认为，庭审中心主义仅适用于一审而非救济审程序，但为充实庭审，实现庭审实质化的要求，实质化审理适用于我国刑事二审程序。[①]

---

① 参见龙宗智《庭审实质化改革的路径和方法》，《法学研究》2015 年第 5 期。

另一种观点认为，在纵向之审级结构上，应适当调整第二审程序和死刑复核程序的功能，确保一审程序在证据调查、事实认定上的中心地位。[①] 前者主要就二审上诉程序检察官控诉职能不足、自身角色定位不清、案卷庭审笔录利用、法官素质、案外因素影响等方面进行论述，极力主张应加强二审上诉程序的实质化审理，同时指出精细化审理对于改善当前二审程序救济功能不足大有裨益。后者主要从二审的纠错功能、程序重心上移的危险、社会矛盾分散处理等方面，认为高质量的一审程序可以确保案件审理质量和缓解上级司法机关的压力，并指出二审上诉程序应主要体现其救济功能而非监督功能。因此，对于以审判为中心视野下的庭审实质化改革的案件范围，不同学者由于分析问题的出发点和着力点不同，在案件审级的选择上得出了截然不同的结论。有鉴于此，笔者拟对刑事二审上诉程序的类型划分、域外模式、功能定位以及我国审级制度未来可能的改革路径进行论述，以期能对当前正在进行的庭审实质化改革，在案件范围的审级纵向选择上有所助益。

1. 二审上诉程序的类型划分

按不服地方法院之第一审判决而向管辖第二审之法院所为之上诉，称为第二审上诉，在立法体例上之第二审上诉制度，主要有复审制、续审制以及事后审查制。第一，复审制是上诉审法院就原第一审调查之证据资料，重新重复审理之意，包括原审程序中尚未发现的新证据和新事实，由裁判者重新调查后予以裁判，不受原审程序的拘束，对于案件为完全之重复审理，固得发现事实，但违背诉讼经济。第二，续审制是第二审程序继续第一审程序的诉讼机制，凡在第一审程序所为的诉讼行为在第二审程序中也有效力，但除依原第一审所调查之证据资料外，当事人得提出新攻击防御方法，在第一审就事实或证据未为主张或陈述者，得追加之，第二审对此后续发现之新事实、新证据，予以审理调查，对于原审所调查之证据资料，不必重复调查，法官就原审与后续发现所调查之证据资料，形成心证而认定事实，如与原审认定一致则驳回上诉，如不一致则撤销原判决后自为判决。一般认为符合司法经济原则，但违反直接审理主义原则。[②] 第三，事后审查制不允许两造在上诉审程序提出新证据或新事实，仅可依据原审卷宗

---

① 参见魏晓娜《以审判为中心的刑事诉讼制度改革》，《法学研究》2015 年第 4 期。
② 参见黄翰义《程序正义之理念（二）》，元照出版有限公司 2010 年版，第 209 页。

证物审查原审判决有无错误。事后审查又分为两类。一是法律审查。仅审查原审适用法令有无违法，但对事实认定有无错误，不予审查。二是法律与事实同时审查。上诉审同时审查原审认定事实与适用法律有无错误。[1]可见，不论采复审制或续审制，两造皆可于上诉审提出新的事实和证据，上诉审法院应依原审证据和上诉所提出的新证据，重新对事实进行认定。

2. 境外二审上诉程序的模式

如果将美国的刑事上诉审程序称为监督模式，而将全面审查证据和事实的上诉审程序称为复审模式，则大陆法系国家之上诉审程序融合了二者的共同特点，二审上诉程序基本上参照一审程序来进行，既审查一审程序的法律适用是否准确，也审查一审程序的案件事实认定是否可靠，因此是一种事实审加法律审的程序模式。[2]上诉权主体对裁判提出异议的方法有控诉、上告、抗告、再审请求、非常上诉等。其中，上诉包括控诉、上告和抗告。上诉是指上诉权人对于下级法院尚未生效的判决声明不服，并请求上级法院变更或撤销原判的法律救济程序。[3]控诉、上告、抗告均为针对未确定之判决、决定，向上级法院声请不服之方法，以请求上级法院为法律救济之程序。具体而言，控诉是指不服第一审之判决，向该管第二审法院之上诉；上告则是指不服第二审判决向第三审法院之上诉；抗告为不服决定之上诉。[4]在现代刑事诉讼中，二审的审判范围因"是否受提起理由的限制"可划分为两种制度：一是部分审查；二是全面审查。部分审查制具体可分为法律审和事实审，前者仅对案件适用的法律进行审查，后者需要对原审法院认定的案件事实重新进行审查。[5]但这两种审查方式都属于部分审查，只限于两造在上诉状中申明不服的部分，其他的上诉审程序通常不会重新审理，但有例外。

当前，多数法治国家实行的是部分审查制，对法律问题予以普遍救济，但在事实问题的认定与救济上略有区别。德国是实行部分审查制的典

---

[1]　参见王兆鹏《美国刑事诉讼法》，北京大学出版社 2014 年版，第 682 页。

[2]　参见易延友《我国刑事审级制度的建构与反思》，《法学研究》2009 年第 3 期。

[3]　林山田：《刑事程序法》，五南图书出版股份有限公司 2004 年版，第 661 页。

[4]　参见林钰雄主编《新学林分科六法：刑事诉讼法》，新学林出版股份有限公司 2011 年版，第 A-941、A-979 页。

[5]　参见陈卫东、李奋飞《刑事二审"全面审查原则"的理性反思》，《中国人民大学学报》2001 年第 2 期。

型国家。《德国刑事诉讼法典》第 327 条、第 352 条①分别就上告审和上诉审的范围作了明确规定。"上诉制度有两个目的，即保证原审法院对案件的判决根据程序法和实体法作出，以及实现法律解释的统一。后者被认为是大陆法系的典型特征，通过上诉制度的流线作业和确保每一个重要事项都能最终得到最高法院的权威认定，从而避免对同一事项的不同法律解释。因此，如果一个州上诉法院希望偏离联邦刑事上诉法院，或者另一个州上诉法院以前的决定，它就有义务将案件提交联邦上诉法院进行审查，以确保获得对法律的统一解释。"② 我国台湾地区"刑事诉讼法"第 348 条规定（上诉范围、上诉不可分原则）："Ⅰ上诉得对于判决之一部为之；未声明为一部者，视为全部上诉。Ⅱ对于判决之一部上诉者，其有关系之部分，视为亦也上诉。"第 366 条关于第二审调查范围明确规定，第二审法院应就原审法院的判决经上诉的部分进行调查。当事人不服第一审判决之一部者，不必审判其全部，故第 348 条第 1 项许为一部控告，但当事人若不明示不服之一部者，审判机关不能擅为限定，故设第 2 项限制，以全部控告论。若当事人明示不服之一部，而其性质涉及其他部分者，审判机关应就其他部分亦为审判。例如，被告以刑罚过重而控告，则非调查事实与法律问题全部不能断定其主张之当否，此种一部之控告，即应以控告全部论也。因此，控告审对于原判决之内容，只应裁夺其当否，故调查之方法，唯以主控告人及从控告人不服之点为限，不应推及于范围以外。③ 部分审查之规范目的及实际效益，可以从法院负担、当事人利益以及审级结构三方面加以观察：就当事人利益而言，部分上诉既有利于其攻击防御，又合乎其上诉目的良法美制，因为在经过原审的攻击防御之后，被告及检察官对于案件之争点已经相对清楚；就法院之负担而言，本于资源和能力的有限性，必须作最有效的运用，这也是部分上诉制度的缘由，在第二审采复审制的上诉审级结构之下，尤见其效用；而从审级结构来看，会产生

---

① 第 327 条规定："法院的审查仅限于判决被提出异议的范围。"第 352 条规定："上告法院的审查仅限于提出的上告申请，如果依据程序错误提出上告，则仅限于提出上告申请时所称的事实。无需在上告申请中提出第 344 条第 2 款规定以外的其他上告理由，即使提出的这些理由不正确，也不影响上告的申请。"《德国刑事诉讼法典》，宗玉琨译注，知识产权出版社 2013 年版，第 234、243 页。

② ［德］托马斯·魏根特：《德国刑事诉讼程序》，岳礼玲、温小洁译，中国政法大学出版社 2003 年版，第 215 页。

③ 参见林钰雄主编《新学林分科六法：刑事诉讼法》，新学林出版股份有限公司 2011 年版，第 A-795、A-829 页。

第一审功能被架空，诉讼重心移往第二个事实审的疑虑。[①] 在日本，作为请求救济的上诉需要存在原审法院对上诉请求者进行了不当或不利的裁判，但法律并没有限定上诉理由，也不承认对所有的不当或不利提出上诉（上诉理由限定主义，第384条、第405条、第419条）。另外，对于驳回公诉、免诉、无权管辖的裁判，被告人既不能主张无罪也不能提出上诉。[②]《日本刑事诉讼法》第357条（部分上诉）规定："上诉，可以对裁判的一部分提起。没有限定一部分上诉时，视为对裁判的全部提出上诉。"第392条"调查范围"规定："控诉法院应当对控诉旨趣书记载之事项进行调查。控诉法院对控诉旨趣书没有记载的内容，但与第377条至第382条及第383条规定的事由相关的事项，也可以依职权进行调查。"所以，日本刑事上诉制度采取的是部分审查原则，上诉人可就案件裁判的部分提出上诉，当上诉书没有限定上诉范围时，法院将之视为上诉人对裁判结果的整体上诉。

3. 二审上诉程序的功能定位

苏联为纠正一审裁判的错误以提高一审法院的工作质量，在刑事二审程序中建立了一种特殊的重新审查制度即检查原则，因此二战后最早在刑诉法典中明确规定二审法院采全面审查原则的国家当属苏联，由于在法治建设初期我国深受苏联法律的影响，早期及随后修订的刑诉法和司法解释均采取的是全面审查原则。[③] 我国1979年、1996年、2012年、2018年《刑事诉讼法》分别在第134条、第186条、第222条、第233条规定，"第二审人民法院应当就第一审判决认定的事实和适用法律进行全面审查，不受上诉或者抗诉范围的限制。共同犯罪的案件只有部分被告人上诉的，应当对全案进行审查，一并处理"。有论者指出，对于二审案件的全面审查，不受上诉、抗诉的限制，主要是考虑到我国实行的两审终审制，赋予有关当事人及其他诉讼参与人的救济机会有限；同时，提起上诉的有关当事人及其他诉讼参与人的文化、法律水平有限，难以有针对性、有充

---

① 参见林钰雄《刑事诉讼法》（下册），元照出版有限公司2010年版，第308页。

② 参见［日］田口守一《刑事诉讼法》，张凌、于秀峰译，中国政法大学出版社2010年版，第353页。

③ 《苏维埃刑事诉讼法典》第412条规定："第二审法院审查上诉状中对判决声明不服的事项外，每次必须审查案件的全部范围，检查判决是否合法和有根据。"陈卫东、李奋飞：《刑事二审"全面审查原则"的理性反思》，《中国人民大学学报》2001年第2期。

分根据地提出上诉理由。因此，全面审查原则可以充分保障他们的上诉权，也有利于维护司法公正。① 但笔者并不赞同此观点。实际上，如果把控诉审理解为重审或续审，则控诉审的审判对象与第一审完全相同；而如果把控诉审理解为事后审，则原审判决是控诉审的对象。② 二审法院基于全面审查原则的要求，其审查范围可不受上诉方诉讼请求的限制，裁判者既可审查检察官或被告人已提出抗诉、上诉的部分，也可审查其尚未提出抗诉、上诉的部分，尤其是共同犯罪的案件裁判者需要审查提出上诉的被告人和没有提出上诉的被告人。这种控审不分状况使我国二审上诉程序功能可能被扭曲。③ 因为法院作为中立的第三方裁判者，不能依职权主动审理未向其提出诉讼请求的案件，也不能超出争议范围就受理案件进行裁判。全面审查原则下的续审制背离了司法的中立性、被动性，也有违诉讼的经济性和稳定性，此时负责案件审理的法官已不再仅为案件的裁判者，而是成了具有积极主张的当事人。

二审上诉程序的功能主要体现在以下两方面，二审上诉程序可通过对案件事实和法律适用的审查对第一审裁判者进行约束，以提高一审程序裁判者案件事实认定和法律适用的准确性，确保最终裁判结果的正确性、正当性；二审上诉程序可通过程序性要素的满足来为受到不利裁判一方提供发泄途径，对一审认定事实和适用法律再次确认以增强裁判的权威性。④ 但是，在二审上诉制度方面，似不宜就上诉案件为重复审理，甚且，对于人力及物力之资源有限的第二审而言，实际上并无法继续采行与第一审同样之诉讼形态，为兼顾减轻上诉审审理之负担，完全复审制之第二审结构，将是未来制度无法避免的问题，原则上应由第二审法院仅就第一审之"判决"（原判决对象说）本身或所进行之诉讼程序是否违法予以审查，而非重复审查犯罪事实或以形成心证为中心。⑤ 日本现行法承认控诉审的职权调查，但对原判决对象说存在不同观点。一种观点认为，原判决本身

① 参见樊崇义主编《刑事诉讼法学》，法律出版社 2016 年版，第 403 页。
② 参见［日］田口守一《刑事诉讼法》，张凌、于秀峰译，中国政法大学出版社 2010 年版，第 356 页。
③ 参见陈卫东、李奋飞《刑事二审"全面审查原则"的理性反思》，《中国人民大学学报》2001 年第 2 期。
④ 参见易延友《我国刑事审级制度的建构与反思》，《法学研究》2009 年第 3 期。
⑤ 参见黄翰义《程序正义之理念（二）》，元照出版有限公司 2010 年版，第 213—214 页。

是上诉审的审理对象，依职权调查当事人提出上诉理由之外，是否还存在撤销原判决的理由，需要对原审裁判进行综合审查。另一种观点认为，当事人提出的上诉理由是上诉审的审理对象（申请理由对象说），需要通过审查上诉理由来审查原判决。由于上诉审的主要目的是统一法律解释和救济提出异议申请的当事人，因而后说是妥当的。[①] 由上可知，二审上诉程序对事实认定和法律适用实行全面审查原则，无益于当事人权利的救济，也不利于诉讼资源的合理分配和诉讼效率的提高。而二审程序采取部分审查原则的事后审查制，既可发挥二审上诉程序的纠错功能，也有利于吸纳当事人对一审裁决的不满。

4. 我国二审上诉程序的改革路径

有学者指出："大陆刑事诉讼法对第二审之规定不多，对于未规定之事项依 141 条（1979 年刑诉法），应参照第一审之程序，至于如何参照则完全由法院决定。实务上多采书面审理的方式及庭外调查讯问的方式，与理论上台湾地区本诸直接审理主义的要求，非经直接调查之证据，不得作为判决基础不同。但台湾地区实务上审判期日所践行的调查证据程序，系多以讯问被告及提示证物或宣读证据书类，在职权进行主义的状况下，并非以讯问证人为中心，与直接审理所要求的心证全来自审判期日的要求仍有一段距离。"[②] 虽然大陆地区 2018 年《刑事诉讼法》第 233 条仍然延续了 1979 年、1996 年、2012 年《刑事诉讼法》全面审查原则，并在第 234 条中明确了应当开庭的几种情形，但问题在于是否有必要完全贯彻全面审查的基本要求呢？如前所述，二审上诉的全面审查制存在明显缺陷，而部分审查制则明显具备诸多优势。对此，成都中院的改革试点方案明确提出："二审应当在审查一审查明的事实和适用法律的基础上，实现重在解决事实法律争议、两审终审的改革目标，并且注重裁判规则的建立和提炼，努力追求司法统一。二审法官应当结合二审的特点，以详细阅读上诉状、辩护意见、一审庭审笔录和裁决文书，以及讯问上诉人为基础和主线，按照《刑事诉讼法》第 234 条和《最高人民法院关于适用〈中华人民共和国刑事诉讼法〉的解释》（简称《高法解释》）第 317 条的规定，决定是否开庭。二审不应当为单纯追求效率对应

① 参见［日］田口守一《刑事诉讼法》，张凌、于秀峰译，中国政法大学出版社 2010 年版，第 356 页。

② 参见蔡墩铭《两岸比较刑事诉讼法》，五南图书出版公司 1996 年版，第 368—369 页。

当开庭审理的案件不开庭审理，也不应当为完成开庭指标而扩大开庭审理的范围。二审庭审应围绕上诉、抗诉理由的有关事实和适用法律，就不服一审判决内容以及两造对事实认定和法律适用的争议焦点进行庭审调查和组织辩论。当事人没有提出请求的，可以简化审理；一审判决明显违反法律规定，而两造没有提出的，二审应当审理。"① 虽然成都中院的改革方向大致正确，但受既有法律制度的约束，并没有就二审案件如何改革作出明确规定。例如，二审上诉审是采取全面审查还是部分审查；在二审上诉审部分案件全面审查的背景下，庭审实质化改革的案件范围应该如何划定，是否有必要完全参照第一审程序的规定进行。

笔者认为，二审上诉程序应该采取部分审查原则而不是全面审查原则。根据前述"申请理由对象说"的观点，上诉审应当从保障当事人尤其是被告人主张的角度进行职权调查。事后审是以当事人提出上诉主张为中心，这是上诉审的基本原则，职权调查只不过是这种原则的补充，一审程序中的职权主义和当事人进行主义之间的关系，在上诉审中也同样适用。根据这种理解，检察官对科刑上一罪的无罪部分没有提出上诉主张，但若被告人对原审有罪部分提出控诉主张，则原审无罪部分就不是两造的攻防对象，也不是上诉审程序的审判对象，因此不属于上诉审的职权调查范围。② 事后审查之上诉程序与审判程序截然不同，上诉法院并非属于代替审判法院行使事实认定之法院，上诉之提起系针对审判程序中，事实认定过程之程序违反或规范违反之部分加以审理，如对于有罪或无罪之事实认定无影响时，原审之事实认定亦不会被撤销，上诉审所要审查之对象，乃是原审判决，而非犯罪事实。③ 刑事一审程序进行实质化审理之后，二审上诉程序主要应该采取事后审查制，特殊情况下可采取续审制。例如，如果两造对第一审认定的事实、证据提出异议，可能影响定罪量刑的上诉案件，则二审法庭应对此进行实质化审理。毕竟，对于一审尚未调查或查清的重要事实和证据，可能影响案件事实的认定和法律的准确适用，对此二审法庭有必要开庭进行严格审理。但整体上看，刑事一审普通程序应该强调其严格性和正当性，而二审程序主要体现其程序救济的性质。二审上

---

① 参见成都中院《全省法院刑事庭审实质化改革工作推进会资料汇编》，2016，第31页。
② 参见［日］田口守一《刑事诉讼法》，张凌、于秀峰译，中国政法大学出版社2010年版，第356页。
③ 参见黄朝义《刑事诉讼法·制度篇》，元照出版公司2002年版，第165页。

诉案件原则上不属于庭审实质化改革的案件对象，仅在少数特殊情况下可将其纳入实质化的审理范围。

第四节 如何迈向实质化的案件审理

从 1996 年、2012 年、2018 年《刑事诉讼法》的修改来看，我国刑事诉讼构造从传统的强职权主义模式，逐步迈向控辩式刑事审判模式。而以审判为中心诉讼制度改革的顶层设计，从刑事政策面向为我国刑事诉讼制度继续沿着对抗式庭审模式发展提供了动力，并以此试图在我国刑诉法中确立对一审普通程序案件实质化审理的庭审构造改革，但当前的刑事庭审似乎还难以承受对抗式改革要求所带来的技术和观念冲击。实现庭审的对抗意味着两种诉讼状态的实现：一是法官无预断且居中消极，两造在法庭上有充分辩论的空间；二是法庭审判对案件的裁决起决定作用，案件的裁决结果是基于庭审得出。[1] 法庭审理阶段是整个刑事诉讼过程的关键环节，被告人被指控的犯罪行为是否符合犯罪构成，以及是否承担刑事责任和刑罚，应取决于法庭审理过程中对全案事实和证据的调查与综合判断。[2] 因此，法庭作为被追诉人获取最后正义的"关卡"，其审判方式到底是"形式化"还是"实质化"，就成了评判被追诉人权利是否得到有效保障的重要指数。特别是以审判为中心下的刑事庭审实质化改革，使得法庭审理程序的重要性重新得到回归，并成为学界和实务部门关注的焦点。我们可以发现刑事审判程序理想模式的大致轮廓，即控辩审三方的主体性功能应得到充分有效发挥，而不再受到人为的压抑或限制。当然，这样做的前提是法官与两造均能在其诉讼职权范围内进行活动。这种混合式审判模式的出现，给我们带来了一种启示：刑事诉讼程序应该兼顾实体真实和程序公正两大目标，必须吸纳审问式和对抗式的优势，使这两种程序的合理要素都能发挥积极作用。

---

[1] 葛琳：《证明如同讲故事？——故事构造模式对公诉证明的启示》，《法律科学》2009 年第 1 期。

[2] 陈光中主编《〈中华人民共和国刑事诉讼法〉修改条文释义与点评》，人民法院出版社 2012 年版，第 278 页。

　　庭审调查在我国诉讼理论和司法实践中又被称为"法庭调查"或者"证据调查"，它是审判程序的核心和关键环节，两造用于支持本方诉讼主张的证据资料，必须要经过法庭调查才能作为法院裁决案件的依据。[①]法院对于任何一个通过普通程序审理的刑事案件，特别是对案件事实、证据争议较大，被告人不认罪的一审案件，最终都应当取决于庭审调查后形成的结论。证据调查需依照严格证明法则，也就是法院需以法定之证据方法践行法定之调查程序，包括证人与鉴定人的讯问、证物的勘验及文书的朗读。按照直接审理原则的要求，必须依法于法庭调查的证据资料，须经当庭出示、质证和辩论后，才可以采为裁判的基础；法院未依法践行调查证据程序者，判决当然违背法令，构成绝对上诉第三审事由。[②]笔者认为庭审调查程序的合理设置，既关涉案件证据、事实调查的展开，也涉及程序分流机制的具体落实，即如何形成难案精审、简案快办的合理格局。因为在原来的超职权主义逐渐过渡到融合了控辩式刑事构造后，法官对程序的控制和两造对程序的控制被有机地结合起来。现在面临的一系列问题是：混合式庭审构造程序下控诉方如何履行其举证责任；辩方的举证、质证、辩论权利如何保障；两造要求法官调查的证据，应该如何进入庭审调查过程；诉讼当事人的主体地位与证据方法之间如何协调；法院对于案件事实的职权调查如何进行、范围有多大；法官应当如何对两造提出的证据进行认证；等等。[③]这些问题在法律层面很少有具体规定，而实务中各地形成的习惯做法又颇有不同。可以认为，处于庭审构造转型期的中国，庭审调查程序这一过滤装置相关规则的构建和完善，不仅影响到案件事实证据查明、案件程序分流机制形成，也足以影响到程序正义精神的体现，特别是如何更好地防范冤假错案发生和保障被追诉人的诉讼权利。

第五节　小结

　　有关庭审实质化改革案件范围的讨论，本章首先指出，在推行实质化

---

①　参见孙长永《探索正当程序：比较刑事诉讼法专论》，中国法制出版社 2005 年版，第 430 页。
②　参见林钰雄《刑事诉讼法》（下册），元照出版有限公司 2010 年版，第 209 页。
③　参见孙长永《探索正当程序：比较刑事诉讼法专论》，中国法制出版社 2005 年版，第 430 页。

改革的同时，有必要通过推行繁简分流和专业化相结合，建立难案精审、简案快办的合理格局。庭审实质化要求以法庭审判为中心，控辩双方和其他诉讼参与人，通过当庭举证、质证、辩论来支持控诉和辩论主张，最大限度地还原案件事实真相。法官则主要通过控辩双方在庭审中的激烈对抗，通过在法庭调查、辩论后对相关证据和案件事实形成的鲜活印象进行裁断。但是，案件的精细审理必会增加处理案件的人力、物力资源，因为司法机关需要投入大量的精力、时间来论告及审判，而为减轻司法机关审理案件的司法负担，应当根据案情的轻重以及控辩双方对案件事实和证据有无争议，使真正进入实质化审理的案件数量降到最低限度，否则司法机关必将无法应对日益增多的刑事案件。[①] 如前所述，庭审实质化改革更多涉及的是微观层面审判机制的技术性问题，而非直接对侦诉审司法体制层面进行的改革，将庭审实质化改革视为以审判为中心的唯一或者主要突破口值得商榷。庭审实质化改革是一种向庭审本质回归而避免虚化的动态过程，直接目的在于保证庭审在认定证据、查明事实、保护诉权和公正裁判中发挥的决定性作用。而以审判为中心的着眼点主要是侦查、审查起诉、审判三大诉讼阶段之间的功能转换和结构调整。[②] 简言之，庭审实质化直面的是庭审过程中的技术问题，而不直接涉及中心与非中心问题。庭审实质化与以审判为中心的区别还直接体现在案件范围的适用上。审判程序虽然有普通程序和简易程序之分，审判方式也有书面审理与开庭审理之别，但无论采取普通程序还是简易程序、开庭审理还是书面审理，法庭审判程序都不能空转，这是法官保留原则的最基本要求，否则有可能演化为警察、检察官司法。[③] 重大、复杂、疑难的普通程序案件，以及适用速决程序、简易程序的认罪认罚案件，都要求重视以审判为中心的决定性作用，不能因为程序简化而最终沦为侦查程序和审查起诉程序的背书。

在英美法系国家的刑事诉讼程序中，虽然法官在公平交换的答辩谈判中积极参与的程度在各辖区差距很大，大部分被告人在谈判有罪协议的过程中主要目的是减轻刑罚，但从被告人的角度来看，持王牌的是法官，因为只有法官享有惩罚的权力，如果被告人能直接与法官谈判或使法官同意

① 参见吴巡龙《新刑事诉讼制度与证据法则》，学林文化事业有限公司 2003 年版，第 65 页。
② 参见左卫民《审判如何成为中心：误区与正道》，《法学》2016 年第 6 期。
③ 参见熊秋红《刑事庭审实质化与审判方式改革》，《比较法研究》2016 年第 5 期。

以明确的刑罚交换有罪答辩,被告人就增加了刑罚的确定性。① 很显然,以审判为中心应该适用于所有类型案件,审前达成的定罪量刑减让协议最终生效需要得到裁判者的批准,控辩双方仅是诉讼主张的请求主体。但是,如果将以审判为中心等同于庭审实质化改革,就可能陷入实质化审理适用于所有案件的改革误区。成都市两级法院关于庭审实质化改革规划的有限性,主要体现在基层法院对案件对象的选择上,把大量适用简易程序的案件作为改革试点对象,违背了庭审实质化主要针对重大、疑难案件以及被告人不认罪案件的改革要求。也可以看出,部分基层法院在庭审实质化改革的前期阶段,并没有足够重视改革试点方案的具体要求,抑或仅仅是为了完成上级法院分派的任务简单了事。值得注意的是,按照普通程序审理的案件也掺杂了较多被告人完全认罪认罚的案件以及认罪但有少数争议的案件。不以被告人完全不认罪或重大复杂疑难案件为审理对象进行的庭审实质化改革,无法达到充分的对抗性要求,也显现不出庭审实质化改革的有效性和实质性。

诉讼程序的动态性必然使法官的心证会随着一审程序的推进以及之后审级的改变而发生变化,但就案件事实的认定、法律的适用来说,一审程序相对于上诉程序来讲更具优势,因而合理的诉讼程序运行机制在审级上应该以一审为中心。证据裁判主义要求依靠证据认定案件事实,而一审相较于二审具有以下三方面优势:一审离案发时间和场所较近,证据资料的真实性、可靠性较强,毕竟离案发时间越近,证人的记忆越清晰,而书证、物证等保管、提取、固定更容易,且毁灭、遗失的风险较小;一审是关于定罪量刑的全面审理,对于普通程序案件需要集齐各方面的证据资料,以便于全面调查与案件相关的证据和事实,之后的二审上诉程序一般仅围绕有争议的问题展开,无争议的问题仅作形式审查、一般审查;一审使用的证据资料受到"污染"的可能性较小,因为被告人、证人等尚未全面了解案件信息,初次作证受到其他因素的干扰较小。因此,强调一审的中心地位可以从以下两方面进行理解:一是在侦诉审三阶段中,侦查、起诉应该面向审判、服务审判,审判为法律适用和案件事实认定的中心环节;二是在所有审级制度中,一审应该是最为重要的审级,因为在庭审程序运行以及被告人权利保障上其最为完整。

---

① 参见〔美〕哈罗德·伯曼编《美国法律讲话》,陈若桓译,三联书店 1988 年版,第 12 页。

我国一审程序未能成为事实认定的中心有以下两方面原因：一是与我国当前刑诉构造注重发现真实有关，因而在审级制度上未能严格区分事实审和法律审；二是部分下级法院担心上级法院推翻自己的审理结果，往往倾向于就与案件相关的事实认定和法律适用问题请示上级法院，从而导致一审法院的裁判权被不当上移。我国二审实行的是全面审查原则，它要求二审法院既要审查原裁判认定事实是否准确，又要审查适用法律有无错误。全面了解案情，通盘考虑二审上诉的理由是否充分以及一审裁判是否正确，可以使上诉中已经指出和未指出的情节，涉及已上诉和未上诉被告人的错误判决都能得到纠正。但是，二审上诉全面审查原则存在诸多弊端。法院作为中立的裁决者，不能主动裁判尚未提出审判要求的案件，也不能超出诉讼争议范围进行裁判。因此，全面审查原则主导下的续审制有违司法的被动性、中立性，也不符合诉讼的稳定性和经济性，当然续审制在一定程度上也有违直接言词原则。笔者认为，在一审程序进行实质化审理成为事实认定的中心后，二审上诉程序应该采取控诉审为基本原则的事后审查制，特殊情况下可以采取职权调查原则为补充的续审制，以此来体现其程序救济功能。基于此，庭审实质化改革未来应该更多关注一审程序的法庭调查环节，控辩双方用于证明本方主张的证据资料，必须经过充分调查、辩论后，才能将其作为法院裁决的根据，无特殊原因控辩双方应接受一审法庭调查的结果。

第三章　刑事庭审调查改革的法庭举证

第一节　导语：对法庭举证实践的质疑

在传统大陆法系的职权主义诉讼模式下，审问式的庭审调查程序，包括法庭举证顺序、法庭质证范围、法庭辩论形式等，主要由法官决定而控辩双方仅起辅助性作用。例如，在德国和法国的刑事审判中，审判由审判长主导，他负责询问证人和讯问被告人（除非后者选择保持沉默），指挥所有其他证据的调查。控辩双方无须完全保持消极，可以申请法庭调查额外的证据，也可以在法庭完成询问之后向证人发问。当所有证据调查结束之后，检察官和辩护律师分别总结证据并向法庭发表意见。[1] 发现真实的任务使法院承担起了查明案件事实的责任，而这一目标的实现主要是由审判人员通过庭前阅卷或其他预备程序，结合相关物证、书证等实物证据查明案件事实，控辩双方在庭审调查程序中处于消极被动地位。因此，传统职权主义审问式诉讼构造下的整个庭审调查程序，是法官依职权查明案件事实的过程。刑事庭审调查中控辩双方的举证具有特殊意义，主要是指公诉方和辩护方在审判过程中向法庭提供证据资料，以证明其诉讼主张成立的诉讼活动，包括各诉讼主体将证据提交给审判法庭的各项工作，如讯问者询问出庭的被告人、证人，宣读未出庭证人、鉴定人、被害人的书面证言和鉴定意见，以及展示有关书证、物证、视听资料等实物证据。法庭举

---

① Thomas Weigend, "Continental Cures for American Ailments: European Criminal Procedure as a Model for Law Reform", *Crime and Justice: An Annual Review of Research*, Vol. 2, 1980, p. 410.

证过程是初步对证据资料进行取样、整合、评估的过程，同时也是审判人员心理认知的重构并逐渐形成裁决结论的发端。这种对裁判结论心证形成始于法庭举证的前提条件是建立有效的侦审阻断机制，即庭审法官并未在庭前通过阅读卷宗形成对案件事实的认证预断。

但有关庭审实质化改革法庭举证程序的考察意义何在？我国刑事庭审模式传统上属于发现真实的诉讼结构，《刑事诉讼法》在经过 1996 年、2012 年、2018 年三次大改后，逐步汲取了当事人主义在保障控辩平等方面所起到的积极作用，所以现阶段我国的刑事审判模式是一种更为强调控辩双方举证及法官居中听证的混合式庭审结构。在这种混合式诉讼模式下，审判法官主要通过"听证"这一消极查证手段来查明案件事实，必要时还可以利用职权依照法定程序进行证据调查，如对被告人、被害人、证人、鉴定人、有专门知识的人进行补充询问或讯问，以及对证据有疑问时，合议庭可以宣布休庭，采取勘验、检查、查封、扣押、鉴定和查询、冻结的方式进行庭外调查。[①] 在刑事庭审的证明责任分配中，法官似乎可以超脱于控辩双方当事人，但如果在刑事司法中还存在司法能动主义，审判法官利用职权调查证据查明案件事实的行为，也在某种程度上暗含着法院在职权主义诉讼结构中需要承担一定的查证责任。但公检法三机关在宪法法律上的分工配合制约关系，使得一体化的司法未能明确区分控辩双方与法官对案件事实的证明和查明责任。因此，没有严格区分控辩审三方承担责任的不同性质，可能会模糊不同主体承担责任的边界。法官的查证责任、辩方的辅助证明责任、控方的证明责任，不能以同样的标准和一体化方式来统一规定。一般来讲，法官不承担收集证据证明犯罪嫌疑人、被告人有罪、无罪、罪轻或者罪重，除非在某些特殊情况下需要查明案件事实真相的补充责任。所以，未加严格区分的一体化司法证明模式，可能会对现代刑事诉讼证明责任分配的构建产生负面影响。

我们是否可以认为法庭需承担一定的证明责任呢？在不存在无罪推定以强调证明责任承担的纠问式或弹劾式诉讼中，很显然不会纠结于对此问题的探讨，或者完全没有必要对此进行质疑。有论述认为法院负有查证核实证据，并利用证据来认定案件事实的证明责任；但也有学者认为法院应处于消极中立地位，不应在诉讼中承担任何证明责任。笔者认为刑事诉讼

---

① 郭彦主编《刑事庭审实质化改革的成都样本》，人民法院出版社 2016 年版，第 309 页。

中法庭调查是控辩双方在论证自己诉讼主张成立基础上说服法院支持本方的诉讼活动，证明责任是一种控辩双方当事人的责任，而法院在诉讼中作为中立的裁判者不应当承担证明责任。一方面，承担证明责任需提出诉讼主张，而法院作为中立、消极的裁判者并无独立的诉讼主张；另一方面，控辩双方在诉讼中是以追求本方利益的实现为目的，而法院仅是控辩双方诉讼利益主张的裁决者，最终诉讼利益的归属与法院并无任何利害关系。基于发现真实与保障人权的平衡，承担法庭证明责任的应当是控辩双方而不是合议庭或独任法官。虽然根据我国现行诉讼法的规定，法院在特定案件下可依职权调查收集一部分证据，但这些证据不宜由法官在法庭上出示，而应当由某一方当事人出示。因为这些证据总是对一方当事人有利，对另一方当事人不利，如果法官出示，会对控辩双方的质证造成不便，甚至使人们形成法官不中立的印象。无论是在刑事诉讼还是在民事诉讼、行政诉讼中，由法官获取的那些证据对控方和辩方哪一方有利，就交由这一方去完成证明责任。[①]

1996 年《刑事诉讼法》第 82 条规定，"'当事人'是指被害人、自诉人、犯罪嫌疑人、被告人、附带民事诉讼的原告人和被告人"，改变了1979 年《刑事诉讼法》第 58 条将当事人的范畴限定于被告人、自诉人、附带民事诉讼的原告人、被告人的规定。此举被认为顺应了国际上强化被害人的诉讼地位的形势，有利于诉讼价值的平衡，将被害人作为公诉案件的当事人，虽然具有一定的积极意义，但在法理上难以自圆其说，在实践中则利大于弊。[②] 当然，这也对我们传统上将审判视为国家与个人双方争斗印象的二元审判模式提出了挑战，并迫使我们面对一些关于审判制度的难以解决的痛苦现实，对于这些现实我们已经回避了太长时间。[③] 到底应该如何平衡保障被害人权利和维系诉讼程序的合理构架呢？显然，恢复被害人其他诉讼参与人尤其是证人地位的角色，抑或赋予其选择成为证人或辅助人的权利，可能更符合诉讼法理的内在逻辑和要求，有利于维护诉讼法秩序的统一性。有关庭审举证的顺序安排，司法实践中多采由客观到主观的举证顺序。这种严格按照证据资料分类设定的举证顺序，虽然从形式上使得庭审的结构具有层次性，但内在缺陷是法庭举证形式化、缺乏逻辑

---

① 参见何家弘、刘品新《证据法学》，法律出版社 2013 年版，第 226—227 页。
② 参见龙宗智《刑事庭审制度研究》，中国政法大学出版社 2001 年版，第 211 页。
③ William T. Pizzi, "Victims' Rights: Rethinking Our Adversary System", *Utah Law Review*, No. 2, 1999, p. 349.

性，容易造成证明体系紊乱。同时，机械的证据调查顺序可能破坏案件事实的整体性，影响控辩双方对证据的质证和裁判者对证据的认证。一项法律制度很难孤立存在，法庭举证作为诉讼证明的开始程序，其构建与运行势必与质证、认证等环节关系密切，而质证是相对于举证而言对举证内容的甄别和质疑，也是认证的基础和前提，最终的目的是通过法庭调查证明框架中各个环节的纵向过滤来认定案件事实，正确适用法律。① 所以，有必要带着这些疑问对我国既有法庭举证实践进行详细考察，以期为刑事庭审实质化改革的法庭举证程序改良寻找一些新的思路。

第二节 举证顺序：新型混合式 庭审调查程序

世界各国刑诉制度的发展趋势是两大法系诉讼构造的不断融合，其通过吸收彼此优越之处弥补自身的不足，特别是采职权主义的大陆法系国家，有的积极通过吸收英美法系当事人进行主义的部分制度，已逐渐完成诉讼制度的现代转型。这种新型的混合式诉讼结构在程序推进方面，有许多不同于传统职权主义诉讼结构程序的特点。

一、证据调查顺序的确定

在职权主义混合式诉讼模式中，控辩双方在法庭调查中居于主导地位，他们能够较为充分地参与法庭审理的过程。但法官并非局限于充当消极的仲裁角色，而是拥有部分调查证据的主动权从而对控辩双方的对抗实施干预，就一些被控辩双方所忽略的事项询问证人，甚至依职权主动将某些证据纳入法庭调查的范围。

1. 证据调查顺序主导权的争议

根据诉讼活动中证明责任的分配原则，法庭举证的基本次序是先控方后辩方，控辩双方的法庭举证可以分为几轮，在首轮举证中控方先举证然

---

① 参见尚华《论质证》，中国政法大学出版社 2013 年版，第 94 页。

后由辩方举证，但辩方举证不是现代控辩式审判结构的必经程序；在首轮举证之后，如果控辩双方还有反驳证据，可以按照先控方后辩方的顺序进行多轮举证。① 证据出示的先后既是证明罪与非罪、此罪与彼罪的外在形式，也是围绕待证事实进行证明的内在逻辑要求。② 先控方后辩方的举证顺序是两大法系诉讼结构共同遵循的基本准则。为了保证控辩双方法庭举证的完整性，便于两造之间展开质证和法官对证据进行认证，法庭举证可分为控方举证和辩方举证。控方举证是由控方传唤本方证人出庭作证，再通过对方交叉询问来向法庭证明案件的争议事实，对此控方必须针对每一项诉讼主张连续举证，直到控方对于该项指控的所有证据举完为止；辩方举证是由辩方传唤辩方证人以相同的方式向法庭展示案件的事实，对此辩方也必须针对每一项诉讼主张连续举证，直到辩方对于该项主张的所有证据举完为止。但法庭举证基本次序仅为证据调查顺序的一般要求，司法实践中证据调查顺序还涉及证据的出示方式，案件的难易复杂程度会影响证据调查顺序方法的选择和证据调查顺序应如何确定。

法庭调查过程中法官职权的运用与控辩双方权利的行使存在冲突，而法官职能和控辩双方权利的不同配置，成了划分不同诉讼结构类型的关键。关于庭审调查应当由谁来主导，从现有审判模式的划分来看，一种是职权主义审问式由法官主导，在审判法庭上从决定证据调查方法到具体实施证据调查，主要由审判长来完成。例如，在德国刑事法庭调查中，讯问被告人之后的举证。主审法官决定证据资料的出示顺序，专家证人和证人同被告人一样，需要接受其询问或质问，并就其所见所闻以及鉴定意见进行陈述。然后是回答问题（通常又是根据卷宗所含信息的顺序）。③ 另一种是当事人主义对抗式由控辩双方主导，庭审中起主导作用的是控辩双方当事人，法官仅是消极、中立的裁判者。因此，在确定公诉人承担举证责任并实行抗辩式的庭审结构中，认为法官依然主导庭审甚至法庭调查，这与现有审判模式划分的法理相悖。④ 在既有诉讼的基本架构上，中国与其他职权主义国家类似，审前程序中侦查机关发挥主导作用，当事人的权利

---

① 参见何家弘、刘品新《证据法学》，法律出版社 2013 年版，第 227 页。
② 参见郭彦主编《刑事庭审实质化改革的成都样本》，人民法院出版社 2016 年版，第 217 页。
③ ［德］托马斯·魏根特：《德国刑事诉讼程序》，岳礼玲、温小洁译，中国政法大学出版社 2003 年版，第 142 页。
④ 参见龙宗智《刑事庭审制度研究》，中国政法大学出版社 2001 年版，第 207—208 页。

大抵受限；审判程序中庭审法官完全主导，对于证据调查的证据种类、范围、顺序以及方法均由法官予以决定。[①] 当前我国的刑事诉讼结构由传统职权主义下的审问式，转向了具有混合模式特征的抗辩式诉讼结构。如果认为法官仍处于证据调查主导地位，这完全与控辩双方积极进行对抗的现代刑事诉讼制度程序设置相矛盾。在任何由公诉方和辩护方承担证明责任的诉讼制度中，证据调查顺序的确定原则上应由控辩双方主导。相应地，庭审活动的推进也应该交由控辩双方掌控。法庭对证人和被告的补充询问（讯问）和例外的庭外调查权，表明处于居中裁判的法官在庭审调查中所起的更多是一种确保庭审程序有序进行的作用。

　　2. 证据调查顺序主导权的归属

　　证据调查顺序到底是由控辩双方决定还是由主审法官决定呢？理论界和实务部门对此存在争议，有的主张控诉方决定或控辩双方决定，也有的主张由居于中立地位的法官决定。实践中有时会出现因主审法官拟定证据调查顺序和范围的提纲，与公诉方根据查明案件事实需要拟定的举证提纲存在差别，进而出现法官与检察官在证据展示顺序问题上发生争执的情况。例如，我们在调研的过程中发现，成都市两级法院的庭审实质化改革要求进行相对独立的庭审量刑程序，以改变长期以来形成的重定罪、轻量刑问题。即在法庭调查阶段，先调查犯罪事实，再调查其他量刑事实；在法庭辩论阶段，先辩论定罪问题，然后辩论量刑问题，对于作无罪辩护的，法庭要明确提示辩方进行量刑答辩不影响已经做出的无罪辩护，打消辩方的顾虑，使其积极参与量刑辩论。[②] 但是，法庭决定的证据调查顺序与公诉方事先拟定的顺序不一致，公诉方依照以往的定罪量刑一体的举证方式展开法庭调查，而法庭却按照庭审实质化改革的要求对定罪和量刑进行相对独立的法庭调查和法庭辩论。在定罪问题举证的法庭调查环节，公诉方却不顾主审法官的多次提示将大量涉及量刑情节的证据予以出示，并在定罪环节辩论完毕后立刻进行法庭教育。此时主审法官不得不打断公诉方，并要求其在量刑辩论结束后进行法庭教育，但公诉人反驳道："审判长，代表检察院出庭的国家公诉人有权对被告人进行法庭教育。"笔者认为，随着刑事审判方式的变革和案件复杂难易程度的不同，有关证据调查顺序的确定值

① 参见施鹏鹏《为职权主义辩护》，《中国法学》2014 年第 2 期。
② 成都中院：《全省法院刑事庭审实质化改革工作推进会资料汇编》，2016，第 24 页。

得引起重视，公诉方证据展示顺序的变化，不仅会影响到辩方进行质证和作无罪辩护的诉讼权利，也会阻碍合议庭对案件事实真相的查明。另外，控方和法庭就举证顺序当庭发生争议的情况，还会影响法庭的裁判权威。

在当事人主义之诉讼构架下，证据调查的范围与次序（可能有多项证据调查）等问题，应由当事人设定，法院仅立于中立第三者地位。[①] 而职权主义控辩式诉讼构造下的证据调查，强调控辩双方在证据调查过程中的主导地位，法官仅在必要时可依职权进行补充调查。因此，控辩双方在庭审调查中所起的作用应该予以肯定，同时应充分尊重控辩双方的意见，包括证据调查的举证范围、顺序、方法等。当前，证据调查顺序的确定大致有两种方式：一是法院听取控辩双方的意见后确定证据调查的顺序、范围和方法；二是法律明确要求依照控辩双方确定的顺序进行。[②] 日本刑事诉讼法中法庭调查证据的范围、顺序和方法主要根据控辩双方决定，但法庭也可以听取控辩双方对举证或变更证据调查范围、顺序和方法的意见。[③] 而意大利刑事诉讼法中的证据调查顺序主要根据控辩双方确定的顺序进行。[④] 在当事人主义的诉讼程序中，其以当事人的主张、以举证为中心，法院基于当事人的主张及举证进行调查、裁判。但在刑事诉讼法修改后加重了当事人进行主义色彩，对于当事人声请调查证据的权利应该给予更多保障，而为切实把握当事人进行主义的精神，有关证据调查顺序的取

[①] 黄朝义：《刑事诉讼法》，新学林出版股份有限公司 2017 年版，第 478 页。

[②] 参见龙宗智《刑事庭审制度研究》，中国政法大学出版社 2001 年版，第 205—206 页。

[③] 《日本刑事诉讼法》第 297 条（决定和变更调查证据的范围、顺序等）规定："法院可以听取检察官和被告人或者辩护人的意见，决定调查证据的范围、顺序和方法。前款的程序，可以使合议庭的组成人员进行。法院认为适当时，可以随时听取检察官和被告人或者辩护人的意见，变更依照第 1 款的规定所确定的调查证据的范围、顺序和方法。"《日本刑事诉讼法》，宋英辉译，中国政法大学出版社 1999 年版，第 68 页。我国台湾地区"刑事诉讼法"第 161 条之二（调查证据之裁定）规定："当事人、代理人、辩护人或辅佐人应就调查证据之范围、次序及方法提出意见。法院应依前项所提意见而为裁定；必要时，得因当事人、代理人、辩护人或辅佐人之声请变更之。"林钰雄主编《新学林分科六法：刑事诉讼法》，新学林出版股份有限公司 2011 年版，第 A–372、373 页。

[④] 《意大利刑事诉讼法典》第 497 条（询问证人前的预备行为）规定："询问证人依照有关当事人所确定的顺序逐一地进行。在询问之前，庭长告诫证人有义务说实话。除涉及不满 14 周岁的未成年人外，庭长还告诫证人承担哪些刑事法律为虚假证明或沉默行为规定的责任，并要求证人发表以下声明：'我意识到作证的道德责任和法律责任，保证全部讲实话而且不隐瞒我所知晓的情况。'随后要求他提供自己的一般情况。第二款的规定必须遵守，否则行为无效。"《意大利刑事诉讼法典》，黄风译，中国政法大学出版社 1994 年版，第 178 页。

舍不能完全取决于法院，控辩双方当事人的意见也应予以尊重。因此，当事人、代理人、辩护人或辅佐人自应提出该项声明，由法院裁定其调查证据的范围、次序及方法，并可以于诉讼程序进行中依案情的发展，在必要时随时因当事人、代理人、辅佐人或辩护人的声请，变更之前决定证据调查的次序、范围、方法。① 所以，法院应于准备程序阶段与控辩双方协商，以确定证据调查的范围、顺序、方法，如果在正式审判阶段才决定证据调查顺序，则难以有效贯彻集中审理原则的要求。

为确保控辩双方主导下刑事案件法庭调查的有序进行，我国应在制定法层面明确规定证据调查的顺序和方式，并尊重承担法庭举证责任主体的证据出示顺序要求。但是，意大利刑诉法确定证据调查顺序忽视了法庭查明案件事实的职能，而日本刑诉法、我国台湾地区"刑诉法"规定的证据调查顺序较为合理地考虑到了控辩双方的积极作用和法庭的诉讼职能。即法官听取控辩双方的意见，决定调查证据的顺序、范围和方法，但法官不得不顾控辩双方的要求自行决定这一事项。② 庭审实质化改革针对的主要是疑难复杂案件，被告人不认罪案件，以及被告人可能被判处无期徒刑、死刑的案件。③ 这类案件一般事实较为复杂、证据数量较多，法庭调查的证据出示顺序首先应该根据控辩双方的意见，在达成一致意见的基础上请求法庭决定。毕竟，法庭调查不仅涉及公诉方是否能够有序举证，辩护方能否根据公诉方的举证顺序有效质证，还应兼顾法庭能否查清案件事实。对此，成都市两级法院的改革试点方案明确提出，"审判人员可以要求控辩双方将准备用于证据调查的提纲提供给对方。公诉方和辩护方对将在正式审判程序出示的证据顺序、范围方法达成共识的，应当按照庭前会议确定的证据范围、顺序出示。同时，法庭应提示并指导控辩双方对提交的证据材料制作证据目录，并逐一分类编号，列明证据材料的来源、证明对象和内容，并签名盖章"。④ 最高院 2018 年发布的"三项规程"之《人民法院办理刑事案件庭前会议规程（试行）》第 20 条规定，"人民法院可以在庭前会议中归纳控辩双方的争议焦点。对控辩双方没有争议或者达成

---

① 参见林钰雄《刑事诉讼法》（下册），元照出版有限公司 2010 年版，第 198 页。
② 参见龙宗智《刑事庭审制度研究》，中国政法大学出版社 2001 年版，第 206 页。
③ 参见李文军《庭审实质化改革案件适用范围研究——基于案件类型和审级制度的分析》，《交大法学》2018 年第 4 期。
④ 成都中院：《全省法院刑事庭审实质化改革工作推进会资料汇编》，2016，第 22—24 页。

一致意见的事项，可以在庭审中简化审理。人民法院可以组织控辩双方协商确定庭审的举证顺序、方式等事项，明确法庭调查的方式和重点。协商不成的事项，由人民法院确定"。所以，证据调查顺序的确定应在控辩双方协商后征求法院对证据调查顺序的意见。如果在庭审调查过程中审判人员发现公诉方的举证顺序不合理，也可以在征求控辩双方意见基础上进行调整，但法庭不应过多干涉控辩双方确定的证据调查顺序。

二、证据调查顺序的方法

1. 实践中的证据调查如何展开

随着刑事诉讼立法和实践的不断发展变化和以审判为中心的刑事诉讼制度改革的深入推进，法庭调查的举证、质证面临着一些新的变化和挑战。关于刑事审判证据调查的初始程序与正式程序，我国与大陆法系国家和地区的设置大体相当，但由于制度设计的理念偏差，部分人权保障程序出现缺失，特别是诉讼主体角色定位产生冲突。

（1）大陆地区的实践

根据刑事诉讼法和"两高"司法解释的规定，庭审开头程序结束后，庭审主要阶段的基本内容与程序是查明被告人基本情况、告知其相关权利，公诉人宣读起诉书、听取被告人和被害人的陈述，依次讯问、询问被告人和被害人，控辩双方出示、核实证据，控辩双方进行法庭辩论，被告人作最后陈述，合议庭评议后宣布裁判结果。大陆地区刑事案件审理的法庭调查包括部分开始程序一般按照以下次序展开。

第一，审判长在查明被告人的基本情况后，告知其在法庭审理过程中享有的权利。《高法解释》第190条、第193条规定，审判长应逐一核查到庭被告人的出生年月日、民族、出生地、文化程度、职业、家庭住址；调查到庭被告人的科刑资料，核实其是否曾经受到行政处罚或刑事处罚。如果被告人受过法律处分，则需要向法庭报告具体的处分情况，包括处分措施、处分时间、处分原因。同时，审判长需要核实被告人因本案被刑事拘留和逮捕的具体日期和羁押时间。在法庭审理过程中被告人享有下列权利[1]：可以申请合

---

[1] 2015年2月最高人民法院以法发〔2015〕3号印发《关于全面深化人民法院改革的意见——人民法院第四个五年改革纲要（2014—2018）》，明确要求禁止让刑事在押被告人或上诉人穿着识别服、马甲、囚服等具有监管机构标识的服装出庭受审。

议庭组成人员、书记员、公诉人、鉴定人和翻译人员回避；可以提出证据，申请通知新的证人到庭，调取新的证据，申请重新鉴定、勘验、检查；可以自行辩护或委托他人辩护；可以在法庭辩论终结后作最后陈述。

第二，公诉人宣读起诉书对被告人提起指控后，听取被告人、被害人的陈述。公诉方在宣读完起诉书后，审判长可告知被告人可以坐下，但若存在被告人身体状况较差或起诉书特别长等特殊情况，也可以提前让被告人坐下。根据《高法解释》第195条至第197条的规定，审判长需要讯问被告人是否已经听清公诉人宣读的起诉书内容，以及对起诉书指控的犯罪事实有无异议。被告人对被指控的犯罪事实有异议，则需要其对异议作简要陈述。有被害人出庭参与法庭调查的，审判长需要询问被害人对案件事实有无异议，有异议则需要作简要陈述。如果召开了庭前会议，审判长应根据庭前会议梳理的争点问题，结合被告人的当庭陈述，归纳本次庭审调查的事实争点和法律争点问题，并简要概述无争议的问题。同时，审判长需要询问控辩双方是否同意法庭归纳的事实争点和法律争点问题，要求控辩双方主要围绕法庭归纳的争点问题进行重点发问和举证。

第三，讯问被告人或向被告人、被害人发问。根据《高法解释》第198条、第199条的规定，控辩双方就案件事实讯问、询问被告人的证据调查程序，可以分为犯罪事实调查程序和量刑事实调查程序，实务中具体流程由审判长宣布。审判长应引导控辩双方主要围绕事实争点询问、发问。控辩双方发问完毕后，审判人员视情况可以向被告人补充讯问。根据《刑事诉讼法》第120条[①]对讯问程序的规定和对司法实务的操作来看，被告人并无选择供述与否的权利，其对公诉人和法官的提问有如实供述的义务。但从立法的原意来看，《刑事诉讼法》第52条规定的不得强迫任何人证实自己有罪是赋予被告人供述或辩解的权利，而如实回答属于义务型条款，是强加给被告人的义务，两者存在直接冲突。[②] 这使我国刑事证

---

① 2018年《刑事诉讼法》第120条规定："侦查人员在讯问犯罪嫌疑人的时候，应当首先讯问犯罪嫌疑人是否有犯罪行为，让他陈述有罪的情节或者无罪的辩解，然后向他提出问题。犯罪嫌疑人对侦查人员的提问，应当如实回答。但是对与本案无关的问题，有拒绝回答的权利。侦查人员在讯问犯罪嫌疑人的时候，应当告知犯罪嫌疑人享有的诉讼权利，如实供述自己罪行可以从宽处理和认罪认罚的法律规定。"

② 参见万毅《论"不强迫自证其罪"条款的解释与适用——〈刑事诉讼法〉解释的策略与技术》，《法学论坛》2012年第5期。

据调查所假设的理论前提为被告人有罪，讯问被告人通常能够获得其有罪供述，而公诉人为能更好地对被告人的犯罪行为进行揭露，在庭审调查前一般会告知被告人作无罪辩解的权利或作如实供述的义务。

第四，控辩双方出示、核实证据。庭审实质化改革在证据调查开示前增设了非法证据排除前置程序。如果辩方提出排非申请后，辩护人在开庭前明确表示放弃排非申请的，审判长应向被告人核实是否还需要坚持向合议庭提出排非申请。被告人坚持提出排非申请且申请排非的理由成立的，合议庭应启动排非调查程序。被告人提出的排非理由不成立，合议庭应告知其排非申请理由不成立，合议庭不予采纳，公诉机关收集在案的证据具有合法性，可以在接下来的举证程序中出示。但合议庭决定予以排除的证据，不得在举证时出示。公诉人申请休庭调取合法性证明材料的，审判长一般应当宣布休庭。证据的正式调查阶段由控辩双方对指控的犯罪事实进行举证、质证。举证一方应当告知法庭证据的种类、来源和要证明的内容，在法庭上出示或者宣读，并交由对方辨认或阅看。控辩双方可以就证据发表意见，并且可以相互质疑和反驳。公诉方会按照实物证据到言词证据（客观到主观）或言词证据到实物证据（主观到客观）的顺序进行分组式批量举证。

第五，法庭调查核实证据和调取新的证据。证据调查过程中合议庭对证据资格和证据效力有疑问的，可以宣布休庭，对证据资料进行调查核实。控辩双方需要通知新的人证到庭、调取新的物证书证、申请重新鉴定或者勘验的，合议庭经审查后理由成立的应同意调取新的证据。控辩双方在举证、质证完毕后，合议庭可当庭评议对证据是否可以采纳或采信，能够认证的应当庭对部分或全部证据进行认证，阐明采纳、采信或不予以采纳、采信的主要理由。不能当庭认证的，审判长应宣布控辩双方对出示证据的意见，合议庭已经清楚并记录在案，是否采纳或采信合议庭需要综合全案证据，待休庭经合议庭认证评议后再行确认。一般来讲，证据之资格应在庭前准备程序认定，并承认庭前认证的效力，但需要进一步调查核实的，也可在正式庭审程序中优先当庭认定；证据之效力在具备认证条件的情况下，裁判者应当庭作出认证，特别是当庭宣判的案件。

根据表 3-1 的数据统计，刑事案件普通程序的证据调查顺序，大陆地区倾向于以从"客观到主观"的形式来出示证据。分组举证类型中

"客观到主观"的分别有 54 件、39 件，约占示范庭和对比庭有效案件数量的 67.50%、63.93%；"主观到客观"的分别有 5 件、1 件，约占示范庭和对比庭有效案件数量的 6.25%、1.64%。简单举证类型中"客观到主观"的分别有 7 件、10 件，约占示范庭和对比庭有效案件数量的 8.75%、16.39%；"主观到客观"的分别有 4 件、3 件，约占示范庭和对比庭有效案件数量的 5.00%、4.92%。根据对我国台湾地区"司法界"人士的访谈，司法实务中他们一般会根据个案的不同特点来决定证据的出示顺序。一方面在于没有特别强调证据资料的法定类型划分，另一方面与严格贯彻直接言词原则，强调关键证人必须出庭相关。但大陆地区的人证一般很少出庭，实践中证据调查往往以实物证据为主，而以直接言词证据方式为主的案件非常少。这与刑事案件的证明标准要求较高有关，特别是强调证据之间的相互印证以形成完整证据链。另外，举证形式类型中以实物证据为主的示范庭和对比庭案件分别有 70 件、55 件，约占示范庭和对比庭有效案件数量的 87.50%、90.16%；以言词证据为主的示范庭和对比庭案件分别有 7 件、4 件，约占示范庭和对比庭有效案件数量的 8.75%、6.56%。但以实物证据为主的举证形式，包含了大量的案件公文证书[①]、人证书面证言、侦查机关和鉴定机构制作的各类笔录、侦查人员签名盖章的情况证据等。而以言词证据为主的举证形式，也掺杂了较多本应该由狭义的证人、侦查人员、被害人、鉴定人出庭作证的书面证言和鉴定意见。

表 3-1 普通程序示范庭和对比庭的法庭举证情况

单位：件，%

类型	有效案件数量	分组举证			简单举证			举证形式		
		客观到主观	主观到客观	其他	客观到主观	主观到客观	其他	以言词证据为主	以实物证据为主	其他
示范庭	80	54/67.50	5/6.25	8/10.00	7/8.75	4/5.00	2/2.50	7/8.75	70/87.50	3/3.75
对比庭	61	39/63.93	1/1.64	4/6.56	10/16.39	3/4.92	4/6.56	4/6.56	55/90.16	2/3.28

---

① 包括立案决定书、受案登记表、在逃人员登记撤销表、抓捕经过记录、报案记录、到案记录、移交手续记录、常住人口信息表、拘留证、拘留通知书、延长拘留期限通知书、逮捕证、看守所临时羁押证明、在逃人员信息登记表等。

成都市××县人民法院关于×××抢劫罪一案庭审笔录节选

……公诉人宣读完起诉书后。

审判长:被告人黄×听清楚起诉书的内容没?

……

接下来公诉人对被告人黄×的发问内容为……

公诉人:为了准确帮助合议庭查明本案的事实真相,现在公诉人就案件事实对你进行讯问。根据法律的规定你有权作有罪的供述或者作无罪的辩解,但是必须如实回答,你清楚吗?

……

公诉人:在案发的当晚你是如何找到本案的被害人×××……

……(被告人根据公诉人的讯问交代作案经过)。

公诉人:好的,审判长。公诉人对被告人的讯问到此为止。

审判长:现在由辩护人向被告人黄×发问。

……(辩护人向被告人询问相关问题)。

辩护人:审判长,辩护人的问题暂时发问完毕。

审判员:被告人黄×,本庭向你讯问几个问题……

审判长:被告人黄×,现在你如实回答本庭的讯问……

审判长:被告人黄×,你现在对事实部分还有无补充?

被告人:没有。

审判长:现在进行举证,控辩双方按照你们在庭前会议确定的证据清单进行举证、质证,举出证据的一方应该告知法庭证据的种类、来源和要证明的内容。对在庭前会议已经达成一致无争议的证据在举证、质证时应当注意详略得当,首先由公诉人就指控的事实出示指控证据。

公诉人:审判长,公诉人将根据事实和证据情况依次向法庭举证,公诉人接下来将要出示的书证、被告人供述、证人证言等证据,均系本案侦查人员依照刑事诉讼法的相关规定收集。接下来公诉人在举证过程中不再逐一说明证据收集的时间、地点和侦查人员姓名。如果被告人、辩护人对于某一证据的合法性有质疑,公诉人再予以详细举和阐述,对于被告人无异议的指控事实也不再逐一宣读有关供述和证言的内容,仅作概括性举证。审判长,公诉人将全案证据分为七组进行出示。

公诉人:首先出示第一组证据为五份书证。第一份为立案决定书。见第1卷第1页,该份书证证实了××县公安局于2014年××月××日,决定对黄×抢劫案立案侦查。第二份至第五份证据为××县公安局的受案登记表、在逃人员登记撤销表、××市××县××检查站出具的抓捕经过、××县公安局的到案经过,见第2卷的第25页。该四份书证证实了2014年××月××日,××县公安局××派出所接到被害人郭×报案称,其被黄×在××镇××组其外婆家门外抢走了现金×××整。同年××月××日,××县公安局将黄×上网追逃。××月××日,××县××检查站在对过往车辆进行检查时,将列为网上追逃的黄×挡获并移交××县公安局刑警大队。××月××日,××县公安局××派出所民警到××市××县刑警大队办理移交手续,将黄×押解回××县。经审讯,黄×对伙同他人抢劫的事实供认不讳。审判长,上述书证可以证实公安机关依法对本案进行了立案侦查以及被告人黄×的到案情况。审判长,公诉人就本案的立案侦查情况和被告人的到案情况举证完毕,请予质证。

续表

审判长:被告人对公诉人出示的第一组证据有没有异议?

被告人:没有异议。

审判长:辩护人有没有异议?

辩护人:没有异议。

审判长:公诉人继续举证。

公诉人:公诉人接下来出示的第二组证据为六份书证:第一份是被告人黄×的常住人口信息表,见第2卷第91页,证明了被告人黄×的身份情况,其户籍地址为××省××县××镇××村××组,1986年××月××日出生。第二份至第六份是由××县公安局出具的拘留证、拘留通知书、延长拘留期限通知书、逮捕证、××市看守所临时羁押证明、在逃人员信息登记表,见第2卷第2—10页。××县公安局于2014年××月××日对黄×作出了刑事拘留的决定,××市看守所于2014年××月××日对黄×临时羁押,经本院批准,××县公安局于2015年××月××日对黄×执行了逮捕。审判长,该组证据证实了本院起诉书指控的被告黄×的身份情况,与其常住人口信息表所载内容一致。被告人黄×在犯罪时是成年人,公安机关对黄×采取的强制措施合法。审判长,本组证据举证完毕,请法庭质证。

审判长:被告人有没有异议?

被告人:没有异议。

审判长:辩护人对这组证据有没有异议?

辩护人:没有异议。

审判长:公诉人在举证的时候对没有争议的证据注意详略得当。

公诉人:公诉人继续向法庭出示的第三组证据为一份书证、照片六张以及视听资料一份。一份书证为××公安局调取××宾馆的住宿登记表复印件,证实了2014年××月××日,被告人黄×以自己的身份证登记入住××宾馆312房间。六张照片为××县公安局拍摄的××宾馆住宿登记表、旅馆信息管理系统的照片,证实了被告人黄×的入住时间为2014年××月××日××时××分。视听资料一份系××县公安局调取××宾馆的监控录像,证实了黄×于2014年××月××日与刘××拘禁被害人郭×于××宾馆312房间的事实。审判长,公诉人提请当庭播放该监控录像。

审判长:现在由书记员播放该视频。

公诉人:画面中出现的该名男子即被告人黄×,旁边的两名男子分别为刘××和本案的被害人郭×,这是入住时候的登记情况。接下来是提取××宾馆楼道里的监控视频,现在画面里面出现的三位人员分别是本案的被告人黄×、同案的刘××以及被害人郭×,画面中可以看到被告人黄×走在最前面并不时回头,中间那名男子是刘××,最后一名是被害人郭×。提示一个细节,被害人郭×在进入房门的一刹那有过迟疑,并且停顿一定时间。这是进入房间的情况。这是三人离开时的监控,从画面中可以看到,被告人黄×和刘××一前一后,被害人在中间。审判长,视听资料播放完毕。该组证据已出示完毕,请予质证。

审判长:被告人和辩护人在庭前会议已经看过这些视听资料。今天播放后被告人对此证据有没有异议?

被告人:没有异议。

审判长:辩护人有没有异议?

续表

　　辩护人:有异议。审判长,辩护人对该证据的客观性和合法性没有异议,但辩护人认为该组证据不能支持公诉人所说的被告人黄×采取了强制或者暴力手段。相反,其可以作为辩护证据来证明在此过程中黄×和刘××对被害人郭×没有采取强制限制人身自由的措施……

　　审判长:被告人黄×,当天晚上你们去宾馆是什么时间?是否和视频资料记载的相同?

　　被告人:对。

　　审判长:你们在房间待了多长时间?

　　被告人:一两个小时。

　　审判长:你的家离所住的宾馆有多远?

　　被告人:开车的话五六分钟。

　　……

　　审判长:现在由公诉人继续出示证据。

　　公诉人:公诉人接下来要出示的第四组证据为两份书证和一份视听资料。两份书证分别是调取于中国农业银行 ATM 机交易流水清单,以及黄×母亲银行账户交易明细,证实了黄×于当天存了 600 元到其母的账户。监控视频是××县公安局调取于××县××镇××路中国农业银行的监控视频,证实黄×存钱时的情况。审判长,该组证据出示完毕,请予质证。

　　审判长:被告人有无异议?

　　被告人:无异议。

　　审判长:辩护人有无异议?

　　辩护人:无异议,但辩护人想补充一点,这份视频资料没有涉及被告人使用暴力的情况。

　　审判长:被告人黄×,你存钱的时候被害人郭×与你在一起没有?

　　被告人:没有,他在车上。

　　审判长:现在补充讯问被告人一个问题,在上一组视听资料里面没有显示过被害人郭×中途离开过房间,你有没有异议?

　　被告人:有异议。郭×中途出门去前台拿过一次充电器,我记得很清楚。

　　审判长:现在由公诉人继续举证。

　　公诉人:公诉人出示的第五组证据是被告人黄×的供述与辩解以及辨认笔录。鉴于被告人黄×在侦查阶段的供述与今天的当庭供述基本一致,且控辩双方对该证据内容和证实的事实无异议,故公诉人不再详细出示。现在出示黄×的辨认笔录,黄×于 2014 年××月××日在××县××镇做了辨认现场的笔录,包括××网城、××广场……审判长,该组证据出示完毕。

　　审判长:被告人黄×,对该组证据有没有异议?

　　被告人:无异议。

　　审判长:辩护人有无异议?

　　辩护人:对公诉人出示的证据基本无异议。但是,辩护人认为被告人的供述正好说明,其主观上是为了解决同被害人郭×的纠纷。虽然在解决纠纷的过程中使用了一些轻微的暴力,但辩护人认为这些暴力更多是为了泄愤而不是取财,也就是暴力和取财之间没有关联性,而且在取财的过程中也没有使用暴力或者以暴力相威胁……

续表

审判长:公诉人继续举证。

公诉人:审判长,公诉人就辩护方的质证意见有两点答辩,黄×的供述说主观上是为了解决纠纷,从而对郭×实施了……

公诉人:现在公诉人出示的第六组证据,系证人李×和陈××的证言(书面证言。——笔者注)以及公安机关的情况说明。2014年××月××日证人在××县公安局××派出所做如下陈述……

审判长:被告人有没有异议?

被告人:有异议。证人李×的证言有些简直就是乱说,与事实不相符。

审判长:证人李×的证言哪些地方与事实不符?

被告人:我找他借钱是头一天的事,也没有问过他另外一个人是谁,而且我自始至终不认识郭×,我怎么会问他那个人是谁呢?……

审判长:辩护人有无异议?

辩护人:审判长,辩护人对李×的证言的客观真实性有一点意见,就是在××广场使用暴力,除了打耳光以外,还踢了被害人一脚,目前看来……

公诉人:审判长,公诉人对辩护方的意见有答辩……

审判长:现在公诉人继续出示证据。

公诉人:公诉人要出示的第七组证据是被害人郭×的陈述以及证人刘××的证言。鉴于在庭前会议上控辩双方都已经申请了被害人郭×和证人刘××出庭作证,现在公诉人提请被害人郭×出庭作证。

审判长:合议庭予以同意。法警,传被害人郭×到庭作证。

……(被害人郭×和证人刘××作证)。

公诉人:审判长,公诉人全部证据出示完毕。

(2) 我国台湾地区的实践

按照我国台湾地区刑事案件法庭审理的次序,法庭调查开庭之始由审判长讯问,查验核实被告人信息,避免案件审理错误。随后由出庭支持公诉的检察官陈述被告人案件的要旨,再由审判长讯问被告人关于该案件的意见,然后调查证据,由检察官论告,令被告人为最终的答辩,后在合议审判庭,由庭员评裁判及决议,最后乃宣告裁判。我国台湾地区刑事案件审理的法庭调查包括部分开始程序一般按照以下次序展开。

第一,审判长对被告进行人别讯问。我国台湾地区"刑事诉讼法"第94条规定:"讯问被告人,应先询问其年龄、姓名、职业、籍贯、住、居所,以查验其人有无错误,如系错误应即释放。"人别讯问的目的仅在于确认身份,避免发生被告同一性的错误,并且被告依法能够主张缄默的事项，仅止于事物讯问，而不及于人别讯问，对于被告人的前科，由于通常只是量刑的酌定因素，不应于此阶段确认。① 虽然法律没有明文规定被告可否对其人别讯问保持缄默，但就缄默权系保障被告得对其不利之事项无须违反其意思决定自由之观点而言，人别讯问与不利事项之陈述显然无关，因此，被告对于法官讯问其人别事项时并无保持缄默之权利②，仍应回答审判长根据第 94 条规定讯问的内容。

第二，检察官陈述起诉的要旨。台湾地区"刑事诉讼法"第 286 条规定："审判长依第 94 条讯问被告后，检察官应陈述起诉之要旨。"检察官陈述起诉的概要，目的是使被告和法院了解被诉的事实和所涉犯罪适用的法条，以确定诉讼程序上的攻防范围。有学者指出，在检察官陈述起诉要旨之后，立法并没有规定辩方陈述答辩要旨。但是，基于两点理由，审判长似宜在被告事物讯问之阶段，先予践行此一程序。其一，武器平衡。因为起诉要旨乃依照控方（检察官）观点之开场白，既然如此，辩方应该也有于审判开场之际，表达其观点与立场的机会。其二，争点明确。检辩双方各自表述之后，本案攻防争点多半随之浮现，有助于审理程序之聚焦和进行。③ 所以，控方和辩方依次要向法庭陈诉起诉要旨和答辩起诉要旨，使法院知悉审判的范围和控辩双方的争点。

第三，审判长对被告人践行告知义务。台湾地区"刑事诉讼法"第 287 条规定，检察官陈述起诉要旨后，审判长应告知被告第 95 条规定之事项。④ 犯罪嫌疑及所犯之所有罪名，乃犯罪嫌疑人及被告人在刑事程序上受告知和听闻的权利，旨在使犯罪嫌疑人及被告人能充分行使防御权，维护审判程序的公平。犯罪嫌疑及所犯之所有罪名除起诉书所记载之犯罪事实及所犯法条外，自包含依第 267 条规定起诉效力所及而扩张之犯罪事实及罪名，即依第 300 条规定变更起诉法条后之新罪名。法院就此等新增

---

① 参见林钰雄《刑事诉讼法》（下册），元照出版有限公司 2010 年版，第 208 页。
② 参见黄翰义《程序正义之理念（一）》，元照出版有限公司 2010 年版，第 377 页。
③ 参见林钰雄《刑事诉讼法》（下册），元照出版有限公司 2010 年版，第 208 页。
④ 第 95 条规定："讯问被告人应先告知其下列事项：a. 犯罪嫌疑及所犯所有罪名。罪名经告知后，认为应变更者，应再告知。b. 得保持缄默，无须违背自己之意思而为陈述。c. 得选任辩护人。如为低收入户、中低收入户、原住民或其他依法令得请求法律援助者，得请求之。d. 得请求调查有利之证据。无辩护人之被告表示已选任辩护人时，应即停止讯问。但被告同意续行讯问者，不在此限。"

或变更之罪名，应于审判期日践行告知程序，使被告人知悉并充分行使其防御权，法院不能未经审理而擅自在裁判中改变犯罪事实和罪名。讯问被告应先告知得保持沉默，无须违背自己意思而为陈述，系以被告之陈述为证据资料之一，然本于不自证己罪及保障人权之原则，认被告有防御其利益之权利，在刑事诉讼程序上应尊重被告陈述自由，禁止强制其为不利之陈述。① 被告得选任辩护人的告知义务，在于刑事辩护制度系为被告之利益及维持审判之公平而设，主要功能是辅助被告防御对造检察官对报告人实施的攻击，辩护人弥补被告相较于检察官诉讼能力的不足可使其受到法院的公平审判。另外，在侦查过程中，由于检查机关拥有强大的公权力，可以发动强制处分权，指挥司法警察取证，而被告并无任何取证之公权力可资使用，因此当案件起诉后，对于被告有利的证据应赋予其向法院声请调查的权利。②

　　第四，进行法定的调查证据程序。根据严格证明法则的要求，法院应以法定的证据方法践行法定的调查程序，包括证人与鉴定人的讯问、物证的勘验以及文书的朗读。法院没有履行上述法定的证据调查程序，判决当然违背法令，构成绝对上诉第三审事由。对于证人、鉴定人的调查程序，是这一阶段的重心。当事人及辩护人等可以对证人、鉴定人进行询问；审判长每调查完一项证据资料，应当询问控辩双方有无意见，告知被告人可以提出对其有利的证据，并应为诉讼参与者辩论证据之证明力提供适当机会。③ 我国台湾地区"刑事诉讼法"第 288 条第 1 款、第 2 款规定："调查证据应于第 287 条程序完毕后行之。审判长对于准备程序中当事人不争执之被告以外之人之陈述，得仅以宣读或告以要旨代之。但法院认有必要者，不在此限。"有关诉讼程序活动的进行，以采控辩双方之间相互攻击和防御的形态为基本原则，而法院不能够立于绝对主导的地位，亦即法院依职权调查证据，退居于补充、辅助之性质。因此，在通常情形下，法院应在当事人声请调查的证据全部或主要部分均已调查完毕后，始补充进行。审判长对于当事人准备程序中不争执之被告以外之人的陈述，为节省劳费，可以仅以宣读或告以要旨的方式代替证据调查，但法院如认为有必

①　参见黄翰义《程序正义之理念（一）》，元照出版有限公司 2010 年版，第 380—382 页。
②　参见黄翰义《程序正义之理念（一）》，元照出版有限公司 2010 年版，第 383—385 页。
③　参见林钰雄《刑事诉讼法》（下册），元照出版有限公司 2010 年版，第 209 页。

要，则例外仍应调查之。① 根据笔者对台湾地区司法实务部门人士访谈后了解的情况，刑事案件的证据调查顺序一般是先询问证人，再提示书证、物证以及其他证据，并没有统一要求按照案件发生时间、因果关系、罪名主次地位以及证据资料的种类等顺序进行调查，因为实务中各个案件的具体情况是不同的，无法进行统一规定。在正式审判期日之前，为了使正式审判庭能够顺利运作，通常会先召开一个准备程序庭。在准备程序中公诉人起诉的被告犯罪事实所凭证据，由公诉人与被告或其辩护人双方在庭上根据案件的逻辑关系商议决定证据调查的范围、次序及方法，并由受命法官当庭裁示决定，以便正式审判依程序运作。

第五，审判长就被诉事实讯问被告，随后调查被告科刑资料。在证据调查之次序上，为避免审判实务过分依赖自白而形成预断，2003 年修正自白之证据调查次序。我国台湾地区"刑事诉讼法"第 161 条之三规定，法院对于得为证据之被告自白，除有特别规定外，非于有关犯罪事实之其他证据调查完毕后，不得调查。此乃自白之证据调查次序，系有证据能力后之证据价值问题。而第 156 条之三前段规定，被告陈述其自白系出于不正之方法者，应先于其他证据而为调查，则系自白证据能力之问题，两者不能混为一谈。② "刑事诉讼法"第 288 条第 3 款规定："除简式审判程序案件外，审判长就被告被诉事实为讯问者，应于调查证据程序之后进行之。"为避免法官于调查证据之始，即对被告形成先入为主的偏见，且助于导正侦审实务过度偏重被告自白之倾向，并于理念上符合无罪推定原则，要求审判长就被告被诉事实为讯问者，原则上应于调查证据程序之最后行之。至于适用简易审判程序之案件，因审判长须先讯问被告以确认其对被诉事实是否为有罪之陈述，乃能决定调查证据之方式，故于第 3 项并设除外的规定，以避免适用时发生扞格。③ 另外，我国台湾地区"刑事诉讼法"不采陪审制，认定犯罪事实与科刑均由同一法官作出。为防止法官认定事实的心证受到与犯罪事实无关科刑资料的影响，2003 年修法时"刑事诉讼法"第 288 条第 4 款明确规定，审判长对被告科刑资料的调查

---

① 参见林钰雄主编《新学林分科六法：刑事诉讼法》，新学林出版股份有限公司 2011 年版，第 A - 667 页。

② 参见黄朝义《刑事诉讼法》，新学林出版股份有限公司 2017 年版，第 479 页。

③ 参见林钰雄主编《新学林分科六法：刑事诉讼法》，新学林出版股份有限公司 2011 年版，第 A - 667 页。

不得先于犯罪事实证据的调查。

在访谈中，我国台湾地区司法实务部门的人士还提到，他们的刑事庭审程序非常重视贯彻直接言词原则，甚至有时候还会调阅开庭录音带，审查证人在法庭上究竟如何陈述。加之按照我国台湾地区"刑事诉讼法"第178条第1项规定："证人经合法传唤，无正当理由而不到场者，得科以新台币三万元以下之罚锾，并得拘提之；再传不到者，亦同。"一般来讲，证人不会逃避出庭作证，司法实务传唤证人后的到庭率都很高。因此，理论和实务中并没有形成一种固定的证据出示顺序。除此之外，大陆地区和台湾地区的其他证据调查顺序基本相同。证据调查完毕后控辩双方就定罪量刑问题依次进行辩论，而在宣告辩论终结前审判长应当询问被告人有无意见，赋予被告人最后陈述机会。法院未依法赋予被告人最后陈述之机会的，在大陆地区因剥夺或者限制了当事人的法定诉讼权利影响审判公正的，可能会被裁定撤销原判后发回原审法院重审；而在台湾地区判决当然违背法令，构成绝对上诉第三审事由。最后经过法庭评议，当庭或者定期宣布判决结果。定期宣布判决结果的，大陆地区刑诉法没有对时间作出明确说明，仅规定应当在判决宣告后，立即将判决书送达上述有关单位和人员；我国台湾地区"刑事诉讼法"明确规定，法院应自辩论终结之日起14日内宣示判决。

××地方法院关于×××妨害性自主案庭审笔录节选

……

审判长：请书记官朗读案由。

书记官：本院2015年度侵诉字149号妨害性自主案件于2015年7月20日下午2时30分许在第一法庭开始审理。

审判长：本案件是妨害性自主的案件，为了保护被害人的权益，不公开审理。请在座除了证人及告诉人以外之人先行离庭。请检察官陈述起诉要旨。

检察官：被告沈××在2015年3月11日下午×时许，开车带同告诉人陈××至××县××镇×××，以违反告诉人意愿之方式，对告诉人强制性交一次得逞，被告的行为涉犯"刑法"第222条第1项第3款之对心智缺陷之人犯强制性交罪。

审判长：被告沈××，你承认检察官对你起诉的罪名吗？

被告人：不承认。我只是碰碰她，而且是两情相悦。

审判长：现在开始调查证据。因本案无隔离讯问的必要，我们先请1号证人王××女士（被害人母亲）就证人席位。请检察官进行主诘问。

检察官:王××女士,请您说明案发当天被害人的状况。

证人1:被害人在××县××路附近的漫画店打工,每天差不多6点回家,但那天已经6点多了还没回家。我在等她回家吃晚餐,结果她没有回家。我打她手机也没人接,于是我心中觉得怪怪的。我赶快骑着机车去找,看她到底怎么了,结果我到漫画店老板说她两三点就下班走了,也没说去哪里。最终我在公园旁发现了她,她蜷缩在角落里一直拉她的裙子,一直哭……讲着她讨厌"生孩子"。我听到这三个字就知道她被欺负了,我气死了。

检察官:您刚刚是说听到您女儿说那三个字,就知道她被"欺负"了吗?

证人1:对啊。因为她有点问题,所以我平常教她要保护自己,不能随便跟别人发生关系,也就是"生孩子"才会做的那件事。

检察官:所以她说"生孩子"是指"性交"的意思吗?

证人1:对啊。

检察官:那您刚才说您女儿有问题,可否请您详细说明她是什么问题?

证人1:她是轻度智能障碍。

检察官:请问您是什么时候发现的呢?

证人1:她上小学的时候老师叫我带她去医院检查我才知道的。

检察官:她懂得什么是"性交"吗?

证人1:她知道。她有告诉警察。警察也有拿娃娃给她看。

检察官:她是被强迫的吗?

证人1:对啊。那个人强迫她的。

检察官:谢谢。我没有问题了。

审判长:请辩护人进行反诘问。

辩护人:您知道您女儿有交往的对象吗?

证人1:我不知道。

辩护人:您知道她跟被告沈××出去过?

证人1:那又怎样……

辩护人:请回答我的问题。您知道她跟被告出去过不止一次?

审判长:请证人回答。

证人1:知道。

辩护人:您知不知道您女儿喜欢被告?

证人1:那又怎么样?

辩护人:庭上,我在这里重申我的当事人认定这是两情相悦。只有触摸而且没有进行性行为。我没有问题了。

审判长:谢谢王××的作证,请您回座。接着请第2号证人廖××就证人席位。请检察官进行主诘问。

检察官:请问证人职业?

证人2:××冰果店老板。

续表

检察官:今年3月告诉人跟被告一起到你的冰果店去?

证人2:是。

检察官:请向我们说明一下当天的状况。

证人2:没问题。当天他们两个人点了两碗冰,陈小姐看起来很紧张,沈先生就跟平常一样。当天我都在忙我自己的事情,所以没有特别留意他们的状况。不过后来我就听到陈小姐大叫的声音。

检察官:告诉人陈××的精神状况在遇到被告后明显失控,不像被告宣称的"两情相悦",她确实受到被告的伤害。审判长,我没有问题了。

审判长:接着请辩护人进行反诘问。

辩护人:证人,您刚才说他们到你店里的时间是今年3月。

证人2:是的。

辩护人:那是他们第一次到你店里吗?

证人2:不是。

辩护人:之前他们也有一起去过?

证人2:有。

辩护人:那两个人看起来关系怎么样?我是说之前去你店里的那几次。

证人2:还不错,就像朋友。

辩护人:是一般的朋友吗?

证人2:比一般朋友要好一点吧。

辩护人:证人为什么这么觉得?可以请你说清楚一点吗?

证人2:因为他们两个人会一边吃冰,然后手会在那里摸来摸去,感觉还蛮亲密的。

辩护人:谢谢。审判长,我没有问题了。

审判长:谢谢廖××先生的作证。现在请您回座。现在就第3号证人(被害人陈××)开始调查。请检察官为主诘问。

检察官:陈××小姐,您准备好了吗?(视频作证)

证人3:好了。

检察官:刚才证人王××女士,也就是你母亲所陈述的,关于事发当时发生的状况,都正确吗?

证人3:是的。

检察官:我知道这对你来说很痛苦,但是你能不能清楚地告诉我们事发当时你们在哪里?

证人3:车上。

检察官:被告沈××对你做了什么?

证人3:他对我做那个会生孩子的事情。

检察官:你不愿意但为什么不逃呢?

证人3:他……

检察官:审判长,我没有问题了。

审判长:请辩护人进行反诘问。

辩护人:陈小姐,你跟被告沈××出去约会过好几次,对吗?

证人3:是的。

辩护人:你喜欢他?

证人3:我不知道。

辩护人:你不喜欢他的话为什么和他出去?

证人3:我……

辩护人:换个问题好了,他还有其他亲密的女性友人吗?

证人3:知道。

辩护人:你想要他定下来却被拒绝,对吗?

证人3:我没有诬赖他……

辩护人:证人对这个问题很敏感,状态不太好,诘问就到这里。

审判长:现在开始调查非供述证据的部分。请通译打开两边的科技法庭设备。各位就对所呈现的证据表示你们的意见("内政部警政署刑事警察局"鉴定书——DNA型别鉴定)。先请辩护人表示意见。

辩护人:从这份刑事警察局鉴定书鉴定结果可以知道,并没有检验出被告的精液反应。如果被告的确有对告诉人进行强制性交,怎么会没有被告的精液?这纯粹是告诉人精神上的问题,根本就是诬告。

审判长:请检察官表示意见。

检察官:虽然精液检定呈阴性反应,但不能推论没有强制性交,有可能是被告尚未射精或不能射精。请庭上不予采信。另外,有关男性Y染色体DNA-STR型别检测结果显示,与被告之Y染色体DNA-STR型别相符。可推测被告将性器官进入告诉人之性器官内。

审判长:再来我们提示第二项证物,也是一样在荧幕上,请就这荧幕上显示的资料表示你们的意见。

检察官:现在各位所看到的是一篇发表在公开论坛上的网络文章。网络警察已经确认发出IP为被告沈××家中电脑。大家可以看到发文时间是事发当日晚间。内文对事件经过巨细靡遗地描述,跟被告在警局所做的笔录不谋而合(××县政府警察局分局调查笔录)。

审判长:被告有什么需要解释的吗?

被告人:这篇文章是我写的。陈××喜欢看我写的网络文章。我想是她在看到这篇文章之后才故意来诬告我。

被害人:你乱说。

检察官:审判长,您看被告现在还满口胡言,请各位看看他的发文时间(2015年3月11日21:30)。再请看看告诉人在警局做笔录的时间(××县政府警察局分局调查笔录,2015年3月11日20时5分起至2015年3月11日21时止)。

被告人:我是和她有关系,那又怎么样?她是自愿的……

审判长:请被告注意自己的用语。

辩护人:审判长,因为被告与告诉人相约出游,双方在触摸之后意乱情迷,被告认为这是你情我愿,请审判长明察。

> 被告人：我没有强迫她,她是自愿的……
>
> 被害人：刚刚他说我没说不,我想了又想我真的没有说"不"。不过,我很想要讲"不",但我发不出声音,所以我一直很用力把他推开,可是他的力气好大,一直把我压住。我想要从车子里跑出去,可是车门打不开。我真的没有诬赖他……
>
> 审判长：请第 2 告诉人(被害人母亲,也就是证人 1)表示意见。
>
> 告诉人：法官,他真的有欺负我女儿,她那么单纯、善良,你怎么忍心……您看他现在还不承认。请法官主持公道。像他种人要判重一点。
>
> 审判长：请检察官表示意见。
>
> 检察官：审判长,被告之前狡辩,之后被拆穿却仍无悔意,请钧院从重量刑。
>
> 审判长：请被告表示意见。
>
> 被告人：我是被冤枉的……
>
> 审判长：请辩护人表示意见。
>
> 辩护人：审判长,被告是冤枉的,请求判决被告无罪。
>
> 审判长：本件辩论终结,订于 2015 年 8 月 3 日下午 4 点钟在本院第一法庭宣判。当事人可自行到场聆判。到庭之人均请回。退庭。

2. 证据调查顺序的异化

在我国台湾地区的"刑事诉讼法"中,就证据调查的举证顺序而言,法律并没有对此作出层次分明和机械呆板的规定,而是控辩双方根据案件具体情况协商一致后,提交合议庭法官在庭前准备程序作出裁定。《美国联邦证据规则》第 611 条（a）规定："法院应当对询问证人和提出证据的方式与顺序予以合理控制,以做到：使这些程序能有效地确定真相；避免浪费时间；以及保证证人免受骚扰或者不当困窘。"[①] 根据本条规定,法院对刑事审判证据调查的方式和顺序均有控制权。因为保证对抗制有效运作的最终责任要由法官来承担,而这项权利是法院的传统权利,在传统上审判法院在控制审判的证明顺序方面有着最为广泛的自由裁量权,我们

---

① It is fundamental that a court has the power and duty to manage its docket and the individual cases before it to secure fairness in administration, and elimination of unjustifiable expense and delay. Modern courts recognize that the court's time is a public commodity which should not be squandered. There is an unnamed party in every lawsuit—the public. Public resources are squandered if judicial proceedings are allowed to proliferate beyond reasonable bounds. See Dennis D. Prater, Daniel J. Capra, Stephen A. Saltzburg, Hon. Christine M. Arguello, *Evidence：The Objection Method*, LexisNexis, 2011, p. 109 – 110.

没有看到《美国联邦证据规则》要改变这一做法。[①] 至于我国大陆地区有关刑事审判证据调查的顺序，虽然刑事诉讼法和司法解释层面没有对此作出明文规定，但 1996 年 12 月《最高人民检察院关于审查逮捕和公诉工作贯彻刑诉法若干问题的意见》在公诉人出庭部分对此有所涉及。[②] 司法实践中检察机关结合此意见的要求，片面严格按照刑事诉讼法和司法解释的立法顺位，形成"被告人、被害人陈述及讯问被告人→证人、鉴定人作证→出示物证、书证等其他证据"（主观到客观）的证据调查顺序。但问题在于，如果严格按照"主观到客观"的顺序出示证据，可能会造成证明体系紊乱。例如，当控方询问证人、鉴定人时，可能会涉及某项重要的实物证据资料需要辨认、核实，此时如果控方要求出示该实物证据而法官则可能不允许，因为按照 1996 年《刑事诉讼法》第 156 条、第 157 条庭审条款证据出示的法律规定，实物证据的出示顺序应该在言词证据之后。

尽管严格按照立法顺位确定的不同类别证据出示顺序，形式上使庭审证据调查条理清楚、层次分明，但实质上可能会割裂案件事实和证据资料之间的内在逻辑联系，使原本紧密相关的证据、事实构成要素被肢解，最终损害控辩双方尤其是控方的证据体系。同时，这种机械的证据出示顺序还可能严重影响控辩双方的质证。因为当控辩双方之间就对方的证据进行质疑时，还需要其他相关证据作为弹劾证据，如质疑证人、被害人、鉴定人证言的真实性时需要出示其他实物证据资料；质疑物证、书证来源的正当性和可靠性时需要相关证人出庭作证，以证明该实物证据的提取情况、发现时间、保管状况等问题。[③] 诉讼过程中可以用证人证言与同案其他证

---

① 参见王进喜《美国〈联邦证据规则〉（2011 年重塑版）条解》，中国法制出版社 2012 年版，第184—185 页。

② 《最高人民检察院关于审查逮捕和公诉工作贯彻刑诉法若干问题的意见》中关于出庭举证顺序规定："根据刑事诉讼法第 156 条、第 157 条规定（1996 年刑诉法），举证的顺序可以是证人作证、出示物证、未到庭证人的证言笔录、宣读书证（未到庭鉴定人的鉴定结论、勘验笔录及其他作为证据的文书）。但这不是固定的举证顺序。举证顺序应当根据不同案件的不同特点来安排。可以采取一罪名一举证、一罪行一举证、一事实一举证的原则。被告人犯有数罪的，应依罪举证，逐个证明所犯之罪；被告人在某一罪名下有多起犯罪行为的，应逐个证明每起犯罪行为；每起犯罪行为涉及多个事实的，应逐个证明涉及到的每个事实，同时结合时间顺序原则，即一般按发生时间的先后顺序举证。公诉人在具体安排举证顺序时要灵活运用上述原则。某些情况下可能要打破时间顺序，按犯罪手段归类举证，有的可能随着庭审中案情的变化，原先安排的举证顺序也应作出相应的调整。对举证顺序的安排应以有利于证明犯罪为原则，合理安排，灵活运用。"

③ 参见龙宗智《刑事庭审制度研究》，中国政法大学出版社 2001 年版，第 202 页。

据相互对照，通过发现证据间存在的矛盾促使证据收集者和事实认定者对证据进一步审查与甄别，以排除证人证言易受主客观因素影响掺杂的虚假成分。① 所以，如果主审法官不允许各种证据资料根据案件的逻辑顺序，包括因果关系、时间关系、犯罪构成等逻辑关联，形成证据组合并以此为序有层次地推进证据的出示，控辩双方对证据的质疑、质问、验证和核实，以及合议庭对证据的分析研究、鉴别真伪将很难进行。针对公诉证据调查顺序出现的诸多问题，2007 年 4 月最高检发布的《公诉人出庭举证质证指导意见（试行）》（简称《意见》）第 14 条至第 27 条对公诉方举证的一般方法作了详细规定。根据《意见》第 23 条的规定②，逐一举证仍然坚持从"主观到客观"的举证顺序，只是将宣读被告人供述和被害人陈述放在了证据调查的开始。所以，《意见》就简单案件规定的证据调查顺序，没有改变以往根据刑诉法和司法解释庭审条文顺序形成的证据出示方式。

2018 年 5 月最高检发布的《人民检察院公诉人出庭举证质证工作指引》（简称《指引》）第 19 条至第 29 条对公诉方举证的一般方法作了更加详细的规定，并对 2007 年《意见》中不合理的规定作了修改。例如，针对复杂疑难案件运用"批量举证"和"逐一举证"综合举证方式，强调"案情复杂、同案被告人多、证据数量较多的案件，一般采用分组举证为主、逐一举证为辅的方式"。③ 这改变了 2007 年《意见》第 17 条、第 21 条复杂案件使用"批量举证"、简单案件使用"逐一举证"的片面

---

① 参见强卉《刑事证人证言的可信性问题研究——以美国证据法中的证人弹劾制度为视角》，《法律科学》2016 年第 3 期。One of the key functions of cross-examination is convincing the jury that they should not believe the other side's witnesses; this is called impeachment. In some situations, witnesses may be called solely for the purpose of impeaching someone who has already testified. See Judy Hails, *Criminal Evidence*, Wadsworth Cengage Learning, 2009, p. 106.

② 第 23 条规定："对于一名被告人有一起犯罪事实或案情比较简单的案件，可以按照下列顺序逐一举证：a. 宣读被告人供述；b. 宣读被害人陈述；c. 要求证人到庭作证或宣读未出庭的证人证言；d. 出示物证、书证；e. 宣读勘验笔录、检查笔录、鉴定结论；f. 播放视听资料。逐一举证时也可以根据案件具体情况，对上述顺序作出调整。"

③ 第 21 条规定："根据案件的具体情况和证据状况，结合被告人的认罪态度，举证可以采用分组举证或者逐一举证的方式。案情复杂、同案被告人多、证据数量较多的案件，一般采用分组举证为主、逐一举证为辅的方式。对证据进行分组时，应当遵循证据之间的内在逻辑关系，可以将证明方向一致或者证明内容相近的证据归为一组；也可以按照证据种类进行分组，并注意各组证据在证明内容上的层次和递进关系。"

规定。原因在于，复杂案件需要在"分组举证"的基础上进行"逐一举证"，也可以认为"逐一举证"本来就是针对复杂案件的举证、质证基本方式。但更为重要的变化是，最高检 2018 年《指引》第 24 条规定："'零口供'案件的举证，可以采用关键证据优先法。公诉人根据案件证据情况，优先出示定案的关键证据，重点出示物证、书证、现场勘查笔录等客观性证据，直接将被告人与案件建立客观联系，在此基础上构建全案证据体系……"这改变了以往证据调查由"主观到客观"的出示方式，强调根据证据资料证明力大小按照由"客观到主观"的证据调查顺序。但事实上，这使公诉方的法庭举证走向了另一个极端方向。调研发现，司法实践中公诉方的法庭举证不管案件性质、难易程度如何，普遍采取了"客观到主观"的证据调查顺序。① 出现这种现象的原因在于，大量关键证人不出庭，加之被告人不享有沉默权，控方法庭举证倾向于先出示实物证据后出示言词证据。虽然优先出示证明力较强的实物证据，可减少辩方对控方指控事实的异议，但存在的问题是控方举证的机械化、形式化，以及辩方质证的单一化、碎片化。

3. 证据调查顺序的纠偏

在英美法系当事人主义的刑事审判程序中，控辩双方出示本方证据资料的方式大致可以分为以下两类：一是故事顺序；二是证人顺序。前者通常根据案件事实发生的时间顺序来出示证据资料；后者是以证人作用大小来安排其出庭作证。② 审判人员的听证过程是对证据进行评估、取样、整合的过程，同时也是法官认知重构、心证形成的过程。根据认知心理学的理论来看，法官审理案件可以认为是一个信息导入、心理加工、结论输出

---

① 成都市两级法院的庭审实质化改革试点方案，对公诉方应按照何种顺序在法庭出示证据问题作出了如下规定：举证按照公诉人、刑事附带民事原告及其代理人、辩护人、被告人、刑事附带民事被告人及其代理人的顺序进行。法庭审理中，应先出示定罪证据，再出示量刑证据。原则上，证据出示遵循先客观、后主观原则，按照物证→书证→视听资料→电子数据→证人证言→被害人陈述→被告人供述和辩解→鉴定意见→勘验、检查、辨认、侦查实验等笔录的顺序逐一进行。必要时，也可以人证调查为主线，穿插物证、书证的出示，查明案件事实。公诉人指控的被告人的犯罪事实为两起以上的，应当分组出示，但重复证据不再出示。成都中院：《全省法院刑事庭审实质化改革工作推进会资料汇编》，2016，第 24 页。显然，改革试点方案主要采取了"客观到主观"的证据出示方式，相应地，示范庭的证据调查顺序也多依此规定展开。

② 参见葛琳《证明如同讲故事？——故事构造模式对公诉证明的启示》，《法律科学》2009 年第 1 期。

的过程。我们在进入任何社会情境（包括司法程序）时，都不可避免地带入了针对不同群体的复杂态度、信仰、价值观以及刻板的印象，这些认知过程与特定案件中的信息共同作用，形成了陪审员和法官对案件事实和法律适用的裁决。[①] 法官和陪审员通过控辩双方举证对案件事实的重构，并不总是按照"三段论"的逻辑推演来得出结论，相反他们的判断可能会受多种因素的影响，包括证据的出示顺序、当事人的行为举止、证据的内容结构以及审判人员的认知结构、情绪状态、人格特征等。[②] 这些因素会影响裁判者对案件事实的重构和心证的形成，而控辩双方举证时采取证人顺序还是故事顺序，这对裁判者最终认定被告人有罪或无罪会产生较大影响。一般来讲，故事顺序举证方法比证人顺序举证方法，更容易获得陪审员和法官的认可和青睐。在控方采用故事顺序策略时，最终对被告人定罪的可能性较高，而辩方采用故事顺序攻击控诉方的指控时，对有争议的案件事实往往容易发生逆转。

但两大法系诉讼模式程序结构设置的不同，可能会使证据出示的故事顺序方法的重要性和目的性差距较大。采职权主义的诉讼结构在开庭前法官已经接触案件卷宗，并通过阅卷对案件的大致情况有所了解，开庭的目的不过是通过控辩双方的举证、质证、辩论，以及法官的补充询问或者讯问，来消除法官对案件事实的疑问。因此，在采职权主义诉讼模式国家的法庭上，很难想象控辩双方在案件审理过程中普遍通过构造故事的方式来还原案件事实。常见的情况是法官对当事人事无巨细的举证方式产生反感，并经常提醒当事人要言简意赅地针对有争议的案件事实进行举证、质证和辩论。当事人主义审判中的一个典型特征是，检察官和辩护律师在庭审开始时进行开庭陈述，他们所举出的证据都试图证实他们在开场陈述中所勾勒的假设，但在职权主义审判中并不存在这种对立的开场陈述，检察官在宣读起诉书时提出的指控事实，将作为庭审证据调查的唯一假设，辩护律师可以试图攻击这种假设，但是他不可能提出一个有利于辩方的单独假设，与英美法系具有竞争性、实验性的对抗式庭审模式不同，大陆法系审问式庭审模式对案件事实的认定被视为

---

① 参见［美］巴隆、［美］布兰斯科姆、［美］伯恩《社会心理学》，邹智敏、张玉玲等译，机械工业出版社 2011 年版，第 341 页。

② 参见郭彦主编《刑事庭审实质化改革的成都样本》，人民法院出版社 2016 年版，第 309 页。

对事实真相的单轨调查。① 但随着不同法系庭审方式的互相取长补短，兼具职权主义与当事人主义特色的控辩式庭审方式，越来越强调控辩双方的平等对抗，而法官依职权查明案件事实仅具有补充性。这为改造传统职权主义诉讼结构中控辩双方的举证方式提供了可能性，使得故事构造的证据调查顺序方式在大陆法系国家刑事庭审中具备了适用空间。

也有观点认为，对证人证言、鉴定意见和物证、书证等非陈述性证据资料的法庭调查顺序，可以考虑根据案件性质的逻辑关系，以及证据资料本身的状况，兼顾证据调查的效率和效益来确定。② 但是，究竟应如何根据案件逻辑关系和证据资料来展开证据调查，尚未给出明确、可行的改革建议。针对此问题，有论者提出相对理想的证明程序应按照以下方式进行，即控诉方首先陈述其查明的案件事实，采用开庭陈述或宣读起诉书的方式皆可，旨在构建控方的故事框架和证明要点，然后控方再根据案件事实的发展脉络进行法庭举证，辩方随之对其出示的证据进行辩论，控方的证明标准需要满足证据与证据之间的一致性、证据覆盖的全面性以及案件事实情节的独特性和唯一性，通过对案件事实的故事情节描述，控方完成证明任务、辩方完成辩护职责、法官完成心证过程。③ 但与之相关的论述指出，开庭陈述中控辩双方向陪审团介绍他们各自的案情，他们将按照这样的顺序来提供证据：首先是控方的开场陈述，然后是辩方的开庭陈述，但开庭陈述既不是证据也不是辩论，而应该是公诉人和辩护律师真诚相信证据将证明什么的简洁叙述。其正式意图是要让陪审团对该案有一个整体的了解，使陪审团更容易理解他们接下来会听到的证言，这些证言可能会以一种支离破碎、不按时间先后顺序的方式来讲述案情。④ 因此，虽然从法庭调查开始，控方的开场陈述和辩方的开庭陈述都非常重要，但就证据调查的具体举证顺序而言并不总是按照故事顺序展开。一般来讲，故事顺序多适用于以下两类案件：一是被告人被指控先后实施了多起同类犯罪行

① 参见［美］菲尼、［德］赫尔曼、岳礼玲《一个案例 两种制度——美德刑事司法比较》，郭志媛译（英文部分），中国法制出版社 2006 年版，第 336 页。
② 参见龙宗智《刑事庭审制度研究》，中国政法大学出版社 2001 年版，第 204 页。
③ 参见葛琳《证明如同讲故事？——故事构造模式对公诉证明的启示》，《法律科学》2009 年第 1 期。
④ 参见［美］艾伦、［美］库恩斯、［美］斯威夫特《证据法：文本、问题和案例》，高等教育出版社 2006 年版，第 104 页。

为，如盗窃或抢劫，公诉方可以按照这几起案件的时间顺序分别进行举证；二是被告人被指控的犯罪事实由系列相对独立、时间顺序清晰的活动构成，如爆炸案件中的购买炸药、制作爆炸装置、安装炸药、实施爆炸、销毁罪证等活动。① 可见，认为证据的调查顺序完全建立于控辩双方的故事比拼会有失偏颇，没有考虑到案件的难易程度、被告人涉嫌的犯罪事实数量、各被告人在共同犯罪中的地位和作用、单位犯罪和自然人犯罪的不同等情况。控辩双方通过构造故事以及陈述或答辩起诉要旨的方式进行开场陈述，仅为让陪审团或审判人员对案件事实有整体了解和明确双方的争议焦点，证据调查更多还需要依靠证人出庭作证并穿插其他证据资料进行质疑、反驳、验证和核实。

证据调查顺序通常包含但不限于以下类型。② 第一，按照事件发生时间的先后顺序。根据案件事实发生时间进行法庭举证的主要适用于两种情况：公诉方指控被告人先后实施了多起同类犯罪行为；被告人被指控的犯罪行为由一系列相对独立而且时间顺序清楚的具体活动构成。第二，按照事实要素在案件中的重要程度。根据各个事实要素在案件中的性质和地位安排证据调查顺序主要有两种类型：先就案件的核心事实要素进行举证，然后就案件的外围事实要素进行法庭举证；先就案件的外围事实要素进行举证，然后就案件的核心事实要素进行法庭举证。第三，按照事实要素之间的因果关系。一些案件由于案件事实之间的因果关系比较明确，所以法庭举证可以根据事件的因果关系进行，分为两种情况：先就案件中的原因进行法庭举证，然后就案件中的结果进行法庭举证；先就案件中的结果进行法庭举证，然后就案件中的原因进行法庭举证。第四，按照共同被告人在案件中的主次地位。在共同犯罪案件中，法庭举证一般按照先主犯后从犯的顺序进行。因为主犯是犯罪行为的策划者和组织者，先对其进行讯问并就其行为进行举证，有助于全面了解案件的情况，证明的思路也相对清晰。但在有些案件中，法庭举证也可以从讯问实行犯开始，或者从已经认罪的从犯开始，因为这样的证据调查顺序更有利于公诉方证明其指控的犯罪事实。

---

① 参见何家弘《从应然到实然：证据法学探究》，中国政法大学出版社 2008 年版，第 222 页。
② 此部分证据调查顺序分类观点来自何家弘教授著作。何家弘：《从应然到实然：证据法学研究》，中国政法大学出版社 2008 年版，第 222—223 页。

值得注意的是，刑事审判的证据调查过程具有复杂性和多样性，一个案件可能会综合运用到上述不同的证据出示方法。当证人作证涉及相关实物证据资料时，证据调查必须以证人所述和案件涉及的物证、书证、电子资料等实物证据为基础，集中围绕该实物证据资料对证人进行询问。但在询问证人的同时，不能忽视对案件所涉及的实物证据资料进行调查，以留待证人作证完后单独对该实物证据进行查验、核实。鉴于此，笔者认为，一方面，在有证人出庭的案件中，证据调查以人证调查为主线，并穿插物证、书证、电子资料等实物证据资料的出示。配合人证当庭陈述并同步举证，可以增强庭审的对抗性，让法官在控辩双方的交锋过程中查明案件事实真相；另一方面，对于没有证人出庭或者很少的情况下，根据争议证据及证据与待证事实之间的关系，通过优势证据连环举证实现举证架构上的完整。在此逻辑构架下，可根据案件的难易程度和不同性质，分别运用不同证据调查顺序方式出示证据。例如，涉及多人或共同犯罪的情况，应以个人为主并按照其在犯罪中的作用大小出示证据资料。① 所以，机械地强调"主观到客观"或"客观到主观"的证据调查顺序，不仅容易割裂案件事实和证据资料之间的逻辑关联，还会过多依赖被告人的有罪供述，影响控辩双方对证据资料的质证效果和被告人诉讼权利的保障。

第三节　举证主体：诉讼角色冲突的理性回归

1996 年《刑事诉讼法》将被害人纳入诉讼当事人范畴，虽然在一定程度上契合了强化被害人保护的国际化趋势，有利于实现各诉讼主体之间的利益平衡，但被害人的当事人化与法理存在冲突，有违刑事诉讼程序的运行规律。被告人角色定位的客体化与其诉讼主体地位不符，极容易导致公诉人和审判人员过分依赖被告人的当庭有罪供述。

---

① 参见郭彦主编《刑事庭审实质化改革的成都样本》，人民法院出版社 2016 年版，第 234 页。

一、被害人的角色定位

随着国际人权保障运动的发展，以及刑事领域被害人学的兴起，被害人在刑事诉讼法中的权利保障成了各国司法改革的重要目标。[①] 其中，被害人在公诉案件中的角色定位问题，受到民众和专业人士的广泛关注，需要逐步通过立法或修法提升其诉讼地位，使其拥有独立的申请回避、发动起诉、获知指控理由、有效参与法庭审判的权利。

1. 传统客体化诉讼地位的形成

被害人在公诉案件中地位的确定，是促成现代庭审方式变革的重要议题。在古代的弹劾式诉讼结构中，由于民、刑诉讼程序没有区分，被害人拥有完整、独立的追诉权。若被害人不主动向审判机关提起诉讼，后者不会自行主动对被告人进行追诉，此时被害人完全居于原告的诉讼角色地位。人类社会的初期处于松散的自然状态，在没有一种共同权力使人们慑服的前提下，便处于混乱的战争状态之下，这种混乱的战争是社会成员彼此间的战争，而人类在彼此为敌混战时期发生的一切，仅能依靠其自身的创造力和体力来保障其生存。[②] 在自然状态中，缺少一个有权依照既定的法律来裁判争执的公正裁判者，每个人都是自然法的裁判者和执行者，情感和报复之心很容易使他们超越范围对于自己的事件过分热心，而疏忽和漠不关心的态度又会使他们对于别人的情况过于冷淡。[③] 报复或复仇是在国家法出现之前，由受害人本人或与受害人有亲密关系的人，对侵害者有意识施加的惩罚，满足的是受害人或其亲人的情感需求。[④] 没有共同的权力使得社会处于一切人对一切人的混战中，

---

① Historically, crime victims have been forgotten in the criminal justice system. The system, as it evolved, protected the rights of the accused with zeal, while ignoring the victim's plight. In addition to the physical, financial, and emotional trauma caused by the crime itself, the victim often was forced to endure repeated and prolonged questioning, intimidating threats by the accused or his associates, ignorance concerning the status or outcome of the proceeding, lost property or wages, and lack of emotional, financial, and legal support. See David L. Roland, "Progress in the Victim Reform Movement: No Longer the Forgotten Victim", *Pepperdine Law Review*, vol. 17, 1989, p. 35.

② 参见 [英] 霍布斯《利维坦》，黎思复、黎延弼译，商务印书馆 1986 年版，第 94 页。

③ 参见 [英] 洛克《政府论（下）》，叶启芳、瞿菊农译，商务印书馆 1964 年版，第 78 页。

④ 参见苏力《法律与文学：以中国传统戏剧为材料》，三联书店 2017 年版，第 45 页。

生活贫困、孤独、残忍、卑污而短寿；在理性思维的引导下，彼此间最终走到一起、达成协议，自愿地服从一个集体或者一个人，相信其可以保护自己并抵抗所有其他的敌对者；由此，政治国家随之结成，而作为其治理社会、化解纠纷的必然伴生物，人类社会早期法庭的雏形也就相继出现了。

听凭冲突各方当事人通过私力救济的纠纷解决模式，这是一种理性成分少，而再生冲突极强的纠纷化解模式，其未能经受住人类历史的风雨打磨，这为国家权力介入私人之间的纠纷和冲突创造了可能，历史证明国家公权力主导的社会成员之间的冲突获得了事实上的正当性。① 历来传统的理论和立法强调刑事诉讼是国家与犯罪行为人之间的冲突，有意无意地将被害人排除在刑事诉讼主体之外，仅为查明案件事实真相的证据方法，此即被害人诉讼地位客体化问题。② 国家主导的刑事追诉活动对犯罪行为的追诉被视为专门机关的职责，被害人不再以原告的身份对被告人进行追诉，处于协助国家公权力机关查明案件事实的辅助地位，被害人通常以证人身份提供证言指控被告人。但是，被害人的证人角色地位容易导致其固有的诉讼利益被忽视，以至于部分国家已对其在公诉案件中的诉讼角色进行了相应调整。

2. 我国当事人化诉讼地位的形成

联合国对刑事被害人权利的关注较之对刑事诉讼程序中其他诉讼参与人权利保障的关注要晚，无论是《世界人权宣言》还是《公民权利和政治权利国际公约》，都未能正式明确规定有关刑事被害人权利保障的原则。联合国最早在 20 世纪 80 年代中期开始制定有关保护刑事犯罪被害人权利的政策性文件，最先颁布的是《关于公正对待犯罪和滥用权力的被害人的基本原则宣言》。在这个文件中，联合国首次表达了刑事犯罪被害人和受到滥用权力侵害的被害人应受到同情，他们的尊严应受到尊重，保护被害人权利是国家的责任，在刑事诉讼程序中被害人应得到程序性保障和国家的补偿。③

因此，20 世纪下半叶随着国际人权保障运动的发展，以及刑事法领

---

① 参见左卫民、周长军《刑事诉讼的理念》，北京大学出版社 2014 年版，第 6—7 页。

② 参见万毅《刑事被害人诉讼权利保障若干问题研究》，《兰州学刊》2016 年第 12 期。

③ 参见岳礼玲《刑事审判与人权保障》，法律出版社 2010 年版，第 310 页。

域被害人学的勃兴，加强被害人在刑诉程序中的权利保障，成了世界各法治国家司法改革的重要目标。特别是随着社会公众和刑事法专业人士，对保障被害人的诉讼权利达成普遍共识，通过修法或立法加强对被害人权利的保护、提升其在诉讼程序中的地位，成了建设法治国家的一项基本任务。[①] 例如，德国于 1976 年制定的《暴力犯罪被害人补偿法》、1988 年制定的《证人保护法》、2004 年制定的《改善刑事程序中被害人权利法案》，为被害人所遭受的损失、出庭作证提供了社会救助和法律保护，并以此提升了被害人在刑事诉讼程序中的地位。又如，我国台湾地区 1987 年 9 月通过第一部保障被害人权利的"犯罪被害人保护法"。为有效保护因犯罪被害死亡者的家属、受性侵及重伤犯罪的被害人，该法赋予上述人员申请犯罪被害补偿金的权利，并由各地方的法院及检察署支付，而犯罪补偿金的经费来源，主要有监所作业者的劳动金提拨部分金额，依法没收的犯罪所得，"法务部"的编列预算，犯罪行为人因宣告缓刑、缓起诉处分或协商判决而应支付一定金额总额提拨部分金额，犯罪被害人保护基金等。1990 年 2 月通过的"证人保护法"，旨在保护刑事案件及检肃流氓案件的证人，使其勇于出面作证，以利犯罪的侦查、审判。

我国 1979 年《刑事诉讼法》没有将公诉案件被害人定性为当事人，当事人仅限于自诉人、被告人、附带民事诉讼的原告人和被告人，这导致在法律层面被害人权利保障的不周延（见表 3 - 2）。例如，1979 年《刑事诉讼法》第 23 条关于"诉讼参与人回避问题"规定，"审判人员、检察人员、侦查人员有下列情形之一的，应当自行回避，当事人及其法定代理人也有权要求他们回避：是本案的当事人或者是当事人的近亲属的；本人或者他的近亲属和本案有利害关系的；担任过本案的证人、鉴定人、辩护人或者附带民事诉讼当事人的代理人的；与本案当事人有其他关系，可能影响公正处理案件的"。其

---

① Since its rebirth in the middle of this century, the concept of "victims' Rights" has garnered support and momentum. Transcending its original focus on compensation for crime victims, the movement now seeks a vast array of procedural prerogatives aimed improving the position of the victim in the judicial process. See Katie Long, "Community Input at Sentencing: Victim's Right or Victim's Revenge", *Boston University Law Review*, vol. 75, 1995, p. 190 - 191; see also Lynne Henderson, "Revisiting Victim's Rights", *Utah Law Review*, vol. 1999, 1999, P383 - 400.

中，由于被害人不属于当事人，所以公诉案件中被害人无权要求与案件有利害关系的审判人员、检察人员、侦查人员回避，也无权对驳回申请回避的决定申请复议。另外，如果严格按照 1979 年《刑事诉讼法》对当事人的定义，被害人还无法行使下列各项权利：第 56 条申请继续进行诉讼活动的权利；第 115 条申请审判长对证人、鉴定人发问；第 115 条请求审判长许可直接发问的权利；第 116 条对作为证据的文书发表意见的权利；第 117 条申请通知新的证人到庭、调取新的物证、申请重新鉴定或者勘验的权利；第 121 条及时获取法院判决书的权利；第 124 条请求法院补充或者改正庭审笔录的权利；第 129 条对地方各级人民法院第一审的判决、裁定中的附带民事诉讼部分提出上诉的权利；第 132 条、第 133 条获得上诉书和抗诉书的权利；第 148 条对已经发生法律效力的判决、裁定可向人民法院或人民检察院提出申诉的权利。

　　立法者为周延公诉案件被害人权利的保护范围，以及提升被害人权利的保护力度，1996 年修订《刑事诉讼法》时对原 1979 年《刑事诉讼法》规定"当事人"的范围进行了扩张，由以往的"被告人、自诉人、附带民事诉讼的被告人和原告人"，修改为"犯罪嫌疑人、被告人、自诉人、被害人、附带民事诉讼的被告人和原告人"。公诉案件的被害人因而被纳入了当事人的范畴。立法者认为被害人的当事人化顺应了强化被害人保护的国际化趋势，有利于平衡各诉讼主体之间的权利。① 但需要注意的是，被害人是指财产、人身或其他合法权利遭受犯罪行为直接侵害的个人或单位，针对公诉案件是否应该赋予其当事人的诉讼地位在理论上存在争议。有学者指出，经过新刑事诉讼法实施以来对这项制度运作的观察和思考，被害人作为公诉案件的当事人，虽然在保障被害人诉讼地位方面具有一定的积极意义，但在法理上难以自圆其说，在实践中则弊大于利，并提出应针对被害人的当事人化采取抑制其弊端的措施，谋划在有利于保障当事人权利的同时，维系诉讼架构合理性的双重制度改革。② 无论是英美法系还是大陆法系国家和地区，公诉案件中被害人的诉讼角色更多是证人，作为证人的被害人不是可以全程参与法庭

---

① 参见朗胜主编《中华人民共和国刑事诉讼法释义》，法律出版社 2012 年版，第 251 页。
② 参见龙宗智《被害人作为公诉案件诉讼当事人制度评析》，《法学》2001 年第 4 期。

调查的诉讼主体（当事人），也不具有参与侦查、审查起诉、独立控诉、提出上诉等权利。

表3-2 我国《刑事诉讼法》关于公诉案件被害人诉讼权利的规定

1979年《刑事诉讼法》	1996年《刑事诉讼法》	2012年《刑事诉讼法》
第31条(向法庭提供证言的权利)；第36条(对证人证言进行质证的权利)；第53条(提起附带民事诉讼的权利)；第102条(获得免予起诉决定书、向人民检察院申诉并获得复查结果的权利)；第114条(可向被告人发问的权利)；第118条(法庭调查后发表辩论意见的权利)；第148条(对已经发生法律效力的判决、裁定可向人民法院或者人民检察院提出申诉的权利)	第28条、第29条(要求审判人员、检察人员、侦查人员回避的权利)；第30条(对驳回申请回避的决定可申请复议的权利)；第37条(向辩护律师提供证言的权利)；第40条(有委托诉讼代理人的权利)；第42条(向法庭提供证言的权利)；第47条(对证人证言进行质证的权利)；第77条(因犯罪遭受物质损失提起附带民事诉讼的权利)；第80条(申请继续进行诉讼活动的权利)；第84条(向公安机关、人民检察院或者人民法院报案或者控告的权利)；第87条(向人民检察院提出立案监督的权利)；第121条(获知鉴定结论和申请补充鉴定或重新鉴定的权利)；第139条(人民检察院审查案件应听取其意见的权利)；第145条(获知人民检察院不起诉决定书和对不起诉决定申诉的权利、直接向人民法院起诉的权利)；第154条(庭审时对合议庭组成人员、书记员、公诉人、鉴定人和翻译人员申请回避的权利)；第155条(对起诉书指控的犯罪向法庭陈述的权利、可向被告人发问的权利)；第156条(可以对证人、鉴定人发问的权利)；	第28条、第29条(要求审判人员、检察人员、侦查人员回避的权利)；第41条(向辩护律师提供证言的权利)；第44条(被告知和委托诉讼代理人)；第48条(向法庭提供证言的权利)；第56条(申请人民法院对以非法方法收集的证据依法予以排除)；第59条(对证人证言进行质证的权利)；第62条(因在诉讼中作证本人或其近亲属的人身安全面临危险，请求公安司法机关保护的权利)；第99条(因犯罪遭受物质损失提起附带民事诉讼的权利)；第104条(申请继续进行诉讼活动的权利)；第108条(报案或者控告)；第111条(向人民检察院申请立案监督的权利)；第115条(对司法机关及其工作人员违法行为进行申诉或控告的权利)；第146条(获知鉴定意见和申请补充鉴定或重新鉴定的权利)；第170条(人民检察院审查案件应听取其意见的权利)；第176条(获知人民检察院不起诉决定书和对不起诉决定申诉的权利、直接向人民法院起诉的权利)；第182条(参加庭前会议的权利)；第183条(申请不公开审理的权利)；第185条(对合议庭组成人员、书记员、公诉人、鉴定人和翻译人员申请回避的权利)；第186条(对起诉书指控的犯罪向法庭陈述的权利、可向被告人发问的权利)；

续表

1979 年《刑事诉讼法》	1996 年《刑事诉讼法》	2012 年《刑事诉讼法》
	第 157 条(对作为证据的文书发表意见的权利); 第 159 条(有申请通知新的证人到庭、调取新的物证、申请重新鉴定或者勘验的权利); 第 160 条(可对证据和案件情况发表意见并且可以互相辩论的权利); 第 163 条(及时获取法院判决书的权利); 第 167 条(请求法庭补充或者改正庭审笔录的权利); 第 180 条(可对地方各级人民法院第一审的判决、裁定中的附带民事诉讼部分提出上诉的权利); 第 182 条(请求人民检察院对地方各级人民法院第一审的判决提出抗诉的权利); 第 184 条、第 185 条(获取上诉书和抗诉书的权利); 第 187 条(第二审人民法院决定不开庭审理的听取其意见的权利); 第 198 条(及时获得返还合法财产的权利); 第 203 条、第 204 条(对已经发生法律效力的判决、裁定可以向人民法院或者人民检察院提出申诉的权利)	第 187 条(申请证人、侦查人员、鉴定人出庭作证的权利); 第 189 条(法庭调查中对证人、鉴定人发问的权利); 第 190 条(法庭调查中辨认物证的权利); 第 192 条(申请通知新的证人到庭,调取新的物证,申请重新鉴定或者勘验的权利、申请法庭通知有专门知识的人出庭就鉴定人作出的鉴定意见提出意见的权利); 第 193 条(法庭审理过程中对证据和案件情况发表意见并且可以互相辩论的权利); 第 196 条(及时获取法院判决书的权利); 第 201 条(请求法庭补充或者改正庭审笔录的权利); 第 216 条(可对地方各级人民法院第一审的判决、裁定中的附带民事诉讼部分提出上诉的权利); 第 218 条(请求人民检察院对地方各级人民法院第一审的判决提出抗诉的权利); 第 220 条、第 221 条(获取上诉书和抗诉书的权利); 第 223 条(第二审人民法院决定不开庭审理的听取其意见的权利); 第 234 条、第 282 条(及时获得返还合法财产的权利); 第 241 条、第 242 条(对已经发生法律效力的判决、裁定可以向人民法院或者人民检察院提出申诉的权利); 第 270 条(未成年被害人受到特别保护的权利); 第 271 条(人民检察院在作出附条件不起诉的决定以前听取其意见的权利、对附条件不起诉的决定提起申诉的权利);

续表

1979 年《刑事诉讼法》	1996 年《刑事诉讼法》	2012 年《刑事诉讼法》
		第 277 条（以获得赔偿损失、赔礼道歉等方式为条件进行和解的权利）； 第 278 条（刑事和解案件公安司法机关应听取其意见）； 第 287 条（对强制医疗决定不服申请复议的权利）

　　注：2018 年《刑事诉讼法》仅在新增的"速裁程序"部分对被害人的权利有所涉及。第 223 条规定，"有下列情形之一的，不适用速裁程序：（一）被告人是盲、聋、哑人，或者是尚未完全丧失辨认或者控制自己行为能力的精神病人的；（二）被告人是未成年人的；（三）案件有重大社会影响的；（四）共同犯罪案件中部分被告人对指控的事实、罪名、量刑建议或者适用速裁程序有异议的；（五）被告人与被害人或者其法定代理人没有就附带民事诉讼赔偿等事项达成调解或者和解协议的；（六）其他不宜适用速裁程序审理的"。

　　3. 被害人当事人化的法理冲突

　　我国大陆地区 1996 年、2012 年、2018 年《刑事诉讼法》第 82 条、第 106 条、第 108 条，分别将被害人纳入当事人范畴的做法并无任何法理依据。公诉案件一般由公诉人代表国家对被告人提起控诉，因为这类案件既是对被害人个人法益的侵害，也是对社会法益的侵害。所以，公诉案件不能取决于被害人的追诉意愿，而应由公诉人代表被害人和国家对被告人进行控诉。主要原因在于：一是被害人已经死亡或受到压制而无法提起诉讼；二是犯罪行为大都具有隐蔽性和过去性，作为普通公民的受害人，既无侦查犯罪的技术手段和强制手段，也缺乏侦查犯罪的经验；三是对犯罪的追究和惩罚是一种高成本、高投入的活动，被害人无力承担高昂的诉讼成本。[①]

　　公诉案件检察官的角色应定位为准司法官员，需要承担审查案件和对案件提起公诉的任务，而在对抗式的审判程序中其实质上又是一名辩护人。虽然检察官一定意义上承担了辩护人的角色，事实上也隶属于政府的执法官员，但其作为追诉犯罪人的代表，被期望能够公平和公正地行使权力。[②]

---

① 参见左卫民、周长军《刑事诉讼的理念》，北京大学出版社 2014 年版，第 7—9 页。
② ［美］爱伦·豪切斯泰勒·斯黛丽、［美］南希·弗兰克：《美国刑事法院诉讼程序》，陈卫东、徐美君译，中国人民大学出版社 2002 年版，第 189 页。

公诉案件中检察官作为执法官员代表人民，是与案件结果有利害关系的诉讼当事人（原告）。所谓诉讼中的当事人可以从以下两方面进行理解：一是在案件中有利害关系；二是作为诉讼主体在案件审理过程中承担着重要的权利和义务，即原告或被告的权利和义务。① 从这个层面上看，公诉案件的裁决结果关系到被害人利益的保障和对社会利益的维护，而被害人与公诉人均与此存在一定的利害关系。特别是被害人作为遭受犯罪行为侵害的人，与案件的最终处理结果有着直接的利害关系，不仅有获得经济补偿和赔偿的动机和欲望，更有对实施加害行为的犯罪人受到法律惩处的追诉意愿。② 事实上，刑事诉讼法就民事赔偿已赋予被告当事人身份（原告），其可以提起刑事附带民事诉讼，也可以通过自诉向法院单独提起民事诉讼，要求被告人赔偿因其犯罪行为遭受的经济损失。国家公诉人因对案件的刑事部分已代被害人行使公诉权，如果再赋予被害人对被告人提起刑事诉讼的当事人身份，会造成追诉的冗余和诉讼资源的浪费。

被害人作为诉讼当事人的角色冲突问题主要体现如下。首先，被害人是遭受犯罪行为直接侵害的人，参与刑事诉讼旨在追究被告人的刑事责任，这一角色定位使其具有强烈的控诉倾向。即使今天，司法制度的基础动力就是人们的复仇本能：如果受害人或其亲人没有复仇意识，司法审判就很难启动，整个司法程序即使由于国家干预而启动也会完全不同；受害人或其亲人总是比一般人更愿意不计报酬地协助警方调查罪犯，比一般证人更自愿出庭作证，甚至要求法院施以重刑，由此才有了目前各国在这一层面上看大同小异的司法制度。③ 其次，被害人是犯罪行为的亲历者，其对案件事实的陈述，是查明实体真实的重要证据，诉讼中不得不要求被害人充当证人的角色。④ 被害人与证人相似，被害人是伤害的亲身经历者，对犯罪事实有较多的了解，是有力的见证人，具有证人资格，处于证人地位，享有证人享有的一切诉讼权利。但是，追诉犯罪的意愿与证人出庭提

---

① 参见龙宗智《刑事庭审制度研究》，中国政法大学出版社 2001 年版，第 212 页。

② 参见陈光中主编《刑事诉讼法》，北京大学出版社 2013 年版，第 77—78 页。See also Amy K. Posner, "Victim Impact Statements and Restitution: Making the Punishment Fit the Victim," *Brooklyn Law Review*, vol. 50, 1984, p. 301 - 311.

③ Richard A. Posner, "Retribution and Related Concepts of Punishment", *Economics of Justice*, Harvard University Press, 1981, p. 213. 转引自苏力《法律与文学：以中国传统戏剧为材料》，三联书店 2017 年版，第 44 页。

④ 参见万毅《刑事被害人诉讼权利保障若干问题研究》，《兰州学刊》2016 年第 12 期。

供证言之间存在无法回避的角色冲突问题。① 被害人为使被告人受到法律的惩罚这一要求，一般具有主动参与刑事诉讼程序、影响最终裁判结果生成的愿望。被害人作为追诉犯罪的当事人与重要证据来源的证人，很难在两种角色之间进行平衡转换，特别是具有强烈控诉倾向的当事人，会影响其对相关案件事实的客观陈述。被害人对案件有直接的较多的了解，感受很深，但由于是受害者，往往因犯罪发生时间、地点、环境、条件等的影响或自身认识能力的限制，使认识、记忆、表述能力发生误差。被害人在受到侵犯时，往往精神高度紧张、恐慌、发生错觉，或受害后精神受到刺激、记忆混乱等，也会使陈述失实。② 而公诉案件被害人作为当事人参与全部法庭调查，既要以证人身份作证又要以当事人身份在场参加全部诉讼活动，听取被告人的供述和辩解、证人证言，以及对其他证据资料的举证、质证、辩论，这种做法既违背了证人不得旁听审判的原则，又会不当削弱其作证的真实性和可靠性。

王兆鹏教授认为，"证人常有知觉、记忆、陈述之瑕疵而不自知，证人也未必对自己之知觉、记忆有充分的信心。如果一个证人在知悉另一个证人证词后，可能故意或潜意识地依附先前证人的证词"。③ 在美国，虽然司法制度中审判是向公众公开的，任何人都可以旁听，但是在证人作证之前不允许他们自己旁听。这有利于确保他们的证言完全基于他们自己的感官，而不是基于他们从其他证人处听到的。④ 例如，被害人甲在庭审中旁听了证人乙的作证陈述，就可以与自己的证言相互比对，隐匿对自己不利的证言，强化对自己有利的证言。《高法解释》第 216 条规定："向证人、鉴定人、有专门知识的人发问应当分别进行。证人、鉴定人、有专门

① The victims traditionally have not been permitted to attend and observe the trial. A reason frequently given for the exclusion is that the victim's presence may unfairly influence the jury. A more practical and accurate reason, however, is that the victim is generally a testifying witness in the case. As a basic rule, the only time a witness in a criminal trial is permitted in the courtroom is during the witness's own testimony. This rule of exclusion is intended to guard against fabrication and to ensure independent testimony. As a result, the victim, as a testifying witness, is often excluded from the trial. See David L. Roland, "Progress in the Victim Reform Movement: No Longer the Forgotten Victim", *Pepperdine Law Review*, 1989, p. 54 – 55.

② 何家弘主编《刑事审判认证指南》，法律出版社 2002 年版，第 244 页。

③ 王兆鹏：《美国刑事诉讼法》，北京大学出版社 2014 年版，第 617 页。

④ 参见〔美〕菲尼、〔德〕赫尔曼、岳礼玲《一个案例　两种制度——美德刑事司法比较》，敦志媛译（英文部分），中国法制出版社 2006 年版，第 102 页。

知识的人经控辩双方发问或者审判人员询问后，审判长应当告知其退庭。证人、鉴定人、有专门知识的人不得旁听对本案的审理。"最高人民法院的这一规定明确提出了证人不得全程参与庭审活动，以避免诉讼角色冲突导致证人包括被害人受到其他证人、鉴定人、有专门知识人证言或意见的影响。然而，我国现行刑事诉讼法并未明确规定被害人出庭作证的回避和限制问题，在公诉人宣读完毕起诉之后，被害人可针对起诉书中指控的相关罪名和犯罪事实进行陈述，而经审判长许可，被害人还可以讯问被告人，之后才是被害人正式出庭作证。这实际上很难阻止被害人可能会根据被告人和其他证人的供述或证言，调整自己预先准备好的证言。所以，被害人作为诉讼当事人参与法庭调查，提供证言的真实性会大打折扣，不符合证人调查的隔离讯问原则。

有观点认为被害人积极、主动地参与诉讼过程，影响法院的最终裁决结果，需要赋予其作为具有广泛诉讼权利的"当事人"地位，才能在随后的诉讼程序中对被害人、被告人、国家等主体的利益作出合理、适当的平衡。① 但笔者认为此观点缺乏理论根据，赋予被害人在公诉案件中的当事人地位，不仅无益于各诉讼主体之间的利益平衡，反而可能会导致诉讼秩序和诉讼结构的混乱。

第一，公诉案件中被害人诉讼地位的当事人化，可能会给原本在诉讼权上并不平衡的控辩双方带来更为严峻的挑战。被害人作为刑事诉讼中的当事人，与被告人具有相对平衡的权利义务，如对侮辱人身行为和侵犯诉讼权利的行为有权提出控诉，有权申请有利害关系的审判人员、检察人员、侦查人员、书记员、鉴定人员和翻译人员回避，有权调取新的物证、通知新的证人到庭、申请重新鉴定和勘验等。被害人在刑事诉讼中的当事人角色是控诉性的，仅次于法庭上的公诉人。代表国家对被告犯罪行为向法院提起诉讼的公诉人，在案件的审查起诉、法庭审理过程中，享有相较于被告更为充分的诉讼权利。公诉人还可以代表检察机关对审判活动履行法律监督职能。无论是在英美法系还是大陆法系国家的刑诉模式构造，辩方与控方在诉讼地位、权利的配置方面存在天然的不对等。倘若公诉案件中控方阵营再无端加入一个具有当事人身份的被害人，则会造成控辩双方力量的进一步失衡。在我国刑事诉讼构造与程式中，原本对辩方诉讼权利

---

① 参见陈光中主编《刑事诉讼法》，北京大学出版社 2013 年版，第 78 页。

限制较多，而被害人的当事人化，再次加剧被告人诉讼地位和控辩双方对抗的弱化。

第二，审判人员可能难以适应新的刑事诉讼构架，容易造成法庭审理的无序性。诉讼是控辩审互动的三方组合，其中发生冲突的控辩两造要求法院解决他们的争执，作为理解诉讼任务的出发点，在被害人作为诉讼当事人的情况下，诉讼对抗的二元制变为多元制，法官审理案件面临两个方面的诉讼请求，即检察院提出的规范性请求与被害人从自身角度提出的非规范性请求。① 在此情形下，法官既需要以公诉人提起的指控为审理对象，又需要考虑被害人提出的相关请求意见。这种由被害人诉讼地位变化带来诉讼构架的倾斜，使得法官很难掌控好庭审举证、质证、辩论的节奏和效率。而支持被害人当事人化的论点也不得不承认，刑事诉讼毕竟不同于民事诉讼，在检察机关作为追诉机关已经成为被告人强大对手的情况下，被害人如果再拥有与其完全相同的诉讼权利，那么被告人事实上将同时面对两方面的指控，其诉讼地位将处于十分不利的状态。为维护控、辩各方总体上的地位平衡，公诉案件中应该对被害人诉讼地位作出一些限制，使其不至于成为一般意义上的原告人。② 所以，被害人诉讼角色定位的当事人化在其支持者看来也并不合理，存在的不足之处值得引起重视。

4. 公诉案件被害人角色定位的选择

世界各国和地区在加强被害人及其近亲属获得保护和救助方面的重要努力值得肯定，但重视被害人在刑事诉讼中的权利，并不是通过将被害人诉讼角色当事人化来实现的。同时，如果认为被害人在公诉案件中的诉讼角色定位，在强调保障被害人权利的大陆法系国家和地区，已经上升到了当事人或准当事人的地位的观点也值得商榷。以德国的附加诉讼人制度和我国澳门地区的辅助人制度为例。

《德国刑事诉讼法》第 395 条之后有关附加诉讼程序规定，被害人及相关主体在由检察官提起的公诉程序中可以加入，该程序是指为了（直接）被害人利益，他可以通过"附加诉讼"（Nebenklarge）参加已经提起的公诉程序，以监督检察官的公诉活动。因此，附加诉讼可以发挥私人对检察院刑事追诉行为的监督作用。附加诉讼人是具有特殊权利的程序参与人，他

① 参见龙宗智《被害人作为公诉案件诉讼当事人制度评析》，《法学》2001 年第 4 期。
② 参见陈光中主编《刑事诉讼法》，北京大学出版社 2013 年版，第 78 页。

可以在程序中积极、独立于检察院行使其权利（但该权利不会比检察院所享有的多。例如，程序进程取决于检察院的同意或放弃时，不会问及附加诉讼人的意见）对程序产生影响。附加诉讼不是独立的诉讼程序，附加诉讼人也不是与检察院并列的共同控诉人，其不可以独立地发动诉讼程序。也有观点认为，这里与赎罪功能相联系的报复思想和对被指控人产生的附加诉讼费用，不利于被指控人的再社会化，故主张将附加诉讼并入犯罪人与被害人冲突调处。[①] 因附属诉讼与私人诉讼之权利相连接，所以附属诉讼人可拥有的权限与检察官几乎相同。附加诉讼人有阅卷权、期日通知权、在场权、陈述权、询问权、声请权、证据声请权、异议权、上诉权及同意权。附属诉讼人也可以有一个律师为辅助，亦有诉讼费用扶助请求权。附属诉讼人参与完成的诉讼程序多半集中在交通犯罪类型，特别是过失伤害，而且其参与诉讼主要是希望为将来民事请求权的实现做准备。[②]

根据《德国刑事诉讼法》第五编第二章的相关规定，附加诉讼主要包括的是一些侵犯人身权利和财产权利的犯罪，如《德国刑法》第 232 条至第 238 条，《德国著作权法》第 106 条至第 108 条 b。附加诉讼人包括被害人以及违法行为被害死亡人的子女、父母、兄弟姐妹、配偶或生活伴侣，或者申请法院裁定（第 172 条）致使提起公诉的人。被害人能否作为附加诉讼原告人参加诉讼，应当以书面的形式向法院申请，法院在听询检察院后，对作为附加诉讼人参与诉讼的资格作出裁定，必要时还可以听询被诉人的意见。即使附加诉讼人应当作为证人接受询问，亦有权出席法庭审理。被害人无须恪守证人不得旁听庭审原则，这是立法者刻意设计并进行价值选择的结果，即使导致被害人作证的客观性受损害，进而影响到案件实体真实的发现，也被视为立法者认可的一种制度成本或立法风险。[③] 虽然一般认为，附加诉讼制度开启了被害人的一些可能性，在没有追诉犯罪的负担下，仍在诉讼程序中作为一个主体加以参与，不过也有诸多学者多方批评该制度[④]：附属诉讼人的费用负担与该制度之效果相较之

---

① 参见《德国刑事诉讼法典》，宗玉琨译注，知识产权出版社 2013 年版，第 266 页。

② 参见卢映洁《犯罪与被害：刑事政策问题之德国法制探讨》，新学林出版股份有限公司 2009 年版，第 343 页。

③ 万毅：《刑事被害人诉讼权利保障若干问题研究》，《兰州学刊》2016 年第 12 期。

④ 参见卢映洁《犯罪与被害：刑事政策问题之德国法制探讨》，新学林出版股份有限公司 2009 年版，第 343—344 页。

下不成比例；来自附属诉讼人权利的行使所造成的程序延宕难以避免；被害人对于公诉的提起并没有相关权限，而附带诉讼给予被害人参与诉讼的时间点已经太迟；有权提起附属诉讼之范围，理由上并不充分，尤其是与私人诉讼案件相互对照下并不合逻辑；附属诉讼人的攻击权限太过宽泛，造成被告方不公平的双重控诉；附属诉讼人额外的攻击地位并不受欢迎，因为会恶化诉讼程序的气氛。

我国澳门地区的辅助人制度来源于葡萄牙，辅助人是刑事诉讼中的特别诉讼主体，与被害人有关，但范围又不完全等同于被害人。一旦成为辅助人，即享有特定的诉讼权利，如根据《澳门刑事诉讼法典》第 58 条[①]第 2 款 b 项、第 266 条及第 267 条的规定，辅助人可以对检察院提出控诉的不同事实提出指控；第 58 条第 2 款 c 项规定，可依法律规定提出上诉，即便检察院未提出上诉；第 269 条第 1 款 b 项及第 270 条第 1 款规定，当检察院决定对卷宗予以归档时提出预审声请等。[②] 一般来讲，辅助人具有作为检察院协助人的地位，其参与诉讼程序须从属于检察院的活动。辅助人享有一些法定的特有权利，但不应把辅助人理解为单纯的检察院合作人，其亦是相关诉讼权利的拥有者。

根据《澳门刑事诉讼法典》第 57 条[③]规定，除特别法赋予其权利成

---

① "澳门刑事诉讼法"第 58 条（辅助人之诉讼地位及职责）。1. 辅助人具有作为检察院协助人之地位，其诉讼程序中之参与须从属于检察院之活动，但法律规定之例外情况除外。2. 辅助人特别有下列权限：（1）参与侦查或预审，并提供证据及声请采取视为必需之措施；（2）提出独立于检察院控诉之控诉；如属非经自诉不得进行刑事程序之情况，则即使检察院不提出控诉，辅助人亦得独立提出控诉；（3）对影响其本人之裁判提起上诉，即使检察院未提起上诉。

② 参见李哲《澳门刑事诉讼法总论》，社会科学文献出版社 2015 年版，第 182 页。

③ "澳门刑事诉讼法"第 57 条（正当性）。1. 除特别法赋予权利成为辅助人之人外，下列人在刑事诉讼程序中亦得成为辅助人：（1）被害人，即具有法律借着定罪状特别拟保护之利益之人，只要其已满 16 岁；（2）非经其告诉或自诉不得进行刑事程序之人；（3）如被害人死亡，而在死亡前未放弃告诉权，则未经法院裁判分居及分产之生存配偶、直系血亲卑亲属、被害人所收养之人，以及与被害人在类似配偶状况下共同生活之人得成为辅助人，或如无该等人，则直系血亲尊亲属、兄弟姊妹及其直系血亲卑亲属，以及收养被害人之人得成为辅助人，但以上之人曾共同参与有关犯罪者除外；（4）如被害人无能力，则其法定代理人及按上项顺序所列之人得成为辅助人，但以上之人曾共同参与有关犯罪者除外；（5）任何人，只要属刑事程序不取决于告诉及自诉之犯罪，且无人可依据以上各项之规定成为辅助人。2. 只要辅助人在听证开始五日前向法官声请，则得在诉讼程序中任何时刻参与诉讼程序，但须接受诉讼程序在其参与时所处之状态。3. 如属非经自诉不得进行之刑事程序，则该声请须在提出控诉前为之，或在提出控诉时同时为之。4. 辅助人须在进行预审辩论五日前声请成为辅助人方得参与预审辩论。5. 在让检察院及嫌犯就该声请表示立场后，法官须以批示作出裁判，并立即将批示通知检察院及嫌犯。

为辅助人之外，其他能够在刑事诉讼程序中成为辅助人之情况受到严格限制，一般辅助人主要是指被害人，只有在被害人死亡或无法成为辅助人时，其他主体才能成为辅助人。特别法赋予相关主体权利成为辅助人的情形，应遵从特别法优于一般法的法律原则。例如，第 6/96/M 号法律第 38 条规定：在刑事案件涉及对消费者的保护时，受事实损害之自然人或法人、消费者委员会、消费者团体得成为辅助人。相关主体可在诉讼程序进行的任何时刻，成为辅助人并参与诉讼程序，但是仍须在听证开始 5 日前向法官声请；或如属非经自诉不得进行的刑事程序，则该声请须在提出控诉前，或在提出控诉时向法官声请；如果希望参与预审辩论，则相关主体须在进行预审辩论 5 日前声请成为辅助人。否则，虽然其可成为辅助人参与之后的诉讼程序，如审判听证，但并不能够参与预审辩论。法官须让检察官和被追诉人对该声请表明立场后，以批示作出是否允许相关主体成为辅助人的裁判。而检察院和被追诉人的立场并不能限制法官的决定，法官可以自由裁量决定是否允许其成为辅助人，可见最终的决定权仍然在法官手中。如果法官最终决定允许其成为辅助人，但被追诉人或检察院反对，其可以根据相关规定对此提起上诉，且有关上诉须立即上呈。另外，认为自身具有正当性的主体亦可以对不允许其成为辅助人的裁判提出上诉。① 比较发现，我国澳门地区的辅助人制度与德国的附加诉讼人制度，最大的不同在于澳门地区刑诉法中的被害人声请成为辅助人后，由于诉讼角色的冲突，不得以证人身份提供证言。同时，相关主体作为检察院的辅助人，享有一定的特有权利，如可对公诉方控诉的不同事实提出指控。

综上，尽管我国 1996 年《刑事诉讼法》将被告人纳入当事人范畴以强化其诉讼地位具有一定的积极意义，但在检察官代表国家向法庭提起控诉的公诉案件中，不能将被害人当事人化，并使其具备与公诉人同等的原告身份地位。原因在于，被害人作为公诉案件的当事人有违公诉制度的基本原则，并造成诉讼结构体系的失衡和低效；被害人与案件之间具有利害关系，对被告人有天然的追诉心理，被害人兼具当事人与证人的身份容易引发角色冲突，损害刑事诉讼程序的公正性。被害人作为证人应区别于一般证人，可在正式审判时全程在场，成为不能旁听庭审原则例外的辩解，

---

① 参见李哲《澳门刑事诉讼法总论》，社会科学文献出版社 2015 年版，第 182—184 页。

不仅混淆了当事人与证人的不同诉讼角色定位，也是对职权主义诉讼模式下发现案件真实的悖反。很显然，恢复被害人其他诉讼参与人尤其是证人的角色，抑或赋予其在部分案件中选择成为证人或辅助人的权利，更符合刑诉程序的内在逻辑和基本法理。公诉案件中检察官代表国家出庭支持公诉，应以社会利益为优先考虑要素，并兼顾被害人的个人利益。在此过程中，检察官难免可能未顾及被害人的诉讼利益。我国澳门地区的辅助人制度值得内地的刑事诉讼法借鉴，即被害人一旦声请成为辅助人，则不得以证人的身份作证。被害人在部分侵犯人身权利和财产权利犯罪的公诉案件中可独立于检察院行使其诉讼权利，并对检察院展开的刑事追诉活动进行监督。我国未来的刑诉法修法，可以考虑在部分公诉案件中通过法官裁量，赋予被害人选择成为证人或辅助人的权利，给予其相比于其他诉讼参与人更多的诉讼关照。

二、被告人的角色定位

1. 证据调查前审问被告人的缘由

传统的职权主义庭审调查的一个典型特征是审判长对被告人"审问"的程序设置，即在法庭审理的过程中，审判长在调查其他证据之前首先对被告人就指控的事实进行讯问，听取被告人的供述和辩解，合议庭的其他成员、公诉人、被告人的辩护人在审判长讯问被告人之后，也可以向被告人发问。[①] 例如，《德国刑事诉讼法典》第 243 条"法庭审理过程"第 5 款规定："随后向被告人指明，其有就公诉作出陈述或对案件保持沉默的自由。被告人愿作陈述时，则依照第 136 条第 2 款的指示就案件对其询问。仅当被告人前科对裁判具有意义时，才应当予以认定。审判长确定何时认定前科。"第 136 条第 2 款规定："询问时应当给予被指控人机会来消

---

① 孙长永：《探索正当程序：比较刑事诉讼法专论》，中国法制出版社 2005 年版，第 445 页。This right of silence is of a relatively recent vintage on the Continent. The medieval inquisitorial procedure not only required that the defendant testify, but also permitted enforcement of this duty through torture. After the use of torture was outlawed toward the end of the 18th century, most continental procedural systems still provided that the defendant had the "duty to answer" and even threatened punishments for failure to obey it. 转引自 Mirjan Damaska, "*Evidentiary Barriers to Conviction and Two Models of Criminal Procedure: A Comparative Study*," University of Pennsylvania Law Review, vol. 121, 1973, p527。

除对其存在的嫌疑理由，并提出对其有利的事实。"在德国，主审法官在调查其他证据资料之前，需要告知案件的被告人可以自己决定，是否针对控方的指控保持缄默或者进行相应陈述。如果被告人希望就与案件相关的事实进行陈述，则主审法官不能打断其陈述或者要求其按照一定的方式陈述。但是，司法实践中主审法官仍经常尝试，让被告人回答控诉方卷宗中提到的相关信息。主审法官对被告人就与犯罪相关的事实进行的讯问，包含有关犯罪事实的每一细节，亦含由人事档案引申来的个人资料，例如，犯罪前科以及家庭、职业、财产、教育、经历、重大病历、主要的不利指控、与共同被告及证人之关系等。① 在任何情况下，被告人都必须被给予机会对控诉方指控提出反驳，并提出于其有利的情况。在主审法官结束对被告人进行讯问后，他可以允许其他诉讼主体和参与人，如检察官、审判员、辩护律师、被害人的代理人向被告人提出其他与案件相关的问题。如果对被告人的判刑有利，辩护律师通常会利用这一机会引导其谈论个人的相关背景。虽然被告人并不能被视为案件的证人，但是其在法庭上的相关陈述可以被用作证据。② 因此，主审法官首先就公诉方起诉书中指控的犯罪事实讯问被告人，目的在于保障被告人答辩和提出异议的权利，而不是以其为查明案件事实真相的证据方法。

《日本刑事诉讼法》第291条（开头程序）规定："检察官应当首先朗读起诉书。在起诉书朗读完毕后，审判长应当告知被告人可以始终保持沉默或者对各项质问拒绝陈述，以及法院规则所规定的其他旨在保护被告人权利的必要事项，并向被告人及辩护人提供对被告案件进行陈述的机会。"③ 第292条（证据调查）规定："证据的调查，在第291条的程序完毕后进行。"同时，第311条关于被告人的缄默权、拒绝供述权与质问被告人规定："被告人可以始终缄默，或者对其各项质问拒绝供述。在被告人自愿作出供述的场合，审判长可以随时就必要的事项要求被告人供述。陪席法官、检察官、辩护人、共同被告人或者其辩护人，可以在告知审判长后，要求前款供述。"④ 对于被告人的陈述包括案件实体的陈述和案件

---

① 参见［德］克劳思·罗科信《刑事诉讼法》，吴丽琪译，法律出版社2003年版，第228—229页。
② ［德］托马斯·魏根特：《德国刑事诉讼程序》，岳礼玲、温小洁译，中国政法大学出版社2003年版，第141—142页。
③ 《日本刑事诉讼法》，宋英辉译，中国政法大学出版社1999年版，第66页。
④ 《日本刑事诉讼法》，宋英辉译，中国政法大学出版社1999年版，第69—70页。

程序的陈述，前者包括承认或否认起诉的事实、正当防卫、心神丧失等违法阻却事由、责任阻却事由或减免刑罚事由。承认或否认起诉事实，叫做"罪状承认与否程序"。被告人在罪状承认与否程序中，对起诉书记载的诉因作"有罪陈述"时，法院可以把案件移送后面所说的简易审判程序（第 291 条之二、第 307 条之二）；后者包括管辖错误（第 311 条）、驳回公诉（第 388 条、第 339 条）、移送（第 19 条）等各种申请程序。特别是对地域管辖申请无权管辖和申请移送案件，不能在调查证据开示之后提出（第 331 条第 2 款、第 19 条第 2 款），而必须在这一阶段提出。[①] 由此看来，在采职权主义审问式或抗辩式的大陆法系国家或地区，审判长在庭审证据调查之前，都需要对被告人先进行讯问，以保障被告人进行有罪或无罪的答辩机会，并可就相关程序性问题提出异议。因此，主审法官在公诉人宣读完起诉书后，在进入证据调查阶段之前"审问"或者"讯问"被告人，在法律上没有任何障碍。这在采职权主义诉讼方式的国家和地区，属于刑事庭审的必经程序或者通例。但是，这在采当事人进行主义的英美法系国家和地区，在证据调查之前讯问被告人是难以想象的，这与他们的保障被告人沉默权的诉讼理念内涵、被告人不被强迫自证其罪存在关联，该特权既指被告人有不被强迫自证其罪的权利，又指被告人有不受讯问的权利。[②]

我国台湾地区学者王兆鹏教授指出，"当事人进行主义与职权主义有许多差异，其中一项最重要的差别为审判中被告之地位，二主义在此部分有两个主要不同之处：第一，被告于审判中被讯问的次序；第二，被告于审判中陈述，是否应宣誓（或具结）。针对第一个不同，美国之当事人进行主义，审判中首先讯问之对象为证人，被告不是审判中第一个被讯问的对象，反而常是最后一个被讯问的对象。相反，职权主义制度审判中第一

---

① ［日］田口守一：《刑事诉讼法》，张凌、于秀峰译，中国政法大学出版社 2010 年版，第 274 页。

② The Fifth Amendment to the U. S. Constitution provides that no person "shall be compelled in any criminal case to be a witness against himself". We normally think of the prohibition against compulsory self-incrimination in terms of a defendant's right not to testify in a criminal trial or a suspect's right to remain silent in the face of police interrogation. But the courts have held that this clause also limits the degree to which legislatures can write statutes that require parties to report information to the government that can place them in jeopardy of criminal prosecution. See John M. Scheb, John M. Scheb II, *Criminal Law and Procedure*, Wadsworth, Cengage Learning, 2011, p. 70.

个讯问的对象为被告，而非证人"。① 值得探究的是，在大陆法系采职权主义诉讼方式的国家和地区，刑事庭审把"审问"或"讯问"被告人置于法庭调查开头程序的原因是什么呢？实际上，审判长在证据调查之前讯问被告人，主要是为了告知被告人的诉讼权利和对指控的犯罪事实的意见，因而审问被告人并不属于证据调查的范畴。在德国刑事庭审中，可在个别特定细节之讯问前，要求被告就其犯罪事实所知，加以陈述；同时，应予被告得以对自己之罪嫌有辩解之机会，并对有利之事实加以证明，依照现今之多数说，讯问有一"双重的功能"，其不仅是为调查事实之真相，并且也使得被告受到合法的审判。② 因此，德国刑事诉讼中在证据调查之前审判长"审问"或者"讯问"被告人，属于告知被告人答辩和提出异议的程序。理论上的多数说认为"审问"被告人的程序设置具有两方面的功能：一是告知被告人的相关权利；二是为了主审法官查清案件事实真相。

但是，查清案件事实真相的前提是被告人放弃保持缄默的权利，如果被告人不愿意陈述或者行使沉默权，审判长不得对与案件事实有关的事项向被告人发问。在职权主义刑事庭审中，不被强迫自证其罪的特权，除了指不被"强迫"陈述以外，主要是指"拒绝回答的权利"，而不包括"不受讯问的权利"。③ "审判开始，应首先以被告为讯问之对象，其理由有二。第一，审判效率的提升。以被告为第一个被讯问的对象，得让裁判者知道被告承认或否认什么，得迅速澄清本案争执之所在，得提升审判效率。第二，先听取被告陈述，对被告有利。以被告为第一个被讯问的对象，等于在审判的开始，让裁判者先听被告陈述，先听被告一方的故事，而不是先听取控诉者一方的陈述，对被告较为有利。"④ 也有学者指出，被告人是法院裁判案件所依据的首要证据来源，而审判长之所以能够在调查其他证据之前，就公诉事实的具体内容驾轻就熟地审问被告人，缘于职

---

① 王兆鹏：《美国刑事诉讼法》，北京大学出版社2014年版，第605页。
② 参见［德］克劳思·罗科信《刑事诉讼法》，吴丽琪译，法律出版社2003年版，第229页。
③ 参见孙长永《探索正当程序：比较刑事诉讼法专论》，中国法制出版社2005年版，第446页。
④ 王兆鹏：《美国刑事诉讼法》，北京大学出版社2014年版，第614—615页。The continental legal folklore tells us that the defendant's interrogation comes first because it is primarily a means accorded him to contest the prosecutor's charges. See Mirjan Damaska, "*Evidentiary Barriers to Conviction and Two Models of Criminal Procedure：A Comparative Study*," University of Pennsylvania Law Review, vol. 121, 1973, p529.

权主义刑事诉讼中"案卷移送主义"的起诉方式和法官庭前阅卷制度。①由于庭审法官已经阅读控诉方移送的卷宗材料，所以，对被告人的"审问"或"讯问"，不仅有利于明确被告人对案件事实以及对相关程序事项的态度，也可以明确案件的争议焦点，以便为随后展开的证据调查提供条件。但笔者认为，大陆法系国家和地区审判长在证据调查之前"审问"或者"讯问"被告人，并不是将其视为控方证人以查明案件事实，而是为保障其作为诉讼主体所享有的相关权利。

2. 我国审问被告人程序的异化

（1）讯问主体的发展变化

我国大陆地区（或内地）虽然承继了职权主义庭审调查模式，大致与德国、日本、意大利、我国台湾地区、我国澳门地区等的庭审调查程序相当，但经过几十年的发展也逐渐融入了自己的一些特色。如前所述，主审法官"讯问"或"审问"被告人是"职权主义"诉讼结构中证据调查的前置程序，我国大陆地区（或内地）的刑诉法一开始也采取了这种程序设置。例如，1979 年《刑事诉讼法》第 114 条规定："公诉人在审判庭上宣读起诉书后，审判人员开始审问被告人。公诉人经审判长许可，可以讯问被告人。被害人、附带民事诉讼的原告人和辩护人，在审判人员审问被告人后，经审判长许可，可以向被告人发问。"公诉人宣读起诉书后审判人员需要"审问"被告人，而其他诉讼参与人如被害人、公诉人、辩护人、附带民事诉讼的原告人，经过主审法官许可也可以向被告人发问。

但在随后修订刑事诉讼法的过程中，有学者认为 1979 年《刑事诉讼法》第 114 条存在以下两个问题：一是审判人员讯问被告人不利于法官居中审判以听取控诉方和辩护方的意见，从而导致形成法官替公诉人证实、揭露犯罪职责的局面；二是审判人员审问被告人也不符合向控辩式当事人主义的发展趋势，法官的过多介入不利于发挥控辩双方的作用。② 1996 年《刑事诉讼法》第 155 条规定："公诉人在法庭上宣读起诉书后，被告人、被害人可以就起诉书指控的犯罪进行陈述，公诉人可以讯问被告人。被害人、附带民事诉讼的原告人和辩护人、诉讼代理人，经审判长许可，可以向被告人发问。审判人员可以讯问被告人。"修法后的法庭证据调查方

---

① 参见孙长永《探索正当程序：比较刑事诉讼法专论》，中国法制出版社 2005 年版，第 448 页。
② 参见朗胜主编《中华人民共和国刑事诉讼法释义》，法律出版社 2012 年版，第 403 页。

式，适当削弱了审判人员的主导地位，增强了控诉方和辩护方在庭审调查中的对抗程度。① 根据修改后的规定，审判人员处于主持庭审的地位，主要是公诉人、辩护人双方讯问、发问，在必要时，审判人员也可以讯问，这样既发挥了控、辩双方的作用，也使控、辩、审三方的职责更明确，有利于查明案情，得出正确结论。但这种规定对于审判人员并非消极的，审判人员要掌握和指挥庭审的进行，也要就问题的要害之处对被告人进行讯问，从立法本意上是对审判人员提出了更高的要求，审判人员必须具有较好的素质，才能完成审判任务。因此，以往由审判人员"审问"被告人为主，现转变为以公诉人"讯问"被告人为主。

（2）强制讯问程序的形成

在我国的刑事庭审中，公诉人宣读完毕起诉书后，法庭通常会给予被告人相应的陈述机会，并将公诉人讯问被告人作为证据调查的一部分。2012年《刑事诉讼法》第186条规定："公诉人在法庭上宣读起诉书后，被告人、被害人可以就起诉书指控的犯罪进行陈述，公诉人可以讯问被告人。被害人、附带民事诉讼的原告人和辩护人、诉讼代理人，经审判长许可，可以向被告人发问。审判人员可以讯问被告人。"同时，《高法解释》第197条规定："在审判长主持下，被告人、被害人可以就起诉书指控的犯罪事实分别陈述。"第198条规定："在审判长的主持下，公诉人可以就起诉书指控的犯罪事实讯问被告人。"对于被告人而言，其可以就起诉书指控的犯罪行为进行陈述或者辩护，表明其对指控犯罪事实的态度，有针对性地进行辩护。而对于被害人而言，其可以就所了解的案件事实情况进行陈述，以最大限度地维护其合法权益。② 如果被告人承认控诉方的指控，则应当允许其提出自己罪轻、无罪的辩解意见。控诉方代表国家在法庭上指控和证实被告人的犯罪行为，旨在更好地揭露被追诉人的犯罪情节，并论证其犯罪行为应当予以追究，控诉方可以就相关问题讯问被告人，而讯问的主要内容应限定于其指控的犯罪。讯问的主要目的是让审判人员当庭听取被告人的供述或者辩解，弄清案件事实。③ 例如，根据笔者对××市两级法院示范庭审理案件的调研观察，当控诉方在宣读完毕起诉

---

① 参见陈瑞华《刑事审判原理论》，北京大学出版社2003年版，第318页。
② 江必新主编《〈最高人民法院关于适用《中华人民共和国刑事诉讼法》的解释〉理解与适用》，中国法制出版社2013年版，第196页。
③ 参见朗胜主编《中华人民共和国刑事诉讼法释义》，法律出版社2012年版，第403页。

书后，主审法官通常会就如下事项对被告人进行发问，以成都市××县人民法院关于×××抢劫罪一案庭审笔录节选为例。

成都市××县人民法院关于×××抢劫罪一案庭审笔录节选

……公诉人宣读完起诉书后。

审判长：被告人黄×听清楚起诉书的内容没？

被告人：听清楚了。

审判长：刚才公诉人宣读的起诉书和你收到的起诉书是否一致？

被告人：一致。

审判长：被告人对起诉书指控的事实、罪名有无异议？

被告人：罪名有异议。

审判长：指控的事实是否属实？

被告人：属实。

审判长：罪名的具体异议是什么？

被告人：我认为应该构成敲诈勒索罪而不是抢劫罪。

审判长：由于被告人对起诉书指控的罪名有异议，法庭首先调查定罪事实，然后调查量刑事实。现在公诉人可以就起诉书指控的犯罪事实对被告人进行讯问。

接下来公诉人对被告人的发问内容为……

公诉人：为了准确帮助合议庭查明本案的事实真相，现在公诉人就案件事实对你进行讯问。根据法律的规定你有权作有罪的供述或者作无罪的辩解（实际上刑诉法和司法解释并没有规定。——笔者注），但是必须如实回答，你清楚吗？

被告人：清楚。

公诉人先就以下问题对你进行讯问。

公诉人：你之前在公安机关的供述是否属实？

被告人：属实。

公诉人：你今天是否当庭认罪？

被告人：认罪但对罪名有异议。

公诉人：在案发的当晚你是如何找到本案的被害人×××……

由此看来，我国刑事诉讼法中公诉人讯问被告人，与原来的主审法官讯问被告人一样，属于一种强制性讯问程序，尽管这种讯问程序并无法定的强制措施作为后盾，但控诉方在讯问被告人之前一般会警告其应当或者必须如实回答，在必要的时候主审法官也会提出类似警告。[1] 根据《刑事

---

① 参见孙长永《探索正当程序：比较刑事诉讼法专论》，中国法制出版社 2005 年版，第 477 页。

诉讼法》的规定，法庭审判程序大致可分为开庭、法庭调查、法庭辩论、被告人最后陈述、评议和宣判五个阶段，其中开庭阶段主要的内容是：审判长宣布开庭，传被告人到庭后，应当查明被告人个人信息，是否受到过法律处分，被采取强制措施的种类、时间等；审判长当庭宣布案件的来源，控诉方起诉的理由，附带民事诉讼被告人和原告人的姓名以及本案是否公开审理；审判长告知公诉人、当事人、辩护人、书记员、鉴定人、翻译人员、诉讼代理人的名单；审判长当庭告知法定代理人、当事人，在法庭审理程序中依法应享有的相关诉讼权利；审判长会分别询问法定代理人、当事人是否需要申请相关人员回避，申请何人回避以及申请回避的理由。① 而法庭调查阶段包括：公诉人宣读起诉书；被告人、被害人陈述；讯问、询问被告人、被害人和附带民事诉讼原告人、被告人；询问证人、鉴定人；出示物证、宣读鉴定意见和有关笔录；调取新的证据、法庭调查核实证据。② 比较日本、德国、意大利、我国台湾地区、我国澳门地区等刑诉法的法庭调查③（证据调查），我们可以发现我国大陆地区（或内地）法庭调查，不管是内涵还是外延，均明显比这些国家和地区的法庭调查宽泛。特别是公诉人"审问"或"讯问"被告人的前置，明显削弱了被告人的诉讼主体地位，修改后的 1996 年《刑事诉讼法》则进一步弱化了被告人的诉讼主体地位，作为公诉方证据调查的来源实际上是将被告人客体化的过程，以至于有批评认为这是一种严重的倒退。根据我国大陆地区（或内地）"坦白从宽、抗拒从严"的刑事政策，被告人若拒绝对法庭或控诉方的提问作出回答，或在侦查、审查起诉阶段因各种事由供认有罪，而在法庭审理中却当庭翻供、拒不认罪的，一旦被告人最终被法院认定为有罪，其将因认罪态度不好或无悔罪之意，而被法庭从重处罚。可见，被告人回答或者不回答，不能取决于被告人自身的意志作出自由决定，而必须要服从于法庭查清案件事实真相的需要。

---

① 参见陈光中主编《刑事诉讼法》，北京大学出版社 2013 年版，第 339—340 页。

② 参见陈光中主编《刑事诉讼法》，北京大学出版社 2013 年版，第 340 页。

③ 法庭调查是在审判人员支持下，控、辩双方和其他诉讼参与人的参加下，当庭对案件事实和证据进行审查、核实的诉讼活动。其任务是查明案件事实、核实证据。由于刑事诉讼法规定，所有证据都必须在法庭上调查核实后才能作为定案根据，因此法庭调查是法庭审判的核心环节。法庭调查的成效直接关系到案件处理的质量。法庭调查的范围是人民检察院起诉书所指控的被告人的犯罪事实和证明被告人有罪、无罪、罪轻、罪重的各种证据。

1996 年《刑事诉讼法》第 93 条规定："侦查人员在讯问犯罪嫌疑人的时候，应当首先讯问犯罪嫌疑人是否有犯罪行为，让他陈述有罪的情节或者无罪的辩解，然后向他提出问题。犯罪嫌疑人对侦查人员的提问，应当如实回答。但是对与本案无关的问题，有拒绝回答的权利。"值得注意的是，刑诉法仅规定犯罪嫌疑人对侦查人员的讯问应当"如实回答"，但并没有对检察人员和审判人员的讯问做出应当"如实回答"的规定。1996 年《刑事诉讼法》第 139 条规定："人民检察院审查案件，应当讯问犯罪嫌疑人，听取被害人和犯罪嫌疑人、被害人委托的人的意见。"第 155 条规定："公诉人在法庭上宣读起诉书后，被告人、被害人可以就起诉书指控的犯罪进行陈述，公诉人可以讯问被告人。被害人、附带民事诉讼的原告人和辩护人、诉讼代理人，经审判长许可，可以向被告人发问。审判人员可以讯问被告人。"有学者认为，根据 1996 年《刑事诉讼法》第 139 条、第 155 条规定的检察人员、审判人员"应当"或者"可以"讯问犯罪嫌疑人、被告人规定，以及由于检察、审判所具有的法律监督性与中立性，对检察人员、审判人员的讯问更应当"如实回答"，可以说刑诉法规定的"如实回答"义务，适用于侦查、审查起诉、审判各个诉讼阶段，实践中也是这样理解和解释的。[①]

但根据 2012 年《刑事诉讼法》第 12 条规定："未经人民法院依法判决，对任何人都不得确定有罪。"第 50 条规定："审判人员、检察人员、侦查人员必须依照法定程序，收集能够证实犯罪嫌疑人、被告人有罪或者无罪、犯罪情节轻重的各种证据。严禁刑讯逼供和以威胁、引诱、欺骗以及其他非法方法收集证据，不得强迫任何人证实自己有罪。必须保证一切与案件有关或者了解案情的公民，有客观地充分地提供证据的条件，除特殊情况外，可以吸收他们协助调查。"因此，随着 2012 年《刑事诉讼法》对相关条文的修改，笔者认为如若再继续坚持前述的类推解释可能略显牵强，同时也与刑诉法的其他条款存在不可调和的矛盾。"不得强迫任何人证实自己有罪"明确表明被告人有选择是否供述的权利。结合 2012 年《刑事诉讼法》第 12 条、第 50 条、第 170 条、第 186 条的相关规定，应当或可以"讯问"的内容也有确认犯罪嫌疑人、被告人的身份、居所、

---

① 参见龙宗智《我国刑事庭审中人证调查的几个问题——以"交叉询问"问题为中心》，《政法论坛》2008 年第 5 期。

职业等信息，以及告知被告人可以选任辩护人或者获得法律援助的权利。在法律未作明文规定的情况下，检察院和法院不能基于自身利益作不利于被告人的扩大或者类推解释，因而司法实务中的做法明显与无罪推定的诉讼法理相悖。

3. 扭转被告人角色定位的客体化

（1）保障被告人答辩和提出异议权利

日本和意大利的刑事诉讼法改革后，不允许控诉方首先对被告人进行讯问，并将讯问被告人的程序从庭审调查之始调整至庭审调查之后，以此来体现被告人作为诉讼当事人的地位，同时也可以防止法庭和控诉方过度依赖被告人的当庭供述，特别是有罪陈述。① 例如，《日本刑事诉讼法》第311条（被告人的沉默权、拒绝供述权与质问被告人）规定："被告人可以始终沉默，或者对各项质问拒绝供述。在被告人自愿作出供述的场合，审判长可以随时就必要的事项要求被告人供述。陪席法官、检察官、辩护人、共同被告人或者其辩护人，可以在告知审判长后，要求前款供述。"但第298条以下的证据调查阶段并没有质问被告人的规定，因为质问被告人是庭审中独立于证据调查的一环。而第301条（请求调查自白的时间）规定："依照第222条及第324条第1款的规定可以作为证据的被告人供述是自白时，除非在有关犯罪事实的其他证据经过调查之后，不得请求调查。"② 因此，有关对被告人质问和对其自白的调查，应该在其他证据调查完毕后进行。

我国1996年《刑事诉讼法》第155条的相关规定，使得被告人成了公诉方的证据来源和追究对象，弱化了被告人的诉讼主体地位。立法者认为公诉方对被告人进行讯问，旨在更好地揭露和证明被告人的犯罪行为，并以此论证犯罪事实的成立来追究其法律责任。③ 证据调查中首先由公诉人讯问被告人规定以论证其犯罪的成立，而且法官或者检察官常常要求被告人需要就指控的案件事实进行全面陈述，这明显带有纠问制残余中的有罪推定思想。有实务界人士指出，"有的干脆让被告人叙述犯罪事实，或者作案经过，这种做法本身既不科学也没有依据，等于让他自己指控自己

① 孙长永：《探索正当程序：比较刑事诉讼法专论》，中国法制出版社2005年版，第447—448页。
② 《日本刑事诉讼法》，宋英辉译，中国政法大学出版社1999年版，第69—71页。
③ 参见朗胜主编《中华人民共和国刑事诉讼法释义》，法律出版社2012年版，第403页。

犯罪"，"我们往往先询问被告人，这是当然的第一环节。有的被告人认罪，这好办，他能把过程给大家交代清楚。有的否认，就造成旁听群众不明白，因为他说他没干，或者他振振有词地为自己辩解，那么旁听群众就会丈二和尚摸不着头脑。关于调查顺序不能必须从讯问被告人开始，能不能先不讯问被告人，公诉人可以先出示有关证据，先把某年某月谁谁谁被杀了，先出示这个证据，然后由证人指控就是你被告人干的"。① 有学者认为，"依无罪推定原则，被告不应成为审判中第一个被讯问的对象，检察官或自诉人之控诉（起诉或自诉）应被推定为虚伪，而对于虚伪的指控被告无义务作任何答辩与澄清。在此原则下，国家公权力在面对一虚伪的指控时，应先令控诉者（检察官或自诉人）证明指控并非虚伪，而不是要求推定无罪之人澄清、答辩或证明无罪。若反其道而行先行讯问被告，在思维上已违反无罪推定原则"。② 笔者认为，从域外法制发达国家和地区的刑事庭审证据调查的顺序来看，庭审调查之前首先讯问被告人并无不妥，但此阶段讯问被告人不是要求其如实供述自己的犯罪事实，而是主要核实被告人的年龄、身份、家庭住址、对指控的态度等相关信息，确保被告人的身份正确以及为正式的庭审做准备，以保障其答辩和提出异议的权利。

（2）不强迫自证其罪原则的贯彻落实

我国 2012 年《刑事诉讼法》第 50 条关于"证据收集的一般原则"规定："……严禁刑讯逼供和以威胁、引诱、欺骗以及其他非法方法收集证据，不得强迫任何人证实自己有罪……"但第 118 条关于"讯问的程序"规定："侦查人员在讯问犯罪嫌疑人的时候，应当首先讯问犯罪嫌疑人是否有犯罪行为，让他陈述有罪的情节或者无罪的辩解，然后向他提出问题。犯罪嫌疑人对侦查人员的提问，应当如实回答。但是对与本案无关的问题，有拒绝回答的权利。侦查人员在讯问犯罪嫌疑人的时候，应当告知犯罪嫌疑人如实供述自己罪行可以从宽处理的法律规定。"这在刑诉立法条文上就出现了"如实回答"与"不得强迫任何人证实自己有罪"的对立冲突。

《刑事诉讼法》第 50 条的"不得强迫任何人证实自己有罪"规定，

---

① 张军、姜伟、田文昌：《刑事诉讼：控辩审三人谈》，法律出版社 2001 年版，第 142—143 页。

② 王兆鹏：《美国刑事诉讼法》，北京大学出版社 2014 年版，第 615 页。

事实上是赋予了被追诉人辩解或供述自己有罪或无罪的选择权，保障的是被追诉人辩解或供述的"自愿性"，即被追诉人在面对公诉人、法官、侦查人员时，有选择"开口"或者"不开口"的自由；而"如实陈述"则要求被追诉人在面对侦讯或者审判时必须如实回答，这就意味着被追诉人至少在法律上有供述或者辩解的义务，没有不强迫自证其罪的权利（沉默权）。① 对于第 118 条讯问程序第 2 款"犯罪嫌疑人对于侦查人员的提问，应当如实回答"的规定，虽然立法部门有负责人认为此规定与不得强迫任何人证实自己有罪并不矛盾，但既然刑事诉讼法规定了"不得强迫任何人证实自己有罪"，就应当删除第 118 条讯问程序中的"如实回答义务"的规定。根据不被强迫自证其罪的规定，在面对公安司法机关办案人员的讯问时，被追诉人享有不使自己自证有罪问题的权利；而根据"应当如实回答"的规定，被追诉人在侦查程序中是否进行"如实回答"，在当时只能根据侦查人员的主观判断，这就意味着在事实层面可能导致被追诉人陷于自证其罪的境地。② 实际上，2012 年《刑事诉讼法》第 50 条的"不得强迫任何人证实自己有罪"，旨在与《公民权利和政治权利国际公约》的规定相衔接。实践中讯问被追诉人、对其宣讲刑事政策以及从轻处罚的规定，在于通过做思想工作让被追诉人交代罪行以争取从宽处理，而不属于强迫被追诉人证实自己有罪。③ 因此，在对《刑事诉讼法》第 50 条进行解读时，应遵从公约规定的基本精神，将该规定解释为一项权利型条款，即赋予被追诉人是否供述或辩解的选择权。

第四节　举证范围：如何减少控方的不当举证

刑事诉讼中举证是指控辩双方在庭前证据交换或庭审证据调查过程中，向法庭提供证据资料证明其主张的诉讼活动。它囊括将证据资料提交

---

① 参见万毅《论"不强迫自证其罪"条款的解释与适用——〈刑事诉讼法〉解释的策略与技术》，《法学论坛》2012 年第 5 期。

② 陈光中主编《〈中华人民共和国刑事诉讼法〉修改条文释义与点评》，人民法院出版社 2012 年版，第 195—196 页。

③ 参见朗胜主编《中华人民共和国刑事诉讼法释义》，法律出版社 2012 年版，第 107 页。

给法庭的各种工作，如讯问被告人，询问被害人、证人、鉴定人，宣读未到庭证人的证言、鉴定人的鉴定意见、被害人的陈述，出示有关书证、物证、视听资料、电子数据等。[①] 自 1979 年我国颁行《刑事诉讼法》以来，实践中控方法庭举证环节最为突出的问题是举证方式单一和举证范围片面，以致审判人员难以获得全面、准确的案件信息。通过旁听案件审理和分析案件卷宗，笔者发现，控方法庭举证主要存在以下三方面问题：一是批量举证与逐一举证的结构失衡；二是一体化审理方式使量刑证据举证不充分；三是客观义务理念缺失易忽视无罪、罪轻证据。基于此，笔者拟对我国刑事证据调查控方举证存在的问题进行分析，并提出相应的改进建议。

一、批量举证与逐一举证

根据表 3 - 1 普通程序示范庭和对比庭的法庭举证情况的数据统计，示范庭中分组举证的有 67 件，约占示范庭有效案件数量的 83.75%；对比庭中分组举证的有 44 件，约占对比庭有效案件数量的 72.13%。而根据笔者旁听审判的经验，司法实践中这一举证方式的比例可能还要高于上述统计的数据。因此，公诉方分组批量出示证据是我国普通程序刑事案件证据调查的一大特色。实践中控方的不当举证首先体现在过度批量举证，导致辩方无法展开有效质证。不管是关键证据还是一般证据都笼统分组出示，而对查明案件事实较为关键的证据资料，缺乏一证一举、一证一质。所谓批量举证，是指将与某一犯罪事实相关的定罪与量刑证据，分别按照供述、陈述、证言、书证、物证、检查笔录、勘验笔录、视听资料、鉴定意见等证据分类，成批在证据调查阶段向法庭举示；举证时只宣读证据名称而不宣读每份证据的具体内容或对笔录证据记载的情况进行简单摘要式宣读；而对某些较为关键、重要的证据进行个别举示。[②] 公诉人基于庭审效率的考虑，针对较为复杂的案件习惯于采用批量举证的方式进行举证，即便是辩方有异议的证言也是如此。例如，面对大量证人不出庭的书面证言，公诉人可能一次宣读若干组后法官才征询被告人的意见，被告人则只

---

① 参见何家弘、刘品新《证据法学》，法律出版社 2013 年版，第 226 页。
② 参见龙宗智《庭审实质化的路径和方法》，《法学研究》2015 年第 5 期。

能简单、笼统地表示反对，或者认为公诉方的举证不真实，却无法逐一回应并提出具体的反驳意见。

过分注重批量举证特别是证人的书面证言，不利于案件事实的查明和保障被告人的质证权。控辩双方对无争议证据进行批量举证、简单出示无可厚非；但对有重大争议的证据资料，尤其是关键证人的言词证据则应坚持逐一举证。公诉方在批量举证时往往会忽视逐一举证的必要性，随之批量举证渐渐形成了片面的概括举证。复杂、疑难案件的过度批量举证，不符合庭审实质化改革的举证要求，而举证不充分往往会影响质证和辩论的展开。为防止批量举证对保障被告人权益的负面影响，针对批量出示的证据资料是否具有争议，应该在举证时明确向法庭说明。公诉人不能仅宣读所出示证据资料的名称，而不说明是否存在争议。[①] 对无异议的证据可以在调查过程中简化举证，但需要控诉方对此进行说明，以使裁判者和辩方对此可以充分理解；同时应明确规定批量举证对象范围不能随意扩大，分组举证下的批量举证只针对无争议的证据，而分组举证中有争议的证据应该采取一证一举、一证一质。2007 年 4 月最高人民检察院印发的《公诉人出庭举证质证指导意见（试行）》第 14 条至第 27 条对举证的一般方法作了更加详细的规定。按照该意见的规定，证据调查顺序程式一般为由主观到客观；证据调查的具体方法主要是对复杂案件的分组举证和对简单案件的逐一举证。但根据案件复杂或简单将举证程式划分为逐一举证和分组举证明显是误用了相关概念。实际上，复杂案件更需要在分组举证的基础上进行逐一举证，也可认为逐一举证本来就是针对复杂案件的举证方式。

针对此问题，2016 年成都市两级法院的庭审实质化改革方案明确提出，在庭审法庭调查阶段开始时，审判长应就控辩双方在庭前会议中达成一致的意见以及梳理的争点问题等内容，通过增设庭前准备和庭前会议报告程序向控辩双方进行确认，保证案件审理程序的正当性。对于被告人有异议的事实，应重点调查；对控辩双方均无异议的证据，可以概要出示和综合质证，对于有争议的证据，应重点出示和质证。对控辩双方无争议证

---

① 2012 年《人民检察院刑事诉讼规则（试行）》第 184 条规定："审判员可以询问控辩双方对证据材料有无异议，对有异议的证据，应当在庭审时重点调查；无异议的，庭审时的举证、质证可以简化。"

据打包出示，从简调查，对重大争议证据逐一举证质证，让法庭调查和辩论重点围绕争点展开。[①] 2018 年 7 月最高检颁布的《人民检察院公诉人出庭举证质证工作指引》第 21 条和第 22 条也对此作了明确规定，即"根据案件的具体情况和证据状况，结合被告人的认罪态度，举证可以采用分组举证或者逐一举证的方式。案情复杂、同案被告人多、证据数量较多的案件，一般采用分组举证为主、逐一举证为辅的方式。对证据进行分组时，应当遵循证据之间的内在逻辑关系，可以将证明方向一致或者证明内容相近的证据归为一组；也可以按照证据种类进行分组，并注意各组证据在证明内容上的层次和递进关系"。"对于可能影响定罪量刑的关键证据和控辩双方存在争议的证据，应当单独举证。被告人认罪的案件，对控辩双方无异议的定罪证据，可以简化出示，主要围绕量刑和其他有争议的问题出示证据。"总之，批量举证仅为针对案情复杂的案件举证一般的分类程式，对有争议证据资料应坚持逐一举证的基本方法。

二、定罪证据与量刑证据

司法实践中出现的重定罪证据而轻量刑证据现象，与承继大陆法系职权主义诉讼结构不重视证明责任划分存在关联。[②] 虽然我国刑事庭审模式传统上属于发现真实的诉讼结构，但 1979 年《刑事诉讼法》在经过 1996 年、2012 年、2018 年的三次大改后，汲取了当事人进行主义在保障控辩平等方面的合理要素。当前的刑事审判模式是一种更强调控辩双方举证以及法官居中听审的混合式庭审结构。在这种混合式诉讼模式下，审判法官主要通过听审这一消极查证手段来查明案件事实，必要时还可利用职权依照法定程序调查证据，如对被告人、被害人、证人、鉴定人、有专门知识的人进行补充询问或讯问，以及对证据有疑问时合议庭可以宣布休庭，采取勘验、检查、查封、扣押、鉴定、查询、冻结的方式进行庭外调查。[③]法官由于被动性、中立性角色增强，依职权调查的范围在很大程度上已经被压缩，在此情况下有必要强化检察官的举证责任，扭转实践中出现的举

---

① 参见成都中院《全省法院刑事庭审实质化改革工作推进会资料汇编》，2016，第 24 页。

② 参见孙长永、黄维智、赖早兴《刑事证明责任制度研究》，中国法制出版社 2009 年版，第 136 页。

③ 参见郭彦主编《刑事庭审实质化改革的成都样本》，人民法院出版社 2016 年版，第 309 页。

证不充分现象。一般来讲，检察机关从上到下的考核标准仅看定罪率，只要法院最终判决有罪就认为侦查起诉已经成功，至于量刑如何本身既难以考核也不以此论成败，法官即使量刑不当也会被认为是法院认定事实和适用法律的问题。① 关于公诉人定罪证据举证充分但量刑情节举证不足的情形，法院一般在作出有罪判决的基础上，依职权对量刑情节进行调查核实。虽然负责审判的法官在特定的条件下，可以依职权对被告人发问并在庭外调查收集部分证据资料，但这实际上是公诉机关未履行其证明责任而不恰当地将部分证明责任转移给了法庭。这也反映出我国定罪、量刑证据举证、质证、辩论一体化审判方式的弊病。

根据表 3 - 3 对普通程序控方举证情况的统计，示范庭和对比庭中量刑证据主要集中于书证，分别有 74 份、39 份，约占各自量刑证据总数的 51.75% 、68.42% 。但是，示范庭平均书证数量要高于对比庭平均书证数量，平均每件有效案件数量大约分别有 0.93 份、0.64 份，其他种类证据如证人证言、鉴定意见、勘验、检查、辨认等笔录也出现了相同的情况。这可能与改革试点要求设置相对独立的庭审量刑程序有关，主审法官一般会在庭审调查前明确说明定罪与量刑分开调查，并在定罪证据调查完毕后要求控辩双方出示量刑证据。可以看出，相对独立的量刑程序不仅有利于被告人作无罪、罪轻辩护，也有利于改变长期以来形成的"重定罪、轻量刑"观念。② 只有将定罪与量刑在程序上相对独立开来，并具有基本的诉讼形态，法院在量刑上的自由裁量权才能受到有效控制，量刑过程的公正性才能得到保证。③ 庭审实质化改革试点的量刑证据主要是关于被告人是否属于累犯、自首、未成年，以及是否获得被害人及其家属谅解、救助过被害人、立功等。但整体上看，改革试点案件控方对量刑证据的关注度还不够，主审法官在讯问有无量刑证据时，控方较少出示或者几乎不出示，有些量刑证据是为证明案件发生，或者被告人的个人情况而偶然带

---

① 参见龙宗智《证明责任制度的改革完善》，《环球法律评论》2007 年第 3 期。

② 成都中院的改革试点方案要求，"在法庭调查阶段，先调查犯罪事实，再调查其他量刑事实；在法庭辩论阶段，先辩论定罪问题，然后辩论量刑问题，对于作无罪辩护的，法庭要明确提示，辩方进行量刑答辩不影响已经做出的无罪辩护，打消辩方的顾虑，使其积极参与量刑辩论；在法庭评议阶段，先进行定罪评议，然后进行量刑评议；在裁判说理部分，先说明定罪理由，然后说明量刑理由"。参见成都中院《全省法院刑事庭审实质化改革工作推进会资料汇编》，2016，第 24—25 页。

③ 参见陈瑞华《刑事诉讼前沿问题》，中国人民大学出版社 2013 年版，第 330 页。

出，如关于 110 接警记录证明存在自首，120 的出诊记录证明被告人参与过救助被害人，被告人身份信息证明其未满 18 周岁等。虽然此时辩方出示量刑证据较多也相对较活跃，这与辩方希望能积极争取被告人获得法官的量刑减让有关，但为减少片面举证对被告人产生的不利影响，需要强化侦查阶段对定罪、量刑证据的全面收集，审查起诉阶段对定罪、量刑证据的提取或者补充，以及庭审阶段对定罪、量刑证据调查的相对分离。这些量刑证据包含但不限于：被告人是初犯还是累犯、其犯罪情节轻重、有无其他迫使其犯罪的原因、犯罪后有无悔罪表现、是否从一定程度上取得被害人的谅解等。

三、有罪证据与无罪、罪轻证据

在职权主义诉讼结构中，法官有权也有责任利用法律允许的方式查明案件事实。法官为澄清事实真相之必要，不但"可以"，甚至"应该"就诘问过程之疑点发问。例如，法官补充讯问鉴定人正是基于澄清义务而来，不但不会阻碍诘问活动，反而有助于实现诘问活动追求实体真实发现之目标。[①] 相应地，控方证明责任需达到的标准较低。有论述称其为形式的证明责任，控方指控的犯罪事实仅需达到基本的证明要件事实，使法官产生初步的心证即可。然后由法官实施职权调查确立心证，但在当事人进行主义条件下，检察机关承担事实的证明责任，它必须通过举证和说服，使事实裁判者建立完全心证。[②] 在刑事庭审的证明责任分配中，法官似乎可以超脱于控辩双方当事人，如果在刑事司法中还存在司法能动主义，审判法官利用职权调查证据查明案件事实的行为，在某种程度上暗含着法院在职权主义诉讼结构中需要承担一定的查证责任。然而，侦诉审各机关在宪法法律上的分工配合制约关系，使得一体化的司法未能明确区分控辩双方与法官对案件事实的证明和查明责任。而没有严格区分侦诉审各方负担责任的不同性质，可能会模糊不同证明主体承担责任的边界。法官的查证责任、辩方的辅助证明性责任以及控方的证明责任，不能以同样的标准和一体化方式来统一规定。法官仅承担对案件的审理和判定责任，不能行使

---

① 参见林钰雄《严格证明与刑事证据》，法律出版社 2008 年版，第 243—244 页。
② 参见龙宗智《证明责任制度的改革完善》，《环球法律评论》2007 年第 3 期。

对被告人提起诉讼的公诉职责。一般来讲，法官不承担收集证明犯罪嫌疑人、被告人有罪、无罪，以及其他犯罪情节轻重的证据资料，除非为发现真实、维护公平正义或对被告的利益有重大关系事项，才需要承担一定的补充查证责任。所以，未加严格区分的一体化司法证明模式可能对现代刑事诉讼证明责任分配的构建产生较为不利的负面影响。

　　虽然侦查人员在侦查阶段可能收集到了一些证明被告人无罪、罪轻的证据，但公诉人在审查起诉过程中认为这些证据不属实或不属于指控范围而没有向法庭移送；而辩方律师通过种种渠道知道了控方掌握着证明被告人无罪、罪轻的证据，遂在法庭上要求公诉人当众出示或宣读，结果往往是遭到公诉人的拒绝。① 田文昌律师结合切身辩护经验举例，"我在某地开庭遇到这样的情况，辩方知道控方掌握被告单位的五次党委会纪要而没有向法庭提供，我就提出来：这个纪要很重要，是证明是否挪用公款的原始书证。现有的证词对被告非常不利，可是被告讲纪要中记录得很清楚，是集体研究决定的，所以要求控方向法庭出示。可控方却说我认为没有必要，这是公诉人的权利"。② 对庭审实质化改革示范庭案件审理情况（表3-3）的调研发现，客观义务理念的缺失使控方容易偏向有罪证据而容易忽略无罪、罪轻证据，主要表现为调查证据时有利于被告人的证据较少提及或者一语带过。例如，被告人当庭翻供作无罪辩解，公诉人一般会以其在看守所作的多次供述稳定、一致为由加以驳斥，而并不是去积极查证被告人是否有受到刑讯逼供的可能。虽然在律师帮助下，这些对被告人有利的证据资料可以得到较为充分的举证，但如果被告人没有委托或指定辩护律师，或者辩护律师能力不够，公诉方的片面举证不仅无益于案件事实的查明，也不利于保障被告人的诉讼权利。另外，在取证程序中，一些侦查人员为追求侦破案件的效果，在确定被追诉人后就不再继续收集能证明其无罪、罪轻的证据，甚至对已发现可能无罪、罪轻的证据，也采取忽视或隐瞒的态度，结果有利于被告人的证据就成了侦查人员调查取证的盲区。

　　有学者对收集的137起冤假错案进行分析后发现，受以前严打刑事政策形成的有罪推定、疑罪从有司法理念的影响，每一起冤案的背后都可以

---

① 参见何家弘、刘品新《证据法学》，法律出版社2013年版，第226页。
② 张军、姜伟、田文昌：《刑事诉讼：控辩审三人谈》，法律出版社2001年版，第192页。

表3-3　普通程序控方举证情况统计结果

单位：件，%

数据类型	举证主体	举证类型	物证	书证	证人证言		被害人陈述		鉴定意见		勘验、检查、辨认等笔录	视听资料、电子数据
					当庭证言	书面证言	当庭陈述	书面陈述	当庭鉴定意见	书面鉴定意见		
示范庭数据	控方举证	定罪证据	219/9.18	722/30.27	118/4.95	585/24.53	12/0.50	136/5.70	21/0.88	169/7.09	322/13.50	81/3.41
		量刑证据	0	74/51.75	17/11.89	26/18.18	0	0	2/1.39	9/6.29	12/8.39	3/2.09
		从重证据	0	68/52.71	14/10.85	21/16.28	0	0	2/1.55	9/6.98%	12/9.30	3/2.33
		从轻证据	0	16/66.67	3/12.50	5/20.83	0	0	0	0	0	0
对比庭数据	控方举证	定罪证据	136/8.97	516/34.04	11/0.73	346/22.82	3/0.21	112/7.39	0	100/6.61	258/17.02	34/2.24
		量刑证据	0	39/68.42	2/3.51	12/21.05	0	0	0	1/1.75	3/5.26	0
		从重证据	0	32/65.31	2/4.08	11/22.45	0	0	0	1/2.04	3/6.12	0
		从轻证据	0	7/87.50	0	1/12.50	0	0	0	0	0	0

注：通过现有材料能查明的有效案件数量，示范庭和对比庭分别有80件、61件。

看到侦查人员先入为主的取证思维，即使已有证据资料无法排除合理怀疑地证明被抓获的犯罪嫌疑人实施了犯罪行为，但经公诉机关起诉后法院勉强判决被告人有罪的错案大量存在。① 因此，我国众多冤假错案的生成与侦查人员片面收集有罪证据而忽视无罪、罪轻证据，以及侦诉审各机关分工负责配合下严厉打击暴力犯罪的有罪推定相关。笔者认为，控方作为法律监督机关需要承担一定的客观义务，必须依照法定程序全面收集、出示能够证实犯罪嫌疑人、被告人有罪或者无罪、犯罪情节轻重的各种证据资料。林钰雄教授指出："依照轮替诘问法庭活动之基本理念，有罪判决并不等于检察官的胜利，无罪判决也不当然是检察官的失败；唯有真正犯人受到有罪判决，才能算检察官的荣耀。反之，若是误判同时肇因于其客观性义务的违反，不但不是成就，而且还是奇耻大辱！"② 与英美法系国家检察官承担单纯的控诉职能不同，我国刑诉法和司法解释要求检察官既要收集不利于被告人的控诉证据，也要注意收集有利于被告人的辩护证据。所以，在检察官出庭支持公诉时，应尽量全面出示有利和不利于被告人的证据资料，这样既可以使法庭全面了解案件事实，体现检察官的客观、公正立场，也可以有效保障被告人的合法权利，避免冤假错案的生成。

第五节 小结

传统职权主义的基本理念是发现案件真实，并强调刑事审判程序是国家专门机关、控辩双方以及其他诉讼参与人，依照法定程序审理刑事案件的官方活动。但当今世界各国刑诉制度的发展趋势是两大法系诉讼构造的不断融合，通过吸收彼此优越之处弥补自身的不足，特别是采职权主义的大陆法系国家和地区，对英美法系的当事人主义进行了积极借鉴。我国1979 年《刑事诉讼法》延续了大陆法系职权主义诉讼模式的特色，但在经过 1996 年、2012 年、2018 年三次大改后，是一种更为强调控辩双方积极举证、裁判者居中听审的混合式诉讼结构，必要时法官可依职权按照法

① 参见刘品新主编《刑事错案的原因与对策》，中国法制出版社 2009 年版，第 169—176 页。
② 林钰雄：《严格证明与刑事证据》，法律出版社 2008 年版，第 217—218 页。

定程序补充调查证据。有关证据调查顺序主导权确定的争议，传统职权主义诉讼结构由法官决定，而当事人进行主义的诉讼结构由控辩双方主导，法官只是消极的中立裁判者。然而，在确定由公诉方承担主要举证责任，并实行控辩双方积极对抗的庭审结构中，如果认为裁判者仍然处于决定证据调查顺序的主导地位，这可能与转型后的现代刑事审判方式相冲突。

　　证据调查顺序到底由控辩双方还是法官决定，我国刑诉法和司法解释对此没有作出明确规定，实务中有时会因法庭的庭审提纲与公诉方拟定的举证提纲不一致，使主审法官与公诉人在证据展示顺序问题上时有争执。公诉方举证顺序的变化势必会影响辩方的质证，进而影响到法院对证据资料的认证和案件事实的查明。笔者认为证据调查顺序的确定，控辩双方应在充分达成一致意见基础上，征求法官对证据展示顺序的意见。如果法官认为证据调查顺序不合适，可以在和控辩双方特别是控方交换意见后决定是否调整，但法官不宜过度干涉控辩双方对证据调查顺序的确定。我国与大陆法系国家和地区的证据调查程序设置大体上相当，只不过在具体制度设计上的理念偏差，造成部分人权保障程序的缺失，出现由"客观到主观"或"主观到客观"的证据调查顺序。这种机械的证据出示方式，在司法实践中面临的突出问题是造成对同一案件事实的反复调查，控辩双方举证质证的形式化，以及缺乏证明逻辑导致证明体系紊乱。例如，公诉方每出示一组证据都要重述一遍案件事实经过；当公诉方询问证人或鉴定人时，可能会涉及某项重要的实物证据，此时若公诉方要求出示，法官则可能不允许，因为在之前调查已经出示。而如果主审法官允许，则又可能会出现重复调查，拖延法庭调查时间情况。因此，由"客观到主观"或"主观到客观"分组罗列展示证据资料，公诉方的举证最终可能无法形成完整的证据链。同时，以讯问被告人为中心的证据审核方式，虽然优先出示证明力较强的实物证据资料可以明确案件的争议焦点，减少被告人、辩护人对公诉方指控事实的异议，形式上提升证据调查的效率，但过度依赖被告人的供述和辩解核实相关证据资料，而不是强调关键证人出庭作证，最终可能仍然无法形成清晰的证明体系。所以，在有证人出庭的案件中，证据调查应以人证调查为主线，并穿插物证、书证、电子数据等实物证据；对于没有证人出庭或很少有证人出庭的案件，应根据证据资料与待证事实之间的关系，以及证据之证明力的强弱变化，通过优势证据资料连环举证，实现证据调查逻辑架构的完整，在最大限度内发现案件真实。

20 世纪下半叶随着国际人权保障运动的发展，以及刑事法领域被害人学的兴起，加强被害人在刑事诉讼法中的权利保障，成了各国和地区司法改革的重要目标。因此，被害人在刑事司法中的地位和诉讼角色问题，在大陆法系国家和地区受到普通公众和刑事法专业人士的广泛关注，逐步通过立法或修法确立了被害人的"当事人"或"准当事人"地位，使其拥有独立的申请回避、发动起诉、获知指控理由以及有效参与法庭审判的权利。我国 1996 年《刑事诉讼法》将被害人纳入诉讼当事人范畴，虽然在一定程度上契合了强化被害人保护的国际化趋势，有利于实现各诉讼主体之间的利益平衡，但被害人的当事人化与法理存在冲突，有违刑事诉讼程序运行的基本法理。有学者指出，被害人作为公诉案件的当事人，尽管在被害人诉讼地位方面具有一定的积极意义，但在法理上难以自圆其说，实践中则弊大于利，并提出应当对被告人的当事人化采取措施以抑制其弊端。① 就公诉案件而言，应由公诉人代表国家对被告人提起控诉，因为这类案件既是对被害人个人法益的侵害，也是对社会法益的侵害。而由于公诉人已经代表被害人和国家行使公诉权，在这里如果再承认被害人的当事人身份，可能会造成追诉的冗余和诉讼资源的浪费。被害人的诉讼角色冲突主要体现在：一方面，作为犯罪行为的直接被侵害人，对被告人有强烈的追诉愿望；另一方面，被害人作为犯罪行为的亲历者，是查明案件事实的重要证据来源。因此，追诉犯罪的意愿与证人出庭作证之间存在不可回避的矛盾。如果被害人作为诉讼当事人毫无限制地参与听审，很显然其作为证人提供证言的客观性就会大打折扣，也不符合证人隔离讯问原则。同时，被害人的当事人化也可能进一步加剧控辩双方之间的不平衡，多元诉讼利益的考虑可能使法官很难掌控好庭审的节奏。被害人诉讼地位的当事人化在其他国家和地区也能找到相似的制度，如德国的附加诉讼人制度和我国澳门地区的辅助人制度。后者与前者的最大区别在于如果被害人声请成为辅助人，则不得再以证人身份提供证言。笔者认为，我国澳门地区的辅助人制度值得我国内地借鉴，即赋予被害人选择成为辅助人或证人的权利。

在调查证据之前首先就指控的犯罪事实讯问被告人，目的在于保障被告人答辩和提出异议的权利，而不是以其作为查明案件事实真相的方法。可见，主审法官在证据调查前讯问被告人，是给予被告人进行有罪或无罪

---

① 参见龙宗智《被害人作为公诉案件诉讼当事人制度评析》，《法学》2001 年第 4 期。

答辩的机会，并可就相关的程序性问题提出异议。这与采当事人主义诉讼结构的国家和地区完全不同，无罪推定诉讼理念和反对强迫自证其罪的贯彻使得在证据调查前讯问被告人无任何可能。我国大陆地区（或内地）虽然承继了职权主义庭审调查模式，大致与德国、日本、我国澳门地区、我国台湾地区等的庭审调查程序相当，但经过几十年的发展也逐渐融入了自己的一些特色。如前所述，主审法官讯问或审问被告人是职权主义证据调查的前置程序，我国大陆地区的刑诉法一开始也采取了这样的程序设置。我国 1996 年《刑事诉讼法》将以往由主审法官审问被告人的做法，转向了以公诉人讯问被告人为主的做法。但是，控诉方在庭审调查前讯问被告人，与原来刑诉法中主审法官讯问被告人相同，是一种强制性且实质性的讯问，尽管这种讯问刑诉法和司法解释并没有明确作出规定，但公诉人在讯问之前通常会警告被告人必须如实回答。公诉人讯问被告人的前置明显削弱了被告人的主体地位，被告人诉讼角色定位的客体化倾向，与其在刑诉程序中的当事人地位明显矛盾，容易导致控诉方和法庭过度依赖其有罪供述。根据我国刑事政策坦白从宽而抗拒从严的要求，若被告拒绝回答控诉方或审判人员的讯问，或者在审前阶段供述有罪，而在审判阶段当庭翻供，一旦其被法庭认定有罪，则其可能因认罪态度不好而被法院从重处罚。因此，被告人能否回答公诉人的提问，不能取决于其自由意志，而必须要服从法庭查明案件事实真相的需要。我国 1996 年《刑事诉讼法》第 155 条的规定，并不符合对抗制改革所要求的控辩平等原则，进一步弱化了被告人的诉讼地位并使其固化为公诉方的证据来源。笔者认为，庭审实质化改革应正视被告人的客体化问题，以讯问被告人为中心的人证调查可能会使公诉方和法庭过度依赖被告人的供述和辩解，不仅无益于塑造控辩双方的平等对抗，也无益于过滤掉不符合正当性、可靠性、真实性标准的证据资料。当前实务中面临的另一个突出问题是控方的举证过于简单和片面。一方面，分组批量举证导致辩方无法有效进行质证。不管是关键证据还是一般证据都统一分组举证，缺乏对关键证据的一证一举、一证一质。另一方面，公诉方的举证偏于定罪证据、罪重证据而忽视量刑证据、罪轻证据，这明显有违检察官的举证责任和客观义务。所以，庭审实质化改革既要重视举证顺序、举证范围的调整，也要重视举证主体地位诉讼角色定位的理性回归。

第四章 刑事庭审调查改革的法庭质证

第一节 导语：法庭质证虚化如何生成

历来控辩双方在证据调查阶段的相互质证普遍存在，但我国在很长时期内并没有将质证作为一个专门术语在法律和理论层面加以阐释和界定。现在有关质证含义的分歧，一种观点认为是对他方出示证据所发表的一切意见，另一种观点认为是对他方出示证据的质疑、质问、核实和验证。一般来讲，质证的本质特征是"质"，即对证据资料的质问或质疑，带有当面相互对抗的性质。虽然在法庭质证过程中需要对证据资料进行解释、说明和辨认，但这些附带行为并不是"质证"的本质特征。因此，质证虽具有审查证据资料的特点，但并不是对所有证据资料的审查都是"质证"，如对本方证据资料的审查就不属于质证范畴。① 需注意的是，从中立的角度来看，对证据资料的审查也不属于"质证"范畴，而从对立的角度对证据资料的"质问"或"质疑"，才是质证的本质含义和特征。由此可见，质证是控辩双方在证据调查过程中就对方提出证据的质疑、质问、验证和核实，旨在动摇对方提出证据资料的关联性、正当性、可靠性等。在我国刑诉法和司法解释中，与司法证明的其他环节如取证、举证、认证相比，质证是普遍出现在正式法律条文中相对较晚的概念，尤其是将其作为司法证明的独立环节。任何一项法律制度的运行都离不开其他制度的支撑，法庭调查中质证作为举

---

① 参见何家弘、刘品新《证据法学》，法律出版社 2013 年版，第 232—233 页。

证、认证的中间环节，在诉讼证明程序中起到前后衔接的作用。质证既是对控辩双方出示证据资料的甄别和质疑，也是裁判者对证据进行认证的基础和前提。

法庭质证是控辩双方反驳和攻击对方证据的重要手段，也是帮助和影响陪审员或法官认证的重要途径。质证是针对对方的举证而言的，直接目的是阻断举证者的证明过程，而根本目的在于动摇事实认定者对举证方主张事实的内心确信。① 我国 2012 年《刑事诉讼法》第 59 条规定，"证人证言必须在法庭上经过公诉人、被害人和被告人、辩护人双方质证并且查实以后，才能作为定案的根据。法庭查明证人有意作伪证或者隐匿罪证的时候，应当依法处理"。《高法解释》第 63 条规定，"证据未经当庭出示、辨认、质证等法庭调查程序查证属实，不得作为定案的根据，但法律和本解释另有规定的除外"。同时，《最高人民法院关于建立健全防范刑事冤假错案工作机制的意见》、《人民法院第四个五年改革纲要（2014—2018）》以及《中共中央关于全面推进依法治国若干重大问题的决定》，都直接或间接地强调了法庭质证在强化案件审理机制、正确认定案件事实、防范冤假错案、确保司法公平正义等方面的重要作用。成都中院在庭审实质化改革试点工作的通知中明确提出，开展以庭审为中心的刑事庭审实质化改革，要努力实现诉讼证据质证在法庭、案件事实查明在法庭、辩诉意见发表在法庭、裁判理由形成在法庭，促使侦查、审查起诉活动始终围绕审判程序进行，促进审判程序特别是庭审活动的实质化。② 可见，刑事立法、司法解释、政策文件都明确了法庭调查中质证的地位。质证不仅是司法证明的一个基本环节，也是法官在认证前的一个必经程序。没有参与法庭调查的法官无权对证据做出判断，更不能对案件事实作出认定。

证据调查环节的质证属于控辩式庭审的常态，仅在不同诉讼结构下质证的激烈程度和使用频率，以及对于发现真实的重要性可能有所不同。但长期以来，我国刑事审判中庭审虚化是一个带有普遍性、结构性的问题，而庭审虚化最根本的原因之一是质证的形式化，无论是法官心证的形成还是裁判结论的作出基本上不是来源于庭审，而更多的是依赖

---

① 参见尚华《论质证》，中国政法大学出版社 2013 年版，第 24 页。
② 成都中院：《全省法院刑事庭审实质化改革工作推进会资料汇编》，2016，第 5 页。

·109·

于庭前和庭后的阅卷，即所谓的案卷中心主义或侦查中心主义。① 加上
证人、鉴定人、侦查人员不出庭成为常态，大量书面证言涌入法庭使得
法官无法有效辨别证据的真伪，更何谈通过质证程序对此进行质疑和核
实。受庭审质证虚化的影响，辩护人无法有效参与庭审的证据调查，难
以找到控方证据薄弱环节的突破口进行质证。有的辩护律师为了完成与
委托人签订的代理事宜或承诺，通常不得不表演性地集中于程序辩护和
证据辩护，前者主要提出控方证据收集违反程序法规定，如视听资料不
连贯、存在刑讯逼供；后者主要提出控方证据与本案没有相关性，不能
说明社会危害性和人身危险性，或者与已有的证据相矛盾，不能使法官
形成内心确信。② 但辩护人的意见一般很难得到法官的支持，甚至有时
稍微深入对某项证据提出质疑时，法官便对辩护人的质证显得极不耐
烦，认为辩护律师的意见完全没有必要，或者纯粹是为了拖延庭审时
间。原本由控辩双方平等对抗、法官居中裁判的诉讼格局由于庭审质证
虚化被打破，刑事审判的证据调查实际上成了公诉人单方面对被告人犯
罪证据的展示过程。

第二节　法庭质证的功能及实践样态

我国 1979 年《刑事诉讼法》虽然在第 36 条明确使用了"质证"这
一概念，但受职权主义审问式诉讼结构的影响，刑事审判是审判人员主导
下对证据的审查判断，控辩双方对证据的调查仅起辅助作用。申言之，在
当时职权主义诉讼结构的影响下，诉讼程序的关注点是审判人员对证据资
料的审查判断，司法实践中关注较多、具有实际意义的是司法人员怎样认
定和采纳证据，质证并未成为独立的证明环节，仍然被包含在法庭调查的
认证环节之中。③ 直到 20 世纪 90 年代中期，随着刑诉审判方式的改革，
理论界才开始对刑诉程序中的"质证"问题进行相对深入的讨论和研究，

---

① 参见韩旭、干剑波《刑事庭审质证运行状况实证研究——以 100 个庭审案例为样本》，《法治研究》2016 年第 6 期。

② 参见张社军、王玉明《庭审虚化的实证分析与防范》，《河南财经政法大学学报》2015 年第 5 期。

③ 参见何家弘、南英主编《刑事证据制度改革研究》，法律出版社 2002 年版，第 389 页。

而质证一词也更加频繁地被使用于刑事司法实践和学术著作之中。1996年、2012 年《刑事诉讼法》第 47 条和第 59 条继续沿用了该条文的规定，此时"质证"的概念明显在理论和实务中得到了强化，因为我国刑事审判证据调查方式已转向控辩双方主导，而法官对证据资料的调查核实仅具有辅助作用。问题在于，庭审实质化改革为何再次掀起对法庭质证的关注呢？改革试点案件与非改革试点案件的质证情况有何变化呢？笔者拟对此进行逐一分析。

一、法庭质证的功能

1. 发现案件事实真相

人类社会在不断演化的历史进程中，为发现案件的事实真相，其曾尝试选择通过各种方法来认定案件事实，无论是人类社会早期之神明裁判，中古时期的法定证明，还是启蒙运动后出现的自由证明，证明方式发展的每一个阶段都蕴含着人们对案件事实真相的追求。而活络法庭质证活动中的"质问"与"回答"是诉讼程序参与者彼此的沟通方式，特别是人之证据方法的调查。控辩双方可通过对质权的行使来确保证人、被告人、鉴定人提供证言的真实性，并且呈现对本方有利而对他方不利的事实。根据我国 2012 年《刑事诉讼法》第 6 条的相关规定："人民法院、人民检察院和公安机关进行刑事诉讼，必须依靠群众，必须以事实为根据，以法律为准绳。对于一切公民，在适用法律上一律平等，在法律面前，不允许有任何特权。"因此，以事实为根据在我国是刑事诉讼活动的一项基本原则，但问题在于，采用什么样的程序措施才能查清案件事实呢？这必须依赖于充分的证据资料和公正的程序设置，特别是证据资料是否充分，关涉案件事实真相的查清。此目标的达成必须有充分的证据资料，而要保证证据资料真实则必须经过法庭调查的质证环节。

如果不经两造分别就对方出示证据资料进行质疑、验证和核实，裁判者仅听取单方意见就极有可能对案件事实作出错误判断。诉讼是由事实争议引起的，审判必须以事实为根据，证据资料仅是案件事实发生时遗留下的信息痕迹，而案件事实的认定是一个综合运用证据资料进行经验推论的过程。其中，举证旨在反驳或证明某种诉讼主张，质证是为了发现案件事实的真相，而认证是对认定案件事实之证据资料的审查判断。这里的案件事实涉及法律真实和客观真实的争论，不过还原客观真实是不可能的，司法实践中仅能最大限度地追求法律真实，而追求法律真实的关键是诉讼程序本身的正当性。法庭调查中质证就属于查明案件事实的正当程序，只有经过了法庭质证程序，才能认为案件事实经过了公正审判，才能认为辩方有了公平的辩论、发言及反驳的机会，才能在法律层面认可所谓的法律真实，否则用于证明案件事实的证据资料就可能是偏颇的，而审判人员对案件事实认定也就存在误差。在两个世纪以来，普通法已把交叉询问的机会视为确保证人提供证言完整性和准确性的一项重要措施。这项权利适用于法庭调查中对证人、被告人、鉴定人的询问，当然也同样适用于收集法庭外相关人证主体提供的证言。控辩双方交叉询问的机会是一项查明案件事实真相非常重要的程序措施，这是辩方通常要求法庭排除传闻陈述的主要根据。① 直接询问一般反映询问者和证人之间某种程度的合作，因此产生了这样的危险，即证人将被允许对事件作出一种自圆其说的描述，即使不鼓励。交叉询问是检验证人可信性并证明其说法可能存在另一面的有效方式。所以，司法实践中控辩双方对证人进行质询是发现事实真相的重要手段，各国的刑事诉讼都非常重视证据调查中质证对认定案件事实的作用。

2. 维护司法裁判公正

正义是社会制度的首要价值，正像真理是思想体系的首要价值一样，一种程序理论无论多么简洁和精致，只要不是真实、合理的，就必须对其加以修正和拒绝；同样，对于某些法律制度的构建，不管它如何有条理和效率，只要其不正义就必须对其加以废除或改造。② 在刑事法律程序中，查明案件事实的真实性并不是诉讼价值的唯一目标，虽然案件事实需要查明，但前提是以一种正当的方式和程序来进行。刑事法是有关"犯罪"与"刑罚"的法律，其直接关系到人的尊严和个人权利，因此刑事法要求以法律真实来解决与案件事实相关的争议，但适用刑事程序时，必须保障个人的基本人权。质证不仅是控诉方和辩护方的一项重要权

---

① 参见［美］约翰·W. 斯特龙主编《麦考密克论证据》，汤维建等译，中国政法大学出版社 2004 年版，第 45—46 页。

② 参见［美］罗尔斯《正义论》，何怀宏等译，中国社会科学出版社 1988 年版，第 3 页。

利，事实上也逐渐演化出了一种证据责任，控辩双方通过对他造证据资料提出质疑和质问，强化了证据资料在认定案件事实方面的重要作用，即任何人若要使自己的诉讼主张成立，并得到审判人员的支持，都必须出示可靠、正当的证据资料。① 实体真实主义与人权保障能够共存是最理想的，但是两者也存在对立和矛盾，有时查明真实会侵犯人权，有时保障人权会妨碍查明真实，在这种情况下，最大的问题是哪一个价值应当优先，从宪法性的刑事诉讼法出发，一般来说，人权保障应当优先，例如，如果发生侵犯人权的情况，就会排除非法收集的证据，或者终止程序。②

　　司法实践证明，若刑事诉讼缺乏一种有效的程序控制，最终裁决结果就有可能走偏，酿成冤假错案或使犯罪分子逃脱惩处。有必要设置一些维护法律正义的程序机制，以确保刑事司法程序的正当性和可控性。法庭质证既是司法证明的基本程序和两造的重要权利，也是控方和辩方诉讼主张和实体权利得到实现的必要手段。因此，法庭质证作为案件事实证据的一种过滤装置，通过质疑、质问、验证和核实后证据之间无法形成完整证据链，或者存在难以弥补的瑕疵的，就会动摇法官的内心确信进而形成有利于被告人的裁决结果。而控辩式庭审中法官相对被动、消极，一般不积极参与对案件事实相关证据的调查。如果控辩双方在法庭上能够进行实质性的证据调查，则法官就可以通过兼听控辩双方的质证来了解案件事实，消除内心的疑虑。但如果控辩双方无法进行有效质证，则案件事实可能在法庭调查完毕后仍然处于真伪不明的状态，法官需要进行庭下阅卷或调查证据来查明案件事实。有效的法庭质证可以起到制约审判权和控诉权的作用，约束公诉人和审判人员的恣意行为，使处于相对弱势的辩护方可以与享有较大权力的公诉方平等对抗，以防止冤假错案的发生。另外，刑事诉讼中赋予被告人在法庭上向对方证人进行质证的权利，既是国内法的基本要求，也是国际上已经获得普遍承认以维护公民权利的司法原则。《公民权利和政治权利国际公约》第 14 条第 3 款规定，"……讯问或业已

---

① 参见何家弘、南英主编《刑事证据制度改革研究》，法律出版社 2002 年版，第 411 页。
② 参见［日］田口守一《刑事诉讼法》，张凌、于秀峰译，中国政法大学出版社 2010 年版，第 16—18 页。

讯问对他不利的证人，并使对他有利的证人在与对他不利的证人相同的条件下出庭和受讯问……"联合国人权事务委员会对这一项的解释是："该项规定意在保证被告人在强制获得证人出庭和询问任何证人，同起诉方具有同样的法律上的权利。"[①] 这表明刑事案件中的被告人有权在法庭调查中对那些不利于其的证人进行质问、质疑、验证和核实，而不当地剥夺其质证权不符合公正审判和正当程序要求，会导致司法裁判的公正难以得到有效保障。

二、质证的实践样态

法庭质证是证据调查的重要环节，也是我们长期以来关注的重点。质证旨在帮助事实认定者对证据进行审查判断，没有经过质证的证据资料，不仅对于认定案件事实无益，还有可能误导事实认定者。[②] 既不利于对案件事实真相的查清，也不利于维护司法裁判的公正。法庭质证程度详细与否直接反映出控辩双方庭审对抗的激烈程度，也间接反映出改革试点案件质证的实际效果。

第一，示范庭证据调查的详细质证程度较高，而对比庭证据调查的详细质证程度相对较低。根据表 4－1 的数据统计，示范庭证据调查详细质证和简化质证案件分别有 67 件、17 件，占示范庭有效案件数量的 79.76％、20.24％；对比庭证据调查的详细质证和简化质证案件分别有 28 件、19 件，占对比庭有效案件数量的 59.57％、40.43％。通过比较，笔者发现，示范庭证据调查的详细质证比例非常高，接近 80％，而对比庭证据调查的详细质证比例却不到 60％。所以，庭审实质化改革提升了证据调查的详细举证、质证，示范庭详细质证案件占有效案件的比例相比对比庭有了大幅度提高。

第二，示范庭证据调查的详细举证程度和对抗激烈程度较高，而对比庭证据调查的详细举证程度和对抗激烈程度较低。根据表 4－1 的数据统

---

① 参见陈光中主编《〈公民权利和政治权利国际公约〉与我国刑事诉讼》，商务印书馆 2005 年版，第 258 页。See also Lindsay Hoopes, "The Right to a Fair Trial and the Confrontation Clause: Overruling Crawford to Rebalance the U. S. Criminal Justice Equilibrium", *Hastings International and Comparative Law Review*, vol. 32, 2009, p. 305 – 346.

② 参见尚华《论质证》，中国政法大学出版社 2013 年版，第 25 页。

计，证据调查详细质证和简化质证案件中，示范庭分别为 79.76%、20.24%，对比庭分别为 59.57%、40.43%。前者与后者分别相差大约 20 个百分点，因而庭审实质化改革促进了证据调查的详细举证。而辩方提出实质质证以及辩方无异议或被告人自行辩护无异议案件，示范庭分别为 83.33%、16.67%；对比庭分别为 46.81%、53.19%。可见，辩方提出实质质证案件比例示范庭远远高于对比庭。庭审调查激烈程度类型中较激烈、一般激烈、不激烈，示范庭分别为 43.83%、42.47%、13.70%；对比庭分别为 17.02%、44.68%、38.30%。示范庭相较于对比庭调查的较激烈类型和不激烈类型有大幅度变化，原因如下。一是示范庭有较高的律师辩护率和证人出庭率。律师可凭借其专业知识对出庭证人进行交叉询问，以检验证人提供证言的真实性。同时，证人出庭也提供了被告人与不利证言提供者之间对质的机会。二是示范庭要求辩诉意见发表在法庭，辩论保证控辩双方全面阐释意见，引导双方围绕争议点展开答辩，并要求双方所有意见必须当庭发表，不得在庭后以书面形式补交当庭未发表的意见或变更当庭已发表的意见，使控辩双方真正形成平等对抗。

第三，随着示范庭对抗激烈程度的提升，辩方积极参与庭审质证有助于法院采纳其辩护意见。根据表 4 - 1 的数据统计，示范庭法院对辩方质证采纳情况中全部采纳、部分采纳、未采纳的分别有 22 件、27 件、21 件，约占示范庭有效案件数量的 31.43%、38.57%、30.00%；对比庭法院对辩方质证采纳情况中全部采纳、部分采纳、未采纳分别有 5 件、10 件、7 件，约占对比庭有效案件数量的 22.73%、45.45%、31.82%。示范庭相较于对比庭就法院对辩方质证采纳中全部采纳和部分采纳的差异较大，而未采纳的情况二者的比例持平。值得注意的是，示范庭对抗程度很激烈但没有达到预期效果，因为示范庭和对比庭中法官不采纳和部分不采纳的比例没有发生明显变化。实际上，控方案卷对庭审效果的影响很大①，因为案卷是控方参与制作并提交的材料，同时法官也倾向于控方提出的公诉意见。

---

① 一般来说，公诉方具有良好的资金来源和大量的人力支持，在案件的调查和准备上占有实际的优势。参见［美］乔恩·R. 华尔兹《刑事证据大全》，何家弘等译，中国人民公安大学出版社 2004 年版，第 10 页。

表 4 - 1　普通程序示范庭和对比庭证据调查情况统计结果

单位：件，%

数据类型	质证情况		辩方提出实质证	辩方无异议或被告人自行辩护无异议	法院对辩方质证采纳情况			庭审激烈情况[2]		
	详细质证[1]	简化质证			全部采纳	部分采纳	未采纳	较激烈	一般激烈	不激烈
示范庭	67/79.76	17/20.24	70/83.33	14/16.67	22/31.43	27/38.57	21/30.00	40/43.83	34/42.47	10/13.70
对比庭	28/59.57	19/40.43	22/46.81	25/53.19	5/22.73	10/45.45	7/31.82	8/17.02	21/44.68	18/38.30

注：通过现有材料能查明的有效案件数量，示范庭和对比庭分别有 84 件、47 件。

第三节　法庭质证的内在结构剖析

　　任何一项法律制度难以孤立存在，质证作为诉讼证明程序的中间环节，其构建与运行势必与举证、认证等环节密切相关。[3] 质证是举证的继续，认证的前提。如果没有质证环节对证据资料的质疑和核实，举证就会成为单方的证据展示过程。相应地，认证也就会失去公正裁判的基础。控辩双方若就对方出示证据资料有异议，法庭应当通过公开审理进行质证。鉴于法庭质证环节对过滤证据资料的重要性，有必要厘清与质证内在结构相关的主体资格、对象范围以及内容方法问题。

一、质证主体资格的认定

　　质证主体是指有权对证据资料提出质疑的人。根据相关立法和法理推理，很容易得出诉讼当事人及其法定代理人为质证主体。不过，刑事诉讼

---

① 详细举证程度的判断标准为：控方是否就每一证据或主要证据单独举证；若控方仅通过宣读证据目录、概括举证的方式举证，则属于简化举证。

② 控辩活跃程度标准：庭审中积极质证、质证关键证据、出庭证人有关键或争议证人、质证证据较多（质证证据 3 个以上），符合以上标准之一为一般激烈，符合两种以上标准为较激烈，不符合任意条件为不激烈。

③ 参见尚华《论质证》，中国政法大学出版社 2013 年版，第 94 页。

的质证主体还包括代表国家提起公诉的检察官，以及自诉人、附带民事诉讼的被告和原告。

1. 质证主体的判断依据

控辩双方是法庭调查的主要参与者，被告人质证权的行使可委托辩护律师代行。公诉案件被害人与公诉人的质证权一致，没有必要再单独进行质证，其可选择成为公诉方的辅助人或证人。如果证据资料与其附带的民事诉讼有关，则被害人及其法定代理人也可以行使相应的质证权。第三人参与诉讼时，因与控辩双方存在利益关系，其质证活动往往与原告或被告一方重合。民事、行政诉讼中的质证主体，除了当事人、第三人、共同诉讼人、诉讼代表人之外，是否还包括法官和其他诉讼参与人呢？对此，主流观点认为民事、行政诉讼的质证主体是仅与案件有利害关系的人，而不包括法官和其他与案件无利害关系的人。① 在刑事诉讼的证据调查中，也存在法官是否属于质证主体的争论。学界的主流观点认为，现代刑诉构造对相关质证主体的界定，需要建立于证明责任划分的基础上。因此，严格意义上讲，质证主体是提出诉讼主张并承担证明义务的诉讼主体。

但也有论者认为法官属于法庭的质证主体，主要理由是：第一，法官是证据资料和案件事实的认定者，应承担相应的法律责任（澄清义务）②；第二，虽然法官不是案件事实的法律关系主体，与案件事实也没有直接利害关系，但法律赋予其承担相应的审判职责，足以认为其属于质证主体；第三，司法实践中法官在审判时有权质询证人，对实物证据资料进行审核，这实际上就是在行使质证权。③ 然而，此观点忽视了证明主体和证明责任之间的关系。证明责任制度最早出现于古罗马时代，当时的立法者已强调控辩双方的对抗和事实主张者的证明责任。事实上，无论是大陆法系国家还是英美法系国家，对证明主体和证明责任的判断，都沿袭了古罗马时代法律中谁主张、谁举证的分配原则，此原则要求提出诉讼主张的主体

---

① 参见王亚新《民事诉讼中质证的几个问题——以最高法院证据规定的有关内容为中心》，《法律适用》2004 年第 3 期。

② 法官为澄清事实真相之必要，不但"可以"，乃至于"应该"就诘问过程之疑点发问。例如，法官补充讯问鉴定人正是基于澄清义务而来，不但不会阻碍诘问活动，反而有助于诘问活动追求实体真实发现之目标。参见林钰雄《严格证明与刑事证据》，法律出版社 2008 年版，第 243—244 页。

③ 参见何家弘、刘品新《证据法学》，法律出版社 2013 年版，第 234 页。

应承担相应的证明责任。[①] 对这种证明责任制度和分配原则可作以下分解：主张者有证明义务，否定者无证明义务；针对事物的性质，否定者无须证明；原告若不举证证明，被告则获得胜诉；原告对其诉讼请求需举证证明；提出抗辩者对其抗辩主张有举证责任。[②] 可见，质证主体是向法院提出诉讼请求并有义务进行证明的诉讼主体，其判断依据与诉讼请求、证明责任有着极为紧密的联系。在诉讼活动中提出诉讼请求的主体才需承担证明责任，而仅承担了证明责任的主体才能是证明主体，进而才能成为证据调查的质证主体。

2. 法官仅具有辅助作用

两大法系的诉讼证据调查，无不将证明责任作为民事、刑事、行政诉讼证明程序研究的要点和重点。一方面，证明责任的存在为诉讼证明展开提供了动因，法庭调查程序的证明活动主要在证明责任的支配下进行，不承担证明责任的诉讼参与人没有提供证明的必要；另一方面，在诉讼证明程序中，证明责任是衔接其他庭审程序的纽带和桥梁，它既决定了证明主体的存在，也通过证明标准与结果责任相连。大陆法系国家基本上继承了古罗马谁主张、谁举证的分配原则，但在继承的同时仍无法摆脱超职权主义的影响，授权法官依职权积极进行调查，并负有收集证据的责任。但这种责任与当事人所承担的证明责任有所区别。例如，如果法官提供有利于被告人的证据资料，则不必承担因提供此证据资料而败诉的不利后果。我国的立法与西方的职权主义和当事人主义存在差别，主要在于新中国成立后我国诉讼法理论深受苏联法的影响，学界曾经一度认为无论是侦查机关、检察机关还是审判机关，都应当是证明犯罪事实的主体，但 20 世纪80 年代以后，受英美法系当事人进行主义的影响，理论界对证明理论的批判也越来越深，基本上否定了审判机关的证明主体地位，但对被告人、被害人是否为证明主体仍有争议。[③] 当前，理论上已达成的较为普遍的共识是，法官不属于证明主体或质证主体。主要理由是：第一，如果法官成

---

① 参见张保生主编《证据法学》，中国政法大学出版社 2014 年版，第 360 页。

② 参见卞建林、郭志媛《刑事证明主体新论——基于证明责任的分析》，《中国刑事法杂志》2003 年第 1 期。See also Bruce L. Hay, "Allocating the Burden of Proof", *Indiana Law Journal*, vol. 72, 1997, p. 651 – 680.

③ 参见张保生主编《证据法学》，中国政法大学出版社 2014 年版，第 360—361 页。

为质证主体，则必然会影响法官居中审判的公正形象①；第二，我国刑诉法没有规定法官可以成为庭审质证的主体；第三，庭审的举证主体与质证主体应该是一致的，法官因不承担举证责任，自然也就不能成为法庭质证的主体；第四，法官对证据资料和案件事实进行认定，建立在控辩双方质证的基础上，不是建立在自己对证据资料进行质证的基础上。② 因此，法官在诉讼证明过程中的职能地位决定其作为中立、公正的裁判者，只能作为"听证"的主体而不是质证的主体。如果将法官视为质证主体，会导致法官一身兼两任的问题，既承担证明责任，作为质证主体，又要作为"裁判者"对待证的案件事实进行评断。这不仅与诉讼法理要求的控、审分离相悖，也会导致法官本身角色的混乱和冲突。

如前所述，法官对案件事实本身并无任何诉讼主张，在法庭调查之前尚未形成对案件事实的既定看法。至关重要的是，法官不会因质证不充分而承担败诉的风险。在刑事司法实践中，法官由于需要通过审查判断证据资料以查明案件事实真相，所以在必要时法官可依职权询问证人、被告人、鉴定人。例如，《人民法院办理刑事案件第一审普通程序法庭调查规程（试行）》第19条规定，"证人出庭后，先由对本诉讼主张有利的控辩一方发问；发问完毕后，经审判长准许，对方也可以发问……审判人员认为必要时，可以询问证人……"第37条规定，"法庭对证据有疑问的，可以告知控辩双方补充证据或者作出说明；必要时可以在其他证据调查完毕后宣布休庭，对证据进行调查核实"。③ 法官在此询问证人和调查核实证据的规定仅是补充性的，是其职权主义在证据调查程序中的体现。这也说明，法官进行的上述诉讼活动并不是履行证明其诉讼主张的责任，而是充分履行其审理案件的职责。法官的澄清义务最为具体的表现，便是法院不受当事人主张与声明之拘束。只要是有证据关联性、调查必要性及调查

---

① 《人民法院办理刑事案件第一审普通程序法庭调查规程（试行）》第2条规定："法庭应当坚持居中裁判原则，不偏不倚地审理案件，保障控辩双方诉讼地位平等。公诉案件中，人民检察院承担被告人有罪的举证责任，被告人不承担证明自己无罪的责任。人民检察院应当随案移送并当庭出示被告人有罪或无罪、罪轻或罪重的所有证据，以及证明取证合法性的证据材料，不得隐匿证据或者人为取舍证据。"
② 参见何家弘、刘品新《证据法学》，法律出版社2013年版，第234页。
③ 除此之外，《人民法院办理刑事案件第一审普通程序法庭调查规程（试行）》第4条、第10条、第22条、第26条、第28条、第30条；《人民法院办理刑事案件排除非法证据规程（试行）》第24条也有法官依职权查明案件事实真相的规定。

可能性之证据，纵使当事人并未主张或声明，法院本着澄清义务，仍应予以调查，以期发现案件事实真相。据此，即便当事人表明不声请传讯之目击证人、不在场证人，法院不但可以，并且应当主动传讯、调查，不受其拘束。同理，纵使被告自白，也不产生任何"自认"或"认诺"的效力，法院仍应调查其他证据，以查其与事实是否相符，不受自白之拘束。① 大陆法系采职权主义诉讼结构的国家，庭审法官的这一职权的行使尤其明显，但不能认为庭审法官承担证明案件事实的责任。《欧洲人权公约》第6条规定，"……询问不利于他的证人，并在与不利于他的证人具有相同的条件下，让有利于他的证人出庭接受询问……"其中"询问或让人询问"的措词，表明询问证人的主体包括被告人及其律师，但在某些公约成员国，通常可由法官对证人进行发问，被告的问题可借由法官之口提出，也不会侵犯被告人的对质权，在这种情况下，"让人询问"也包括让法官询问。② 但笔者认为，虽然法官在特定的条件下可依职权对被告人、证人发问，并在庭外调查收集一部分证据，但法官庭外调查收集的证据，不宜由其亲自在法庭上出示并进行质证、辩论，而应当交由具有利害关系的一方当事人。因为法庭收集的证据一般仅对控辩双方的一方有利，而对另一方不利。在此情形下，居于消极、中立地位的法官出示相关证据资料，既有碍于质证的展开，也不利于维护法官的中立地位。

基于此，无论在行政诉讼、民事诉讼还是刑事诉讼中，由法庭获取的证据应交由两造的有利方进行举证，并由不利方进行质证。如果裁判者过多运用自身的职权，不顾两造的意见决定庭审质证的内容和诉讼程序的推进，无异于裁判者被赋予了不受约束的发问权和证据调查权。实际上，裁判者依职权补充发问和调查证据，并不是超越控辩双方示证范围去寻找新的证据资料。法官的补充发问和调查证据，仅为核实两造提出证据资料的证据能力和证明力。虽然在以最大限度地发现事实真相的诉讼构造中，法官调查核实证据资料对其心证的形成确有必要，但法官对人证的补充发问和庭外调查证据资料，与侦查阶段的证据调查存在本质区别。法官的补充发问、质问和质疑，旨在判断两造出示证据资料的正当性、可靠性、真实

---

① 参见林钰雄《严格证明与刑事证据》，法律出版社2008年版，第243—244页。
② 参见孙志伟《关键证人出庭作证的欧洲模式及其借鉴意义》，《重庆大学学报》（社会科学版）2017年第2期。

性、充分性，尤其是出示的证据资料存在矛盾时，需要以此为对待证事实进行裁决的补充调查方式。笔者认为，在采职权主义诉讼结构的刑事诉讼中，尽管有必要保留法官补充发问和庭外调查证据的职权，但裁判者应不要过多使用法律授予的权力，避免有损法庭的威严和法官中立、公正的形象。

二、质证对象范围的厘清

质证对象又可称为质证客体，是指由两造一方提出并由他方进行质疑、验证和核实的证据资料。在诉讼活动中，质证对象和证明对象是两个密切相关又相互区别的概念。证明对象需要证据资料加以证明，两者之间具有手段和目的关系。

1. 材料说与资料说

质证对象与证明对象不同，前者是指哪些证据资料应该被质证，后者是指法律规定司法人员必须查明的案件事实。理论上，证明对象包括控方指控犯罪的构成要件事实、各种量刑情节、违法阻却事由、责任阻却事由等。证明对象是不确定案件事实或未知案件事实，质证对象的证据资料则是已知的、确定的事实。笔者认为质证对象的探讨和划定，不能离开对证据概念的理解。作为理论层面的证据问题，证据概念现在更多属于学术争议的范畴，尚未被成文法普遍确立为法律规范。然而，即便是在法律中明文规定了的证据概念，也无法对检察官、法官的诉讼行为产生任何实质性的规范作用。[1] 长期以来，学界对证据概念的定义争议颇多，提出了事实说、根据说、信息说、材料说、事实与材料双重含义说等多种不同的学术观点。我国 1979 年、1996 年《刑事诉讼法》和传统的教科书都将诉讼证据界定为证明案件真实情况的各种事实。[2] 2012 年《刑事诉讼法》修订时立法者对证据概念进行了重新定义，以"材料说"代替了以往的"事实说"。

1996 年《刑事诉讼法》第 42 条第 1 款规定，"证明案件真实情况的一切事实，都是证据"。这个规定接近于边沁和威格默对证据是事实的界

---

[1] 参见陈瑞华《证据的概念与法定种类》，《法律适用》2012 年第 1 期。

[2] 参见陈一云主编《证据法》，中国人民大学出版社 2010 年版，第 64 页。

定，但用事实来界定证据的概念并不科学，也不符合刑诉法的定义习惯。① 2012 年修改后的《刑事诉讼法》第 48 条"证据及其种类"第 1 款规定："可以用于证明案件事实的材料，都是证据。"证据概念的定义由最初的"事实说"到现在"材料说"的转变，一定程度上扭转了 1979 年、1996 年《刑事诉讼法》中证据定义自相矛盾的问题。即，一方面将证据界定为事实，另一方面在第 3 款规定："证据必须经过查证属实，才能作为定案的根据。"问题在于，既然证据需要查证属实，就表明证据可能是真也有可能是假。根据全国人大法工委的解释，司法机关进行刑事诉讼活动，主要是通过收集、审查证据来认定案件事实，但收集来的证据不一定都真实，也不一定都被司法机关采纳为定案的根据，因而"事实证据"这一提法在逻辑上存在问题。② 2017 年 12 月最高人民法院印发的"三项规程"继续沿用了 2012 年《刑事诉讼法》采纳的"材料说"。例如，《人民法院办理刑事案件庭前会议规程（试行）》第 1 条规定，"对于'证据材料'较多、案情疑难复杂、社会影响重大或控辩双方对事实证据存在较大争议等情形，可以决定在开庭审理前召开庭前会议"。但也有学者认为，以"材料说"界定证据概念，忽略了证据的多重含义，尤其是不能用言词证据进行表达的"情态证据"，而采职权主义大陆法系国家的证据方法与证据资料这组概念，可以较为全面、准确地表达证据静态与动态、内容与形式的概念内涵，值得我们借鉴。③ 笔者赞同此观点。证据调查中质证的对象是与案件事实有关联的"资料"而不是"材料"，前者涵括的范围要远远大于后者。证据资料是指所有可能与待证犯罪事实直接或间接相关的资讯内容或素材，其来源可能是任何一种相关的人（如被告、目击证人）、地（如现场）、物（如尸体、枪支）。证据资料必须通过特定的方法才能呈现，此特定方法即称为证据方法，指探求证据资料内容的调查手段。④ 例如，海洛因是毒品犯罪的重要资讯来源，其形态、状况、性质以及与之相关的其他资讯属于证据资料，而将海洛因移交专门鉴定机构出具鉴定者意见，属于探求相关资讯的证据方法。

---

① 参见易延友《证据法学：原则 规则 案例》，法律出版社 2017 年版，第 5 页。
② 参见朗胜主编《中华人民共和国刑事诉讼法释义》，法律出版社 2012 年版，第 99 页。
③ 参见龙宗智《进步及其局限——由证据制度调整的观察》，《政法论坛》2012 年第 5 期。
④ 参见林钰雄《刑事诉讼法》（上册），元照出版有限公司 2010 年版，第 474 页。

2. 实物证据与言词证据

我国三大诉讼法对证据资料种类的规定大同小异，仅在列举次序上有所差异，对个别证据资料种类的名称作了细微调整。但现代各国的刑诉法和证据法并没有刻意从种类上对证据资料进行详细分类，相反，多数国家的立法是根据证据资料属性来限定法庭质证的客体，因而不应将主要关注点放在对证据资料种类的划分上。① 在中世纪法定证据制度中，证据分类因为不同的证据种类对应着不同的法律效果，其证明力大小是不一样的，但现代社会法定证据制度已经不存在。由于我国刑事诉讼法对证据类型的规定并未对应不同的法律效果，所以，这是一种提示性规范，仅为告诉司法人员这些资料属于证据，需要收集。② 因此，我国刑诉法和司法解释详细规定证据种类并无必要，未来立法应更多关注证据的可采性问题，为控辩双方的庭审质证提供可适用的证据规则。

法庭质证是控辩双方对他方出示证据资料的质疑和辩驳，以影响案件事实裁定者对证据资料之资格和价值的评价。有关质证对象范围划定的探讨，学界有两种不同理解：一种观点认为法庭质证对象包括《刑事诉讼法》第 48 条规定的 8 种证据，即法庭质证对象包括实物证据和言词证据；另一种观点认为法庭质证对象为言词证据而非实物证据，因为实物证据如物证、书证、视听资料、电子数据等属于"哑巴证据"，庭审的质证主体不可能对它进行交叉询问。③ 笔者认为，无论是实物证据还是言词证据都属于质证对象，不能认为我国刑事庭审证据调查中的质证客体仅包括证人证言而不能延伸到其他的证据种类。2012 年《高法解释》共有 11 处涉及"质证"的表述，其中有 9 处针对的都是所有类型证据的质证。④ 2012 年《人民检察院刑事诉讼规则（试行）》（简称《高检规则》）中共有 6 个条

---

① 参见尚华《论质证》，中国政法大学出版社 2013 年版，第 81 页。

② 参见易延友《证据法学：原则　规则　案例》，法律出版社 2017 年版，第 17—18 页。

③ 参见何家弘、刘品新《证据法学》，法律出版社 2013 年版，第 234—235 页。

④ 例如，第 63 条规定："证据未经当庭出示、辨认、质证等法庭调查程序查证属实，不得作为定案的根据，但法律和本解释另有规定的除外。"第 184 条规定："审判人员可以询问控辩双方对证据材料有无异议，对有异议的证据，应当在庭审时重点调查；无异议的，庭审时举证、质证可以简化。"

款 7 处提到了 "质证"。① 《人民法院办理刑事案件第一审普通程序法庭调查规程（试行）》第 28 条至第 45 条明确规定了物证、书证等证据资料的举证、质证程序，特别要求审判长应组织控辩双方举证、质证，全面调查核实案件中可以影响定罪量刑的事实证据问题，准确查明案件事实。因此，我国刑事诉讼和司法解释中法庭调查阶段的质证对象，既可以是言词证据，也可以是实物证据。实际上，言词证据之外实物证据的质证，应当通过两造对与该证据资料有关的人，特别是对收集、保管、鉴定证据资料的人进行询问而实现，因为实物证据自身不会说话，无法对之进行询问，只能对与该证据资料有关的人进行询问。② 所以，上述认为质证客体仅限于证人证言、被害人陈述、鉴定意见等言词证据，而不包括物证、书证、勘验笔录等实物证据的观点是不成立的。

3. 免予质证的证据与免证事实

免予质证的证据如无争议的证据、保密证据等能否成为法庭质证的客体存在争议。在诉讼活动中，证据资料一般需要经过法庭质证，才能作为最终的定案根据，但并非所有的证据资料都必须进行质证。就具体的质证程序而言，证据资料成为质证对象应考虑以下问题：一是法庭质证的必要性；二是法庭质证的可行性；三是需要兼顾诉讼效率；四是在法庭上质证。③ 因此，对于免予质证的证据不能成为质证的客体，而要成为质证对象应该充分考虑对其进行质证的必要性。但对证据资料的质疑、质问、验证和核实，是建立于质证权基础上的程序性权利，控辩双方有权选择质证还是放弃质证，并且证据资料只有在经两造选择或放弃质证后，才能最终确认是否免予质证。④ 质证是控辩双方的一项权利，就免予质证的证据资料而言，是两造放弃其质证权的必然结果，并不能认为证据资料是否需要进行法庭质证，可事先由法律将其排除于质证客体外。虽然免予质证的证据资料不要求进行法庭质证，但部分证据资料可能含有对证明案件事实有

---

① 例如，第 452 条规定："人民法院根据申请收集、调取的证据或者合议庭休庭后自行调查取得的证据，应当经过庭审出示、质证才能决定是否作为判决的依据。未经庭审出示、质证直接采纳为判决依据的，人民检察院应当提出纠正意见；作出的判决确有错误的，应当依法提出抗诉。"

② 参见杨宇冠、刘曹祯《以审判为中心的诉讼制度改革与质证制度之完善》，《法律适用》2016 年第 1 期。

③ 参见何家弘主编《证据学论坛》（第 3 卷），中国检察出版社 2001 年版，第 265 页。

④ 参见尚华《论质证》，中国政法大学出版社 2013 年版，第 86 页。

用的信息，必要时仍可将其纳入质证的客体范围。如果在庭审之前的准备程序阶段，确定免予质证的证据不必在正式庭审程序出示或者仅要求简化出示。这说明质证权的行使转移到了审前程序，准备程序阶段一定程度上可就证据资料是否有争议达成一致意见。

通常质证客体不仅包括证人证言、被害人陈述、鉴定意见等言词证据，还包括物证、书证、勘验笔录等实物证据。笔者认为与案件事实相关的实物证据和言词证据，原则上可以在法庭出示并成为定案根据的证据资料，都应当纳入法庭调查的质证客体范畴，但免证事实存在例外。例如，根据2012年《高检规则》第437条规定，"在法庭审理中，下列事实不必提出证据进行证明：（一）为一般人共同知晓的常识性事实；（二）人民法院生效裁判所确认的并且未依审判监督程序重新审理的事实；（三）法律、法规的内容及适用等属于审判人员履行职务所应当知晓的事实；（四）在法庭审理中不存在异议的程序事实；（五）法律规定的推定事实；（六）自然规律或者定律"。因此，没必要出示证据资料进行证明的相关事实也就是免证事实，其与免予质证的证据资料不能等同。免证事实是在诉讼程序中不需要证明就可确认的事实，列入免证事实范畴的证据资料，将不再被纳入法庭质证对象的范围，也不需要再以通常的证据调查方式对其进行质证。[1]

司法认知属于免证事实的范畴，是指在审判上就特定裁判事实或立法事实，通过设置相应的机制免除当事人证明责任的一种诉讼制度。[2] 司法认知所依据的是"众所周知的事实，无须证明"这一古老的法律格言，旨在节省查证所需支出的人力、物力、财力等，以提高处理案件的诉讼效率。凡是有关司法认知层面的事实，独任法官或合议庭将视其为本案已经被确认的证据资料，不需要再通过证据调查程序予以证明和确认。一般来讲，司法认知是在案件事实清楚的前提下，省却对其进行证明的权宜之计。

---

[1]　参见何家弘、南英主编《刑事证据制度改革研究》，法律出版社2002年版，第408页。

[2]　有些事物属于社会常识的范畴，或者属于某种推论，所依据的是诸如日历或医学论文等高度可靠性原始资料的证明，因而无须按照通常的方式验证。于是，审判法官将对它们进行司法认知，并指示陪审员们可将其视为本案中已完全确认的事实，无须再通过证人或展示物品的方式证明。从某种意义上说，司法认知也是证据的一种形式。参见［美］乔恩·R. 华尔兹《刑事证据大全》，何家弘等译，中国人民公安大学出版社2004年版，第16—17页。Dennis J Turner，"Judicial Notice and Federal Rules of Evidence 201-A Rule Ready for Change"，*University of Pittsburgh Law Review*，vol. 28，1983，p. 181 – 208.

司法认知对象具有客观性、公认性和绝对性特点，客观性是指该证据资料是客观存在的事实；公认性是指该证据资料为大众所知晓并得到普遍认同；绝对性是指控诉方和辩护方对该证据资料不能提出质疑的可能。[1] 虽然这些事实不为一般人所知晓，但是在相关事实的准确性不容怀疑的前提下，可通过原始证据资料来迅速、准确认定该事实。对于这类特殊事实和普通知识问题，独任法官或合议庭可在庭审调查程序中立即进行相关说明，当然，在特殊情形下依照控辩双方正当申请也必须予以认知。[2] 所以，免证事实是在法庭调查中提出的证据资料，因存在特殊情况而不需要质证或者不能质证的证据，仅经过法庭一般审核即可作为认定案件事实的根据。

三、质证内容范围的确定

质证内容范围包括证据的证据能力和证明力两方面。一般认为证据能力是指证据必须为法律所容许，可用于证明案件之待证事实，判断主要依靠法律的价值预设；证明力是对可采证据相对于争议事实证明价值的量化估计，判断主要依靠逻辑和经验。

1. 质证内容的判断标准

证据能力又称为证据资格，是指证据资料具备证明被告人犯罪行为的能力。作为法庭质证的基本内容的证据资格，主要是对证据资料的正当性和可靠性提出质疑和辩驳，某一证据资料与案件事实之间没有关联性，其当然不具有证据资格；若不符合法律的相关规定，则自然也不能够进入诉讼程序；不具备起码的真实性，即完全虚假的证据，显然不能被允许采纳。[3] 相应地，证据能力规则基于可靠性问题和外部政策，可划分为可靠性标准和正当性标准。前者是指有时法庭排除证据是因为其可靠性令人怀疑；后者是指证据能力规则也可是基于一些对审判程序外在的政策。[4] 第

---

[1] 参见张保生主编《〈人民法院统一证据规定〉司法解释建议稿及论证》，中国政法大学出版社2008年版，第362页；卞建林主编《刑事证明理论》，中国人民大学出版社2004年版，第145—146页。

[2] 参见陈光中主编《中华人民共和国刑事证据法专家拟制稿（条文、释义与论证）》，中国法制出版社2004年版，第144页。

[3] 参见何家弘、刘品新《证据法学》，法律出版社2013年版，第236页。

[4] See Paul C. Giannelli, *Understanding Evidence*, Lexis Nexis, 2009, p. 5.

一，正当性标准是指证据资料的收集主体、来源程序、收集方法等必须符合法律规定。在大陆法系国家称为消极条件，是指证据资料取得和使用的禁止，如以胁迫、暴力等方法取得的言词证据不得作为定案根据。第二，可靠性标准是指必须有一系列条件能够保障证据资料的客观真实性。在大陆法系国家称为积极条件或严格证明法则。严格证明法则是指证据资料必须使用法定的证据方法，并遵守法定的调查程序，始能终局取得证据能力，作为认定犯罪事实的基础。

　　证据资料取得作为认定犯罪事实的证据资格后，审判人员到底应该依照何种规则来判断该证据是否可采信呢？例如，证人经过合法调查程序之后，法官采信或不采信其证言？此即证据价值的评价问题，也就是证据资料的证明力问题。所谓证据的证明力，是指证据资料在具备证据能力的前提下，根据法庭证据调查的结果而具有的证据价值评估。证据资料的实际证明价值一般取决于控辩双方进行质证、辩论后，裁判者对证据资料真实性和充分性的总体评价。因此，可将证明力的一般标准划分为真实性标准和充分性标准。[①] 第一，真实性标准是指审查所有据以证明案件事实的证据资料，审判人员应当逐一审查其是否真实可靠。就审查方法而言，单个证据资料是否可靠，也要通过与其他证据资料的互相印证和综合评断来认定。凡是一方提交具有证据能力而获得进入诉讼程序资格的证据资料，两造分别可以从证据资料来源和内容方面对其真实性提出质疑。第二，充分性标准是指据以定案之证据资料应达到的程度，由证据资料与待证案件事实的实质关联性决定。证据资料充分既可是单个证据资料，也可是案件中的一组证据资料或全部证据资料。就案件中的某个事实或情节来说，证据资料是否充分是指一个或一组证据资料的证明价值，即是否足以证明该事实或情节的存在或者不存在。就整个案件来说，证据资料是否充分是指案件中的全部证据资料的证明价值是否足以证明案件的真实情况。

　　但遗憾的是，《人民法院办理刑事案件第一审普通程序法庭调查规程（试行）》在认证规则部分仍然延续了刑诉法和司法解释以定案根据形式统摄证据能力和证明力问题。例如，第 48 条规定："对于经过控辩双方质证的证据，法庭应当结合控辩双方质证意见，从证据与待证事实的关联程

[①]　参见郭志媛《刑事证据可采性研究》，中国人民公安大学出版社 2004 年版，第 92—93 页。

度、证据之间的印证关系、证据自身的真实性程度等方面，综合判断证据能否作为定案的根据……"证据资料与待证事实的关联程度属于关联性规则，证据资料自身的真实性程度属于证据能力规则，而证据资料之间的印证关系属于证明力规则。除此之外，第 49 条也存在类似的问题。笔者认为，上述规定混用证据能力和证明力的问题，与我国刑事证据理论研究起步晚，没有形成合理的证据法理论体系，以及司法实务部门对学理建议的采纳有限有关。"三项规程"的颁布仅为通过构建更加精密化的审判制度遏制接连出现的冤假错案和制约裁判者审查评断证据资料。但是，尚未说明或提及制定这些证据规则的理论基础。正是立法层面和司法解释缺乏相应的理论指导，使我国证据规则缺乏条理，且多数是规范裁判者审查评断证据的禁止性规定。虽然相关法律笼统以"不得作为定案根据"条款，对限制裁判者的自由裁量权、规范证据资料的收集审查有一定作用，但若不从证据学原理进行分类，仅简单地将各种证据规则一律规定为不得作为定案根据条款，可能造成证据规则的实效减弱和适用疑难。

2. 质证内容的审查程序

在传统的大陆法系职权主义审理模式中，法庭对证据资料的准入和评估的裁定未作明确区分，通常是由同一法官或合议庭在正式庭审程序中一并解决。如果一项证据资料被认定不具有证据能力，程序性后果是法庭不得在论证判决理由时引用该证据资料，并将证据能力由一种接受法律调查的资格，变成判断其能否作为定案根据的资格。这在一定程度上可以解释对不符合正当性标准和可靠性标准证据资料排除难的重要原因。但是，随着两大法系的逐渐融合，证据准入和证据评估相分离的审查程序成了两者的一致共识，尤其是在提升正式庭审效率方面。在美国陪审团审判中，证据的认证是典型的采纳与采信两步模式，可采性判断属于法官的职能；证据价值大小的评估属于陪审团的职能。审前的证据排除程序是法官确定控方能否使用被提出异议证据作为庭审的资料。这种听审程序通常在正式审判前举行，这样既可使法庭集中审理有罪或无罪的争议焦点，还可事先告知双方当事人在正式庭审中使用什么样的证据资料。① 在我国，虽然采纳与采信在证据理论上属于较新的提法，但

---

① 参见［美］菲尼、［德］赫尔曼、岳礼玲《一个案例 两种制度：美德刑事司法比较》，中国法制出版社 2006 年版，第 395 页。

裁判者在庭审中会自觉或不自觉地使用这两个术语。根据裁判者对证据的认定过程划分为采纳与采信两个阶段，证据审查程序可分为"一步认证"和"两步认证"。[①]"一步认证"对证据资料的认定程序不作阶段划分，裁判者一次性完成对证据资料之资格和价值的认定，适用于简单案件和被告人认罪认罚案件；"两步认证"将证据资料认定划分为采纳和采信两个阶段，通常证据的采纳即判断其是否具有证据能力在庭前程序阶段完成，而证据的采信即判断其证明力大小在庭审中完成，适用于疑难案件和被告人不认罪案件。

证据能力是证据资料能否进入诉讼程序"入口"的问题，而证明力是证据能否作为定案根据的问题。证据资料的适格认证在前，证据价值评估在后；对证据能力既可进行庭前认证也可当庭认证，证明力既可当庭认证也可迟延认证。证明力和证据能力的不同，在于证明力是否存在及大小的判断，是证据资料适格与否判断后的问题。在评断证据资料对于证明案件事实的真伪能否发生心证的作用前，以该证据资料已适格为条件。[②] 对于证据能力问题，应当在庭前准备程序中认定，并承认庭前认证的效力，但需要进一步调查核实的，可以在正式庭审程序中优先当庭认定。"三项规程"中有关证据资料之资格的审查规定，主要集中于在庭前会议中如何排除非法证据。[③] 但是，庭前"排非"的效力仅限于控辩双方在庭前会议中对证据收集是否合法达成一致意见的情形。

根据《人民法院办理刑事案件庭前会议规程（试行）》第14条规定，控辩双方对证据资料的合法性存在争议，而公诉人提供的相关证据资料不能明确排除侦查机关是否存在非法取证情形，同时法院对证据资料收集的合法性有疑问的，应当在正式庭审程序中进行调查。一般来讲，辩方申请排除非法证据的情形，往往是对定罪量刑较为关键的证据资料，特别是被告人不认罪的职务犯罪案件。职务犯罪案件依赖口头化证据资料，主要是被告人供述和相关的证人证言，但这类证据具有高度的不稳定性，在庭审中容易发生被告人翻供和证人改变证言的现象。所以，在此情形下控辩双

---

① 参见何家弘主编《刑事审判认证指南》，法律出版社2002年版，第10—11页。
② 参见林朝荣《证据能力与证明力——以刑事诉讼所奉行之主义为制高点》，载黄东熊等《刑事证据法则之新发展——黄东熊教授七秩祝寿论文集》，学林文化事业有限公司2003年版，第48页。
③ 《人民法院办理刑事案件排除非法证据规程（试行）》第9条规定："被告人及其辩护人申请排除非法证据，应当在开庭审理前提出，但在庭审期间发现相关线索或者材料等情形除外。"

方在庭前会议中对"排非"达成一致意见的情形基本为零。而大量无法达成一致意见的"排非"问题，留待庭审调查程序解决，则可能会严重影响正式庭审的效率，也会导致其他审判人员对被告人形成不公正的负面印象。实际上，庭前会议可承载的基本功能便是解决证据资格和其他证据方面的争点问题，这对于贯彻集中审理原则和避免后续程序裁判者受到不够格证据的影响意义重大。所以，有必要在程序上适当分离证据能力和证明力的审查认定，法官在庭前会议阶段应尽量要求控辩双方就"排非"问题进行举证和质证，并以庭前程序确定是否"排非"为原则，已认定无证据能力的证据资料不得在正式审判程序中出示。

四、质证程式与方法的区别

质证程式是指根据案件难易程度划分的质证方法，而质证方法主要是指对质证客体进行质问或质疑的途径和方式。从广义上讲，二者都属于证据调查方法，只不过前者是对证据进行质证的一般方法，而后者是以人证调查为中心的质证方法。

1. 质证的基本程式

在诉讼活动中质证和举证顺序相对一致，但不是所有对案件事实的审理，质证顺序和举证顺序完全对应，即公诉方出示一个证据，辩护方立即就对其展开质证。[①] 一般来讲，质证程式属于质证程序的重要组成部分，主要理由在于：一方面，从本质属性上看，质证程式与质证程序之间紧密相连，质证程序之中质证程式是其重要内容，而质证程式相应地也体现在质证程序中；另一方面，在诉讼程序的运行中，质证程序与质证程式具有类似的属性，两者都属于规范和指导庭审调查具体操作的程序规则。针对案件事实和证据的繁简难易程度不同，质证程式可划分为单个质证、分段质证、单方质证、综合质证。前面两种质证程式适用于疑难复杂、被告人不认罪的案件；后面两种质证程式适用于事实简单、被告人认罪认罚的案件。现分述如下。

第一，单个质证（又称为"一证一质"），是指每项证据资料在庭审中控方或者辩方出示后，由他造立即对该证据资料进行质疑、质问。无论

---

① 参见何家弘《从应然到实然：证据法学探究》，中国法制出版社 2008 年版，第 224 页。

从司法证明规律层面，还是从司法实践客观需求角度，"单个质证"都属于一种基本的质证方式。尤其是在两造对证据资料相关案件事实存在争议的情况下，司法实践应尽可能采取"一证一质"的质证方式。①

第二，分组质证（又称为"一组一质"），是指可根据案件构成要素把证据资料分为若干段或若干组，如作案人身份的证据、作案地点的证据、作案时间的证据、作案目的和动机的证据、作案方法和手段的证据、作案结果的证据。也可以根据犯罪事实进行分组，如一个被告人实施若干犯罪行为，包括同类犯罪行为和非同类犯罪行为，可以一个事实一个事实地进行分组，分别质证。

第三，单方质证（又称为"一方一质"），是指证据调查过程以控方或辩方为单位，首先由一造完成证据资料出示，然后由他造对其所出示的全部证据资料进行质证，两造交替进行，如公诉方就所指控的犯罪行为及其结果全面举证之后，辩护方对其进行质证，然后辩护方举出自己的全部证据，由公诉方进行相应的质证。这种质证程式的基本特点是一造把本方的全部证据资料一次性出示完毕后，才由他造对其举证进行质证，而质证也是一次性把对方的全部证据资料质完。

第四，综合质证（又称为"全案一质"），是指两造都出示完本方证据资料后，再就彼此的全部证据资料进行质证，同时也可以结合本方的证据资料，发表质疑、质问、辩论意见。严格来讲，这种质证方式已经不是质证，至少质证不是一个独立的诉讼环节。在这种诉讼模式下，审判完全在法官控制下进行，法庭任何细小的活动都由法官决定，很少考虑和尊重控辩双方的意见。②

分组质证有利于提高诉讼效率、节约司法资源，但这种质证程式有时可能显得过于粗略，不利于准确地查清案件事实。在刑事司法实践中，为了提高诉讼效率、节约诉讼资源，庭审中大量采用分组略式证据资料出示方式，控方将指向同一待证案件事实的证据资料，根据书证、物证、证言、供述、鉴定意见等分类，以"组"的形式向法庭出示；而在证据资料的出示过程中，控方很少明确说明每份证据资料的具体内容，仅列举出

---

① 《人民法院办理刑事案件第一审普通程序法庭调查规程（试行）》第31条规定，对于可能影响定罪量刑的关键证据和控辩双方存在争议的证据，一般应当单独举证、质证。对于控辩双方无异议的非关键性证据，可以仅就证据的名称及其证明事项作出说明。

② 参见何家弘、南英主编《刑事证据制度改革研究》，法律出版社2002年版，第449—450页。

每组证据资料的概要内容以及其所要证明的待证事实，对于个别极为重要的证据资料，控方虽然也会对其进行单独出示、说明，但基本上不会对证据资料的具体内容向法庭作出说明，更遑论对证据资料与待证事实之间的关系展开具体论述。① 笔者认为就复杂疑难、被告人不认罪的案件而言，分组举证不能成为法庭质证的基本程序，仅可以作为单个质证的补充方式。这样既可以详尽地举证、质证，也可以合理分配司法资源并提高司法效率。单方质证存在的问题是质证不细、证据的证明性不强、证据不完整，从公正审判角度看，这种质证程序应该尽量少用，但单方质证可以与单个质证、分组质证结合使用，尤其是案件事实清楚简单、被告人认罪认罚案件适合使用单方质证。

综合质证是庭审虚化的重要原因，这种质证方式弊端较为明显，应避免在法庭调查中出现这种质证程序。针对公诉证据调查顺序出现的诸多问题，2007 年 4 月 2 日最高人民检察院发布的《公诉人出庭举证质证指导意见（试行）》第 14 条至第 27 条对举证的一般方法作了更加详细的规定。② 按照该意见的规定，一方面，证据调查顺序程序（证据展示顺序）

---

① 参见左卫民《"印证"证明模式反思与重塑——基于中国刑事错案的反思》，《中国法学》2016 年第 1 期。

② 《公诉人出庭举证质证指导意见（试行）》第 15 条规定："举证顺序应以有利于证明公诉主张为目的，公诉人可以根据案件的不同种类、特点和庭审实际情况，合理安排和调整举证顺序。一般应先出示定罪证据，后出示量刑证据；先出示主要证据，后出示次要证据。"第 16 条规定："根据案件的具体情况和证据状况，结合被告人的认罪态度，举证可以采用分组举证或者逐一举证的方式。"第 17 条规定："案情复杂，参与犯罪人数多，证据种类齐全、数量较多的案件，一般采用分组举证的方式。"第 18 条规定："在对证据进行分组时，要遵循证据之间的内在逻辑关系，一般应将证明方向一致或证明内容相近的证据归为一组，也可以根据情况，按照证据种类的不同进行分组，并注意各组证据在证明内容上的层次和递进关系，以便于法庭和旁听人员理解。"第 19 条规定："分组举证可以采取正叙法，即按照犯罪事实的发生发展时间顺序出示证据。其出示顺序是：a. 出示犯罪预谋阶段的证据；b. 出示犯罪实施阶段的证据；c. 出示犯罪实施终了阶段的证据；d. 出示有关量刑情节的证据。分组举证也可以采取倒叙法，即先出示犯罪结果的证据、作案过程的证据。其出示顺序是：a. 出示犯罪实施终了阶段的证据；b. 出示犯罪预谋阶段的证据；c. 出示犯罪实施阶段的证据；d. 出示有关量刑情节的证据。分组举证还可以按照犯罪构成要件的具体内容以及采取其他适宜的方式进行。"第 21 条规定："案情简单的案件，一般采用逐一举证，即按照犯罪的构成要件和犯罪事实的发生发展过程逐一出示证据。逐一举证应注意各份证据在证明内容上的连续性。"第 23 条规定："对于一名被告人有一起犯罪事实或案情比较简单的案件，可以按照下列顺序逐一举证：a. 宣读被告人供述；b. 宣读被害人陈述；c. 要求证人到庭作证或宣读未出庭的证人证言；d. 出示物证、书证；e. 宣读勘验笔录、检查笔录、鉴定结论；f. 播放视听资料。逐一举证时也可以根据案件具体情况，对上述顺序作出调整。"

一般是由"主观到客观";另一方面,证据调查的具体方法主要是对复杂案件的"分组举证"和对简单案件的"逐一举证"。具体来看,分组举证一般按照犯罪事实发生时间进行,可以按照犯罪事实的发生发展时间顺序分为"正叙法"和"倒叙法",并同时规定还可以按照犯罪构成要件及其他适宜的方式举证。逐一举证仍然坚持了从"主观到客观"的举证顺序,只是将宣读被告人供述和被害人陈述放在了证据调查的开始。但是,笔者认为该意见明显将证据展示顺序和举证质证程式相混淆,而根据案件复杂或者简单将举证质证程式划分为"逐一举证"和"分组举证"明显误用了相关概念。实际上,复杂案件更需要在"分组举证"的基础上进行"逐一举证",也可以认为"逐一举证"本来就是针对复杂案件的举证、质证基本程式。

2. 质证的基本方法

我国刑事审判结构是一种更为强调控辩双方积极举证,关键证人出庭接受控辩双方询问,以及法官居中"听证"的混合调查模式。以人证调查为中心,附带提出物证、书证等实物证据将成为未来庭审质证的基本方式。[①] 证人作为证言的信息源、鉴定人作为鉴定意见的提供者无疑都是质证的对象,实物证据的发现者、提取者和保管者同样也是质证的对象,只有作为亲历者的他们才能说清楚证据资料的来源、提取、制作和保管过程。对于来源不明、提取过程不清或保管不妥的实物证据,如果两造无法说明其如何取得、是否确实存在以及存放于何处,任何对其进行核实的程序都将无法有效展开。可见,不管是言词证据还是实物证据,在存在争议的情况下都有必要通过人之证据方法进行调查。1996 年《刑事诉讼法》修改后,虽然未完全采用当事人进行主义证据调查模式,但对传统职权主义审问式诉讼结构进行了一定改良,庭审调查也采用了交叉询问方式。交叉询问既可以最大限度发现案件真实,也可以防止政府滥权。如果政府以秘密方式询问证人,更容易造成权力的滥用,特别是检察官有动机和能力使证人依照自己所期待的方式回答。

人证调查方式因诉讼结构不同存在差异,职权主义诉讼模式下证人

---

① 人证主体包括狭义的证人、被告人、被害人、鉴定人,但在英美法系采当事人进行主义的国家称为证人。然而,在大陆法系采职权主义国家,证人仅指狭义的证人、被害人,而被告人、鉴定人被排除在证人范围之外,尽管被告人供述和鉴定意见仍然是非常重要的证据资料来源。证人仅属于人证主体的一部分,二者不能画等号。

由法庭询问，一般采取叙述式陈述其体验事实，利在于陈述完整、不致割裂，易于发现案件事实真相，而弊则易致不着要点、混淆争点，使法官产生预断或偏见；当事人主义诉讼模式下的证据调查控辩双方居于主导地位，基于当事人处分主义理论采问答式，人证先由传唤一方当事人发问，其次由他造一方当事人根据主询问的范围发问，此种询问方式的利弊正好与叙述式相反。① 关于诱导询问的规定各国的立法大致趋同，反询问中可使用诱导询问，而主询问原则上不得使用诱导询问但存在一定例外。我国刑事诉讼法就两造的对抗性制度设置并不明确，没有严格划分控方证人和辩方证人，也没有严格区分主询问和反询问的不同，以至于我国证据调查中的禁止诱导询问规则，属于一种对主询问和反询问不作任何区别的绝对禁止诱导询问规则。"三项规程"也继续沿用了这一规定。例如，《人民法院办理刑事案件第一审普通程序法庭调查规程（试行）》第20条规定："向证人发问应当遵循以下规则：……不得采用诱导方式发问……"除了上述的交叉询问外，被告人之间、证人之间以及被告人与证人之间面对面的对质询问，也是法庭质证的基本方法。值得肯定的是，"三项规程"分别就对质主体、启动主体、对质阶段等进行了完善。② 对质询问一般以法庭询问为基础，针对同一事实询问人证出现矛盾后方可产生对质的必要，其功能与交叉询问大体相同，一般为宪法法律所保障的基本人权，旨在维护审判的程序公正与发现真实。

---

① 参见陈朴生《刑事证据法》，三民书局1970年版，第396—397页。"三项规程"对此有所涉及。例如，《人民法院办理刑事案件第一审普通程序法庭调查规程（试行）》第19条规定，"证人出庭后，先由对本诉讼主张有利的控辩一方发问；发问完毕后，经审判长准许，对方也可以发问。控辩双方发问完毕后，可以归纳本方对证人证言的意见，控辩双方如有新的问题，经审判长准许，可以再行发问"。《人民法院办理刑事案件第一审普通程序法庭调查规程（试行）》第22条规定："控辩双方可以通过提问的方式向证人询问与案件事实有关的问题，也可以让证人向法庭自由陈述其所亲自感知的案件事实。审判长认为证人当庭陈述的内容与案件事实无关或者明显重复的，可以进行必要的提示。"
② 《人民法院办理刑事案件第一审普通程序法庭调查规程（试行）》第8条规定，"……同案被告人供述之间存在实质性差异的，法庭可以传唤有关被告人到庭对质。审判长可以分别讯问被告人，就供述的实质性差异进行调查核实。经审判长准许，控辩双方可以向被告人讯问、发问，审判长认为有必要的，可以准许被告人之间相互发问"。第24条规定，"证人证言之间存在实质性差异的，法庭可以传呼有关证人到庭对质。审判长可以分别询问证人，就证言的实质性差异进行调查核实。经审判长准许，控辩双方可以向证人发问。审判长认为有必要的，可以准许证人之间相互发问"。

　　当前各国刑诉制度发展的趋势是彼此交融、相互借鉴，通过融合彼此优越之处弥补自身诉讼模式的不足，特别是采职权主义诉讼结构的国家。有的积极通过吸收英美法系当事人进行主义的部分制度，已逐渐完成本国诉讼制度的现代转型。这种新型的混合式诉讼结构，无论是在程序推进还是发现真实方面，都有许多不同于传统两大法系诉讼程序的特点。既不是由控辩双方完全主导法庭调查，也不是主要由法庭依职权调查证据，它是由控辩审三方共同进行的"三方作业"，即控辩双方起主导作用而裁判者起辅助作用。① 传统上法官的积极主导作用被大大削弱，法官通常根据公诉人的开庭陈述决定证据调查顺序和范围，同时可根据两造的意见作出调整。新型的混合式诉讼结构下的人证调查，既吸收了当事人进行主义的交叉询问制度、对质询问制度，也保留了职权主义诉讼模式下法官依职权主动收集、调查证据资料的特点，并确立了以交叉询问和对质询问为主、以职权询问为辅的混合式人证调查方法。这不仅可以调动控辩双方进行证据调查的积极性、减小主审法官负担，也可以弥补当事人进行主义下法官完全消极被动的不足，进而可以避免在证据调查过程中控辩力量悬殊造成对抗失衡。例如，我国台湾地区的"刑事诉讼"沿袭了1910年之《大清刑事诉讼律草案》所采的大陆法系之职权主义，法官就有罪与否，应调查一切必需的事证。1967年虽曾引进如检察官举证责任（第161条）、交互诘问（第166条）等当事人进行主义的精神，但对实务并未产生太大的影响或改变，至2002年2月修法通过第163条之关键条文，采改良式当事人进行主义。② 新法第163条第2项规定："法院为发现真实，得依职权调查证据。但于公平正义之维护或对被告之利益有重大关系事项，法院依职权调查之。"由此，形成了以当事人询问为主和法官询问为辅相结合的庭审调查模式。基于现代诉讼结构下传闻法则或直接言词原则的要求，法庭质证主要是控辩双方的交叉询问和对质询问，裁判者依职权进行的询问仅具有辅助作用。诸如探源寻根方法、比较分析方法、矛盾分析方法等的运用，应当融合于人证调查的程序方法之中，通过质疑对方提出证据资料的正当性、可靠性、真实性、充分性，进而有效削弱对方的证明活动。表4-2为具体质证方法。

① 参见孙长永《探索正当程序：比较刑事诉讼法专论》，中国法制出版社2005年版，第453—454页。
② 参见王兆鹏《当事人进行主义之刑事诉讼》，元照出版有限公司2002年版，第4—6页。

表 4 – 2　质证方法

质证方法	1. 质证的基本程式:针对案件事实和证据的繁简难易程度不同,质证程式可划分为单个质证、分组质证、单方质证、综合质证	(1) 复杂案件	①单个质证:又称为"一证一质",是指证据调查过程中每项证据资料在控方或辩方出示后,由他造立即对该证据资料进行质疑、质问。无论从司法证明规律层面,还是司法实践客观需求角度,"单个质证"都属于一种基本的质证方式。尤其对于一些关键的证据或控辩双方分歧较大的证据,更应该"一证一质"
			②分组质证:又称为"一组一质",是指把相关证据按一定原则或标准分成若干组,一组一组地进行质证。一组由两个以上证据构成。举证方出示一组证据后,质证方对该组证据进行质证。质证时可以针对其中一个证据发表意见,也可以针对几个证据一起发表意见
		(2) 简单案件	①单方质证:又称为"一方一质",是指证据调查过程中以控方或辩方为单位,首先由一方完成证据资料出示,然后由对方对其所出示的全部证据资料进行质证,控辩双方交替进行。单方质证的优点在于节省时间、质证简单,但缺点是质证不细、庭审容易流于形式
			②综合质证:又称为"全案一质",是指控方和辩方都出示完本方证据资料后,再就彼此的全部证据资料进行质证,同时也可以结合本方的证据资料,发表质疑、质问、辩论意见。在这种诉讼模式下,审判完全在法官的控制下进行,法庭任何细小的活动都由法官决定,很少考虑和尊重控辩双方及被告人的意见。综合质证是庭审虚化的重要原因,这种质证方式弊端较为明显,毫无可取之处,应避免在法庭调查中出现这种质证程序
	2. 质证的基本方法:根据两大法系法庭调查模式的不同,在大陆法系国家和地区,质证的基本方法是职权询问和轮替询问;在英美法系国家和地区,质证的基本方法是交叉询问和对质询问。但二者共同的方法是:以人证调查为主线,穿插物证、书证等实物证据的言词化审理方式	(1) 大陆法系	①职权询问:是指由法官指挥和主导整个证据调查程序,法官根据法定职权批准相关人证出庭作证,旨在形成合理心证而主动对证人、被告人、鉴定人进行讯问或询问。这种调查方式不受控方和辩方的限制,同时控方和辩方对证人、鉴定人、被告人的询问或讯问需经法官的限制和指导。虽然采职权主义诉讼结构的国家和地区,在其人证调查的历史发展进程中吸收了英美法系询问证人的一些规则,但这种借鉴仅限于技术层面,而没有改变人证调查主导权的归属,控辩双方的询问或讯问仍需要接受法官的引导和控制,法官依职权询问占主导地位
			②轮替询问:是指控方、辩方、法庭以及其他诉讼参与者,可以轮流对证人、鉴定人、被告人进行发问,并就其陈述内容的可信性进行质问、质疑。相较于英美法系的交叉询问方式,轮替询问主要的特点是庭审调查并不严格区分控方和辩方两大阵营,仅体现诉讼的多元主体共同参与法庭调查,通过相互合作发现案件事实

续表

质证方法		（2）英美法系	①交叉询问：是指在庭审调查过程中，控方和辩方根据对方提供的证人、鉴定人、被告人进行的询问。反询问应该在提供人证对该人证进行主询问后进行质疑、质问，旨在核实人证及其提供证言的可信性。在交叉询问即反询问中可以进行诱导询问但通常对主询问的诱导询问有严格限制
			②对质询问：对质询问又称对质诘问（我国台湾地区），是指被告人之间、证人之间以及被告人与证人之间面对面地进行相互询问，许多国家和地区的立法以及国际人权公约，都将对质作为被追诉人的一项基本人权加以规定。《美国宪法》增修条文第 6 条的"对质诘问权"，除一般熟悉的交叉询问外，尚包括被告与证人"面对面"对质的权利，对此也可以称为狭义上的对质权

资料来源：参见何家弘、南英主编《刑事证据制度改革研究》，法律出版社 2002 年版，第 446—453 页；薛波主编《元照英美法词典》，北京大学出版社 2014 年版，第 354 页；尚华《论质证》，中国政法大学出版社 2013 年版，第 131 页。

第四节　法庭质证的配套程序优化

质证权是现代刑事诉讼中犯罪嫌疑人、被告人的一项基本权利，与不利于本方的证人进行质证，对于发现证人证言中的虚假或不实之处，保护被追诉人的合法权利，以及发现案件事实都具有非常重要的意义。[1] 从英美刑事审判的运作来看，对抗式司法运作主要需要两种配套制度：一是严格而完善的证据规则和程序规则，以阻断侦审之间的连接，为控辩双方的平等对抗提供条件；二是发达的律师辩护制度，使控辩双方能够展开平等对抗。[2] 我国刑诉法对被告人质证权的保障还存在诸多障碍，尤其是在缺

---

[1]　参见陈永生《历史视野中的刑事质证权》，http：//d. wanfangdata. com. cn/Conference/6605171，2017 年 4 月 24 日。

[2]　参见李昌盛《论对抗式刑事审判》，中国人民公安大学出版社 2009 年版，第 293 页。

乏律师帮助或被告人选择自行辩护的案件中，被告人既不能事先了解到公诉方举证的方式和内容，也无法对公诉人的不当举证做出有效回应。因此，有必要积极支持辩方加强庭前准备，以保证庭审中辩方有效地发表质证意见①；扩大刑事法律援助范围，尤其是重大疑难复杂以及被告不认罪的案件，以确保庭审实质化改革的顺利推进。

一、通过庭前会议聚缩质证的范围

2012 年《刑事诉讼法》第 182 条规定了庭前会议制度，但从该制度的实际运行状况来看，立法层面上规定的效力仅为"了解情况，听取意见"，导致司法实践中庭前会议制度的适用比例较低，并没有发挥庭前会议为正式审判服务的功能。证据调查的准备性程序应该集中在庭前会议而不是庭审中解决，即控辩双方通过庭前会议明确哪些属于有争议的证据和事实，进而明确法庭调查的重点和证人出庭的范围，以提升正式庭审的诉讼效率。随着庭审实质化改革的进一步推进，庭前会议还可以要求被告人就指控的犯罪事实进行答辩，以确定是否适用简易程序或者速裁程序。

1. 庭前会议的功能定位

在正式开庭审判之前，现代法治发达国和地区的刑事诉讼法相应地都规定了审判前的准备程序，旨在确保庭审的集中、有序进行，这种准备程序大致可划分为以下三类：一是法院或当事人单方面可以完成的活动，如向被告人送达起诉书副本、指定或者委托辩护律师；二是当事人向法院行使权利的活动，如辩护律师到法院阅卷、审前向法院提出各种动议；三是需要由法院和双方当事人共同到场完成的活动，如证据保全、证据开示、被告人答辩、申请排除证据。② 其中，前面两类诉讼活动在单方面参与下即可完成，不需要设置专门的程序空间，第三类诉讼活动需要控辩双方当事人到场，而如果没有专门的程序空间，则可能导致这些需要他们答辩的事项无法展开。第三类诉讼活动在我国被称为庭前会议。庭前会议作为一种庭前准备程序通常是指法院或受命法官为准备正式审判，在第一次正式

---

① 参见龙宗智《庭审实质化的路径和方法》，《法学研究》2015 年第 5 期。

② 参见魏晓娜《庭前会议制度之功能"缺省"与"溢出"——以审判为中心的考察》，《苏州大学学报》（哲学社会科学版）2016 年第 1 期。

审判期日之前，传唤被告人或者其代理人，并通知辩护人、检察官、辅佐人到庭，就起诉效力所及之范围与有无应变更检察官所引应适用法条之情形经由讯问或开明之方式，先使之明确，并讯问被告、代理人及辩护人对检察官起诉事实是否为认罪之答辩，决定可否适用简式审判程序或简易程序。此外，就当事人或辩护人提出的证据资料及声请调查的证据资料，决定审判期日调查证据的顺序、方法、范围及整理并告知相关争点的程序。①

庭前会议制度的实践需求及其理论基础，主要来自集中审理原则的考虑，案件事实和证据只有经过集中审理，刑事诉讼中的直接言词原则、自由心证原则才能够得到具体的实现。一方面，证据调查和法庭辩论在集中完成的情况下，才能确保法官通过当庭审理获得心证；另一方面，集中审理原则是直接言词原则的基础，如果案件的审理时间拖得太久或者中断过于频繁，法官很难凭借直接审理和言词审理对证据进行调查后形成心证，这可能会促使法官必须依赖于卷宗材料中记载的书面信息形成心证来源。当然，集中审理原则的贯彻也是诉讼经济原则的要求，审判期日尽量将案件一次审理完结，可以节约各诉讼主体投入案件审理的诉讼资源消耗，并促进诉讼资源的合理配置。例如，我国台湾地区"刑事诉讼法"第293条（更新审判事由——未连续开庭）规定："审判非一次期日所能解决者，除有特别情形外，应于次日连续开庭；如下次开庭因事故间隔至十五日以上者，应更新审判程序。"林钰雄教授认为，"连续开庭之法理基础，在于前述之集中审理原则，并与直接审理原则以及自由心证原则相互辉映。连续开庭，法官始能创设出于审判庭的'新鲜'心证，否则，若是期日间隔过久，法官基于先前审判程序而产生之心证（如证人之陈述），可能逐渐模糊，因而往往必须过度借助卷宗笔录来唤醒起其记忆与印象，难免减损直接审理原则之功能与自由心证原则之基础"。② 因此，在庭前就相关程序性问题进行充分准备，是审判期日法官能够集中审理案件的前提。

从庭前会议承载的功能具体来看包括以下几个方面。一是审判对象的确定。公诉机关的起诉书应该载明有明确的指控事实和适用法条。如记载有疑义或者不明确，辩护方可以要求其阐明。二是程序的繁简分流。通过

① 参见张丽卿《刑事诉讼法理论与运用》，五南图书出版股份有限公司2013年版，第610页。
② 林钰雄：《刑事诉讼法》（下册），元照出版有限公司2010年版，第227—228页。

讯问被告人，使其对指控的犯罪事实作出答辩，以确定是否适用简易程序。三是案件及证据争点的整理。其通过被告方的答辩明晰案件和证据的争点。四是解决证据资格及其他证据方面的争点。虽然排除不具有证据能力的证据资料对被告人权利的保障极其重要，但于被告人认罪与否来讲仍属于枝节性的问题。为确保庭审的顺利进行和集中审理，有必要在庭审前排除无证据能力的证据资料，对于已确定无证据能力的证据资料不得在庭审中出示。而对于卷宗内无争议的实物证据和证人证言，开庭时与此相关的证人可以不必出庭，对于无争议的实物证据可以简要出示、质证。① 五是确定证据调查的范围、次序及方法。对于较为重大复杂如多罪名、多被告人的案件以及被告人不认罪的案件，应当通过庭前会议明确公诉方举证的方式和内容。公诉方事先将举证提纲交给辩护律师，以便其在庭前向被告人核实相关证据，对于无争议的证据正式开庭时可以简要举证、质证、辩论。这既提高了诉讼效率，也保障了被告人的质证权。② 六是证据保全。对于难以在开庭期日出庭的证人，经审查符合条件的可以在庭前会议阶段询问，由此获得的言词证据可以作为直接言词原则的例外。七是关于管辖权异议、回避申请、申请调取证据等程序性问题，也可以在庭前会议中一并作出处理。

确保庭审的集中进行，关键在于将与案件事实无关的枝节性问题尽可能在庭前准备程序中解决，以防止主审程序被打断或无限期地拖延。如果在庭前会议中对程序性问题和证据能力问题做出的认定对主审程序没有约束力，那么，庭前准备程序就成了毫无意义的摆设，无益于提高控辩审三方启动庭前会议的积极性，最终会使确保主审程序集中审理的立法初衷难以实现。但是，原则上法院对于准备程序只能搜集、齐聚人与物的证据方法，而至于证据调查的程序本身，除了符合直接言词原则的外，都应在审判期日才能进行。提前于准备阶段进行的调查证据程序（证据保全），于许多情形固然有其必要，但若不严格限定其要件，恐有空洞化审判期日以及审理基本原则的危险，前置的调查证据程序若无保障诉讼权利的配套措施，可能造成法院借此规避繁复的审判庭。以前置的证人询问为例，我国

① 参见魏晓娜《庭前会议制度之功能"缺省"与"溢出"——以审判为中心的考察》，《苏州大学学报》（哲学社会科学版）2016年第1期。
② 参见龙宗智《庭审实质化的路径和方法》，《法学研究》2015年第5期。

台湾地区就此明定适用诘问的规定值得肯定，但是"当事人、代理人、辩护人或辅佐人得于讯问证人、鉴定人或通译时在场"中"得"的规定，对于被告人在场权和其他权利的保障不足。① 由于庭前会议缺乏诸多程序性保障而与正式审判程序存在较大差异，所以，与被告人定罪量刑有关的实体性问题不能在庭前会议中讨论，否则庭前会议就会架空正式审判程序。

2012 年《刑事诉讼法》修改时在第 182 条"开庭前的准备"规定了庭前会议制度，即"在开庭以前，审判人员可以召集公诉人、当事人和辩护人、诉讼代理人，对回避、出庭证人名单、非法证据排除等与审判相关的问题，了解情况，听取意见"。随后发布的《高法解释》和《高检规则》分别在第 183—第 184 条②、第 430—第 432 条③对《刑事诉讼法》第 182 条的相关规定做了解释。我国庭前会议制度主要包括如下事项。第一，召开庭前会议的前提。根据《高法解释》第 183 条规定，案件具有下列情形之一的，审判人员可以召开庭前会议：当事人及其辩护人、诉讼代理人申请排除非法证据的；证据材料较多、案情重大复杂的；社会影响

---

① 参见林钰雄《刑事诉讼法》（下册），元照出版有限公司 2010 年版，第 199 页。

② 2012 年《高法解释》第 183 条规定："案件具有下列情形之一的，审判人员可以召开庭前会议：a. 当事人及其辩护人、诉讼代理人申请排除非法证据的；b. 证据材料较多、案情重大复杂的；c. 社会影响重大的；d. 需要召开庭前会议的其他情形。召开庭前会议，根据案件情况，可以通知被告人参加。"第 184 条规定："召开庭前会议，审判人员可以就下列问题向控辩双方了解情况，听取意见：a. 是否对案件管辖有异议；b. 是否申请有关人员回避；c. 是否申请调取在侦查、审查起诉期间公安机关、人民检察院收集但未随案移送的证明被告人无罪或者罪轻的证据材料；d. 是否提供新的证据；e. 是否对出庭证人、鉴定人、有专门知识的人的名单有异议；f. 是否申请排除非法证据；g. 是否申请不公开审理；h. 与审判相关的其他问题。审判人员可以询问控辩双方对证据材料有无异议，对有异议的证据，应当在庭审时重点调查；无异议的，庭审时举证、质证可以简化。被害人或者其法定代理人、近亲属提起附带民事诉讼的，可以调解。庭前会议情况应当制作笔录。"

③ 2012 年《高检规则》第 430 条规定："人民法院通知人民检察院派员参加庭前会议的，由出席法庭的公诉人参加，必要时配备书记员担任记录。"第 431 条规定："在庭前会议中，公诉人可以对案件管辖、回避、出庭证人、鉴定人、有专门知识的人的名单、辩护人提供的无罪证据、非法证据排除、不公开审理、延期审理、适用简易程序、庭审方案等与审判相关的问题提出和交换意见，了解辩护人收集的证据等情况。对辩护人收集的证据有异议的，应当提出。公诉人通过参加庭前会议，了解案件事实、证据和法律适用的争议和不同意见，解决有关程序问题，为参加法庭审理做好准备。"第 432 条规定："当事人、辩护人、诉讼代理人在庭前会议中提出证据系非法取得，人民法院认为可能存在以非法方法收集证据情形的，人民检察院可以对证据收集的合法性进行证明。需要调查核实的，在开庭审理前进行。"

重大的；需要召开庭前会议的其他情形。召开庭前会议，根据案件情况，可以通知被告人参加。但这与《高检规则》第431条的规定有些许不同，特别是有关案件的适用范围。第二，庭前会议需处理的相关问题。2012年《刑事诉讼法》第182条规定回避、非法证据排除、出庭证人名单等与审判相关的问题，而《高法解释》和《高检规则》分别增加了"是否对案件管辖有异议；是否申请有关人员回避；是否申请调取在侦查、审查起诉期间公安机关、人民检察院收集但未随案移送的证明被告人无罪或者罪轻的证据材料；是否提供新的证据；是否对出庭证人、鉴定人、有专门知识的人的名单有异议；是否申请不公开审理等""辩护人提供的无罪证据、延期审理、适用简易程序、对辩护人收集的证据有异议等"。第三，庭前会议启动程序。根据2012年《刑事诉讼法》第182条开庭前的准备规定，庭前会议由审判人员启动，而当事人、公诉人和诉讼代理人、辩护人是参与主体。根据2012年《高法解释》第183条相关规定，召开庭前会议，根据案件的具体情况，可以通知被告人参加。第四，庭前会议的法律效果。2012年《刑事诉讼法》第182条只要求"了解情况，听取意见""上述活动情形应当写入笔录，由审判人员和书记员签名"。同时，《高法解释》第184条都要求"庭前会议的情况应当制作笔录""审判人员可以询问控辩双方对证据材料有无异议，对有异议的证据，应当在庭审时重点调查；无异议的，庭审时举证、质证可以简化"。可见，庭前会议是否要求对相关程序性规定和证据做出协定或裁定，以及对后续的正式庭审有无约束力并没有作出明文规定。从现有立法和司法解释的规定来看，庭前会议中控辩双方达成的协定或法院做出的裁定对正式庭审没有约束力。

　　2. 庭前会议实证比较分析

　　庭前会议是2012年刑诉法修改中比较重要的一项制度，主要目的是为控辩双方的庭前准备提供程序载体。但从庭前会议当前的实践运行状况来看，刑诉法对庭前会议所预设的功能与其在司法实践中的效果存在断裂。庭审实质化改革试点案件的庭前会议召开较为普遍，但发起主体仍然以法院为主，辩方偶有申请而控方基本不申请。

　　第一，示范庭和对比庭庭前会议召开情况差异明显。根据表4-3的数据统计，对比庭基本不召开庭前会议，而示范庭召开庭前会议的比例却高达80.46%。示范庭大部分案件都召开了庭前会议而对比庭几乎没有召开，主要有以下两方面原因。一是示范庭召开庭前会议大幅增加可能是试点案件本身的需要。试点方案要求审判人员通过庭前审查，认为案件重大、复杂、疑难，涉及当事人、证据较多，被告人提出"排非"等，需要开庭前沟通协调解决的事项，可以依职权召开庭前会议。二是与改革目标和国家动员机制有关。庭审实质化改革要求庭前会议召开常态化，以克服以往较少启用此程序造成的弊害，特别是相关程序性问题争议导致正式庭审程序被不当拖延。当国家开始接近实现其最充分的能动主义潜质的时候，司法与行政便开始融合为一种政策实施型司法，审判活动便带有一定的行政色彩。[①] 法院主要表现为立足审判职能，积极发挥主观能动性，以回应社会广泛而深刻的转型发展的需要。[②] 但这类司法更多以满足某种单一的目的为导向，潜在的风险是置多元的诉讼价值和真实的利益诉求于不顾。

第二，对比庭和示范庭的庭前会议皆以法院发起为主。根据表 4 - 3 的数据统计，示范庭庭前会议的发起主体，法院依职权发起、辩方申请召开、控方申请召开分别为 91.38%、8.62%、0；对比庭庭前会议的发起主体，法院依职权发起、辩方申请召开、控方申请召开分别为 100%、0、0。可见，对比庭的庭前会议仅由法院依职权发起，示范庭虽然辩方开始发起但仍然以法院发起为主。除了上述的政策实施因素外，职权性也可对此现象作出解释。我国庭前会议的程序设计偏重于法官利益的满足，服务于法官权力行使的需要，尤其是法官有效控制庭审的内在需要，具有很强的"职权性"意味。[③] 示范庭辩方对部分案件申请召开是为维护当事人的权利，且主要是提出"排非"动议；控方之所以不申请召开庭前会议，主要是庭前会议效果设置的非完整性，表现为庭前会议解决事项范围、程度、效力等未得到明确的界定。总之，庭前会议程序设计的职权性，法官对庭前会议运用的策略化，以及庭审中心主义诉讼理念的缺失，是控方和辩方较少申请召开庭前会议的重要原因。

---

① 参见［美］达马斯卡《司法和国家权力的多种面孔：比较法视野中的法律程序》，郑戈译，中国政法大学出版社 2015 年版，第 115 页。

② 参见张志铭《中国司法的功能形态：能动司法还是积极司法？》，《中国人民大学学报》2009 年第 6 期。

③ 参见左卫民《未完成的变革——刑事庭前会议实证研究》，《中外法学》2015 年第 2 期。

表4-3　普通程序示范庭和对比庭庭前会议召开情况统计结果

单位：件，%

数据类型	召开庭前会议案件	发起主体①			召开目的				效力得到确认事项②	
		法院依职权发起	辩方申请召开	控方申请召开	证据开示	解决程序性事项	争议点整理	排除非法证据	程序性事项	争议点
示范庭	70/80.46	53/91.38	5/8.62	0	47/37.01	45/35.43	18/14.17	17/13.39	66/67.35	32/32.65
对比庭	1/2.04	1/100	0	0	0	0	0	1/100	1/100	0

注：通过现有材料能查明的有效案件数量，示范庭和对比庭分别有87件、49件。

3. 庭前会议效力缺失对质证的影响

也许是对庭前会议制度不断膨胀、架空正式审判程序以及妨害被告人的审判权持有过于谨慎的防范意识，立法者并不愿意把程序性问题和部分证据问题的实质性解决留给庭前会议，相应地，没有如其他国家和地区授权审判人员可以在庭前准备程序中做出裁定或者其他形式的处理，只是规定审判人员可以就这些与审判相关的问题"了解情况，听取意见"。③ 这样的程序设计使得对被告人定罪与量刑没有实质影响的程序性问题，仍然留给了正式的庭审程序去解决，而庭前会议成了一种毫无意义的摆设。可以认为，庭前会议是不公开的内部协商会议与信息交流程序，控辩双方对抗性不足，属非正式程序。④ 控辩双方的协定和法院的裁定因对后续的正式庭审缺乏实质性的约束效力，容易造成控方和辩方失去对召开庭前会议的动力，特别是2012年《刑事诉讼法》解决了辩方阅卷难、会见难等信息交换问题后更为明显。其第38条规定"辩护律师自人民检察院对案件审查起诉之日起，可以查阅、摘抄、复制本案的案卷材料。其他辩护人经人民法院、人民检察院许可，也可以查阅、摘抄、复制上述材料"。相比以往，现行刑事诉讼法将阅卷权的时间统一规定为"自人民检察院对案件审查起诉之日起"，改变了过去"辩护律师自人民检察院对案件审查起

---

① 有12件示范庭案件虽然召开庭前会议，但根据现有材料无法获知发起主体。

② 庭前会议所决议事项效力得到确认表现在如庭前会议已讨论的程序事项予以省略、继续沿用庭前会议所整理的争点、庭前会议申请调取新的证据在正式庭审程序出示。

③ 参见魏晓娜《庭前会议制度之功能"缺省"与"溢出"——以审判为中心的考察》，《苏州大学学报》（哲学社会科学版）2016年第1期。

④ 参见施鹏鹏、陈真楠《刑事庭前会议制度之检讨》，《江苏社会科学》2014年第1期。

诉之日起，可以查阅、摘抄、复制本案的诉讼文书、技术性鉴定材料"
和"辩护律师自人民法院受理案件之日起，可以查阅、摘抄、复制本案
所指控的犯罪事实的材料"这种分阶段阅览不同材料的规定。易言之，
2012 年《刑事诉讼法》关于辩护律师阅卷时间和范围，相较于 1996 年
《刑事诉讼法》的规定有了明显有利于辩护方的改变，这对于保障被告方
的质证权至关重要。

新刑事诉讼法不仅继续沿袭传统以阅卷权沟通控辩双方的信息沟通问
题，还吸收了证据开示制度的双向信息沟通优点。例如，2012 年《刑事
诉讼法》第 40 条辩护人对特定证据的处理原则规定："辩护人收集的有
关犯罪嫌疑人不在犯罪现场、未达到刑事责任年龄、属于依法不负刑事责
任的精神病人的证据，应当及时告知公安机关、人民检察院。"[1] 与此同
时，2012 年《刑事诉讼法》第 172 条 "提起公诉的条件和程序" 规定：
"人民检察院认为犯罪嫌疑人的犯罪事实已经查清，证据确实、充分，依
法应当追究刑事责任的，应当作出起诉决定，按照审判管辖的规定，向人
民法院提起公诉，并将案卷材料、证据移送人民法院。"这恢复了 1979 年
《刑事诉讼法》的全卷移送制度，为法官在庭前获取案件信息提供了渠
道，使得其可以充分地了解全案信息。但是，全案移送制度不可避免地消
减了法官启动庭前会议的积极性。另外，庭前会议制度缺乏约束力还在于
我国刑事诉讼中客观真实的诉讼价值观，重实体轻程序是我国刑事诉讼的
一大弊病，程序性裁决普遍缺乏约束力，司法实践中不管在诉讼的何阶
段，职权机关只要对发现真实有益，均可推翻先前的程序性裁决而使先前
程序重复进行。[2] 同时，一种重实体而轻程序的奖惩机制，也会迫使法
官、检察官为防止受到错案责任追究，尽力在刑诉程序外寻找其他的非正
式保护和交易，而这不可避免地使正式的刑诉程序被规避，那些旨在规范
正式诉讼程序的制度设计也肯定会被违反。[3] 而在分工负责、互相配合、
互相制约原则下，法院和检察院对追诉惩罚犯罪、发现案件真实具有强烈
的驱动力，刑事诉讼法并没有禁止承办案件的法官和检察官之间的非正式
信息交流。所以，审判人员可以通过非正式渠道了解案件的相关信息。此

---

① 参见魏晓娜《庭前会议制度之功能 "缺省" 与 "溢出"——以审判为中心的考察》，《苏州大学
学报》（哲学社会科学版）2016 年第 1 期。

② 参见施鹏鹏、陈真楠《刑事庭前会议制度之检讨》，《江苏社会科学》2014 年第 1 期。

③ 陈瑞华：《程序性制裁理论》，中国法制出版社 2010 年版，第 44 页。

外，职权主义诉讼结构坚持发现真实优先的传统诉讼理念，以及法官对承办案件判决结果负有个人责任的前提下，控辩双方之间不存在争议程序性问题，如回避申请、非法证据排除，尽管可以达成一致意见或法官已经做出裁定，但不可能从根本上限缩审判期日法庭对程序和证据的聚焦范围。

4. 改革庭前会议以聚焦质证的客体

从当前的司法实践来看，庭前会议中控辩双方达成的协定以及法官做出的决定，对后续正式庭审缺乏约束效力，导致司法实践中庭前会议召开的比例并不高。相应地，庭前会议就程序性事项如争点整理、被告人答辩、审理安排等"了解情况，听取意见"的处理方式，并没有发挥庭前准备程序提升审判效率的功能。更遑论试图通过庭前会议完成证据开示、证据保全、非法证据排除以聚焦法庭质证的客体。针对此问题，笔者认为应该赋予庭前会议对程序性问题的实质性处理效力，并对后续的正式审判程序产生约束力，以解决我国目前对要求召开庭前会议的动力不足问题。对此，2016 年 10 月"两高三部"发布的《关于推进以审判为中心的刑事诉讼制度改革的意见》第 10 条规定："完善庭前会议程序，对适用普通程序审理的案件，健全庭前证据展示制度，听取出庭证人名单、非法证据排除等方面的意见。"同时，《成都市中级人民法院刑事庭审实质化改革试点实施方案》明确提出，"控辩双方在庭前会议中提出相关申请或表示具体异议，对方表示认可或未有反对的，应视为控辩双方达成合意，应将合意情况写入笔录，除当事人有正当充分的理由，在庭审中不再对该问题或事项作出变更处理。控辩双方在庭前会议中对程序性问题或事项提出相关申请或表示具体异议，对方不予认可或表示反对的，应视为控辩双方没有达成合意，法庭应当根据控辩双方为证明己方主张而提交的证据材料以及陈述的理由，作出裁决并载于笔录，约束控辩双方在庭审中不得再次对该程序性问题或事项发表意见。根据法律、司法解释规定，对应经过庭审审理才能作出裁判的事项，审判人员应将没有达成合意的实际情况载于笔录，留待庭审中或庭审后做出裁判"。①

通过庭前会议聚焦质证的客体，需要解决的问题是正式庭审中应该重点"质什么"的问题。为贯彻集中审理原则和提升庭审效率，证据和事实争点的整理应集中在庭前会议而不是在审判期口解决，以免拖延案件审

---

① 成都中院：《全省法院刑事庭审实质化改革工作推进会资料汇编》，2016，第 22 页。

理的时间和消耗大量的诉讼资源。控辩双方在庭前会议中就正式庭审程序出示的证据进行答辩，以确定具有争议证据的范围并明确质证的重点和要点。简言之，控辩双方对定罪、量刑的证据资料存在争议的应当单独进行质证；对在庭前会议中达成一致意见而没有异议的证据资料可以简化出示、质证。通过庭前会议听取控方和辩方对证人证言的意见，有助于法官正确判断证人出庭作证的必要性，对控辩双方存在争议的证人证言，有必要通知证人出庭作证并接受控辩双方的询问。[①] 庭前会议中由于法律并未赋予法官与案件相关事项的诉讼决定权，而有的被告人或公诉人没有参加庭前会议，因此可以试点由主持庭前会议的法官在正式开庭时向法庭报告庭前会议的情况。如此一来，就以审判公开的方式，使法庭知晓庭前会议的内容，并对庭前会议中需要决定的证据事项和程序事项，以合议庭决定的方式予以处理，从而使庭前会议的意见获得程序性效力。[②] 另外，庭前会议关系到被告人的切身利益，法律应明确规定被告人及其辩护律师均有权参与，并保障被告人和辩护律师有充分发表辩护意见的机会。被告人有在庭前会议中有获得律师帮助的权利，对于没有经济能力聘请辩护律师的被告人，应该由法院通知法律援助机构指定。如果被告人不愿意或不便参加庭前会议，主持庭前会议的法官应告知其相关的程序性后果，并由其辩护律师代其参加庭前会议。[③] 否则，可能会出现被告人不认可庭前会议的协定或决定的效力，导致庭前会议的准备程序归于无效。

二、保障被告人获得律师的帮助权

法庭调查辩方质证能力的不足是庭审虚化的另一重要原因，主要体现在以下几方面：一是控辩双方之间的举证能力严重失衡；二是被追诉人先悉权的缺失导致无法充分质证；三是被追诉人缺乏必要的质证条件。[④] 在证据调查的过程中，公诉方出示证据数量远远超过辩护方出示证据的数

[①] 韩旭、王剑波：《刑事庭审质证运行状况实证研究——以 100 个庭审案例为样本》，《法治研究》2016 年第 6 期。

[②] 参见龙宗智《庭审实质化的路径和方法》，《法学研究》2015 年第 5 期。

[③] 参见施鹏鹏、陈真楠《刑事庭前会议制度之检讨》，《江苏社会科学》2014 年第 1 期。

[④] 参见韩旭、王剑波《刑事庭审质证运行状况实证研究——以 100 个庭审案例为样本》，《法治研究》2016 年第 6 期。

量。辩护方由于取证难和取证风险大，大多数选择根据卷宗记载的控方证据进行质疑和反驳，也就是根据控方的卷宗提供的材料寻找程序和证据的瑕疵，加之大量关键、有争议的证人不出庭，法庭质证实质上异化为"纸证"，这必然会影响庭审调查的效果。因此，不仅要从立法层面保障被告人的先悉权，更要保障被告人获得律师的帮助权。

1. 刑事辩护律师的诉讼功能

刑事诉讼之持续变动已属必然，将来不是采不采当事人进行主义的问题，而是采至如何的程度、如何制定配套措施、如何贯彻立法。无辩护人不可能践行当事人进行主义，制定法律扶助法、提供义务律师有绝对之必要。① 现行的刑诉制度由以往的职权主义调整转向改良式的当事人进行主义，被告人由于无论在法律知识层面，还是在被追诉、接受调查的心理层面，相对于熟悉诉讼程序、具备法律专业知识的检察官，均处于较为弱势的诉讼地位。因此，诉讼程序的进行非仅强调控辩双方形式上的对等，还需要具有适格的辩护人帮助被告人，以确保其法律上的利益得到保障，促进并监督刑诉正当程序的实现。对符合社会救助法律规定的低收入户被告人，因其无力自行选任辩护人，为避免被告人贫富差距导致的司法差别待遇，国家自然应当为其提供适当的救济措施。② 职权主义下法官、检察官对犯罪嫌疑人、被告人不能充分进行实质的辩论时由辩护人补充，因而辩护权的根据也不坚实，而以当事人主义诉讼理论为前提，当事人成了诉讼过程的主体，所以必须保障其行使权利，多数情况下处于被告人地位的人积极地行使权利是困难的，得到辩护人的援助是不可缺少的。③ 在没有律

① 参见王兆鹏《当事人进行主义之刑事诉讼》，元照出版有限公司 2002 年版，第 28 页。

② 林钰雄主编《新学林分科六法：刑事诉讼法》，新学林出版股份有限公司 2011 年版，第 A－41 页。Nevertheless, our adversarial system of law necessitates that we provide adequate assistance of counsel to anyone accused of a crime who cannot afford his or her own representation. An indigent-even one accused of committing heinous crimes-still has the right to the presumption of innocence and to a fair trial in which he can proffer a defense to the charges leveled against him. Without access to counsel, an innocent individual may be convicted of a crime merely because she happens to be poor. Providing competent counsel is the best means of ensuring the proper operation of the constitutional safeguards designed to protect the innocent and the less culpable from unfair punishment, including death. See Charles J. Jr. Ogletree, "An Essay on the New Public Defender for the 21st Century", *Law and Contemporary Problems*, vol. 58, 1995, p. 82.

③ 参见［日］西原村夫主编《日本刑事法的形成与特色》，李海东等译，北京法律出版社 1997 年版，第 444 页。

师参与的审判中，被告人无论是从法律知识储备、辩论技巧还是从证据收集上，都无法同检察机关进行对抗，但是他又要充当自己的辩护人进行辩解或求得宽恕，缺乏对抗的被告人说话式审判在这种情形下体现得最为显著。[①] 林钰雄教授指出，被告通常欠缺询问鉴定人、证人所必须具备的法庭技巧与法律知识，面对出庭检察官的凌厉攻势，被告若无辩护人的辅助或其辩护人特别无能，等于"人为刀俎、我为鱼肉"而屈居下风。[②] 因此，针对大案要案以及被告人不认罪案件的庭审实质化改革，完全有必要完善相关辩护制度，包括从制度层面扩大法律援助范围、加大对法律援助的财政支持、设立公设辩护人制度等，以确保被追诉人及时、有效地获得律师的帮助。

英美法系的当事人主义刑事诉讼结构中，陪审员、法官居中分别对案件事实和法律问题进行审理，检察官和辩护律师两造平等地展开对抗。在对抗制诉讼结构的司法体制中，控辩双方只有在充分论辩的基础上才可能发现案件事实。庭审实质化改革的前提是控辩双方的诉讼对抗以及在庭审中对抗的有效展开，但如果没有辩护律师参与并提供有效支持，庭审过程往往会成为公诉方的单方立证过程。[③] 辩护律师能否有效参与刑事案件的辩护，这直接关涉对抗制司法体制改革的成败，可以认为辩护律师是对抗制诉讼的"必需品"而不是"奢侈品"。[④] 因为如果在对抗制司法体制中，犯罪嫌疑人、被告人由于贫困或其他原因没有获得律师的帮助，他们将无法完成诸如辩诉交易、证据开示、交叉询问、对质诘问等一系列专业性较强的诉讼活动。[⑤] 特别是在法庭调查过程中的交叉询问，除了需要合理的法庭结构外，对辩护制度的完善也至关重要，公诉人、被告人、辩护人、证人等诉讼参与人之间的质证、辩论的顺利进行，需要各诉讼参与人特别

---

① 参见李昌盛《论对抗式刑事审判》，中国人民公安大学出版社 2009 年版，第 273 页。

② 参见林钰雄《严格证明与刑事证据》，法律出版社 2008 年版，第 244 页。

③ 参见龙宗智《庭审实质化的路径和方法》，《法学研究》2015 年第 5 期。

④ Gideon v. Wainwright and its progeny（Argersinger v. Hamlin；United States v. Wade；Miranda v. Arizona；Escobedo v. Illinois；White v. Maryland；Douglas v. California）informed states that defense lawyers were no longer a luxury, but instead were constitutionally required. See Kim Taylor-Thompson, "Individual Actor v. Institutional Player：Alternating Visions of the Public Defender", *Georgetown Law Journal*, vol. 84, 1996, P. 2425 – 2426.

⑤ 参见谢佑平、吴羽《刑事法律援助与公设辩护人制度的建构——以新〈刑事诉讼法〉第 34 条、第 276 条为中心》，《清华法学》2012 年第 3 期。

是辩护方具备较高的素质。因此,刑事案件的法庭调查离不开辩护律师的参与。如果被告人缺乏辩护律师的帮助,则无法在刑事诉讼中实现真正的控辩对抗。控辩式对抗诉讼结构一般均要求有辩护律师的参与,并通过私人委托或政府指定的方式确保被告人诉讼权利的实现。

一般来讲,民事诉讼和行政诉讼中并非当事人贫困就可获得法律援助,而是需要政府规定一定标准并经申请审核通过后才能获得免费的法律援助。但是,刑事诉讼中由于可能需要对被追诉人采取拘传、拘留、逮捕、羁押等人身保全措施,以及搜查、扣押、监听、身体检查、鉴定留置等证据保全措施,同时法院的最终判决可能会涉及被告人长时间失去人身自由甚至生命的人身基本权利,因此,在一些法治发达的国家和地区,被追诉人因贫困无钱聘请律师,政府通常都有义务免费为其聘请一名律师。我国台湾地区"刑事诉讼法典"第 31 条(强制辩护与指定辩护)规定,"有下列情形之一,于审判中未经选任辩护人者,审判长应指定公设辩护人或律师为被告辩护:最轻本刑为三年以上有期徒刑案件;高等法院管辖第一审案件;被告因智能障碍无法为完全之陈述;被告具原住民身份,经依通常程序起诉或审判者。被告为低收入户或中低收入户而声请指定者。其他审判案件,审判长认有必要者……被告或犯罪嫌疑人因智能障碍无法为完全之陈述或具原住民身份者,于侦查中未经选任辩护人,检察官、司法警察应通知依法设立之法律扶助机构指定律师到场为其辩护"。由于原住民族司法人权低落,司法权亟待提升,加上社会救助法业已修正,援引第一项增列被告具原住民身份或中低收入户,审判程序中没有选任辩护人的,审判长应当指定律师或公设辩护人为其辩护。[1]

除此之外,有的国家和地区虽然刑事诉讼中法律援助的对象范围没有包含所有的被追诉人,但其实际上覆盖的对象范围非常大。《德国刑事诉讼法典》第 140 条(强制辩护)规定:"下列情形,辩护人应当参与程序:第一审法庭审理在州高等法院或州法院进行;被指控人被指控犯有重罪;程序可能导致禁止执业;对被指控人执行第 112 条、第 112 条 a 的待审羁押或第 126 条 a 或第 275 条 a 第 6 款的暂时安置;依据法官命令或经法官许可,被指控人在机构接受执行至少已三个月,且开始法庭审理至少

---

① 林钰雄主编《新学林分科六法:刑事诉讼法》,新学林出版股份有限公司 2011 年版,第 A－41 页。

两周前不会被释放；为对被指控人精神状态作鉴定准备，考虑依照第 81 条将其安置；进行保安处分程序；现今的辩护人不得参与程序……"其中，"被指控人在机构接受执行至少 3 个月"，指被羁押或被安置至少已经 3 个月。此项意指被指控人在自由和辩护受到限制的情况下要获得强制辩护，不问其在任何诉讼程序中被剥夺自由，"被羁押或被安置"特别是指执行自由刑、易科自由刑、剥夺自由的措施、青少年训诫禁闭、军人训诫禁闭、待审羁押、暂时安置、安置戒瘾所等。[①] 由此看来，在这些国家和地区，虽然有关法律援助的规定不尽相同，但刑事法律援助的对象范围非常广泛。

2. 我国刑事诉讼法的修法变化及存在问题

我国 2012 年《刑事诉讼法》对 1996 年《刑事诉讼法》第 34 条法律援助制度的规定进行了修改，扩大了应当获得法律援助的对象范围，被追诉人获得法律援助诉讼阶段提前到了侦查阶段，以及调整了酌定法律援助案件中被追诉人获得援助的申请主体。但我国的被追诉人刑事法律援助与其他法治发达国家和地区相比，还存在较大差距，尤其是在刑事法律援助的经费和对象范围方面。具体来看，2012 年《刑事诉讼法》第 34 条、第 267 条规定，公安机关、人民检察院和人民法院应当为以下四类被追诉人指派辩护律师。第一，被追诉人因贫困或其他原因而没有委托辩护人，其本人及其近亲属可向法律援助机构提出申请，法律援助机构对符合条件的应指派律师为其辩护；第二，被追诉人是聋、盲、哑，或者尚未完全丧失控制或辨认自己行为能力之精神病人，对于没有委托辩护人的，公安司法机关应通知法律援助机构为其指派辩护律师提供帮助；第三，被追诉人可能被判处死刑、无期徒刑，对于没有委托辩护人的公安司法机关应通知法律援助机构为其指派辩护律师提供帮助；第四，对于未成年被追诉人没有委托辩护人的，公安司法机关应通知法律援助机构为其指派辩护律师提供帮助。相比于 1996 年《刑事诉讼法》第 34 条，2012 年《刑事诉讼法》第 34 条在对象范围上，扩充了"尚未完全丧失控制或辨认自己行为能力之精神病人"和"可能会被判处无期徒刑之人"；在诉讼阶段上，法律援助由审判阶段延伸到了侦查阶段和审查起诉阶段；而在诉讼裁量上，取消了法院对贫困或者其他原因没有委托辩护人情况，"可以"指定承担法律

---

① 参见《德国刑事诉讼法典》，宗玉琨译，知识产权出版社 2013 年版，第 133—134 页。

援助的辩护律师为其提供帮助的自由裁量权，代之以"本人及其近亲属可以向法律援助机构提出申请，对符合法律援助条件的，法律援助机构应当指派律师为其提供辩护"。从立法层面上看，2012 年《刑事诉讼法》的法律援助规定相比于以往有了明显的进步，有助于犯罪嫌疑人、被告人获得辩护律师的帮助。加之其他刑事诉讼制度配套措施的改革，现在基本上解决了辩护律师调查取证难、会见难、阅卷难等问题。

　　但是，司法实践中制约被追诉人获得律师帮助权的因素依然存在，整体上看刑事案件的辩护率较低、辩护质量不高，而在有律师参与的刑事案件中，法律援助的数量远远少于私人委托的数量。根据 2013 年 2 月"两高"和司法部、公安部印发的《关于刑事诉讼法律援助工作的规定》第 4 条规定，"公民经济困难的标准，按案件受理地所在的省、自治区、直辖市人民政府的规定执行"，而各省、自治区、直辖市人民政府普遍将"公民经济困难标准"界定为与当地最低生活标准一致，结果导致酌定法律援助的适用范围被限制得极为狭窄。① 例如，2014 年 3 月 20 日修订通过的《四川省法律援助条例》第 14 条规定，申请法律援助的公民有下列情形之一的，应视为符合经济困难标准：城镇居民领取最低生活保障金或者失业保险金；农村居民享受最低生活保障待遇或者领取农村特困户救济的；属于农村'五保'供养对象的；在儿童福利院、社会福利院（救助福利中心）、农村'五保'供养服务机构、优抚医院、光荣院、精神病院、SOS 儿童村、特殊教育机构等机构内由政府供养的和在救助管理机构接受救助的；因遭受自然灾害或者其他不可抗力正在接受社会救济的；没有固定生活来源的残疾人或者患有严重疾病的人；法律、法规规定的其他情形。② 也就是说，一般来讲只有享受该地区最低生活保障居民、"五保"对象、没有固定生活来源的残疾人或患有严重疾病的人等弱势群体才能获得法律援助。根据四川省《关于发布 2017 年全省城乡居民最低生活保障标准低限的通知》，城市居民最低生活保障标准低限为 460 元/月，较 2016 年提高了 40 元/月，增幅为 9.5%；农村居民最低生活保障标准低限为 275 元/月，较 2016 年提高了 35 元/月，增幅为 14.6%。③ 因此，实践

---

① 参见陈永生《刑事法律援助的中国问题与域外经验》，《比较法研究》2014 年第 1 期。

② 参见《四川省法律援助条例》。

③ 参见《四川省今年城乡居民最低生活保障标准低限发布》，http://www.sc.gov.cn/10462/10464/10797/2017/5/3/10421568.shtml，2017 年 5 月 3 日。

中各级政府规范性文件的限缩解释，导致能够申请获得法律援助的人非常少。

根据历年来《中国法律年鉴》统计的数据，在我国刑事诉讼程序中，受到法律援助的案件仅占刑事辩护案件的 20% 到 30%。值得注意的是，我国刑事辩护率总体上较低，仅为 20% 到 30%。申言之，我国刑事诉讼中被追诉人有辩护人为其辩护的案件数量本来就不高，在这种情况下刑事法律援助的数量却仅有自行委托辩护数量的一半甚至更少，这更意味着我国刑事法律援助的数量极低。[1] 除此之外，政府财政划拨用于法律援助的经费不足，以及法律援助办案经费与日常管理费用的使用分配不合理，也是我国刑事案件法律援助数量较少、质量不高的重要原因。由于可用于法律援助的案均经费较少，难以支付辩护律师的办案费用，以至于很多律师不愿意办理法律援助案件，或者对其办理的法律援助案件敷衍塞责。这严重影响了律师对于办理法律援助案件的动力，在法庭调查环节仅针对公诉方的指控进行消极回应或泛泛而谈；在法庭辩论环节的辩护意见往往也缺乏针对性、说服力，比如，在旁听案件过程中我们经常听到的辩护意见包括被告人有坦白情节、初犯、家庭贫困、被害人有过错等概括性量刑意见，而对于被告人是否构成犯罪以及指控的犯罪是否存在争议鲜有提及。

3. 律师辩护效果实证比较分析

刑事诉讼之历史正是辩护权扩大之历史，律师参与庭审辩护有利于保障被告免受不利指控，并进而影响程序进行方向的机会。[2] 成都中院的改革试点方案明确要求，"对于适用庭审实质化改革审理模式的刑事案件，被告人未委托辩护人的，全部指定责任心强，专业水平高的律师担任辩护人"。[3] 但是，试点案件是否完全按照改革要求执行了呢？相比以往，试点案件的辩护情况有哪些明显变化呢？据此，笔者分别对示范庭和对比庭案件的相关庭审变量因素进行了统计，包括律师辩护率、辩护意见内容、法院对辩护意见采纳情况、采纳辩护意见被告人的刑罚情况。

---

① 参见陈永生《刑事法律援助的中国问题与域外经验》，《比较法研究》2014 年第 1 期。
② 参见林钰雄《刑事诉讼法》（上册），元照出版有限公司 2010 年版，第 203 页。
③ 成都中院：《全省法院刑事庭审实质化改革工作推进会资料汇编》，2016，第 31 页。

第一，示范庭和对比庭律师辩护率相差不大，但示范庭辩护意见内容明显增多。根据表 4-4 的数据统计，有律师辩护的案件示范庭为 83.90%，对比庭为 81.63%。前者与后者的律师辩护率基本相当。这与以往实证研究得出的结论颇有不同。即通常情况下律师参与案件的情况，中级人民法院和基层法院分别大约为 90%、30%。[①] 对比庭有律师参与的案件，远远超出了通常刑事案件律师的参与比例。经访谈得知，在选择示范庭案件时，有律师参与的案件被视为实质化改革的重要参考因素。在选择对比庭时优先考虑有律师参与辩护的案件。因而示范庭和对比庭的律师辩护率较为接近，且均高于以往刑事案件的律师辩护率。辩护意见内容的变化主要体现在：构成轻罪、不构成犯罪、取证违法。示范庭分别为 10.89%、5.94%、17.82%；对比庭分别为 10.20%、4.08%、4.08%。前者均要高于后者。刑事诉讼之历史正是辩护权扩大之历史，律师参与庭审辩护有利于保障被告免受不利指控，并进而影响程序前进的方向。[②] 随着律师参与辩护案件比例的提升，示范庭案件律师辩护的积极性相比以往有了明显提高，庭审中提出的辩护意见数量更多、种类更加丰富。所以，诉讼程序的进行非仅强调控辩双方形式上的对等，需要适格律师参与维护被告人的诉讼利益，以促成刑事诉讼对正当程序要求的实现。

第二，虽然律师积极参与法庭调查有助于法院采纳其辩护意见，但法院对辩方意见的采纳仍然有限，对最终判决结果的影响不是特别明显。根据表 4-4 的数据统计，法院对辩护意见的采纳情况，全部采纳、部分采纳、未采纳，示范庭分别为 15.07%、56.16%、28.77%；对比庭分别为 17.05%、60.00%、22.50%。为何示范庭案件辩护意见全部采纳比例较低，而未采纳和部分采纳的比例更高呢？笔者认为，一是公诉方具有良好的资金来源和大量的人力支持，在案件的调查和准备上占有实际的优势。[③] 二是控方案卷对庭审调查最终结果的影响很大。案卷是控方单方面制作的材料，法官也倾向于认同控方起诉意见。对法官来说，有许多考虑因素都超出了司法的范围，即使主张以其他方式处置的律师提出了更强有

---

① 参见左卫民《中国应当构建什么样的刑事法律援助制度》，《中国法学》2013 年第 1 期。

② 参见林钰雄《刑事诉讼法》（上册），元照出版有限公司 2010 年版，第 203 页。

③ 参见［美］乔恩·R. 华尔兹《刑事证据大全》，何家弘等译，中国人民公安大学出版社 2004 年版，第 10 页。

力的论点，也不可改变。[①] 法庭在采纳辩护意见后，被告人被判无罪以及获得从轻、减轻、免除处罚的，示范庭分别为 7.69%、82.69%、7.69%、1.92%；对比庭分别为 0、96.77%、3.23%、0。虽然改革试点对无罪释放、减轻处罚、免除刑罚的情况有一定改善，但示范庭和对比庭的大部分案件仍然侧重于采纳从轻处罚的辩护意见。达马斯卡教授指出，"长期任职的官员会勾画出自己的活动范围，他们把这一范围视为自己的特殊领地。随着时间的推移，他们与处在类似地位的其他个人之间还发展出一种认同感，从而使'自己人'和'外人'之间的界限变得日益牢固"。[②] 所以，科层化司法体制下法官对检察官的起诉有着天然的认同倾向，而辩护律师的辩护意见及被告人的辩解容易被忽视和搁置。

表 4-4 普通程序示范庭和对比庭律师辩护情况统计结果

单位：件，%

数据类型	有律师辩护案件	辩护意见内容[③]				
		法定从宽情节	酌定从宽情节	构成轻罪	不构成犯罪	取证违法
示范庭	73/83.9	29/28.71	37/36.63	11/10.89	6/5.94	18/17.82
对比庭	40/81.6	16/32.65	24/48.98	5/10.20	2/4.08	2/4.08

数据类型	法庭对辩护意见采纳情况			采纳辩护意见案件被告人刑罚情况			
	全部采纳	部分采纳	未采纳	无罪	减轻	从轻	免除
示范庭	11/15.07	41/56.16	21/28.77	4/7.69	4/7.69	43/82.69	1/1.92
对比庭	7/17.50	24/60.00	9/22.50	0	1/3.23	30/96.77	0

注：通过现有材料可以查明的有效案件数量，示范庭和对比庭分别有 87 件、49 件。

4. 我国刑事法律援助的改革进路

随着证人出庭率的提高以及相关询问规则的建立，法庭质证的专业性、技术性要求日趋严格，对专业律师的依赖逐渐增多，而大量没有律师辩护的案件，质证主体缺位问题却日益突出。[④] 庭审实质化改革本质上要

[①] ［美］波斯纳：《法理学问题》，苏力译，中国政法大学出版社 2001 年版，第 158 页。

[②] ［美］达马斯卡：《司法和国家权力的多种面孔：比较法视野中的法律程序》，郑戈译，中国政法大学出版社 2015 年版，第 24 页。

[③] 同一案件常有两种以上辩护意见。

[④] 参见韩旭、王剑波《刑事庭审质证运行状况实证研究——以 100 个庭审案例为样本》，《法治研究》2016 年第 6 期。

求控辩双方之间平等武装，以达到诉讼结构中控方和辩方的对抗平衡。与此同时，需要改善被追诉人的诉讼地位，赋予其防御力量来对抗强势的公诉机关。在我国，大部分被追诉人在审前处于被羁押状态，导致有很多诉讼权利其无法亲自行使，因而辩护律师对保障被追诉人的诉讼主体地位至关重要。① 现代法治发达国家和地区在刑诉程序中，都非常重视保障被追诉人的诉讼权利。被追诉人因贫困或其他原因无力委托辩护律师为其提供帮助时，通常由政府为其免费提供法律帮助。我国于 1998 年 10 月签署了联合国《公民权利和政治权利国际公约》，该公约第 14 条规定："……出席受审并亲自替自己辩护或经由他自己所选择法律援助进行辩护；如果他没有法律援助，要通知他享有这种权利；在司法利益有此需要的案件中，为他指定法律援助，而在他没有足够能力偿付法律援助的案件中，不要他自己付费……"因此，该公约要求对相关司法利益有此需求的案件，应该为犯罪嫌疑人、被告人提供指定的法律援助，而对被追诉人无力支付法律援助的案件无须其自己付费。

被追诉人是否聘请辩护律师为其提供帮助，很大程度上需取决于以下两方面的因素：一是其是否知道享有这项权利；二是能否承担聘请辩护律师的费用。② 虽然我国现在只是签署该公约，并没有加入，但一旦批准加入，基于"司法利益"就必须严格遵守该公约保障被追诉人辩护权的相关规定。当然，现阶段我国的刑事法律援助与该公约的要求还存在相当大差距。如前所述，有的法治发达国家和地区已经将刑事法律援助普及化，只要被追诉人是因贫困或者其他原因无法聘请辩护律师，政府就有义务免费为其提供一名律师。

被追诉人获得律师的帮助在有的国家和地区已上升到宪法法律高度，如《美国宪法》的第六修正案规定，"……以强制程序取得对其有利的证人；取得律师帮助为其提供辩护"。我国《刑法》第 130 条规定，"人民法院审理案件，除法律规定的特别情况外，一律公开进行。被告人有权获得辩护"。2012 年《刑事诉讼法》第 11 条关于保护辩护原则规定，"人民法院审判案件，除本法另有规定的以外，一律公开进行。

---

① 参见樊崇义、张中《论以审判为中心的诉讼制度改革》，《中州学刊》2015 年第 1 期。
② 参见陈光中主编《〈公民权利和政治权利国际公约〉与我国刑事诉讼》，商务印书馆 2005 年版，第 156 页。

被告人有权获得辩护，人民法院有义务保证被告人获得辩护"。2014 年十八届四中全会通过的《决定》明确提出要强化诉讼过程中当事人和其他诉讼参与人的辩护辩论权，并提出对不服司法机关生效决定、裁判的申诉，逐步由律师代理，对聘请不起律师的申诉人，将其纳入法律援助范围。毫无疑问，《决定》的精神有利于保障犯罪嫌疑人、被告人的辩护权，对实现程序正义和实体正义具有重要意义。按照这一法治建设的纲领性文件与指导性原则，刑事诉讼法就必须在法律援助制度方面进一步改革，以构建起一种普遍有效的刑事法律援助制度。因此，应加快推动我国法律援助体系的构建，制定出更为详细的法律援助范围和标准，并逐步扩大因贫困无力聘请律师的覆盖范围。虽然 2012 年《刑事诉讼法》从"诉讼阶段""援助范围""援助方式"三方面对我国刑事法律援助制度进行了相应完善，但修订后的援助对象仍无法满足实质化改革的案件范围，司法实践中仍有较多的案件没有辩护律师参与。① 为切实保障辩护方的合法权益，以及贯彻十八届四中全会《决定》的精神，刑事庭审实质化的展开必须有赖于完善我国法律援助体系，制定出更具有可操作性的法律援助范围和标准。

从正确处理案件和保障被追诉人权益的角度，保障刑事案件中犯罪嫌疑人、被告人的辩护权是不可或缺的，被追诉人受到律师的帮助不应该成为一种所谓的"奢侈品"。但在市场经济环境下，作为理性"经济人"的律师，他们可能会避免甚至推诿为贫穷被追诉人辩护，即便他们愿意提供辩护服务，贫穷被追诉人事实上也无法支付相关费用。这样一来，国家就需要为贫穷被追诉人提供免费的律师辩护服务，这被认为是现代国家必须承担的道德责任与义务。现代刑诉各主体的职能构成，强调审判职能居中、辩护和控诉职能平等，这是实现程序正义和结果公正的前提，但这一理想图景达成的前提是被追诉人必须获得适格的律师帮助。多年来，我国律师参与刑辩率为 20%—30%，因而在审判阶段被告人没有辩护律师帮助的刑事案件大概有 70%。② 虽然自 2013 年 1 月新刑事诉讼法实施以来，法律援助的数量相比以前有明显变化，但实践中法律援助在审前程序中的执行并不到位，申请法律援助的数量和比例偏低，法律援助的办案经费不

① 参见顾永忠《试论庭审中心主义》，《法律适用》2014 年第 12 期。
② 参见左卫民《中国应当构建什么样的刑事法律援助制度》，《中国法学》2013 年第 1 期。

足，以及指派律师辩护质量缺乏保障。究其原因，既与办案人员法治意识淡薄、欠缺相应的程序性制裁惩处不利后果有关，也与国家对法律援助经费的投入，特别是基层法律援助需求与投入完全不成比例有关。为保障被追诉人在刑事诉讼进程中的主体地位，有必要在重大、疑难以及被告人不认罪的案件中保证有律师的参与。

在刑事法律援助已经占据中级人民法院所审理案件大部分的情况下，我们需要进一步扩大刑事法律援助的范围，将中级法院审理以外的重罪案件、轻罪案件尤其是被告人不认罪的轻罪案件都纳入援助的范围。实际上，现阶段的政府财力已经完全有能力实现这一改革目标。此外，为有效保障犯罪嫌疑人、被告人获得辩护律师提供的帮助，应提高法律援助的财政支持和构建相关配套制度。同时，应加强对法律援助实施情况的监管，规范各地法律援助的申请，提高法律援助的服务质量。笔者认为刑事庭审实质化改革中辩方合法权益的维护、刑事法律援助的完善应该重点从以下几个方面着力：第一，办案人员应该熟悉并执行新刑事诉讼法的相关规定，对执行不到位的给予必要的惩处和程序性制裁；第二，可通过相关司法解释扩大指定法律援助对象的范围，特别是疑难复杂案件、被告人不认罪案件；第三，应提高法律援助的财政支持，特别是少数民族聚居区、西部边远地区的经费问题；第四，随着改革的推进可逐步设立值班律师制度、公职辩护人制度，以提升辩护律师提供法律援助的质量。

第五节　小结

有关庭审实质化改革法庭质证的讨论，本章主要就法庭质证的意义、法庭质证的内在结构以及法庭质证的配套程序优化进行了论述。任何一项法律制度的运行都离不开其他制度的支撑，质证作为法庭调查举证、认证的中间环节，在诉讼证明中起到前后衔接的作用。质证是控辩双方在证据调查过程中，就对方提出的证据资料的质问、质疑、验证与核实，旨在动摇对方提出证据资料的关联性、可靠性、合法性和真实性。我国1979年《刑事诉讼法》虽然已明确使用"质证"这一概念，但受超职权主义诉讼模式的影响，刑事审判是法官主导下对证据资料的审查判断，而控辩双方对证据资料的调查仅具有辅助作用。在当时司法实践中关注较多、具有实际意义的是法官怎样审核和认定证据资料，因而质证并未成为独立的司法证明环节，仍然被包含在法庭调查的认证环节之中。[①] 直到20世纪90年代中期以后，随着审判方式由审问式转向控辩式，有关"质证"问题的探讨越来越多地出现在学术著作和司法实务中。不管是在英美法系采当事人进行主义还是在大陆法系采职权主义的国家和地区，法庭质证无疑是控辩双方反驳和攻击对方证据的重要手段，也是对法官和陪审员施加影响的重要途径。在对抗式审判中，控辩双方的诉讼活动一般都带有强烈获得认可的诉求，如作为公诉方代表的检察官出庭举证、质证、辩论，就是希望陪审员或者法官对其所主张的事实形成倾向性的内心确信。司法实践中，控辩双方对相关证人进行质询尤其是交叉询问是发现案件事实真相的重要手段，特别是在采当事人进行主义的国家和地区，控辩双方对证人、鉴定人的交叉询问，以及被告人、证人、鉴定人之间的对质询问，是确保证言完整性和准确性的重要保障。而采职权主义诉讼结构的国家和地区，也非常重视证据调查环节控辩双方的质询，在法官主导控制下对出示的证据进行审查判断，强化了证据在认定案件事实方面的作用。因此，法庭质证不仅是查明与案件相关事实的必要方法，也是维护司法裁决公正的重要装置。

刑事诉讼中的质证主体是指有权在审判中对证据资料提出质疑、质问以及进行验证、核实的人，从法理推导和法律规定很容易得出诉讼当事人及其法定代理人是质证的主体，但负责审理案件的裁判者是否属于质证的主体存在争议。有观点认为裁判者是事实和证据的认定者，在必要的时候其可以根据法律赋予其的职责进行补充发问以及调查核实证据，这实际上是在行使质证权。但是，主流观点认为对质证主体的界定须建立在证明责任分担的基础上，质证主体是提出诉讼主张并承担证明义务的诉讼主体。在刑事证明责任分配中，裁判者似乎既可以超脱于控辩双方，又在一定程度上暗含着法庭有查证的责任。但是，公检法三机关在宪法法律上的分工配合制约关系，以及一体化司法未能明确划分控辩双方与法庭对案件事实的证明责任，模糊了不同证明主体承担责任的边界。实际上，控方的证明

---

① 参见何家弘、南英主编《刑事证据制度改革研究》，法律出版社2002年版，第389页。

责任、辩方的辅助性证明责任，以及裁判者的补充性查证责任，不能以同样的标准和一体化的方式来规定。法官在诉讼证明过程中的职能和地位，决定其应当为公正、中立的裁判者，只能作为消极的"听审"主体而不是积极的质证主体。如果把负责审理案件的法官视为质证主体，则会导致法官"一身兼两任"的问题。既要作为法庭调查的质证主体承担证明责任，又要作为居中的裁判者对案件事实和证据进行认定，这不仅违背诉讼程序中的控审分离原则，也与裁判者本身消极、中立的角色相冲突。虽然法官在一定条件下可依职权调查证据和对证人发问，但法官的发问是为查清案件事实的补充性、辅助性发问；法官庭外搜集的证据资料，应当交由有利的一方当事人出示并由对方质证。

质证对象与证明对象不同，前者是指证据资料而后者是指与犯罪有关的定罪量刑事实。我国对证据概念的界定从 1979 年、1996 年的"事实说"转变为 2012 年的"材料说"，但"材料说"有无法涵括情态证据的缺陷，因此大陆法系国家和地区的"资料说"比较可取。质证对象的证据资料包括实物证据和言词证据，而实物证据资料的"鉴真"也需要询问负责相关收集、保管、提取的证人。至于免予质证证据与免证事实的区别，前者是指无争议的证据、保密证据等，后者是指具有高度可靠性的证据资料。尽管免予质证的证据资料没有进行法庭质证，但其中部分证据资料有时可能仍有对证明案件事实有用的信息，有必要将其纳入质证的客体范围。免证事实是在证据调查过程中提出的证据资料，因存在特殊情况不需要质证。质证内容的范围主要是证据资料的证据能力和证明力两方面。采职权主义诉讼结构的国家和地区关于证据能力的规定，相较于采当事人进行主义国家和地区证据可采性规定宽松，除了涉及非法言词类证据规定比较严格外，其他证据规则如非法实物证据规则、意见证据规则、最佳证据规则等，法官具有较大的自由裁量权。对证据能力的质证即要求相关证据资料需满足正当性和可靠性标准。证明力属于逻辑和经验问题，证据调查环节对证明力的质证包括对其真实性和充分性两个方面的质疑、质问、验证与核实。质证方法主要是指对与案件相关证据资料进行质疑或验证的途径和方式，可分为质证基本程式和质证基本方法。我国对于复杂案件经常使用的质证程式是分组质证，即证据资料可以根据案件构成要素分成若干段或者若干组，如作案时间、作案地点、作案人身份、作案方法和手段、作案的动机和目的等。

当然，也可以根据证据类型和犯罪事实进行分组，如书证、物证、证人证言、视听资料、电子数据等，以及被告人实施的若干犯罪行为，包括同类犯罪行为与非同类犯罪行为。虽然分组质证有利于节约司法资源、提高诉讼效率，但这种质证程式有时显得过于简略和粗疏，不利于案件事实真相的查明。因此，对于复杂疑难案件，分组质证不应成为法庭质证的唯一基本程式，仅可作为单个质证的补充。法庭质证的基本方法在大陆法系可分为职权询问和轮替询问，在英美法系可分为交叉询问和对质询问。笔者认为，随着庭审实质化改革的继续推进，以及对言词化审理的贯彻，以人证调查为主线，并穿插物证、书证、视听资料、电子数据等实物证据的调查方式，将取代以往以讯问被告人为中心的证据审核调查方式，因而交叉询问与对质询问将会成为我国法庭调查的基本质证方法。

有关法庭质证配套程序的优化，主要应从两方面着手：一是通过庭前会议聚缩质证的范围；二是保障被告人获得律师的帮助权。庭前会议的理论基础和现实需求，主要源自集中审理原则的考虑，案件事实和相关证据资料只有经过集中审理，刑事诉讼中的直接言词原则、自由心证原则才能得到实现。法庭调查和法庭辩论在集中完成的情况下，才能确定裁判者是通过当庭审理获得的心证；集中审理原则是直接言词原则的基础，如果案件的审理时间拖延得太久或者间断过于频繁，裁判者很难凭借直接审理和言词审理对证据资料进行调查后形成心证，这可能会促使裁判者必须依赖案卷材料中记载的信息形成心证来源。而庭前会议承载的功能，如程序的繁简分流、审判对象的确定、案件与证据争点的整理、证据资格的审查、证据保全、确定法庭调查的范围、次序及方法等，正契合了集中审理原则贯彻的诉讼经济原则，审判期日尽量将案件一次审结，可以节约各诉讼参与人投入案件审理中的诉讼资源消耗。我国2012年《刑事诉讼法》在第182条新增了庭前会议制度，但法律并没有赋予参与主体对程序性问题和部分证据问题的处理，对后续主审程序产生具有约束力的协定或者裁定。由于改革试点方案受限于既有制度设置，改革试点案件并没有取得预期效果，示范庭案件适应率较高，与整体国家动员机制存在关联，发起主体以法院为主，控方基本不提出而辩方仅偶尔提出。究其原因，在于庭前会议效果设置的"非完整性"，使庭前会议解决事项范围、程度、效力等未得到明确界定。因此，为达到庭审实质化"程序规范、衔接顺畅"的改革要求,有必要通过庭前会议聚焦质证的客体,赋予庭前会议就程序性问题和部分证据问题进行答辩的效力,使正式庭审中控辩双方明确应该重点"质什么"的问题,以贯彻庭审实质化改革对集中审理原则的要求。

被追诉人质证能力不足主要体现在以下两方面:一是控辩双方之间的力量失衡,被追诉人缺乏辩护律师帮助;二是被追诉人先悉权阙如导致无法充分质证。在控辩式诉讼结构中,被追诉人无论是在法律知识层面,还是在被追诉、接受调查的心理层面,相对于具有法律专业知识、熟悉诉讼程序的公诉人而言均处于弱势地位。因此,辩护律师能否有效参与刑事案件的辩护,关涉庭审实质化改革的成败,辩护律师的帮助是对抗制诉讼的"必需品"而不是"奢侈品"。如果被追诉人由于贫困或者其他原因没有获得律师的帮助,他们将无法完成辩诉交易、证据开示、交叉询问、对质询问等一系列专业性较强的诉讼活动。① 综观世界法治发达国家和地区,尽管多数并没有达到律师辩护的完全覆盖,但辩护律师参与刑事案件辩护的范围相当广泛,基本上满足了平衡控辩双方对抗的需求。2012 年《刑事诉讼法》第 34 条、第 267 条规定了没有辩护人而应当给予法律援助的四类情形分别是:经济困难或其他原因符合法律援助条件的;被追诉人属于盲聋哑人或者限制民事行为能力人的;被追诉人可能被判处死刑、无期徒刑的;未成年被追诉人。但实践中,制约被追诉人获得律师帮助的因素依然存在。例如,被追诉人因经济困难或者其他原因没有委托辩护人的情形,由于各省、自治区、直辖市普遍将"公民经济困难标准"与当地最低生活标准挂钩,这实际上不当限缩了被追诉人因经济困难获得律师帮助的范围。其他三类"应当"获得律师帮助的案件类型占刑事案件总数的比例非常低,而且可能判处死刑、无期徒刑的案件被追诉人及其亲属一般都委托了辩护律师,所以,法律援助在我国不是普遍现象而是例外现象。加之,政府财政划拨用于法律援助的经费较少,以及法律援助经费与办案经费的使用不均,也是我国法律援助数量较少、辩护质量不高的重要原因。很显然,较少的法律援助经费投入必然使许多律师不愿意办理此类案件,或者虽然接受法律援助指派但不认真辩护、敷衍塞责的现象普遍存

---

① 参见谢佑平、吴羽《刑事法律援助与公设辩护人制度的建构——以新〈刑事诉讼法〉第 34 条、第 276 条为中心》,《清华法学》2012 年第 3 期。

在。改革试点案件辩护律师的较高参与率在一定程度上是国家动员机制和人为选择因素作用的结果。虽然示范庭中律师的积极性相比以往有了明显提高，庭审中提出的辩护意见明显增多，但总体上看，庭审辩护意见的最终效果还不是特别明显。笔者认为，我国刑诉法应该进一步扩大法律援助的范围，将被告人不认罪的案件都纳入法律援助的范围，同时应完善相关配套制度建设，特别是政府应加大对法律援助经费的划拨，对法律援助执行不力的司法人员给予一定的程序性制裁。

第五章　刑事庭审调查改革的人证问题

第一节　导语：证据调查方式的发展变化

经过几个世纪的演进发展，当事人进行主义与职权主义之间的相互借鉴和融合随着各国之间交流的增多而得以强化，特别是二战后社会快速发展所带来的新挑战。[①] 这种融合后的刑诉结构主要表现在：采当事人进行主义诉讼结构的国家，为提高诉讼效率和发现实体真实，通过适当借鉴职权主义诉讼结构国家的一些做法，对庭审法官查明案件事实真相的主动性有所提升；采职权主义诉讼结构的国家，为提升庭审对抗性和实现程序正义，更加注重对当事人进行主义诉讼模式的借鉴，尤其强调控辩双方在庭审中的积极对抗和律师参与权的强化。[②] 有学者进一步指出，除了传统职权主义诉讼不断借鉴当事人主义诉讼的程序规则进行内部微调之外（如德国），还出现了汲取当事人主义诉讼与职权主义诉讼二者各自长处的混合式诉讼模式（如日本）。[③] 在此刑事诉讼构造模式中，控辩双方的意见对庭审调查的结论起着决定性作用，裁判者在传统职权主义诉讼结构中的主导地位被大大削弱。

混合式诉讼模式在人证调查方面体现了兼容并蓄的特点，既吸收了对

---

① 参见施鹏鹏《为职权主义辩护》，《中国法学》2014 年第 2 期。

② See Marco Fabri, "Criminal Procedure and Public Prosecution Reform in Italy: A Flash Back", *Journal of Comparative Law*, Vol. 1, 2008, pp. 3 - 8；［英］麦高伟主编《英国刑事司法程序》，姚永吉等译，法律出版社 2003 年版，第 13—15 页。

③ 参见孙长永《探索正当程序：比较刑事诉讼法专论》，中国法制出版社 2005 年版，第 453 页。

抗式诉讼的询问规则，也保留了法官依职权主动调查、收集证据，并确立了以交叉询问为主、以法官依职权调查为辅的混合式人证调查方法。① 我国 1979 年《刑事诉讼法》在历经 1996 年、2012 年、2018 年三次大改后，汲取了当事人主义在保障控辩平等方面的优势，是一种更强调控辩双方积极举证、质证，关键证人出庭接受询问，裁判者居中听审的混合式庭审调查结构。必要时，裁判者可依职权进行证据调查，如对被告人、被害人、证人、鉴定人等的补充询问或讯问；对证据资料有疑问时，独任法官或合议庭可宣布休庭，采取检查、扣押、勘验、鉴定等方式进行庭外调查。成都市两级法院的庭审实质化改革对人证调查有所涉及，特别是《成都市中级人民法院刑事庭审实质化改革试点实施方案》《成都市中级人民法院刑事诉讼人证出庭作证操作规范（试行）》《成都市中级人民法院刑事庭审人证询问指引（讨论稿）》对质询规则作了较为详细的规定。②

---

① 参见〔日〕田口守一《刑事诉讼法》，张凌、于秀峰译，中国政法大学出版社 2007 年版，第 4—13 页。

② 例如，人证出席法庭调查操作规则的内容如下。（1）开庭前准备。开庭前人证到庭的书记员或法官助理应核实人证身份，确认无误后将其带至候庭室。人证候庭时应有法警陪同，同一案件有多名人证出庭的，候庭期间各人证之间不得进行交流。未成年人出庭作证时，其法定代理人或合适成年人等有关人员应当在场。（2）调查顺序。人证调查一般应在无争议证据举证完毕后进行。针对同一争点事实有多重证据的，一般按照先客观证据、后人证的顺序进行举证质证和调查。（3）发问规则。a. 发问顺序按照申请出庭方先发问、相对方后发问的顺序交替进行。b. 发问次数一般限于两轮，如确有必要法庭可视情况增加发问轮次。c. 向人证的发问内容应当为与本案事实、人证作证能力或取证合法性等与法庭查明案情有关的问题；向鉴定人、有专门知识的人发问时，应限于鉴定内容涉及的专业性问题和鉴定人的专业知识水平、资质，不得就案件其他事实或法律定性进行发问。d. 就案件事实的发问，不得使用提示性、诱导性问题，但就下列情形发问时，可不严格限制诱导性发问：发问主要意图是反驳人证的不实证词、质疑人证证言的真实性；在实质性询问之前，涉及需要明确人证的身份、经历等准备性事项；涉及诉讼各方没有争议，且已明确的事项。证人记忆不清时，为唤起其记忆而确有必要；向鉴定人、有专门知识的人就有关专业性问题发问。e. 基于各证据之间的关联性，在向人证发问过程中，有由人证当庭辨认，或印证、弹劾人证的证言，唤起记忆等合理目的，可以出示有关证据。f. 同案有多名被告人的，如有必要法庭可在单独询问结束后，组织被告人之间进行对质。（4）庭后事项。a. 人证作证完毕后由法警引导其退庭，不得旁听本案庭审，但出庭作证的被害人、附带民事诉讼原告参与庭审的，可在作证完毕后旁听本案审理。b. 书记员记录人证出庭笔录时，可以就人证的证言进行适当归纳，人证核对笔录时对记录有异议的，可以按照庭审中的发言内容进行修改，但不得作出与当庭证言内容不同的修改，或增加当庭未作表述的内容。（5）建立人证出庭保障制度。a. 对于人证出庭作证有风险的，法庭应当采取不公开其真实姓名、住址和工作单位等个人信息，或不暴露其外貌、真实声音等保护措施。b. 证人、鉴定人、有专门知识的人出庭作证所支出的交通、住宿、就餐等费用，应当给予补助，补助标准参照各法院工作人员出差标准执行。被害人被申（转下页注）

最高院 2018 年 1 月在全国法院试行的"三项规程"①，实质上吸收了成都市中院的改革经验，特别是其出台的一系列规范档。但遗憾的是，"三项规程"之《人民法院办理刑事案件第一审普通程序法庭调查规程（试行）》没有充分采纳改革试点实施方案、人证出庭操作规范、人证询问指引改革的合理规定，相关庭审调查的规定仍然停留于既有法律制度框架内，缺乏实质性突破。

第二节　以人证调查为主线的逻辑展开

一、人证调查的主体范围

人证主体主要是指狭义上的证人、被害人、被告人、鉴定人。这在英美法系国家和地区统一称为证人，但在大陆法系国家和地区，证人仅指狭义上的证人、被害人，而被告人与鉴定人被排除在证人之外，不过在法庭调查过程中被告人供述以及鉴定人的鉴定意见仍然是非常重要的证据来源。因此，在大陆法系国家和地区，证人仅是人证主体的一部分，证人主体与人证主体不能画等号。但值得注意的是，被告人不能成为公诉方的证人，仅在一定条件下可以成为辩方证人。公诉方在证据调查中不能强迫被告人作证，被赋予沉默权的被告人可以始终保持沉默，并不能因此受到陪审员和法官存有偏见的不利推断。当然，被告人也可以放弃宪法法律赋予其的沉默权而选择作证，但此时被告人只能充当辩方证人而不是控方证人。如果认为被告人可以成为控诉方的证据来源，则理论上控辩双方的平

（接上页注②）请出庭作证，且未以当事人身份参与庭审的，可参照人证标准给予相关补助；出庭被害人系刑事附带民事原告且参与庭审的，不给予出庭相关补助。相关更为具体内容可参见成都中院《全省法院刑事庭审实质化改革工作推进会资料汇编》，2016，第 26—27 页、第 60—61 页、第 77 页。

① "三项规程"是指最高人民法院 2017 年 12 月 11 日印发的《人民法院办理刑事案件庭前会议规程（试行）》、《人民法院办理刑事案件排除非法证据规程（试行）》和《人民法院办理刑事案件第一审普通程序法庭调查规程（试行）》。

等地位就不复存在，同时明显与现代诉讼制度的要求相悖。

有观点认为，按鉴定人由于在刑事诉讼法乃准用关于人证的法定证据方法，因此学理上向来均将此种地位与证人同视，使其均属于人的法定证据方法，但鉴定人的地位是否可以与证人同视，其本质上是否与证人相同存在争议。① 证人的地位重在对于成罪事项与非成罪事项的调查判断，成罪事项的证人应进入交叉询问的严格法定调查程序进行调查；而非成罪事项的证人则由法院依职权传唤并进行询问，仅须进行一般调查程序即可。证人之所以有成罪事项与非成罪事项之区别，主要在于证人是亲眼见闻事实之人，经由证据调查程序，确定其得证明之待证事实，亦唯有区分成罪与非成罪事项证人之分类，以进行严格或一般调查程序，最后始得认定事实是否存在。证人系陈述自己所观察之过去事实，虽具有不可替代性，但其义务较鉴定人为大。② 唯反观鉴定人，在台湾地区其本质上仅为针对"法院"或"检察官"委托的事项，借由其专业知识之判断，提供"法院"或"检察官"参考之依据。鉴定人之意见乃辅助"法院"或"检察官"对于犯罪事实成立与否之专业知识的判断，其在性质上仅具有辅助手段之特色而已，乃协助"法院"或"检察官"之机关。③

但另一种观点指出，鉴定人实际上与证人同为人之证据方法。鉴定人的证据方法，除有特别规定外，准用证人的证据方法，并且台湾地区"刑事诉讼法"有诸多鉴定人与证人的共通规定，包括亲自出庭与接受诘问。但是，以上两种人之证据方法，仍有下列本质区别：第一，鉴定人以就鉴定事项有专门知识者为限，证人则是就其亲身经历、见闻而陈述的人，不需具备专门知识；第二，具有某种专门知识的人，通常不止一人，原则上可以替换，具有可替代性，因此不得拘提鉴定人；反之，证人具有不可替代性，所以可以命拘提，纵使目击证人有数人，彼此亦无代替关系，只会产生有无调查的必要性问题而已；第三，鉴定陈述其专业的意见，证人陈述其见闻的事实，据此，我国台湾地区"刑事诉讼法"甚至规定，证人的个人意见或推测之词，除以实际经验为基础者（例如，目击证人关于被告身高、年籍的推测）外，不得作为证据。④

---

① 参见黄翰义《程序正义之理念》（二），元照出版有限公司 2010 年版，第 281 页。
② 参见林俊益《刑事诉讼法概论》（上），新学林出版股份有限公司 2015 年版，第 551—552 页。
③ 参见黄翰义《程序正义之理念》（二），元照出版有限公司 2010 年版，第 281—282 页。
④ 参见林钰雄《刑事诉讼法》（上册），元照出版有限公司 2010 年版，第 548 页。

概言之，前者认为证人与鉴定人的身份有别，虽然同属于人之证据方法（被告、证人、鉴定人），但鉴定人是以其专业知识辅助法庭调查，并非证明犯罪事实成立与否之机制，仅需进行一般的调查程序而不按照严格证明调查程序进行询问。后者认为鉴定意见对裁判者认定案件事实的心证影响较大，对被告人的定罪量刑有时会起到关键作用，鉴定人有必要依据严格证明的相关规定出庭接受控辩双方的询问。笔者赞同后一种观点。在西方国家，专家证言的可信度问题均通过法庭上的交叉询问程序来解决，法律本身并不预先对专家证言的证明力作出预断。无论是根据普通法的传统还是制定法的规定，专家必须在法庭上向法庭陈述自己意见形成的基础。① 我国刑事案件的鉴定意见主要由侦查机关的内设鉴定机构作出，一般被法庭推定具有较高的证明价值，在被告方没有鉴定启动权的情况下，鉴定人出庭接受询问是实现控辩双方平等对抗的重要因素。② 更为重要的是，随着科学证据资料在案件审理中的广泛应用，有关鉴定程序、鉴定方法是否适当，以及得出的鉴定意见是否合理，有必要在庭审调查过程中接受控辩双方的询问，并聘请有专门知识的人出庭协助质证。

二、人证调查的积极作用

在庭审调查过程中，质证是裁判者认定案件事实的前置程序，没有经过质证的证据资料不能作为认定案件事实的基础。立法层面可作为认定案件事实任何一种证据资料，不管是实物证据还是言词证据，都应视为质证对象所包含的内容。2012 年《刑事诉讼法》第 48 条规定的八种证据资料，按其表现和存在形式，可大致划分为实物证据和言词证据两类。对于言词证据而言，其由于需通过人之感官对案件发生情况加以感知和反映，并经过人之大脑记忆和储存后，再通过人之表述固定或再现，而人对案件事实的记忆，在获取、存储、恢复三个阶段的任何环节都有可能出现偏差，因此言词证据将不可避免掺杂个人主观因素，最突出的问题是受一些不利因素影响，证据资料失实。实物证据包括书证、物证、电子数据、视

---

① 参见易延友《证据法的体系与精神：以英美法为特别参照》，北京大学出版社 2010 年版，第 201 页。

② 参见胡铭《鉴定人出庭与专家辅助人角色定位之实证研究》，《法学研究》2014 年第 4 期。

听资料以及检查、勘验、侦查、辨认、实验等笔录。这类证据资料属于客观存在且能够根据其内部属性、外部表现或者所记载内容证明其与案件相关的事实，最大特点在于稳定性、客观性强，不容易失真。

但实物证据资料进入庭审程序需经过一定的主观通道，由控辩双方（有时还包括法官）提取并提交法庭，在经过主观之过滤程序后，这类证据资料的客观性可能"大打折扣"。[1] 不管是刑诉法还是"两高"的司法解释，都比较重视实物证据资料的鉴真问题，即通过相关专业人员的知识技能和技术设备，对与案件相关的证据资料用科学技术做出鉴定，以揭示该类证据资料的真实性和相关性。然而，当实物证据资料来源不明、没有记载提取经过、保管不妥当时，针对这类证据资料所做的相关科学鉴定没有任何意义。[2] 对于记载不明、保管不善的实物证据资料，若控方和辩方不能说明其提供证据资料，是否的确存在或提取于何处，则不用进一步对该证据资料所承载的相关信息进行鉴别。在对书证、物证、视听资料等实物证据进行司法鉴定之前，提交或出示实物证据的一方至少应该证明该证据资料的来源合法、保管完善以及提取可靠，因此控方和辩方需先证实其向法庭提交的证据资料确实是其出示的那份证据资料，之后对该证据资料进行的科学鉴定才具有实质意义。这种对物证、书证、电子数据、视听资料等实物证据来源以及提取过程提出的要求，实际上是旨在对证据能力进行审查的鉴真证据规则，在证据理论上一般称为鉴真方法。但是，任何经控辩双方提出之实物证据资料，都无法完全排除无意或人为的扭曲和变形，尤其是随着犯罪手段、技巧的升级，犯罪分子往往会通过变造或伪造相关物证、书证，以此来掩饰其犯罪，逃避法律的惩处。一般来讲，电子数据、视听资料是人有意识录制或制作的，当然也有可能是被追诉人伪造、剪接、涂改的。而检查、辨认、勘验、侦查实验等笔录类证据资料，有可能因伪造物品和现场情况而发生记载错误。[3] 所以，实物证据在收集、提取、保管的过程中有可能实现，有必要通过物之证据方法或人之证据方法对其进行鉴真。

如上所述，无论是实物证据还是言词证据都属于质证的对象。具体来

---

①　参见何家弘、南英主编《刑事证据制度改革研究》，法律出版社 2002 年版，第 401 页。

②　参见陈瑞华《实物证据的鉴真问题》，《法学研究》2011 年第 5 期。

③　参见何家弘、南英主编《刑事证据制度改革研究》，法律出版社 2002 年版，第 401 页。

看，针对被害人陈述、证人证言、被告人供述和辩解等言词证据的质证基本方法是交叉询问和对质，但针对书证、物证、电子数据、视听资料等实物证据资料的质证方式是什么呢？实际上，言词证据之外实物证据的质证，也应该通过控方和辩方对与该证据资料有关的人进行询问，尤其是保管证据、收集证据、鉴定证据的相关人员。实物证据资料由于其自身不能表达，因而法庭无法对其进行询问，所以只能询问与该证据资料相关的人员。① 证人作为证言提供者和信息源，鉴定人作为鉴定意见之发表者，他们无疑都是庭审调查质证的对象，而即便是书证、物证、电子数据、视听资料、勘验检查笔录等证据资料也不例外。这些证据资料的提取者、发现者、保管者、制作者同样也属于庭审质证的对象，因为作为与案件相关程序的亲历者，只有他们才能够说明证据资料的来源、制作、保管、提取的过程。② 从证据法原理上看，鉴定意见以及勘验、检查、辨认、侦查实验等笔录本质上是司法人员和相关专家制作的证据资料，属于应该以其言词方式进行人证调查的范畴。在上述证人主体缺位的情况下，证据资料本身虽然受到公诉方或辩护方的质疑或质问，但始终没有相关人证主体进行回应。实践中大量控方证人不出庭作证，代之以公诉人出庭进行解释、说明和辩驳，但问题是公诉人既非言词证据之来源，也非实物证据之发现者、提取者、制作者和保管者，其辩驳和解释往往只是对相关笔录的宣读，往往缺乏令人信服的说服力。因此，缺乏人证为主体的法庭调查，要求其符合对抗式特征的质证根本无法展开。

对抗式审判以人证调查特别是交叉询问为证据调查方式，对于人证的调查采用交叉询问没有任何问题，而对于书证、物证、视听资料、电子数据等，因其必须通过人来搜集、持有以及保管，因此实物证据资料的调查也通过对搜集、持有、保管人的交叉询问来展开，所以人证调查应当作为一条红线贯穿庭审，交叉询问可以适用于全部证据资料的调查。③ 但是，我国司法实践中大量证人不出庭，加之没有传闻证据规则的约束，证人

---

① 参见杨宇冠、刘曹祯《以审判为中心的诉讼制度改革与质证制度之完善》，《法律适用》2016 年第 1 期。

② 参见韩旭、王剑波《刑事庭审质证运行状况实证研究——以 100 个庭审案例为样本》，《法治研究》2016 年第 6 期。

③ 参见龙宗智《我国刑事庭审中人证调查的几个问题——以"交叉询问"问题为中心》，《政法论坛》2008 年第 5 期。

证言多以书面形式提交法庭，这使得对质询问和交叉询问很难展开。对此，《成都市中级人民法院刑事庭审实质化改革试点实施方案》明确规定："证人出庭作证是直接言词原则的本质要求，对应当出庭作证的关键性证人、鉴定人、侦查人员等，做到应出尽出；让证人在法官面前陈述案件事实，接受控辩双方及被告人的质询，改变过去仅宣读书面证言的传统做法，使证人证言回归其言词证据的本质特征，对于审查证词的客观真实性、发掘案件事实真相、遵循证据裁判原则具有重要意义。"①在强调证人出庭以贯彻直接言词原则的诉讼构造中，人之证据方法（包括狭义的证人、被告人、鉴定人）不仅针对言词证据也包括实物证据。相应地，也体现了人证在推进诉讼程序的进行，以及对查明案件事实真相的重要作用。我国 1979 年《刑事诉讼法》有关条款规定的庭审调查方式，基本特征是法官依职权调查，并辅之以公诉方和辩护方的讯问和发问，而 1996 年《刑事诉讼法》修改后借鉴并融合了对抗式诉讼结构的审判方式，对我国的既有的证据调查方式进行了重大调整，逐步建立了主要通过控方和辩方两造举证、质证、辩论推进法庭调查的基本方式。随着 2012 年、2018 年《刑事诉讼法》的进一步修改，在我国新的刑事庭审调查格局中，以人证调查为主线并穿插物证、书证视听资料等实物证据的交叉询问方式已经基本确立。然而，尽管我国的刑事证据调查已基本确立了交叉询问制度的总体框架，但与交叉询问制度相关的法律条文内容较为简略，可操作性不强。而与交叉询问同等重要的对质询问法律规定阙如，仅通过"两高"有矛盾的司法解释确立。所以，就如何认识我国刑事审判中的证据调查方式，以及怎么样科学、合理地构建符合我国刑事庭审要求的证据调查程序和证据调查规则，值得进行深入研究和探讨。

第三节　控辩式诉讼的人证调查基本方法

综观各国和地区的刑事法庭调查，有关人证调查的基本方法一般划分

---

① 成都中院：《全省法院刑事庭审实质化改革工作推进会资料汇编》，2016，第 25 页。

为四类：一是职权询问，即由法官直接询问；二是轮替询问，即法官、控辩双方以及其他诉讼参与人轮流质问相关证人；三是交叉询问；四是对质询问。我国刑事诉讼构造已逐渐由职权主义审问式向职权主义抗辩式转变，加之庭审实质化改革要求"开展以庭审为中心的刑事庭审实质化改革，要努力实现诉讼证据质证在法庭、案件事实查明在法庭、辩诉意见发表在法庭、裁判理由形成在法庭，促使侦查、审查起诉活动始终围绕审判程序进行，促进审判程序特别是庭审活动的实质化"①，所以，有关人证调查问题的探讨在此主要集中于交叉询问制度和对质询问制度。

一、交叉询问制度

1. 交叉询问的类型

根据《元照英美法词典》的相关解释，交叉询问是指在庭审或者庭审程序中，一方就他造提供之人证进行的相关询问。反询问应该在提供人证的一方对该人证进行主询问之后进行，旨在核查该人证提供证言或质疑该人证本身的可信性。在交叉询问中允许控辩双方进行诱导性发问，但针对主询问的诱导询问事项一般有严格限制。② 交叉询问是对抗式诉讼结构的主要特色，在美国是通过宪法第 6 条修正案规定的对质条款得到保障的一项权利。③ 可以从以下几个方面来理解这项宪法保障条款：对质权包括被告有出席法庭受审的权利；被告人有权直面对其不利的证人（"face to face" confrontation）；辩方有权对不利证人进行交叉询问，任何限制这项权利的措施将严重侵犯被告人的对质权；在没有对传闻证据提供者进行交叉询问的前提下，允许传闻证据进入法庭将侵犯被告人的对质权。④ 直接询问和反询问（交叉询问）的差别在于询问目的不同，以及容许询问范围与询问方法不同。反询问是使人证提供证言的可信性受到质疑的程序设计，允许控辩双方相互揭露对方提供证言的弱点。在一些案件中，反询问

---

① 成都中院：《全省法院刑事庭审实质化改革工作推进会资料汇编》，2016，第 5 页。

② 参见薛波主编《元照英美法词典》，北京大学出版社 2014 年版，第 354 页。

③ 被告有权由犯罪行为发生地的州和地区的公正陪审团予以迅速和公开的审判，该地区应事先已由法律确定；得知控告的性质和理由；同原告证人对质；以强制程序取得对其有利的证人；并取得律师帮助为其辩护。参见朱曾汶编译《美国宪法及其修正案》，商务印书馆 2014 年版，第 15 页。

④ See Paul C. Giannelli, *Understanding Evidence*, LexisNexis, 2009, p.551.

方甚至可以表明某人证主体不可信。询问的范围就是被允许提出问题的范围。只要是与争点有关联性且具有容许性的证据都在直接询问的范围之内。交叉询问的范围局限在直接询问所提及的事项与影响证人可信度的事项。不过，法官有裁量权，可准许反对询问的范围超过直接询问的范围。[①] 总之，交叉询问的范围由主询问确定，反询问一般只能根据主询问的范围展开，是为辩方创造合理怀疑的关键内容。

通常交叉询问可划分为两种类型。一是典型的交叉询问。这种询问方式纯粹由控辩双方主导，法官一般不积极主动介入举证、质证过程，完全处于消极中立的听审地位，但完全由控辩双方主导暴露出的问题是，当事人尤其是辩方询问技巧和法律知识的不足，以及控辩双方推动诉讼进程导致的片面追求自身利益。这不仅会带来诉讼争点不明、诉讼效率低下，也不利于案件事实真相的查明和纠纷的解决。借助交叉询问的相关规则，控辩双方有充足的时间施展诉讼技巧，以扰乱法官和陪审团的视线，影响其对案件事实的理性判断。二是混合式交叉询问。这种证据调查方法兼采了大陆法系职权主义的诉讼模式，既注重控辩双方参与法庭调查的积极性，也强调庭审法官对法庭调查全局的平衡和控制。当前，在具有混合式刑事庭审调查程序的国家和地区，如意大利、日本以及我国的大陆地区和台湾地区，在控辩双方对证人进行询问的前后以及询问进行中，针对案件的不同情况法官可依职权进行询问，但法官的询问仅是对控辩双方询问的补充，证据调查的主要部分仍然是由控辩双方进行主询问和反询问。随着两大法系诉讼模式的相互借鉴和不断融合，以及传统典型交叉询问方式暴露出越来越多问题，混合式诉讼结构得到了更加广泛的应用。我国刑诉法修改后的新审判方式，打破了裁判者依职权审理的旧模式，但并未全部采纳对抗制的审判模式，这是中国传统制度因素、职权主义审判因素和当事人进行主义因素的糅合。[②] 以往裁判者包揽庭审调查转变为主要分别由控辩双方举证、质证，这种新型的审判结构为控辩式审判方式，相应地，其询问方式为控辩询问。控辩式诉讼结构证据调查程序的交叉询问，与采当事人进行主义的交叉询问相比，在对抗的激烈程度、具体发问方式、法官职

---

① ［美］Brian Kennedy：《证人询问的技巧》，郭乃嘉译，元照出版有限公司 2002 年版，第 30 页。
② 参见龙宗智《我国刑事庭审中人证调查的几个问题——以"交叉询问"问题为中心》，《政法论坛》2008 年第 5 期。

能角色等方面有较大不同。

2. 交叉询问的功能

如前所述，对抗式刑事诉讼结构中，利用人证（包括狭义的证人、被告人、鉴定人）进行质证最基本的方式是交叉询问，这集中体现了当事人进行主义诉讼模式的特征。交叉询问与对抗诉讼模式密不可分。对抗式诉讼程序的核心要义是：控辩双方通过诉讼主张和证据资料的正面对决，使处于中立和超然地位的裁判者，作出可接受的裁决来解决该纠纷。[1] 这也为被告人提供了一个机会，使其能亲自对控方指控他的诉讼请求和证据资料作出回应，并在律师的帮助下查究控方的事证。[2] 审判是互相对立的事实陈述和法律理论之间的竞争，抛开科学事实认定的全部清规戒律，这种审判模式是人类迄今为止促使真相大白最好的方法。[3] 英国著名法官戴维林（Devlin）曾言："英国人认为获得真相最好方法是让各方寻找能够证实真相的各种事实，然后双方展示他们获得的所有材料……两个带着偏见的寻找者从田地的两端开始寻找，他们漏掉的东西要比一个公正无私的寻找者从地中间开始寻找漏掉的东西少得多。"[4] 控辩双方针对对方人证进行的交叉询问，可以确保在最大限度范围内发现案件事实真相。当事人进行主义诉讼结构，证人由控辩双方自行传唤、自行讯问，而他造当事人可以借助交叉询问方式，发现对方人证陈述之瑕疵。交叉询问的主要功能在于确保案件事实真相的发现，使反询问者能够及时戳破人证与案件事实相关之知觉、记忆、表达能力的瑕疵，以及人证的真诚性问题。

威格莫尔（Wigmore）指出："如果我们忽略掉更广泛的政治考量，交叉询问而非陪审团的审判才是对英美法系改进审判程序方法巨大而永久

---

① 参见［日］谷口安平《程序的正义与诉讼》，王亚新、刘荣军译，中国政法大学出版社1996年版，第26页。

② 参见［美］兰博约《对抗式刑事审判的起源》，王强之译，复旦大学出版社2010年版，第297页。When a witness testifies at trial, he usually describes a particular event material to the issues being litigated. Occasionally, on direct or cross examination, a witness testifies that he cannot remember the event in question. If this occurs on direct examination, counsel may seek to refresh his witness' present recollection or, if appropriate, may employ the doctrine of past recollection recorded. Michael H. Graham, "Confrontation Clause, the Hearsay Rule, and the Forgetful Witness", *Texas Law Review*, vol. 56, 1978, p. 152.

③ 参见［美］乔恩·R. 华尔兹《刑事证据大全》，何家弘等译，中国人民公安大学出版社2004年版，第9页。

④ 何家弘、南英主编《刑事证据制度改革研究》，法律出版社2002年版，第455页。

的贡献。"①　交叉询问制度建立于控辩双方势均力敌的对抗基础上，案件真相将通过两极之间的张力呈现出一种明亮的光。②　如其他因素使证人审判外陈述的真实性能够获得确保，则对质询问的功能就等于已经达到，被告人是否进行亲自对质询问已无关紧要。可以认为，使用真实性得到确保之审判陈述为定案证据，没有侵害被告人的对质权；反之，使用真实性没有获得确保的审判外陈述为定案证据则侵害了被告人的对质权。③　在诉讼过程中，证人由于观察、记忆或表述等可能作出与事实不符的证言；被害人基于报复的心理动机，可能故意夸大案件事实；同案被告人为了推卸责任或出于其他目的，也可能故意歪曲事实。如果司法机关轻信他们的陈述作出判决，则会对被告人极其不利。据此，"我们完全可以说那些揭示了能导致证人错误解释或歪曲事实的利益、诉讼偏袒意识或偏见的交叉询问可以给证人的可靠性加上疑点"。④　除此之外，交叉询问还可以防止政府滥权。此理论认为美国人权法案及宪法，旨在限制政府权力之不当行使。刑诉程序中政府拥有无限资源，如果与被告人相比政府永远占据优势地位，美国人权法案之目的即在于限制政府权力之不当行使。如果政府以秘密的方式讯问与案件相关的人证，则更容易造成公权力之滥用，尤其是公诉方有动机和能力使人证根据自己所期待之方式回答相关问题。司法实践表明，执法人员或检察官通常会在讯问与案件相关证人的过程中，恐吓、威胁、利诱，或者以暗示方式、非常技巧不当诱导证人。对质诘问权目的即防止这种权力的滥用，若政府企图于审判外，借警察或检察官讯问证人所得的证词，以代替审判证人的证词，则对质诘问权扮演如同证据排除法则及米兰达警告的角色，排除传闻证据。⑤　所以，交叉询问既可以查明案件事实真相，提升司法裁决的可接受性，也可以发挥防止政府滥权的功能。

①　If we omit political considerations of broader range, cross-examination, not trial by jury, is the great and permanent contribution of the Anglo-American system of law to improved methods of trial-procedure. See J. H. Wigmore, *A Treatise on the System of Evidence in Trials at Common*, *Law vol. II*, Boston, Little Brown&Cie, 1904, p. 1367.

②　See Thomas Weigend, "Is the Criminal Process About Truth: A German Perspective", *Harvard Journal of Law & Public Policy*, Vol. 26, 2003, p. 159.

③　参见王兆鹏《美国刑事诉讼法》，北京大学出版社 2014 年版，第 450—454 页。

④　[美] 乔恩·R. 华尔兹：《刑事证据大全》，何家弘等译，中国人民公安大学出版社 2004 年版，第 53 页。

⑤　参见王兆鹏《美国刑事诉讼法》，北京大学出版社 2014 年版，第 455 页。

3. 交叉询问的方法

有关人证调查的主导方式，陈朴生教授有较为精到的阐述：人证之调查，基于言词审理主义之理论，应采口头发问，固为现今各国刑事诉讼所共认。唯其方式，英美法与大陆法因诉讼制度的不同标准有所差异。大陆法系各国证人由法院讯问，为使其陈述体验事实，不采一问一答方式，利在其陈述具有完整性，不至割裂，易于发现真实，其弊亦即易致争点混乱，或使裁判官产生不当之偏见或预断。英美法因采彻底的当事人主义，调查证据当事人居于主体之地位，重视当事人间之相互牵制，并基于当事人处分权主义之理论，人证先由声请传唤之当事人发问，其次由他造当事人反对发问，更为声请当事人再发问，他造当事人再反对发问，即证人应由控辩双方当事人交互发问，故其发问采一问一答方式，并限定其对象，且许他造当事人得对其不当发问声明异议，其缺点与大陆法系相反。① 因此，当事人主义诉讼模式中，人证调查的导出方法主要是问答式而不是叙述式，问答式的优点是提问和回答相对集中，证人、被告人、鉴定人提供的证言与案件事实的关联性较强，可以避免叙述式证言陈述的杂乱无序、不得要领。问答式也可以使本方及时发现对方不适当的发问并就此向法官提出异议，以避免事实审理者接触到不合理的证言。

在大多数欧洲国家，刑事案件的证人站在证人席上宣读一份很长而且有时是非常杂乱无章的有关其所知案件证据资料的陈述。而根据美国法律的规定，有关询问证人的方式与这些国家大为不同，所有证人都通过问答方式提供证言，要求证人对询问律师提出的相对集中问题作出回答。这种方法允许对方律师在预见某问题会使陪审团听到不得采纳的证据时及时提出反对意见，以免证人做出有害的回答。② 但问答式存在的缺点是显得过于人为化和技术化，证人容易受公诉人或律师的诱导和暗示，进而损害证言的客观性和完整性。与之相对，职权主义诉讼模式中，人证调查的导出方法主要是叙述式。如《德国刑事诉讼法典》第 69 条（询问案件）规定："应当让证人连续陈述其所知的询问事项。询问前应当向证人表明侦查对象，只要有被指控人存在，亦应表明被指控人。为阐明和

---

① 参见陈朴生《刑事证据法》，三民书局 1970 年版，第 396—397 页。

② 参见［美］乔恩·R. 华尔兹《刑事证据大全》，何家弘等译，中国人民公安大学出版社 2004 年版，第 44 页。

完善证言，以及查清证人获知的依据，在必要的情况下应当进一步发问，对为犯罪行为所伤害的证人，应当特别给予其机会陈述该行为对其造成的伤害。对于询问证人，相应适用第 136 条 a 的规定。"① 虽然人证调查的叙述式导出方法一般受外界因素（如诱导询问、暗示）的不当影响较小，同时能够保证陈述的连贯性和完整性，不至于使证言被割裂而变得支离破碎，有利于案件事实真相的发现。但人证的叙述式导出方法也容易使证言杂乱无章，证人提供的部分证言可能与案件无关或者属于猜测性的评断，甚至有的会提供对举证方不利的证言。所以，举证方通常采取短而直接的提问方法，尽量将证人的陈述限定于与案件事实有关的范围。

麦考密克教授指出，科学实验表明，自发性陈述更准确，因为它较少受到人为暗示的影响，而全部由问答式询问得来的证言可能并不完整。不过，问答式询问可以确保证人有条不紊地提供复杂证言，帮助紧张的证人顺利完成作证，用直观的方法修改和补充证人证言，防止证人证言的不着边际、冗长乏味。② 因此，在采取混合式诉讼模式的国家，证言导出方法一般是将问答式与叙述式混合使用。例如，我国台湾地区 2003 年"刑诉法"修改增加了第 166 条之七关于"诘问及回答之方式"的规定："诘问证人、鉴定人及证人、鉴定人之回答，均应就个别问题具体为之……"并保留了原第 190 条（讯问证人之方法）的相关规定，即"讯问证人，得命其就讯问事项之始末连续陈述"。这种人证调查问答式与叙述式的混合，目的是调整审判中以往命人证连续陈述的讯问习惯与域外询问实务，以向人证提问具体个别问题（问答式）为主的做法，保留可以由人证为连续陈述（叙述式）的讯问方式。对于证人、鉴定人之诘问及证人、鉴定人之回答，应以何种方式为之，在英美法庭多见一问一答方式，而保留原"刑诉法"条文第 190 条第 1 项"讯问"证人，应命证人就讯问事项之始末而连续陈述，原因在于以一问一答之方式为之，较为明确但易受暗示之影响且耗时较久，而以连续陈述（叙述式）的方式，也有可能因人证的不小心或疏忽，而遗漏与案件相关的重要事实，有时二者甚或不易区别。③ 我国台湾地区 2003

---

① 《德国刑事诉讼法典》，宗玉珉译注，知识产权出版社 2013 年版，第 36 页。

② 参见［美］约翰·W. 斯特龙主编《麦考密克论证据》，汤维建等译，中国政法大学出版社 2003 年版，第 14 页。

③ 参见林钰雄主编《新学林分科六法：刑事诉讼法》，新学林出版股份有限公司 2011 年版，第 A - 428 页、第 A - 469 页。

年"刑事诉讼法"修法结合了问答方式和连续陈述方式的长处,以此赋予人证调查较具弹性的空间。这对当前大陆地区庭审实质化改革的人证询问操作规范具有一定借鉴意义。我国最高人民法院发布的"三项规程"吸纳了成都中院刑事庭审人证询问指引的操作规范。《成都市中级人民法院刑事庭审人证询问指引(讨论稿)》第 13 条规定:"在询问中可以先由证人、鉴定人、侦查人员叙述其所了解的案情,再采用一问一答的问答方式进行,也可以直接采用一问一答的方式进行。由诉讼双方根据案件具体情况来予以选择。"① 相应地,"三项规程"之《人民法院办理刑事案件第一审普通程序法庭调查规程(试行)》第 22 条规定:"控辩双方可以通过提问的方式向证人询问与案件事实有关的问题,也可以让证人向法庭自由陈述其所亲自感知的案件事实。审判长认为证人当庭陈述的内容与案件事实无关或者明显重复的,可以进行必要的提示。"

4. 有关诱导性询问的探讨

诱导性询问又称为暗示性询问,是指发问者通过其所提问题加入暗示被询问人应该如何作答的内容,或者将需要被询问人作证有争议的案件事实,假设为已存在的案件事实对其进行询问,或者发问者借助发问时声调的抑扬顿挫、语气的轻重缓急和某种示意性动作对被询问人施加影响,使其按照发问人的意思对提问进行作答。② 在交叉询问中,被询问者容易受询问者的诉讼立场以及倾向性的影响,而为确保人证调查的真实性和客观性,需要对交叉询问设置一系列较为严格的限制规则,如禁止诱导性询问规则、不得质疑己方证人规则、反对不当发问规则等。③ 其中,禁止诱导询问规则是最重要也是最难把握的交叉询问规则。诉讼参与主体不易立刻对诱导询问做出辨别,尤其是在主询问中还有例外适用的情况。这在一定程度上使

---

① 参见成都中院《全省法院刑事庭审实质化改革工作推进会资料汇编》,2016,第 77 页。

② 参见毕玉谦主编《中国司法审判论坛》(第 1 卷),法律出版社 2001 年版,第 130 页。

③ The party calling a witness may be tempted to suggest to him what he wants him to say. In examination-in-chief, however, the general rule is that a witness may not be asked leading questions. Evidence elicited by leading questions is not inadmissible but the weight to be attached to it may be reduced. Leading questions are usually those so framed as to suggest the answer sought. See Adrian Keane & Paul Mckeown, *The Modern Law of Evidence*, Oxford University Press, 2012, p.165. See also Jacqueline M. Wheatcroft, Sarah Woods, "Effectiveness of Witness Preparation and Cross-Examination Non-Directive and Directive Leading Question Styles on Witness Accuracy and Confidence", *International Journal of Evidence & Proof*, vol.14, 2010, p.191 – 194.

诱导性询问成了对抗式庭审结构中控辩双方关注的焦点。

反对诱导询问在于保证狭义证人、被害人、被告人、鉴定人提供证言的真实性和可靠性，以避免其受到询问人不当发问方式的影响。诱导询问是询问者以其所希望的回答暗示受讯问人的讯问方法，情形有三。一是虚假的诱导，是指暗示人证有意为异于其记忆的陈述。二是错误的诱导，是指因提问者的暗示使人证足以发生错觉，并致使其异为记忆的陈述，有使要证事实为假定已证明的危险。三是记忆的诱导，是指因提问者的暗示而诱导人证的记忆。① 控辩双方对人证的调查往往带有一定倾向性，但此一旦表露为带有明显暗示性的问题，就可能触犯禁止诱导询问规则而被禁止，因此控辩双方需要在询问的有效性与发问的中立性之间做出权衡，尽量提出某种带有倾向性的有效问题，但又要注意不能触碰禁止诱导询问规则的要求。② 虽然从形式上看凡是以"是"或者"不是"、"对"或者"不对"等选择性答案来回答的提问通常是诱导性发问，但在判断是否属于诱导询问时不应仅从形式上出发，而应尽可能从内容上判断提问中是否包括有提示性的信息内容。③ 例如，你是否听到被告人说："我刚才杀死了他？"这种暗含选择性答案的询问就属于典型的诱导性询问。而有的诱导性询问却很难从形式上进行辨别，需要结合相关的询问背景和话语构造，从实质内容上辨别询问者向证人的提问是否暗含希望得到的答案。

禁止直接询问诱导发问而允许交叉询问的诱导发问，这是对抗制诉讼结构的基本要求，本方证人因观点和立场的一致性容易受诱导，而对方证人因对立关系一般不会受到诱导。在直接询问程序中，禁止举证人就系争之重要事项为诱导询问；而关于预备的不争之事项则不适用禁止之规定。反对诱导询问法则的理论根据是普通人容易受不当暗示的影响，特别是就接近正确的诉讼主张随声附和，而人证往往对声请并传唤其出庭作证的一方有偏爱的倾向。若有相关事实表明人证对出示证据方有所敌视或不愿作证，禁止诱导询问法则即可不再适用。裁判者若认为诱导询问能够使对人证的询问尽快结束而对他造无害，可根据情况斟酌许可控辩双方诱

---

① 参见陈朴生《刑事诉讼法实务》，海天印刷厂有限公司 1981 年版，第 226 页。

② 参见龙宗智《我国刑事庭审中人证调查的几个问题——以"交叉询问"问题为中心》，《政法论坛》2008 年第 5 期。

③ 参见毕玉谦主编《中国司法审判论坛》（第 1 卷），法律出版社 2001 年版，第 130 页。

导询问。① 例如，根据《美国联邦证据规则》第 611 条 "询问和举证的方式和次序" 规定："……交叉询问的范围。交叉询问应限于直接询问的主题和证人诚信有关的问题。法庭经斟酌决定，可以允许像直接询问时那样对附加的问题进行询问。诱导性询问。在对证人进行直接询问时，除非为展开证人作证所必需，否则不能提出诱导性问题。在交叉询问时可以允许一般的诱导性问题。当一方当事人传唤怀有敌意的证人、对方当事人或属于对方当事人一方的证人时，可以用诱导性问题进行询问。"② 有关诱导询问的规定，各法治国家和地区与《美国联邦证据规则》的规定大致相同，主询问一般不允许诱导性询问，但在涉及需明确证人经历、身份等准备事项时，控辩双方无争议事项、因证人记忆不清需唤起其记忆事项、证人对主询问方表示反感或存在敌意事项等有一定例外。

我国有关诱导询问的规定为对主询问和反询问不作区分的绝对禁止诱导询问。2012 年《高法解释》第 213 条规定，"向证人发问应当遵循以下规则：发问的内容应当与本案事实有关；不得以诱导方式发问；不得威胁证人；不得损害证人的人格尊严。前款规定适用于对被告人、被害人、附带民事诉讼当事人、鉴定人、有专门知识的人的讯问、发问"。在司法实践中，绝对禁止诱导询问规定往往为公诉方攻击辩方律师对人证进行有效询问的特有武器，而辩方对公诉方不当询问的当庭异议却很难得到主审法官的支持（见 "××市××县人民法院关于×××抢劫罪一案庭审笔录节选"）。笔者认为，既然诱导询问在刑事证据调查过程中客观存在（公诉方经常使用），以及交叉询问具有防止冤假错案和遏制政府滥权的作用，在刑

---

① 参见［美］E. M. 摩根《证据法之基本问题》，李学灯译，世界图书出版公司 1982 年版，第 79 页。See Jefferson L. Ingram, *Criminal Evidence*, Anderson, 2009, pp. 288 - 289.

② 《美国联邦刑事诉讼规则和证据规则》，卞建林译，中国政法大学出版社 1996 年版，第 115 页。日本刑诉法典对诱导询问的规定也大体和美国相当。《日本刑事诉讼规则》第 199 条之三规定："主询问，应当针对所要证明的事项及与此关联的事项进行。在主询问时，对争辩证人供述的证明力有必要的事项，也可以询问。在主询问时，不得进行诱导询问。但在下列场合，可以进行诱导询问：在进行实质性询问以前，涉及需要明确证人的身份、经历、交友关系等准备性事项时；涉及诉讼关系人没有争议已经明确的事项时；对证人记忆不清楚的事项，为唤起其记忆而有必要时；证人对主询问人表示敌意或者反感时；涉及证人意图避免提供证言的事项时；在证人作出与以前供述相反的供述或者实质上不同的供述的场合，涉及该供述的事项时……"；第 199 条之四规定："反询问，应当针对主询问中涉及的事项及与此关联的事项和对争辩证人供述的证明力有必要的事项进行。在反询问中有必要时，可以诱导询问。审判长认为诱导询问不适当时，可以予以限制。"《日本刑事诉讼法》，宋英辉译，中国政法大学出版社 1999 年版，第 180 页。

事诉讼程序的立法层面就不能对此作模糊化的绝对禁止诱导询问规定。正因如此，有必要对主询问和反询问的诱导询问作出合理区分，原则上反询问可使用诱导询问而主询问不得使用，但允许主询问对准备事项和部分特殊事项有一定例外。《成都市中级人民法院刑事诉讼人证出庭作证操作规范（试行）》第43条（诱导性发问的处理）规定，"就案件事实发问时，不得使用提示性、诱导性问题。但就下列情形发问时，可不严格限制诱导性发问：在实质性询问之前，涉及需要明确人证的身份、经历等准备性事项的；涉及诉讼各方没有争议，且已经明确的事项的；发问主要意图是反驳人证的不实证词、质疑该人证证言真实性的；证人记忆不清时，为唤起其记忆而确有必要的；向鉴定人、有专门知识的人就有关专业性问题发问的"。①但遗憾的是，"三项规程"之《人民法院办理刑事案件第一审普通程序法庭调查规程（试行）》并没有采纳成都中院人证出庭操作规范中关于诱导性发问的处理的规定。《人民法院办理刑事案件第一审普通程序法庭调查规程（试行）》第20条规定，"向证人发问应当遵循以下原则：发问内容应当与案件事实有关；不得采用诱导方式发问；不得威胁或者误导证人；不得损害证人人格尊严；不得泄露证人个人隐私"。这实质上与2012年《高法解释》第213条的规定如出一辙，并没有对以往的不合理规定作出任何改变。

××市××县人民法院关于×××抢劫罪一案庭审笔录节选

……公诉人提请证人刘××出庭作证。

审判长：法警，传证人刘××到庭作证……（核实证人信息、签署保证书）。下面由你向法庭陈述你所知道的案件情况。

证　人：（陈述当天发生的事情）……

审判长：现在由公诉人询问证人。

公诉人：证人刘××，现在由公诉人询问您几个问题，希望你实事求是地回答……

公诉人：朱××对被告人黄×讲过因为被害人郭×说报被告人黄×的名字可以买到车，然后可以这个事情找被害人郭×拿点钱，这个是当时在车上明确表示过的，对吗？

证　人：朱××说过……

公诉人：去了朱××说的那个网吧找到了被害人郭×，然后把郭×带到了你所说的××街，××广场，××网吧，××宾馆，对吗？

证　人：是的。

公诉人：在××街的时候，被告人黄×有没有掏出他的杀猪刀？

---

① 参见成都中院《全省法院刑事庭审实质化改革工作推进会资料汇编》，2016，第60—61页。

证　　人:(略作回忆)拿出来吓唬过被害人郭×……

公诉人:你坐在什么地方,是不是坐在被害人郭×的旁边?

证　　人:刚开始没有……

公诉人:如果当天被害人郭×不提出给钱的话,你们会不会轻易放他走?

证　　人:最后也要放他走。

公诉人:但是不是当时,对不对?

证　　人:对……

公诉人:你们是为了让被害人郭×找出另外一个叫"黄×"的人,还是为了要钱?

证　　人:找出另外一个叫"黄×"的人。

公诉人:那么你刚才说的在车上的时候,朱××就给被告人黄×提过,要以此为由让被害人拿钱,这个是不是真实的?

证　　人:是的……

公诉人:编造谎言的目的就是顺利取得钱,对吗?

证　　人:是的。

……公诉人询问完证人刘××后。

审判长:现在由辩护人对证人发问,刚才公诉人询问过的问题,以及证人已经做过陈述的问题不能重复发问。

辩护人:好的,审判长。

辩护人:证人刘××你好,我是本案被告人黄×的辩护人,有几个问题需要向你发问,希望你如实回答。

辩护人:刚才公诉人问你被告人黄×打电话叫你去做什么,你说是去收朋友欠他的钱,他有没有具体告诉你是哪个朋友?

证　　人:没有告诉……

辩护人:刚才公诉人问你说你们去找被害人郭×的目的就是叫他拿钱,那为什么在几个小时以后由被害人提出因这个事情他赔点钱呢?

证　　人:不清楚。

辩护人:为什么你们不在打他的时候,或者说用刀威胁他的时候就让被害人郭×拿钱出来呢?

公诉人:反对,辩护方的这个问题是诱导性发问。

辩护人:审判长,这不是诱导性发问。这是在问一个选择性的问题。

审判长:(略作思考)反对有效,辩护人注意你的询问方式。

辩护人:你刚才说过在××宾馆的时候,被害人郭×有离开过房间,是吧?

证　　人:是的。

辩护人:被害人郭×是不是自己回去的?

审判长:辩护人,刚才被害人郭×回到宾馆这些事情,这是重复性的发问,现在不要问了,请注意一下你询问的问题。

辩护人:你们到被害人郭×外婆家的时候有没有下过车?

证　　人:没有下过车……

5. 我国交叉询问制度的完善

虽然成都中院的试点实施方案、人证出庭操作规范、人证询问指引，分别对证据调查的询问规则进行了完善。但是，"三项规程"之《人民法院办理刑事案件第一审普通程序法庭调查规程（试行）》没有完全采纳改革试点的建议，也没有根据诉讼结构的发展变化进行实质性的制度变革。笔者认为，相关改革的推进既有赖于理论研究的不断跟进，也需要实务部门积极采纳学理建议，以构建符合刑事诉讼规律的交叉询问制度。具体来看，可结合庭审实质化改革的要求从以下方面着手。

第一，要求案件的关键证人出庭接受控辩双方的交叉询问，改变以讯问被告人为中心的证据审核方式。强调证人出庭作证并非为庭审实质化改革暂时性的政策实施型程序目标，而是为落实传闻证据规则或直接言词原则对证据调查的言词化审理要求，以确保控辩双方尤其是辩方广义上的对质权（包括交叉询问）。关键证人不出庭就意味着当事人对质权的落空，该证人证言应作为传闻证据予以排除而不得作为定案根据，这是传闻证据规则和直接言词原则的应有之义。2012 年《刑事诉讼法》第 187 条规定："公诉人、当事人或者辩护人、诉讼代理人对证人证言有异议，且该证人证言对案件定罪量刑有重大影响，人民法院认为证人有必要出庭作证的，证人应当出庭作证……"其中，法官对必要证人出庭的自由裁量权过大，以致司法实践中证人较少出庭或几乎不出庭。同时，《刑事诉讼法》第 190 条并没有明确禁止书面证言在法庭中的使用。书面证言只要经过法庭审查，在确认具有关联性、合法性、客观性后可作为认定案件事实的根据。针对此问题，可通过修法在宪法层面赋予被告人对质权，并在法律层面确立传闻证据排除规则来保障被告人享有对质权。

现代职权主义诉讼结构庭审强调审问被告人的程序前置，即在调查证据之前首先就指控的犯罪事实讯问被告人，是为保障被告人答辩或提出异议的权利，而非以此为查明案件事实真相的方法。法官在证据调查前讯问被告人，是给予其进行有罪或无罪答辩的机会，并可就相关的程序性问题提出异议。这与当事人主义诉讼结构完全不同，无罪推定诉讼理念和反对强迫自证其罪的贯彻使其在证据调查前讯问被告人无任何可能。我国 1996 年《刑事诉讼法》将以往由主审法官审问被告人，转向了由公诉人讯问被告人。但公诉方在庭审调查前讯问被告人与原刑诉法中法官讯问被告人相同，是一种强制性讯问方式的延续。虽然刑诉法和司法解释并没有对此进行明文规定，但公诉人在讯问之前通常会告知被告人必须如实回答。另外，根据坦白从宽、抗拒从严的刑事政策，如果被告拒绝回答公诉方和审判人员的讯问，或者在审前阶段供述有罪，而在审判阶段当庭翻供的，一旦被法庭裁定有罪，则可能因认罪态度不好而被从重处罚。如此一来，被告人能否回答公诉人的提问，不能取决于其自由意志，必须服从于法庭查明案件事实真相的需要。需要着重指出的是，以讯问被告人为中心的证据调查审核方式，公诉方和法庭会过度依赖被告人的供述和辩解，这无益于塑造控辩双方的平等对抗。公诉人的强制讯问明显削弱了被告人的主体地位，导致其诉讼角色定位的客体化。要实现被告人在公诉案件中诉讼角色定位的现代转型，需保障被告人答辩和提出异议权利，以及贯彻落实不强迫自证其罪原则。

第二，适当调整裁判者的证据调查控制权。当事人进行主义基于查清案件事实进行考量，虽然法律赋予了法官一定的诉讼控制权，但其更多体现为居于消极、中立的地位，不会过多干涉法庭的证据调查。当前，我国相关法律不仅赋予了法官庭审的诉讼指挥权，还允许其依职权于庭外调查证据。例如，《人民法院办理刑事案件第一审普通程序法庭调查规程（试行）》第 19 条规定，"证人出庭后，先由对本诉讼主张有利的控辩一方发问；发问完毕后，经审判长准许，对方也可以发问……审判人员认为必要时，可以询问证人……"第 37 条规定，"法庭对证据有疑问的，可以告知控辩双方补充证据或者作出说明；必要时可以在其他证据调查完毕后宣布休庭，对证据进行调查核实"。① 但法官增大证据调查诉讼控制权，可能对辩方行使调查权形成不当限制，使其获得平等对抗的机会减少。如果法院几乎代行了公诉方的追诉职能，则控方无须在法庭上充分开展庭审调查，法官倒可能成为实质意义上的第一公诉人，往往自觉或不自觉地站到了辩护方的对立面。这就使得审判原本以控、辩双方为主的横向对抗关系，不当转化为以审判方与辩方为主的纵向对抗关系。虽然法官为澄清案件事实真相，可以就控辩双方询问过程的疑点补充发问和在庭外调查证据，但这一澄清义务应更多倾向辩方的证据调查。

第三，完善庭审调查控辩双方进行对抗的相关规则。在当事人进行主

---

① 除此之外，《人民法院办理刑事案件第一审普通程序法庭调查规程（试行）》第 4 条、第 10 条、第 22 条、第 26 条、第 28 条、第 30 条；《人民法院办理刑事案件排除非法证据规程（试行）》第 24 条，也有法官依职权查明案件事实真相的规定。

义的诉讼构造中，对抗主体可划分为控方和辩方两大阵营，相应地，证人也可分为控方证人和辩方证人。尽管我国庭审的人证调查方式已初具对抗式诉讼结构的基本特征，但在人证划分和制度设置上没有严格遵循交叉询问的要求，尤其是没有严格区分控方证人和辩方证人，以及主询问与反询问的发问方式。① 公诉人向法庭提出辩方对控方证人的发问属于诱导询问，一般主审法官仅提醒辩护人注意发问方式，不会仔细分辨辩方的发问方式是否恰当。虽然不作任何区别的绝对禁止诱导询问规则，原本旨在确保证人陈述的客观性和真实性，避免受到控辩双方不当询问方式的影响，但实践中很难禁止对证人调查的诱导发问。主询问不同于反询问，证人通常对申请传唤其作证的主询问方有所偏爱，容易受其不当发问方式的影响。而主询问方的证人对反询问方常保持警惕，甚至怀有敌意，所以，禁止诱导询问规则对其不再适用。如果绝对禁止反询问方进行诱导询问，就会削弱反询问方揭露证人虚伪陈述或不实陈述的功能，最终影响通过交叉询问发现案件事实的真相。对人证的发问顺序一般可按照申请出庭方（请求询问证人的人）先发问、相对方后发问的顺序交替进行。第四，弥合证据调查主体和调查方式的多元性冲突。有效的庭审对抗通常仅限于控辩双方二元主体，但我国的人证调查除了控辩双方的询问以及裁判者的补充询问外，还包括被害人、诉讼代理人、附带民事诉讼原告等。但是，刑诉法和司法解释并没有规定控辩双方之外主体（如被害人）如何发问、何时发问。通常被害人、诉讼代理人、附带民事诉讼原告等对人证的发问在公诉人询问后，但这种发问属于主询问还是反询问，法律并没有作出明确规定。1996 年刑事诉讼法将被害人纳入诉讼当事人的范畴，虽然一定程度上契合了强化被害人诉讼地位的国际化趋势，但被害人的当事人化与法理存在冲突，有违刑事诉讼程序运行的基本法理。追诉犯罪的意愿与证人出庭提供证言之间存在无法回避的角色冲突问题，因为被害人为使被告人受到法律的惩罚这一要求，一般具有主动、积极参与刑事诉讼程序、影响最终裁判结果生成的愿望。作为追诉犯罪的当事人与重要证据来源的证人，被害人必然难以在这两种角色之间进行转换和平衡，特别是具有控诉倾向

---

① 三项规程对此有所涉及，但主询问和反询问的划分并不明确。《人民法院办理刑事案件第一审普通程序法庭调查规程（试行）》的第 19 条规定："证人出庭后，先由对本诉讼主张有利的控辩一方发问；发问完毕后，经审判长准许，对方也可以发问。控辩双方发问完毕后，可以归纳本方对证人证言的意见，控辩双方如有新的问题，经审判长准许，可以再行发问。"

的当事人，容易影响其作为证人对与案件相关事实的客观陈述。而被害人作为诉讼当事人参与全部诉讼，既要作证又在场参加全部诉讼活动，听取被告的供述、证人证言和其他证据的举证并对其发表意见，这种做法违背了证人不得旁听庭审的原则，对其作证的客观性进一步造成损害。可见，被害人作为当事人可以在审判的全过程在场，不仅混淆了当事人与证人的不同诉讼角色定位，也是职权主义诉讼模式下对真实发现的背反。显然，恢复被害人、其他诉讼参与人，尤其是证人地位的角色，抑或赋予其选择成为证人或辅助人的权利，更符合刑事诉讼法理的内在逻辑要求。另外，虽然我国刑事诉讼法吸收了当事人进行主义的一些经验，但诉讼构造的差异致使部分诉讼制度的设置不尽合理。例如，人证调查询问的问答式和叙述式各有利弊，前者有利于诉讼争点的限定，但缺点是证言陈述的碎片化，容易受控辩双方的暗示和诱导；而后者有利于证言陈述的完整性，但缺点是易致争点混乱，使裁判者产生不当的预断。大陆法系国家为克服叙述式询问方式的弊病，将人证的陈述建立于轮替诘问基础上，确保证据调查的询问范围集中于诉讼争点，进而避免证人陈述的杂乱无章、不得要领。我国人证调查之询问范围和方式缺乏明确限定，这可能会导致刑事证据调查偏离争点并使询问人证的秩序陷入混乱。所以，向人证提问应借鉴域外以具体问题（问答式）为主的做法，保留可以人证连续陈述（叙述式）为辅的讯问方式。

第五，根据证据资料的不同形式，采取以人证调查为主线并穿插物证、书证、电子数据等实物证据的言词化审理，而非由"主观到客观"或"客观到主观"的证据展示程序。虽然法律对举证顺序没有作出明确规定，但根据1996年发布的《最高人民检察院于审查逮捕和公诉工作贯彻刑诉法若干问题的意见》，以及2007年发布的《公诉人出庭举证质证指导意见（试行）》的规定，已经逐渐形成严格按照《刑事诉讼法》第189条、第190条位置顺序以及《高法解释》第202条规定顺序的证据展示程序，即证据调查程序按照"主观到客观"的举证顺序进行。但是，如果严格按照由"主观到客观"的证据展示顺序，则这种呆板的举证方式可能会导致证明体系的紊乱。例如，当控方询问或讯问证人、鉴定人、被告时涉及其他实物证据时，若控方要求出示该实物证据，主审法官则可能以不符合举证提纲顺序而不允许。针对证据调查从"主观到客观"展示顺序存在的冗长低效问题，成都中院的改革试点方案提出了由"客观到主观"的证据展示程序。① 因为实物证据的证明力较强，优先出示实物证据可明确案件的争议焦点，并减少辩方对控方指控的异议。但成都中院改革试点提出的由"客观到主观"的证据展示顺序，也存在"主观到客观"证据展示方式的弊病，特别是无法形成一个清晰的证明过程，容易忽视案件事实各部分之间的逻辑关联。

司法实践中形成"主观到客观"或"客观到主观"的证据展示程序，与过度重视证据资料外在形式分类，关键证人不出庭作证代之以宣布其证言笔录，以及庭审调查主要以讯问被告人为中心的证据审核有关。虽然这种由"主观到客观"或"客观到主观"的证据展示顺序，从形式上看可能使得庭审调查顺序层次明确，但实质上可能会无端割裂案件事实与证据资料之间的内在联系，进而破坏案件证据和事实的完整性，使原本紧密相关的各案件构成要素被肢解，并损害控辩双方的证明体系。这种机械的证据展示程序也可能会严重影响法庭质证。当控辩双方分别就对方提供的证据进行质证时，一般需要其他的相关证据作为弹劾证据。例如，当质疑证人、被害人、鉴定人证言的真实性时，可能需要其他实物证据的出示；质疑物证、书证来源的正当性和可靠性时，可能需要相关证人出庭作证，以证明该实物证据的提取情况、发现时间、保管状况等问题。② 所以，如果主审法官不允许各种证据按照案件的逻辑顺序，如因果关系、时间关系、犯罪构成等逻辑关联，形成证据组合并以此为序有层次地推进证据的出示，控辩双方之间的法庭质证将很难有效进行。

二、对质询问制度

1. 对质询问的类型

对质询问又称为对质诘问（我国台湾地区），是指证人之间、被告人

---

① 提示指导控辩双方对提交的证据材料制作证据目录，并逐一分类编号，列明证据材料的来源、证明对象和内容，并签名盖章。举证按照公诉人、刑事附带民事原告及其代理人、辩护人、被告人、刑事附带民事被告人及其代理人的顺序进行。法庭审理中，应先出示定罪证据，再出示量刑证据。原则上，证据出示遵循先客观、后主观原则，按照物证→书证→视听资料→电子数据→证人证言→被害人陈述→被告人供述与辩解→鉴定意见→检查、勘验、辨认、侦查实验等笔录的顺序逐一举证。必要时，也可以人证调查为主线，穿插物证、书证出示，查明案件事实。公诉人指控的被告人的犯罪事实为两起以上的，应当分组出示，但重复证据可不再出示。参见成都中院《全省法院刑事庭审实质化改革工作推进会资料汇编》，2016，第24页。
② 参见龙宗智《刑事庭审制度研究》，中国政法大学出版社2001年版，第202页。

之间以及证人与被告人之间面对面进行的相互询问，许多国家和地区的立法以及国际人权公约都将对质作为被追诉人的一项基本人权加以规定。① 根据《元照英美法词典》的解释，对质是指在刑事诉讼中被告有权与对方证人对质。美国宪法第 6 条修正案规定被告人有权在法院中与控方证人对质（to be confronted with the witnesses against him），这一被告人面对证人的权利（对质权），能使其对证人提供之证言提出质问或质疑，被告人对质权的实质不是被告人能面见证人，而是保障被告人质问控方证人之宪法权利。② 美国宪法增修条文第 6 条的"对质诘问权"，除一般熟悉的交叉询问外，尚包括被告与证人"面对面"对质的权利，对此也可以称为狭义上的对质权。此处讨论的主要限于后者即狭义上的对质，而前者与前述已探讨的交叉询问有关，在此不再赘述。对质通常以法庭询问（职权询问或交叉询问）为基础，往往是在通过对同一事实询问证人出现矛盾后，方可产生对质的必要。因此，没有法庭询问为基础，对质根本无法有效展开。例如，《意大利刑事诉讼法典》第211 条（对质的前提条件）规定："对质只能在已接受过询问或讯问的人员之间进行，并且以他们对重要的事实和情节说法不同为前提条件。"第 212 条（对质的方式）规定："法官先向参加对质的主体列举他们以前的陈述，然后询问他们是确认还是更改这些陈述，在必要时可以要求他们相互辩驳。在笔录中记入法官提出的问题，参加对质的人所作的陈述以及其他在对质过程中发生的情况。"③ 因此，所谓狭义上的"对质"是指被告与证人（包括狭义的证人、被害人、鉴定人），彼此同时到庭面对面互相质疑、质问的意思。其中，互相质疑、质问实际上是"询问"的意思，而同时到场彼此面对面的，即美国法律所指的面对面权利。

美国法律中的"面对面权利"包括：被告人可在审判中当场目视证人之权利；被告人有使证人目视自己之权利。④ 对质权的起源最早可溯至古罗马时期，那时的西方文化即已经承认被告人享有与指控者之间

---

① 参见陈光中主编《中华人民共和国刑事证据法专家拟制稿（条文、释义与论证）》，中国法制出版社 2004 年版，第 481 页。

② 参见薛波主编《元照英美法词典》，北京大学出版社 2014 年版，第 284 页。

③ 《意大利刑事诉讼法典》，黄风译，中国政法大学出版社 1994 年版，第 74 页。

④ 参见王兆鹏《美国刑事诉讼法》，北京大学出版社 2014 年版，第 448 页。

面对面进行对质之权利，在被告人有机会与其指控者进行面对面对质并为自己答辩之前，将一个人处死与罗马法习惯不符。[①] 在当时，被告已有权利于不利于他的程序中在场，从西塞罗（Cicero）的佛林演说（Verrine Orations）中亦可知，罗马法已要求控诉者到场提出其对被告的控诉与相关的证据，借以保障被告与指控者接触之机会，当代对质权的两大要素：被告于审判中到庭和被告与指控者接触，似已在罗马时代的刑事诉讼程序中占有一席之地。[②] 但在漫长之中世纪时期，刑事诉讼活动普遍盛行刑讯逼供，被告人的诉讼权利根本无法得到保障，而与被告人之指控者面对面进行对质之权利更无从谈起。欧洲在 12 世纪的晚期，不论普通世俗法庭或宗教法庭，刑事审判活动都由法官秘密对证人进行讯问，控方和辩方在法官讯问时不在场。尽管控方和辩方可以书面请求法官对证人询问特定问题，但法官不受控方和辩方的拘束。证人在全部讯问完毕之后，书记官再于审判之中朗读证人提供证言的相关笔录，被告人此时才知道证人提供的证词。法官秘密询问证人旨在防止控辩双方与证人进行串供，如果被告人在审判之前已获知证人提供的证词，可能会根据证人提供的证词而进行狡辩，当时的法学者认为法官秘密讯问证人是发现案件事实真相最理想的方式。[③] 英国大约在 13 世纪开始发展出陪审团进行审判的制度，在陪审团进行审判的制度产生前，被告人一般以水火考验、共誓涤罪以及决斗之方式进行审判，这样的审判制度对于发现真相的目标，很大程度上寄希望于神意的干预，自然也就谈不上赋予被告人相应的对质权，即使在陪审团产生之后的很长时间，陪审员由于通常自己就是证人并秘密进行调查取证，被告人也没有被赋予与其指控者当庭对质之权利，直到瓦尔特·拉雷（Sir Walter Raleigh）案的发生为英美刑事诉讼中确立对质权、反对传闻证据提供了

---

① 参见易延友《"眼球对眼球的权利"——对质权制度比较研究》，《比较法研究》2010 年第 1 期。It is not the manner of the Romans to deliver any man to die, before that he which is accused have the accusers face to face, and have licence to answer for himself. "Federal Rule of Evidence 801（d）（2）（E）and the Confrontation Clause: Closing the Window of Admissibility for Coconspirator Hearsay", *Fordham Law Review*, vol. 53, 1985, p. 1291.

② 参见张明伟《英美传闻法则与对质条款的历史考察》，《月旦法学杂志》2006 年第 4 期。

③ 参见王兆鹏《刑事被告的宪法权利》，元照出版有限公司 2004 年版，第 141—142 页。

强烈动机。① 值得注意的是，对质权经常被人们想象与交叉询问对方证人的权利相类似，但是交叉询问只是该条款将证据完全展现于严苛审查之下的广泛规定的一个要素。

对质权要求将相关证人带到公开审判法院并须宣誓，这样证人也就被置于伪证罪的威胁下。他们提供的证言连同其态度、举止都要在此受到审查。对质权允许被告人对于其不利之证据提出挑战，以使其在可能之范围内做出对案件事实最有利之辩护。因而，被告人被赋予出席所有对其不利诉讼过程的机会，并且可以利用一种相对而言不加限制的盘诘和直诘程序。② 世界各国和地区的法例可大致将"对质"划分为两种类型：一是作为查明事实真相方法之对质询问，即公安司法机关为了查明案件事实的真相，让对同一事实做出不同陈述之人到场，同时面对面相互质询以辨析真伪、揭穿不实，在此程序中可以让被告人与证人（含被害人），被告人与被告人（含犯罪嫌疑人），以及证人与证人进行相应对质；二是基于被追诉人之对质权而展开之对质询问，即被追诉人不服对其不利的证言陈述，以宪法和法律或者社会赋予的对质权为基础，要求直接向对其不利之证人（含被害人和共同被追诉者）进行的质询。③ 后者与前者的区别主要在于：首先，对质权不是基于公安司法机关依职权查明案件事实真相的需要，而是宪法法律所赋予被追诉人的权利；其次，对质权仅限于被追诉人与提供不利证言之证人（包括被害人和提供不利证言共同被追诉人）之间进行，而前者囊括的主体较为宽泛，被告人与被告人、被告人与证人以及证人与

---

① 参见易延友《"眼球对眼球的权利"——对质权制度比较研究》，《比较法研究》2010 年第 1 期。In the common law world, the importance of the right to confrontation, and the self-evident injustice of refusing it, is traditionally illustrated by the trial of Sir Walter Raleigh in 1603. Raleigh was accused of treason, having allegedly involved himself in a plot to put Arabella Stuart on the throne in place of James I. The prosecution evidence consisted almost entirely of a written "confession" obtained from Lord Cobham, a supposed co-conspirator, who in the course of his examination by the Council had named Raleigh as involved. Raleigh sought to have Cobham called to court to testify on oath. His request was refused, on the ground that if Cobham were required to give oral evidence he might then retract his earlier statement (!) Warburton J. said "My Lord Cobham hath perhaps been laboured [pressured] in that, and to save you, his old friend, it may be that he will deny all that he hath said". On the strength of Cobham's statement to the Council, Raleigh was duly convicted of treason and, 15 years later, executed. See J. R. Spencer, *Hearsay Evidence in Criminal Proceedings*, Hart Publishing, 2008, pp. 39 – 40.

② 参见［美］伦斯特洛姆《美国法律辞典》，贺卫方等译，中国政法大学出版社 1998 年版，第 150—151 页。

③ 参见龙宗智《论刑事对质制度及其改革完善》，《法学》2008 年第 5 期。

证人之间都可以要求启动对质询问程序；再次，对质权是赋予被追诉人的一种"单向性"权利，对质权人享有对其不利证言陈述者"交叉询问"的权利，在此，被追诉人的对质权实际上是一种广义上的对质权①，而前者作为查明案件事实真相的一种方法，是公安司法机关的职权行为的运用，而非基于被追诉人的权利启动实施；最后，对质权不需要被追诉人已亲身经历不利证言提供者所亲历的事实，也就是说，被追诉人可以对任何证人提供的不利证言进行质疑和质问，而前者需要被告人与被告人、被告人与证人以及证人与证人作为同一事实的亲历者，如果对质主体之间没有亲身经历同一事实而进行对质，则可能出现对质主体之间信息的不对称。

　　2. 对质询问的功能

　　刑事被告人与证人之间面对面之权利，是宪法法律所保障之基本人权，旨在保障审判程序之公平和发现真实。就维持审判程序公平而言，美国联邦最高法院认为，任何人在面对刑事追诉时，要求与指控者面对面的对质，是人之本能反应，也是确保审判公平的要素，所以被告人有与证人之间进行面对面的基本人权。使被告人可以与证人面对面，并亲自观察审判中证人作证之程序，进而使被告人对审判活动心服口服，维持程序之公平性。再者，美国联邦最高法院认为，一般人容易在人的背后，歪曲或捏造事实污蔑他人，但一般不会当着他人面如此，因此，使证人与被告人之间面对面，就能使虚伪的指控者原形毕露，即使证人撒谎通常也不会让人信服。② 虽然法官不能强迫证人看着被告人的眼睛，但如果证人不敢目视被告人，相反目光闪烁他处，陪审团可能需要考虑证人的可信性。质言之，此项权利能达到帮助裁判者发现案件真实之目的。③ 某种意义上可以

---

① 这表明对质与交叉询问存在相互重叠的内容，特别是被告人对提供不利证言陈述者的对质。威格莫尔指出："在普通法早期，从来不存在一种公认的、区别于交叉询问的叫对质的基本权利。交叉询问被视为一种基本权利，这一权利逐渐被对质权所包括，并被对质权所保护。交叉询问与对质权是不同名称下的同一权利……因而，如果被告人获得了交叉询问的利益，那么他也就获得了宪法所保护的对质条款所赋予他的权利。"参见廖耘平《对质权制度研究》，中国人民公安大学出版社 2009 年版，第 17 页。

② The Supreme court found that face-to-face confrontation was essential to the fairness and integrity of the fact-finding process："It is always more difficult to tell a lie about a person 'to his face' than 'behind his back'. In the former context, even if the lie is told, it will often be told less convincingly." See Paul C. Giannelli, *Understanding Evidence*, LexisNexis, 2009, p.553.

③ 参见王兆鹏《美国刑事诉讼法》，北京大学出版社 2014 年版，第 449—450 页。

认为，对质询问对证言的提供者具有一定的威慑作用，主要体现在当其直面被追诉人以及其他证人时，证言提供者说谎的动机和心理容易受到抑制。美国联邦最高法院曾在判决中指出，"诘问"的主要目的在确保真实的发现，使诘问者能戳破证人的知觉（perception）、记忆（memory）、表达（narrative）能力的瑕疵，以及证人的真诚性（sincerity）问题。[①] 美国联邦最高法院布朗法官在1895年麦唐克斯诉美国（*Mattox v. U. S.*）一案判决中指出："对质权条款的首要目的，就是防止以片面的宣誓书或者做证书指控被告人来取代对该证人的亲自审视和交叉询问，在后一种情况下，被告人不仅有机会考察证人的记忆力并审查其良知，而且有机会强制该证人面对面站在陪审团面前，以使陪审员能够通过观察其证人席上举止和行为来判断其证词是否可信。"[②] 对此，被告人最有理由和动力向对其提供不利证言的证人进行质疑和质问，事实上也只有同样经历了同一事实的亲历者，包括被告人、共同被告、证人、被害人，才最有可能揭穿证人提供证言的不实之处，尤其是被告人与被害人之间存在利害关系，由其就案件事实进行当场对质对于发现案件真实至关重要。当然，对质询问还可以创造出现场感，对质主体之间通过案件场景的营造以及情节包括某些细节的提示，一定程度上能够唤起某些回忆，发现记忆与认知中的某些错误，如被告的表情、形态、语调、言词等可能会使证人回忆起案发时的一些场景。[③]

除此之外，对质询问有助于公安司法机关及时辨别证人提供证言的真伪。在诉讼过程中，证人由于观察、记忆或表述等，可能作出与事实不符的证言；被害人基于报复的心理动机，可能故意夸大案件事实；同案被告人为了推卸责任或出于其他目的，也可能故意歪曲事实。如果公安司法机关轻信他们的陈述作出判决，则将会对被告人极其不利。有心理学家为判断目击者回忆的准确性，在加利福尼亚州立大学的海沃德曾做过这样一个实验，让141名学生目击了一场"骚扰"教授的案件，七周后，罗伯

---

① *Dutton v. Evans*, 400 U. S. 74, 89（1970）；*U. S. V. Inadi*, 475 U. S. 387, 396（1986）. 转引自王兆鹏《刑事被告的宪法权利》，元照出版有限公司2004年版，第148—149页。

② 参见史立梅《美国对质权条款与传闻证据规则的关系考察》，《环球法律评论》2010年第6期。George L. Ashley, "Uncertain Relationship between the Hearsay Rule and the Confrontation Clause", *Texas Law Review*, vol. 52, 1974, p. 1167−1209.

③ 参见龙宗智《论刑事对质制度及其改革完善》，《法学》2008年第5期。

特·巴克霍特（Buckhout）让他们从 6 张照片中辨认那个攻击者，60% 的学生选出了一个与案件无关的人。在实际的案件中，目击者指认的人有时并不是他们看到的那个人并不奇怪，后来的研究同样证实目击者在指认犯罪时常因过于自信而有失准确，伯恩斯坦和齐克福斯（Bornstein & Zickafoose）发现，让学生回忆一名不久之前来过教室的参观者，确信自己的回忆正确的人比例达到 74%，但实际上正确回忆的人只有 55%。在英国和威尔士进行的三个现场系列实验表现了显著的一致性，大约 40% 的目击者识别出了嫌犯，另外有 40% 的目击者认为嫌犯不在其中，虽然已经提前告知实验参加者，嫌犯可能并不在给出的一系列照片之中，依然有 20% 的实验参与者的指认是错误的。① 因此，证人提供的证言不一定完全是真实可靠的，证人由于主观或者客观原因可能提供的证言有偏离案件事实的危险。回顾我国发生的一系列冤假错案，如滕兴善案、石东玉案、杜培武案、李久明案、孙万刚案、佘祥林案、赵作海案、叔侄冤案、萧山命案、李怀亮案等，无不与相关证人提供的不实证言存在关联。② 无辜的人由于目击者错误的证词而在监狱里煎熬岁月，这样的故事并不罕见，70 年前耶鲁大学的法律教授埃德温·博查德（Borchard）考察了后来被证实无罪的 65 个人的判罪记录，以及一些得到宽恕而释放和在重审之后被释放的人，大部分案件是错误辨认所致，有一些人在即将被执行死刑的最后时刻被解救出来，而在当今社会，DNA 检测已经解救了 250 名被判刑但事实上无罪的人，其中 76% 是目击者错误辨认所致。③ 当控辩双方对证言存在争议时，公安司法机关可以通知对质主体到场并展开相互质询，使事实判断者能够全面、直接地获取与案件相关的信息。值得注意的是，这是在证言陈述真假难辨的情况下进行的对质，事实判断者需根据对质主体之间陈述的不合理，以及矛盾之处来判断相关陈述的真伪。

---

① 参见［美］戴维·迈尔斯《社会心理学》，侯玉波、乐国安、张智勇等译，人民邮电出版社 2016 年版，第 554 页。

② 参见何家弘主编《迟到的正义：影响中国司法的十大冤案》，中国法制出版社 2014 年版，第 2 页以下。

③ 参见［美］戴维·迈尔斯《社会心理学》，侯玉波、乐国安、张智勇等译，人民邮电出版社 2016 年版，第 553—554 页。

3. 我国对质询问制度的完善

对质是查明案件事实真相非常重要的一种方法，但我国刑事诉讼法并没有明确规定这一制度。① 虽然"两高"的司法解释对此有所涉及，但仅限于审判阶段的对质且对质主体的规定存在较大差异。2012 年《高法解释》第 199 条规定："讯问同案审理的被告人，应当分别进行。必要时，可以传唤同案被告人等到庭对质。"《高检规则》第 438 条规定："讯问被告人、询问证人应当避免可能影响陈述或者证言客观真实的诱导性讯问、询问以及其他不当讯问、询问。辩护人对被告人或者证人进行诱导性询问以及其他不当询问可能影响陈述或者证言的客观真实的，公诉人可以要求审判长制止或者要求对该项陈述或者证言不予采纳。讯问共同犯罪案件的被告人、询问证人应当个别进行。被告人、证人对同一事实的陈述存在矛盾需要对质的，公诉人可以建议法庭传唤有关被告人、证人同时到庭对质。"这两条司法解释分别成了我国实践中对质询问程序的依据，但与其他法治发达国家和地区相比，我国刑事诉讼程序中的对质制度还存在较多问题，仅限于审判机关启动以查明案件事实真相的一种方法，并没有赋予被追诉人对质权以主动对不利证人展开询问。司法实践中，有关被告人与证人以及证人与证人之间的对质询问非常少见，如果存在，一般都是在审判长的主持下，通过转述双方的对话展开对质。笔者认为，有关被追诉人对质权的保障，既需要从立法层面予以完善，也需要从司法层面引起关注，以发挥对质询查明案件事实真相的功能。有关我国刑诉法中对质询问制度存在问题以及完善，拟分述如下。

第一，法庭调查中对质的主体范围较窄，应将对质主体扩大到证人、被害人。对质有两种形式。一是被告人与指控自己的证人的对质。它通常在被告人与被害人、证人以及本案其他被告人之间进行。二是证人之间的对质。这种对质主要发生在不同证人的证言存在矛盾的情况下，为了核实证据的真实性和可靠性，可以组织证人当庭对质。② 从上述司法解释可以看出，最高人民法院的解释仅以共同被告人为对质主体，而最高人民检察

---

① 我国 1979 年、1996 年、2012 年《刑事诉讼法》仅在第 36 条、第 47 条、第 59 条笼统规定有证人证言必须在法庭上经过公诉人、被害人和被告人、辩护人质证并且查实以后，才能作为定案的根据。法庭查明证人有意作伪证或者隐匿罪证的时候，应当依法处理。

② 张保生主编《〈人民法院统一证据规定〉司法解释建议稿及论证》，中国政法大学出版社 2008 年版，第 379—380 页。

院的解释则将对质主体扩大到证人，从而可以成立被告人与证人、被告人与其他被告人的对质，甚至不排除证人与证人之间的对质，但问题是作为特殊主体之"被害人"并不在对质的主体之列。[①] 因此，关于对质主体，最高检的司法解释的范围要大于最高法的司法解释的范围。然而，在刑事庭审调查中，根据《立法法》的相关规定[②]，审判中只能适用最高法的司法解释，合议庭无权将对质扩大到被告人与证人、证人与证人以及被告人与被害人之间。也就是说，审判中对质的主体仅限于同案被告人而不包括证人、被害人。另外，我国 2012 年《高法解释》第 206 条规定，"证人具有下列情形之一，无法出庭作证的，人民法院可以准许其不出庭：在庭审期间身患严重疾病或者行动极为不便的；居所远离开庭地点且交通极为不便的；身处国外短期无法回国的；有其他客观原因，确实无法出庭的。具有前款规定情形的，可以通过视频等方式作证"。其中，"有其他客观原因，确实无法出庭的"使得司法实践中证人不出庭成了常态，任何有关不出庭的理由都可以此条款解释。大量的证人不出庭使得庭审中被告人与证人之间的对质无法有效展开。因此，我国刑事庭审调查中被告人与证人、被害人的对质，无论是从权利保障的角度，还是从查明案件事实真相的路径上看，刑事诉讼法和司法解释的规定以及配套制度的构建都是不充分的。笔者认为庭审调查中对质询问之有效展开，一方面，需要在立法层面完善对质询问制度，扩大对质之主体范围；另一方面，在一定条件下，应该确保对查明案件事实真相存在争议且较为关键之证人、共同被告人、被害人出庭对质。

第二，改革对质询问程序的启动主体。根据"两高"的司法解释的相关规定，对质询问由合议庭根据证据调查的需要进行，检察机关仅具有建议权，而被告人没有对质询问启动权。显然，这既不能保障被告人的对质权，也无法实现控辩双方之间的平等对抗。对质通常有两种启动方式：

---

① 参见龙宗智《论刑事对质制度及其改革完善》，《法学》2008 年第 5 期。

② 2015 年修改的《立法法》第 104 条："最高人民法院、最高人民检察院作出的属于审判、检察工作中具体应用法律的解释，应当主要针对具体的法律条文，并符合立法的目的、原则和原意。遇有本法第四十五条第二款规定情况的，应当向全国人民代表大会常务委员会提出法律解释的要求或者提出制定、修改有关法律的议案。最高人民法院、最高人民检察院作出的属于审判、检察工作中具体应用法律的解释，应当自公布之日起 30 日内报全国人民代表大会常务委员会备案。最高人民法院、最高人民检察院以外的审判机关和检察机关，不得作出具体应用法律的解释。"

一是基于当事人的申请进行对质，即当事人或诉讼代理人、辩护人为了证明某项有利于本方的事实，在庭审过程中向法庭提出申请，要求在某特定证人之间进行对质；二是人民法院依职权组织对质，即审判人员为查明案件事实，可依职权主动传唤有关证人出庭进行对质。① 有学者建议，刑事证据法中对质条款应拟定为："在法庭审判中，被告人和辩护人有权要求进行对质。除有碍诉讼，或者可能危及证人、被害人、被告人人身安全或者明显无此必要的以外，法庭应当许可。审判长认为必要时，也可以命令进行对质。对质通常在被告人与被害人、本案其他被告人之间进行。必要时，证人、被害人之间也可以进行对质。"② 当前，我国刑事诉讼法和相关司法解释尚未规定被告人有权启动对质询问程序。司法实践中，一般是合议庭法官通过法庭询问的方式组织相关主体进行对质，因而合议庭就对质询问的启动享有垄断权，并使之成为庭审查明案件事实真相的工具。笔者认为，对质询问是被告行使辩护权的一种方式，法律应该赋予其对质申请权。由于对质对保护被追诉方的权利具有非常重要的意义，因而在被告人及其辩护人申请进行对质时，法官一般不应拒绝。这不仅可以提升被告人的诉讼地位，也可以实现控辩双方之间的平等对抗。同时，为查明案件事实真相，合议庭也可以启动对质询问，并可依职权传唤相关主体出庭对质。

第三，"两高"司法解释中的对质仅限于审判阶段而没有扩大到侦查阶段。虽然 2012 年《公安机关办理刑事案件程序规定》在侦查一章中（第 193 条至第 207 条）分别规定了讯问或询问犯罪嫌疑人、证人、被害人的具体程序和方式，但并没有规定相关主体之间的对质。审前程序的对质可能产生某些负面的效应。首先，对质可能形成心理强制。对质可能使供词或证言因对质一方的强势影响而不自然地改变，尤其是在对质一方容易被对方意志左右的情况下。其次，共犯对质可能导致彼此串供。因为在共同犯罪案件中，如果采取了强制措施，嫌疑人被分别关押、讯问会起到隔离效果，但对质给了嫌疑人彼此交流信息的渠道和空间，如果控制不好不仅未能有效打破谎言而且还导致共犯间的串供。再次，侦查中的对质不

---

① 参见张保生主编《〈人民法院统一证据规定〉司法解释建议稿及论证》，中国政法大学出版社 2008 年版，第 380 页。

② 陈光中主编《中华人民共和国刑事证据法专家拟制稿（条文、释义与论证）》，中国法制出版社 2004 年版，第 480 页。

好掌握分寸，容易陷入僵局。对质通常是在犯罪嫌疑人处于抗拒心理状态下进行，此时犯罪嫌疑人可能顾虑甚重，狡辩、抗拒、坦白、悔罪等多种心理复杂交织，对质容易产生偏差意外并使侦查陷入僵局。[①] 但是，在侦查阶段排除犯罪嫌疑人、同案犯罪嫌疑人、证人、被害人之间供述和证言的矛盾和不实之处，在无其他证据进行证明的情况下，有必要安排相关主体进行对质。《法国刑事诉讼法典》第 117 条规定："尽管有 116 条之规定，如因证人面临死亡危险或者因犯罪线索、痕迹正在消失，致使情况紧急，或者在第 72 条所指情况下，预审法官可以立即进行讯问，责令对质。"[②]《德国刑事诉讼法典》第 58 条（询问、对质）规定："询问证人应当个别地，且在后询问的证人不在场的情况下进行。如果对质对嗣后程序看来有必要，准许在侦查程序中让证人与其他证人或被指控人对质。"[③]《俄罗斯联邦刑事诉讼法》第 192 条（当面对质）规定："（1）如果以前被询问的几个人的陈述中存在重大矛盾，则侦查人员有权让他们当面对质。当面对质依照本法典第 164 条进行。（2）侦查人员应查明要进行当面对质的人是否相互认识，他们的关系如何。应依次提出让被询问人就当面对质要查明的情况进行陈述。在陈述之后，侦查人员可以向每个被询问人提问。进行当面对质的人经侦查人员允许可以相互提问。（3）在当面对质的过程中，侦查人员有权出示物证和文件……"[④] 因此，为排除犯罪嫌疑人、证人、被告人之间供述和证言的矛盾之处，对质询问之负面影响不能成为阻碍侦查阶段设置对质询问程序的理由。实际上，相关主体之间的对质询问是在个别讯问与讯问不能达到预期目的且侦查面临困难时实施的，如果允许对质，则可以为侦查工作提供一种打破僵局的可能，而负面效应是否会发生取决于程序的设置和对对质的把握，包括对对质主体之间性格、心理的准确把握，以及对对质条件、进程、方法的适当安排。[⑤] 在审前阶段保证了被追诉人与证人对质的权利，尽管被追诉人在法庭上不能询问证人，仍然不会侵犯其对质权。以"N. F. B 诉德国案"为例，欧洲人权法院认为，申诉人的律师确实未能

---

① 参见龙宗智《论刑事对质制度及其改革完善》，《法学》2008 年第 5 期。
② 《法国刑事诉讼法典》，罗结珍译，中国法制出版社 2006 年版，第 117 页。
③ 《德国刑事诉讼法典》，宗玉琨译注，知识产权出版社 2013 年版，第 30—31 页。
④ 《俄罗斯联邦刑事诉讼法典》，黄道秀译，中国人民公安大学出版社 2006 年版，第 176—177 页。
⑤ 参见龙宗智《论刑事对质制度及其改革完善》，《法学》2008 年第 5 期。

当庭询问被害人，但正如地区法院在 1995 年 7 月 6 日的判决中所言，该律师在 1989 年 2 月 25 日侦查法官询问被害人时提出了大量问题，并且询问持续了几个小时，可以认为申诉人的对质权通过这种方式得到了保障。[①] 在某种意义上侦查阶段对质询问制度的设置有利于提高侦查机关展开侦查活动的有效性。当然，如若这种审前对质询问笔录可以作为审判证据，也可以缓解大量证人不出庭导致庭审调查中对质询问的无法展开带来的负面影响。

第四节　如何解决有争议关键证人出庭

1979 年《刑事诉讼法》确立的诉讼程序是典型的书面审程序，在一个"线形结构"或"流水作业"的诉讼模式中，裁判者庭前诉讼活动被极度强化，审判依据基本源自侦查机关制作的书面证据资料，因而法庭进行审理的意义大大下降，基本沦为仅具形式意义之诉讼阶段，而与侦查中心主义之诉讼构造相适应，刑事审判由于缺乏口证原则的关照，也就无须证人出庭接受控方和辩方的质证。[②] 基于此，1996 年《刑事诉讼法》改革确立了控辩式庭审诉讼模式，目的在于加强控辩双方在庭审中的对抗，但实践中证人出庭作证率普遍较低，公诉方出示大量证人言词笔录证据导致控辩双方无法形成真正对抗，审判的结果依然取决于庭后移送的卷宗。[③] 虽然 2012 年《刑事诉讼法》的修改再次关注实践中证人出庭率较低问题，并规定必要证人出庭作证制度、证人补偿制度、证人保护制度等措施，但司法实践中最终的效果并不理想。证人出庭率低特别是关键、有争议证人（以下称"必要证人"）的出庭率低，是困扰我国刑事审判实质化改革的顽疾，导致法庭审判沦为走过场、看形式，严重影响了我国司法活动的权威性和严肃性。

---

① 参见孙志伟《关键证人出庭作证的欧洲模式及其借鉴意义》，《重庆大学学报》（社会科学版）2017 年第 2 期。

② 参见左卫民、马静华《刑事证人出庭率：一种基于实证研究的理论阐释》，《中国法学》2005 年第 6 期。

③ 参见史立梅《我国刑事证人出庭作证制度的改革及其评价》，《山东社会科学》2013 年第 4 期。

一、证人出庭的范围与意义

1. 证人出庭的范围

我国 2012 年《刑事诉讼法》第 187 条出庭作证规定："公诉人、当事人或者辩护人、诉讼代理人对证人证言有异议，且该证人证言对案件定罪量刑有重大影响，人民法院认为证人有必要出庭作证的，证人应当出庭作证。人民警察就其执行职务时目击的犯罪情况作为证人出庭作证，适用前款规定。公诉人、当事人或者辩护人、诉讼代理人对鉴定意见有异议，人民法院认为鉴定人有必要出庭的，鉴定人应当出庭作证。经人民法院通知，鉴定人拒不出庭作证的，鉴定意见不得作为定案的根据。"证人出庭仅针对相关主体对"证人提供的证言有异议"，"对案件的裁决有重大影响"，同时法院认为相关证人有必要出庭作证的才要求其出庭，此即我国的必要证人出庭作证制度。笔者赞同有学者提出的观点，虽然证人出庭作证对于实现刑事诉讼的基本目标具有广泛的意义，但并不意味着刑事诉讼中所有的证人都必须出庭，相反，仅在当事人对证人证言存在疑问，需要通过对证人进行发问以消除疑点、查明事实时，证人出庭才是必要的。[①] 因此，必要证人是指能够帮助查明案件事实中存在争议问题的重要证人。

必要证人主要包括在被告人拒不认罪的情况下，能够证实其犯罪与否和罪轻罪重的证人；被告人、辩护人与公诉机关就定罪量刑情节存在争议的情况下，影响罪名认定和量刑情节的证人；提供多份证言但内容存在矛盾的证人；对侦查、审查起诉过程中形成的鉴定意见、笔录提出异议的情况下，需要出庭接受交叉询问和对质询问的鉴定人员和侦查人员；等等。[②] 如果被告人对自己的犯罪行为并无异议，或者虽不承认自己犯罪但对案件事实没有异议，那么，要求这类案件的证人出庭作证就没有必要。这是因为：第一，诉讼的本质是双方当事人之间的纷争和冲突，如果控辩双方对证人证言没有不同意见，则证人的出庭就没有多大意义；第二，刑事诉讼的证明过程是探求过去发生事实的程序，如果控辩双方对证人证言

[①]　参见易延友《证人出庭与刑事被告人对质权的保障》，《中国社会科学》2010 年第 2 期。

[②]　参见龙平川、李晓娟《北京探索"关键证人"出庭作证机制》，《检察日报》2009 年 6 月 11 日。

没有任何异议，则意味着双方认可证人证言所包含的事实；第三，从诉讼资源的有限性来看，无争议证人无须出庭有利于诉讼资源的合理配置。在美国，大部分刑事案件由于被告承认有罪，经辩诉交易或有罪认否程序，无须将案件提交法院正式审判，代之以法官讯问并确定被告人认罪的自愿性后直接判刑，进而免去了审判前动议、听证以及证人之出庭。在认罪认罚程序分流了大量刑事案件的基础上，仅有少部分重大疑难复杂以及被告不认罪案件，需要正式开庭审理并要求相关证人出庭作证。司法实践中，证人出庭由于集中于小部分案件，所以，有关证人的出庭以及配套措施问题易于解决。由此看来，合理高效的刑诉程序并非要求所有与案件相关的证人以及所有类别刑事案件的证人都出庭作证，提供证言。相反，仅在被告人就定罪量刑对证人证言、鉴定意见等有异议的复杂疑难案件中，才有必要通知鉴定人、证人出庭接受控辩双方的交叉询问，或者要求鉴定人、证人出庭进行对质。

无论是采传闻证据规则的英美法系国家，还是采直接言词原则的大陆法系国家，都没有要求所有证人必须出庭。例如，《美国联邦证据规则》第801条（不是传闻的陈述）规定："……（2）为对立当事人承认。该陈述被用来反对一方当事人，而且具有下列情况：是该当事人自己的陈述，以个人身份或代表人资格作出；或者该当事人已表明或相信其真实性的一种陈述；或者是由当事人授权的人所作的一项关于主题的陈述……"① 《德国刑事诉讼法典》第251条（宣读笔录代替询问）规定："（1）下列情形，对证人、鉴定人或共同被指控人的询问，可以通过宣读询问笔录或含有其所作书面陈述的证书代替：如果被告人有辩护人，且检察官、辩护人和被告人对此同意；如果证人、鉴定人或共同被指控人死亡，或者出于其他原因在可预见时间内不能接受法院询问……（2）下列情形，对证人、鉴定人或共同被指控人的询问，亦可通过宣读先前的法官询问的笔录代替：因疾病、虚弱或其他无法排除的障碍，证人、鉴定人或共同被指控人在较长时间或不确定时间内无法到场参加法庭审理；因路途遥远并鉴于其陈述的重要程度，不能苛求证人或鉴定人到场参见法庭审理；检察官、辩护人和被告人同意宣读……"② 《日本刑事诉讼法典》第158条（在法院外询问

---

① 《美国联邦刑事诉讼规则和证据规则》，卞建林译，中国政法大学出版社1996年版，第119—120页。
② 《德国刑事诉讼法典》，宗玉琨译注，知识产权出版社2013年版，第200—201页。

证人）规定："法院考虑到证人的重要性、年龄、职业、健康状况及其他情况和案件的轻重，听取检察官和被告人或者辩护人的意见，而认为必要时，可以将证人传唤到法院外或者在证人所在场所进行询问。在前款的场合，法院应当预先向检察官、被告人及辩护人提供询问事项的机会。检察官、被告人或者辩护人，可以请求询问附加在前款询问事项上的必要询问。"①

我国 2012 年《刑事诉讼法》第 187 条第 1 款规定证人出庭作证一般需要满足如上所述的三个条件，其分别从证人证言的价值、控辩双方对证人证言的态度以及法院对证人证言的自由裁量权方面，对应当出庭提供证言证人的范围进行了限定。同时，《高法解释》第 206 条规定，"证人具有下列情形之一，无法出庭作证的，人民法院可以准许其不出庭：（一）在庭审期间身患严重疾病或者行动极为不便的；（二）居所远离开庭地点且交通极为不便的；（三）身处国外短期无法回国的；（四）有其他客观原因，确实无法出庭的。具有前款规定情形的，可以通过视频等方式作证。"原则上，必要证人应该出庭接受控辩双方的询问。但是，我国刑诉法和相关司法解释与其他法治发达国家和地区的规定存在差异，主要体现在证人出庭条件限制过严，法庭裁判被告人出庭与否的权力过大，导致实务中被告人对有争议证人出庭作证的要求无法得到满足。新刑诉法有关证人出庭的规定，明显背离了之前颁布的司法解释。最高人民法院等部门 2010 年出台的《关于办理死刑案件审查判断证据若干问题的规定》第 15 条第 1 款曾明确规定，具有下列情形的证人，人民法院应当通知出庭作证，经依法通知不出庭作证证人的书面证言经质证无法确认的，不能作为定案的根据：人民检察院、被告人及其辩护人对证人证言有异议，该证人证言对定罪量刑有重大影响的；人民法院认为其他应当出庭作证的。实际上，前两款规定属于选择关系而非并列关系，证人出庭仅满足条件之一即可。根据 2012 年《刑事诉讼法》的规定，虽然公诉人、被告人及其辩护人对证人证言有异议，且该证人证言对定罪量刑有重大影响，但人民法院认为不必要出庭的，也可以不要求该证人出庭作证。因此，立法采取并列式表述，要求证人出庭须同时具备三个条件，客观上使得证人出庭的条件趋于严格，证人出庭的范围被进一步压缩，在司法实务中将导致证人出庭的比例

---

① 《日本刑事诉讼法》，宋英辉译，中国政法大学出版社 1999 年版，第 36 页。

降低，这与本次刑诉法修改旨在敦促证人出庭作证的修法目标南辕北辙。① 笔者认为，未来修法应参照之前司法解释的规定，确保对查明案件真相确有重要作用证人出庭的可能性。证人出庭率低一直是我国刑诉制度的痼疾。有学者对 C 市 22 个刑庭进行调查后得到 19 个刑庭的统计数据，其中有 9 个刑庭没有刑事证人出庭，几乎占调查样本法院的一半。有证人出庭的案件为 26 起，有 68 名证人，以全年其他及中院的 6810 起刑事案件为基数，证人出庭率仅为 0.38%。10 个刑庭的证人出庭情况也极不均衡。有 4 个法院证人出庭案件仅有 1 起；而证人出庭案件数最多的一个法院则有 6 起，19 名证人，2004 年度该院刑事案件为 570 起，证人出庭率达到1.1%。② 另外，有学者对中国法院网 2011 年 10 月至 2014 年 11 月登载刑事案件随机抽样，在 100 起样本案件中，仅 5 起案件有证人出庭，占案件总数的 5%。其中，3 起案件由控方申请，1 起案件由法庭传召，辩护方申请的仅有 1 件。③ 就此问题，成都市两级法院本次改革将有限的资源集中于解决必要证人出庭，让应当出庭作证的关键证人、鉴定人、侦查人员等应出尽出，这种改革思路具有相当之合理性，某种程度上可以解决证人出庭率过低的问题。

2. 证人出庭的意义

证人出庭作证是现代刑事诉讼制度的基本要求，尤其是对抗式的诉讼结构中，以控辩双方为主向法庭举证、质证和辩论中，需要在有证人出庭情况下才能有效展开庭审调查，因此，证人出庭是对抗式刑事诉讼模式的基本诉讼条件。在德国的正式刑事诉讼程序中，虽然法庭依靠检察官提交的卷宗进行庭前准备，但卷宗中的任何部分都不得作为证据使用。所有的证据必须在公开的法庭上口头提出。只有在极其有限的情况下才能宣读庭外的书面证言。④ 以人证调查为主线并穿插物证、书证、视听资料、电子数据等实物证据的证据调查方式是当前我国庭审实质化改革的必然选择和

---

① 参见万毅《新刑诉法证人出庭制度的若干法解释问题》，《甘肃政法学院学报》2013 年第 6 期。

② 参见左卫民、马静华《刑事证人出庭率：一种基于实证研究的理论阐释》，《中国法学》2005 年第 6 期。

③ 参见胡铭《审判中心、庭审实质化与刑事司法改革——基于庭审记录和裁判文书的实证研究》，《法学家》2016 年第 4 期。

④ See Thomas Weigend, "Continental Cures for American Ailments: European Criminal Procedure as a Model for Law Reform", *Crime and Justice: An Annual Review of Research*, Vol. 2, 1980, p. 410.

未来走向。在强调证人出庭以贯彻直接言词原则的诉讼构造中，人之证据方法（包括狭义的证人、被告人、鉴定人）不仅针对言词证据也包括实物证据，这体现了人证对推进诉讼程序的进行，以及对查明案件事实真相的重要作用。证人出庭面对公诉人、被告人、法官提供证言，可以使得证言中的矛盾之处得到合理排除，对书面证言中未涉及的部分予以澄清，同时法院也可以通过亲自观察出庭证人的举止、言行、态度等表现，综合评价证人证言是否具有证据价值和可靠性，进而对此进行取舍后形成心证。① 因此，证人出庭就赋予了被告人与不利证言提供者之间对质的机会，可以有效验证证人证言的可靠性，提升法官对案件事实认定的准确性，从而最大限度防止冤假错案的发生。

前已述及，在刑事诉讼中并不要求所有与案件有关的证人都必须出庭，实践中通常仅需要必要证人出庭即可，这对于查明案件事实真相以及确保证据调查的准确性意义重大。同时，必要证人出庭接受交叉询问和对质，也有利于保障被告人的辩护权和增强判决结果的可接受性。② 只有在能帮助查明案件事实的必要证人出庭情况下，才能实现控辩双方当事人对原始证人的询问和反询问，才能有效地对原始证人进行质证。同时，可以防止控辩双方诉讼角色的限制，以及在诉讼对抗中彼此取胜愿望的积极驱动，造成庭外取证形成的书面证言对案件事实的扭曲。也就是说，必要证人除了极其特殊的情况外，都有必要出庭接受以交叉询问为基本方式的质证，必要时裁判者还可进行补充询问，使法庭能当场直接审查证人之感知能力、表达能力、记忆能力、作证资格以及表达能力，同时可判断主客观因素对证人之影响，以使裁判者能及时判断和辨别证人提供证词之价值和真伪。③ 不管是实物证据还是言词证据，只有经过法庭调查质证、辩论后，才能作为认定案件事实的依据，这不仅是现代刑事诉讼制度的基本要求，也是我国刑事诉讼法的明确规定。例如，2012 年《刑事诉讼法》第 59 条沿袭了 1979 年、1996 年《刑事诉讼法》第 36 条和第 47 条的规定，明确要求"证人证言必须在法庭上经过公诉人、被害人和被告人、辩护人双方质证并且查实以后，才能作为定案的根据。法庭

---

① 参见王永杰《刑事案件关键证人出庭作证制度论纲》，《社会科学研究》2012 年第 3 期。

② See Roger W. Kirst, "Hearsay and the Right of Confrontation in the European Court of Human Rights", *Quinnipiac Law Review*, vol. 21, 2003, p. 777 – 812.

③ 参见龙宗智《刑事庭审制度研究》，中国政法大学出版社 2001 年版，第 244 页。

查明证人有意作伪证或者隐匿罪证的时候，应当依法处理"。正因为证人出庭接受交叉询问和对质询问对于查明案件事实真相如此重要，加之在以对抗式审判为基础的庭审调查过程中，要求以人证调查为主线贯穿庭审，这就决定了必要或关键证人的出庭作证应该成为刑事司法实践的常态。

二、证人出庭实证比较分析

证人出庭一直是我们研究关注的重点，现在普遍的改革主张是必要证人应该出庭，以口头陈述的方式向法庭提供证言，并接受控辩双方的交叉询问。但毫无例外地要求与案件相关的证人出庭作证，社会所能提供的司法资源根本无力负担。原则上，对控辩双方有争议的关键证人必须出庭，而控辩双方没有争议的证人可以不出庭。但我国必要证人出庭问题一直没有得到很好解决。成都市两级法院的庭审实质化改革在证人出庭方面相比于以往有以下三方面变化。

第一，庭审实质化改革促进了证人出庭，但出庭证人总数相较于案件卷宗记载证人总数的比例偏低。根据表 5-1 的数据统计，出庭证人总数与案件卷宗记载证人总数之间的比例，示范庭为 21.33%，对比庭为 0.89%。前者相较于后者证人出庭率提高了近 24 倍。但不管是示范庭还是对比庭，出庭证人数量相较于案件卷宗记载的证人总数比例仍然偏低。原因何在呢？有的案件证人可能确实不愿意出庭，有的案件证人对查明案件事实的作用不大，抑或检察官、法官对证人出庭持消极态度。证据调查绝不能满是无法推动案件进展的拘泥仪式，在警察局进行的讯问，比起在法庭上讯问与交叉讯问的正式程序，可以更迅速地确认案件事实，随之可得出结论为司法外程序应该比司法程序、非正式运作更受青睐。[①] 因此，控制犯罪和发现案件真实的需要在一定程度上不惜以牺牲司法公信力和正当法律程序为代价，大范围地采用庭外特别是审前程序中形成的书面证言。

第二，示范庭占绝大多数比例的出庭证人不是辩方证人而是控方证人。根据表 5-1 对出庭证人性质的统计，示范庭的控方证人、辩方证人分别为

---

① 参见［美］赫伯特·L. 帕克《刑事诉讼的两种模式》，载［美］虞平、郭志媛编译《争鸣与思辨：刑事诉讼模式经典论文选译》，北京大学出版社 2013 年版，第 36 页。

81.97%、18.03%；对比庭的控方证人、辩方证人分别为 33.33%、66.67%。由此可知，改革试点给证人出庭带来的最大变化是控方证人的增加，对比庭控方证人仅占有效证人出庭数的三分之一，但示范庭控方证人大约占有效证人出庭数的 82%。摩根教授指出，"反对诱导之法则其理论之根据在于通常之人易受暗示之影响，尤其对于略为接近正确之主张即随声附和，且证人每多对于声请传唤其作证之当事人有偏爱之倾向"。① 质言之，本方证人因观点乃至立场的一致性容易受到诱导，而对方证人因其反对关系不会受到诱导。② 控方证人一般支持公诉方的起诉意见，尽管有时也有利于辩方的反询问，但通常辩方很难从控方证人处寻找到突破口。这可能带来的后果是控方的诉讼主张更容易被法庭采纳。当然，控方证人普遍出庭也有其积极的一面，至少可以表明控方证人不是出现在案卷之中。这对于辩方质证和辩论的展开，以及避免法庭审判程序流于形式至关重要。

第三，示范庭必要证人出庭仍然偏低。根据表 5-1 的统计，关键且争议证人、关键且非争议证人、争议且非关键证人、非争议且非关键证人，示范庭分别为 49.18%、20.49%、26.23%、4.10%；对比庭分别为 33.33%、0、66.67%、0。庭审实质化改革需要证人出庭接受控辩双方的询问，也就是要求以往案件中提供书面证言的关键证人出庭作证。示范庭关键且争议证人将近 50%，剩下的主要是关键且非争议证人和争议且非关键证人，属于非争议且非关键证人类型的不到 5%。这表明，示范庭有将近一半的证人是必须且应当出庭的，而且其出庭的价值较高。但到底是控方出庭证人的价值高，还是辩方出庭证人的价值高呢？调查发现，控辩双方证人出庭较多一方的意见往往更容易被法庭认可。但对案件事实认定具有关键作用的证人类型，即普通证人、被害人、鉴定人、侦查人员，示范庭分别为 45.90%、9.02%、13.11%、31.97%；对比庭分别为 66.67%、33.33%、0、0。可见，对比庭对案件事实认定具有关键作用的证人属于普通证人和被害人，而示范庭除了普通证人外，鉴定人和侦查人

---

① 参见［美］E. M. 摩根《证据法之基本问题》，李学灯译，世界图书出版公司 1982 年版，第 79 页。A witness will very frequently be favourable to the cause of the party who has called him. Because of this, two rules that are peculiar to examination – in – chief have developed. These are the rules against leading questions and against discrediting one's own witness. See Christopher Allen, *Practical guide to evidence*, Routledge – Cavendish, 2008, p. 105.

② 参见龙宗智《刑事庭审人证调查规则的完善》，《当代法学》2018 年第 1 期。

员作为关键证人出庭的比例也较高，大约分别占示范庭有效关键证人证言类型数量的 13%、32%。另外，对比庭鉴定人和侦查人员几乎不出庭，而示范庭鉴定人和侦查人员在部分案件中作为关键证人出庭。这与庭审实质化改革本身的目的有关①，而对比庭在以往常规审理模式下并不重视证人出庭。可以认为，鉴定人和侦查人员出庭率相比以往有明显改善，原因在于改革目标和动员机制的落实。政策实施型的程序目标需要的是一种不同的事实认定姿态，事实裁判者的任务是查明施加责难和惩罚事实要件是否存在，而待证事实的证明或证据资料的使用较少受到外部的限制。② 基于此，鉴定人和侦查人员作为关键证人出庭这一现象能否继续维持有待进一步观察。

表 5-1　普通程序示范庭和对比庭证人出庭情况统计结果

件，人，%

数据类型	证人出庭案件（件）	出庭证人数量③（人）	出庭证人性质		出庭证人类型④				具有关键作用证人类型			
			控方证人（人）	辩方证人（人）	关键且争议	关键且非争议	争议且非关键	非争议且非关键	普通证人（人）	被害人（人）	鉴定人（人）	侦查人员（人）
示范庭	58/65.17	122/21.33	100/81.97	22/18.03	60/49.18	25/20.49	32/26.23	5/4.10	56/45.90	11/9.02	16/13.11	39/31.97
对比庭	2/5.00	3/0.89	1/33.33	2/66.67	1/33.33	0	2/66.67	0	2/66.67	1/33.33	0	0

注：通过现有材料可以查明的有效案件数量，示范庭和对比庭分别有 89 件、40 件。

---

① 《成都市中级人民法院刑事庭审实质化改革试点实施方案》明确要求："证人出庭作证是直接言词原则的本质要求，对应当出庭作证的关键性证人、鉴定人、侦查人员等，做到'应出尽出'；让证人在法官面前陈述案件事实，接受控辩双方及被告人的质询，改变过去仅宣读书面证言的传统作法，使证人证言回归其言词证据的本质特征，对于审查证据的客观真实性、发掘案件事实真相、遵循证据裁判原则具有重要意义。"参见成都中院《全省法院刑事庭审实质化改革工作推进会资料汇编》，2016，第 25 页。

② 参见［美］达马斯卡《比较法视野中的证据制度》，吴宏耀等译，中国人民公安大学出版社 2006 年版，第 80 页。

③ 案件证人总人数可通过查阅庭审笔录及判决书获得，示范庭和对比庭分别有 572 人、336 人。

④ 关键且争议证人类型的判断标准是证人证言是否对定罪量刑有重大影响，且控辩双方对于其证言的真实性、合法性、关联性有异议；关键且非争议证人类型是指虽然证人证言对案件定罪量刑具有重要影响，但控辩双方并未对其证言内容提出争议；争议但非关键证人类型是指虽然证人证言并未对案件事实及量刑产生重大影响，但控辩双方对该证人证言有异议；非争议非关键证人类型是指虽然证人证言对案件定罪量刑有一定的影响，但作用极其有限，甚至缺乏证明价值。

三、必要证人出庭率低的原因

成都市两级法院推行的庭审实质化改革，尽管在一定程度上促使了部分必要证人的出庭，但示范庭必要证人的出庭率仍然偏低，大约有40%的案件没有任何证人出庭，而对比庭几乎没有证人出庭。庭审调查中必要证人不出庭，以及大部分案件中证人几乎不出庭，以致司法实践中出现了"泛书面审理"或"卷宗中心主义"现象。这不仅对于保障被告人的对质权极其不利，也严重影响了我国对抗式庭审改革的成效。笔者认为，刑事庭审中必要证人出庭率低的原因是多方面的，既与诉讼理念以及文化背景有关，也与相关配套制度不健全、司法资源配置不合理存在关联。

1. 强调积极而非消极实体真实主义

从审判模式角度来看，极低的证人出庭率根源于实体真实（犯罪控制）的诉讼理念，在不改变实体真实模式之外部条件和内在结构前提下，证人出庭作证将继续作为庭审之例外而非必然要求而存在。[①] 实体真实主义可划分为消极之实体真实主义和积极之实体真实主义，前者力图无罪者不予处罚，而后者追求发现犯罪、有罪必罚。若采取有罪必罚的刑事政策，贯彻积极而非消极之实体真实主义，则必然要承认违法侦查获得的证据资料具有证据资格，并承认相关诉因变更命令之形成力，以及强调案件卷宗在庭审中的重要作用。相反，若重视无罪者不予处罚之方针，则要求公安司法机关适用尊重人权之程序设置，避免无罪者错误地受到追诉和惩处。因此，积极之真实主义重视案件事实真相的查明，而消极之真实主义侧重案件真实发现之"方法"。[②] 积极实体真实主义的价值基础是，控制犯罪是刑诉程序的最重要功能。执法活动若不能将犯罪行为置于严密的控制之下会导致公共秩序崩溃，从而丧失实现人类自由的重要条件。

也就是说，如果刑事诉讼程序中的逮捕与有罪判决失败率极高，就会倾向于滋生对于法律控制的普遍模式，为了达到这一高目标，积极实体真实主义要求人们积极关注刑诉程序，辨别犯罪嫌疑人和确定罪犯之

---

① 参见左卫民、马静华《刑事证人的出庭率：一种基于实证研究的理论阐释》，《中国法学》2005年第6期。

② 参见［日］田口守一《刑事诉讼法》，张凌、于秀峰译，中国政法大学出版社2007年版，第15页。

运作效率。① 从发现实体真实的角度来看，证人出庭接受控辩双方的交叉询问以及与被告人、其他证人、鉴定人进行对质，这对于实体真实发现的犯罪控制模式可能贡献不大，反而可能会妨碍公安司法机关打击犯罪的效率。在很多情况下证人出庭不仅对查明事实真相无明显帮助，甚至有可能使本来已经清楚的案件变得更加复杂，因为证人出庭接受当场询问有可能会基于多种因素的考虑临场改变证言②，或者在接受辩护方的交叉询问时表现出某些不确定。当然，在一个仅有最严重的反社会行为才被作为犯罪处理并且犯罪率超低的社会，刑事诉讼程序可以要求警察、检察官以及法官对每一案件投入比我们的程序更多的实践，而其运作效率依旧可以忍受；一个准备大量增加用于镇压犯罪资源的社会，可以在继续维持一套精致耗时的刑事诉讼程序的同时，无须牺牲效率而有能力对付日益增长的犯罪。③ 但随着犯罪数量的日益增多，以及在司法资源较为有限的情况下，很明显，过低的刑事诉讼效率必然无法满足控制犯罪的需求。

在积极实体真实主义诉讼理念支配下，裁判者在庭审过程中若遇到某一证据资料难以当庭查清的情形，可查阅公诉方移送之案卷笔录来进行核实，甚至对部分没有当庭举证、质证之证据资料，也直接将其援引为"定案根据"，使辩护人、被告人无法对这些证据资料有效地行使质证权利。④ 发现案件事实真相需要在一定程度上，不惜以牺牲司法公信力和正当法律程序为代价，大范围地采用庭外特别是审前程序中形成的书面证据。速度取决于案件审理的非正式性和一致性，终局性则需要将提出质问、质疑之机会降至最小，程序绝不能满是无法推动案件进展的拘泥仪式，在警察局进行的讯问，比起在法庭上讯问与交叉讯问的正式程序，可以更迅速地确认案件事实，随之可得出结论说司法外程序应该比司法程序、非正式运作更受青睐。在这一模式中，刑事诉讼程序被视为一种甄别程序，其中每一个连接阶段，如逮捕前的调查、逮捕、逮捕后的调查、审判准备、审判或进入有罪答辩、有罪判决、量刑，都包含一系列程序化之

① See Herbert L. Packer, "Two Models of the Criminal Process", *University of Pennsylvania Law Review*, Vol. 113, No. 1, November 1964, pp. 9-10.
② 参见易延友《证人出庭与刑事被告人对质权的保障》，《中国社会科学》2010年第2期。
③ See Herbert L. Packer, "Two Models of the Criminal Process", *University of Pennsylvania Law Review*, Vol. 113, No. 1, November 1964, p. 10.
④ 参见陈瑞华《刑事诉讼的中国模式》，法律出版社2010年版，第283页。

运作，成功的重要指标是案件最终是否得出正确的结论。①

　　但是，刑事诉讼法不仅要以积极的实体真实主义为目的，也需把人权保障列为刑诉程序之目的，因此要求兼顾实体真实与人权保障的平衡。若考虑到宪法法律作为人权保障之重要性，消极之实体真实主义诉讼观念是妥当的，但法院积极追求实体真实的诉讼活动，并不总是积极之真实主义。如果积极地对被起诉之犯罪事实进行严密的程序监控，也是消极之实体真实主义所追求之核心。② 实际上，消极的实体真实主义也有其"积极"的一面，要求必要证人出庭接受控辩双方的询问，也可以起到帮助法庭发现案件事实真相的作用，进而可以起到保障无辜的被告人不受到错误追究的作用。证人出庭接受询问可以使事实判断者能够直接、全面地获取与案件相关的信息，特别是在证言陈述真假难以辨别的情况下。同时，强调对证人进行面对面的询问，可能会对其作伪证的动机形成一种天然的威慑力。因为对证人的直接询问相比于书面审理，有利于法官辨别证言的真伪，而对证人的眼神、举止的观察则可以进一步强化法官的心证。

　　2. 书面审判模式的承继和延续

　　诉讼是控辩双方和裁决者三方组合形成的一种结构，原被告之间的诉讼对抗由中立和独立的第三方进行裁决。如果刑事诉讼仍然是一种诉讼，则需仍然保持这种三方组合的关系并实行对抗判定的法则，而卷宗中心主义则将刑事诉讼处理为一种由侦查到起诉再到审判的工序性作业，以线型关系代替三角构造，诉讼实已不再成立。③ 虽然 1996 年《刑事诉讼法》汲取了对抗式诉讼的一些合理要素，对被追诉人权利的保障也有所增强，但我国强调犯罪控制的诉讼总体特征没有发生变化。在案件事实的认定上，西方国家刑事诉讼遵循证据裁判主义，我国 1979 年、1996 年、2012年刑事诉讼法秉承的标准是"实事求是"原则。证据裁判主义与实事求是原则二者之区别是：前者具有规范上的意义并强调对案件事实的认定，应根据必须具备可采性或证据资格之证据资料；而实事求是原则追求的目标是客观真实，尤其关注证据资料之真实性、相关性而非合法性。在实事求是原则的指导下，裁判者较少仅根据证人在法庭上之态度与陈述而对案

① See Herbert L. Packer, "Two Models of the Criminal Process", *University of Pennsylvania Law Review*, Vol. 113, No. 1, November 1964, p. 11.

② 参见［日］田口守一《刑事诉讼法》，张凌、于秀峰译，中国政法大学出版社 2007 年版，第 15 页。

③ 参见龙宗智《论建立以一审庭审为中心的事实认定机制》，《中国法学》2010 年第 2 期。

件事实作出认定。

相反，他们对证人提供证词之可信性的判断，多建立于对其生成变化过程因素可能对证言产生之规律性影响。① 侦查人员根据证人最初的感知和记忆制作的案件卷宗，法官普遍认为相较于庭审中的口头证言更具真实性和准确性。因为案发初始证人形成的感知和记忆清晰度较高，而证人被外界干扰的可能性、对作证后的不利顾虑较小。而随着刑诉程序的展开，证人可能受到各种因素的影响会逐渐增加，既有来自证人对相关事实的记忆日趋模糊，也有被告人方面的不当施压以及证人担心打击报复。书面证言借助于卷宗移送的方式对承办法官庭前和庭后的证据审查产生影响，从而使得在法庭上对证人的询问流于形式、证人出庭显得多余。司法实践中对口头证言的审查普遍采取印证方式，这种证明方式强调根据证据资料之间的印证程度来判断证据资料之证明力，这在一定程度上也使得证人的出庭与否对最终的裁判结果影响不大，因为证人的庭前书面证言只要有其他证据可以印证，就可能获得较高的证明力。

书面审判模式与卷宗中心主义存在密切关联，主要体现于"刑事法官普遍通过阅读检察机关移送的案卷笔录来展开庭前准备活动，对于证人证言、被害人陈述、被告人供述等言词证据，普遍通过宣读案卷笔录的方式进行法庭调查，法院在判决书中甚至普遍援引侦查人员所制作的案卷笔录，并将其作为判决的基础，因此中国刑事审判中实际存在着一种以案卷笔录为中心的裁判模式"。② 司法实践中，法官往往赋予侦查卷宗中的证人证言，较庭审中的新证言、新陈述以优势证明力，这与英美法系国家和地区之传闻证据规则以及大陆法系国家和地区之直接言词原则强调优先采纳当庭证言背道而驰。③ 刑事程序中书面审判模式的成立必须有三个方面的支持条件：一是裁判者需要对侦查的结果高度信任，认为侦查人员和检察官在道德修养和专业素质方面是值得信赖的；二是裁判者对辩护方提出辩护意见进行贬低甚至否定，认为犯罪嫌疑人、被告人总是试图通过狡辩逃避罪责，而辩护人则往往为了金钱利益而是非不分、颠倒黑白，所以裁判者只承认在必要时听取辩护方的意见，在事实上并不认可控辩双方平等

① 参见左卫民、马静华《刑事证人的出庭率：一种基于实证研究的理论阐释》，《中国法学》2005年第6期。
② 参见陈瑞华《案卷笔录中心主义——对中国刑事审判的重新考察》，《法学研究》2006年第4期。
③ 参见李训虎《证明力规则检讨》，《法学研究》2010年第2期。

的对抗性质；三是裁判者强调对定罪量刑的效率以及对可能出现错误的容忍，然而治罪的热情不可避免地对事实缺乏客观的分析，因此高效率地打击犯罪必然使得庭审程序保障人权的功能承受一定的代价。① 法官对控方证据资料顾虑较少，即使其明知提供证言的证人能够出庭，也不会强求控方必须要让证人出庭。相反，法官对辩护方提交证据资料的顾虑较多，即使其让证人出庭也不一定会采纳该证人证言。② 因此，书面审判模式下的刑事诉讼运行机制，使得在侦查阶段认定的案件事实和收集的证据材料（如书面证言），对被告人的定罪和量刑的影响较大。加上被告人缺乏律师的有效帮助，辩方要求证人出庭以及收集证据的能力有限，处于弱势地位被告人的辩护权名存实亡，被追诉人一旦被提起公诉则被定罪判刑的概率较大。

我国卷宗中心诉讼模式肇始于1979年《刑事诉讼法》，根据该法的相关规定，检察院在提起公诉时，需向法院移送与案件相关的全部卷宗材料，相应的法院对提起公诉之刑事案件进行"实质审查"，只有案件在达到"犯罪事实清楚、证据确实充分"的前提下才能开庭审判。③ 另外，负责庭前审查的法官通常也是负责庭审的法官，因此，庭审法官一般在开庭前就知晓了案件事实和相应证据，不可避免地对庭审结果形成初步预断，而对于一些疑难案件在开庭前就已经审判委员会讨论，或者请示庭长、分管院长或者上级法院，案件并未开庭，审判人员即对定罪、量刑已成定论④，这种"先定后审"的诉讼运行机制使得庭审的功能往往被虚化，辩护方提出的辩护意见很难引起重视和得到认可。1996年《刑事诉讼法》修改时借鉴了英美法系对抗式诉讼结构的一些要素，废除了1979年《刑事诉讼法》规定的全案卷宗移送制度，改采审前仅移送证据目录、证人名单、主要证据复印件之"复印件主义"。⑤ 虽然此次修法在某种程度上有利于遏制裁判者的庭前预断，但仍未从根本上消除长期存在的案卷中心主义问题，相反有加剧审判虚化的趋势，更不利于对被告人辩护权的保障。

---

① 参见龙宗智《论建立以一审庭审为中心的事实认定机制》，《中国法学》2010年第2期。

② 参见何家弘、南英主编《刑事证据制度改革研究》，法律出版社2002年版，第500页。

③ 参见汪海燕《论刑事庭审实质化》，《中国社会科学》2015年第2期。

④ 参见王尚新《刑事诉讼法修改的若干意见》，《法学研究》1994年第5期。

⑤ 1996年《刑事诉讼法》第150条规定："人民法院对提起公诉的案件进行审查后，对于起诉书中有明确的指控犯罪事实并且附有证据目录、证人名单和主要证据复印件或者照片的，应当决定开庭审判。"

修法后的复印件移送方式使辩方以往通过阅卷来了解证据资料和案件事实的通道被阻塞，且公诉方移送的"主要证据"多属于不利于被告人的有罪证据资料，因而在庭审后公诉方向法院移送全部案卷的做法使得庭审虚化更为严重。[①] 为消解书面审判模式存在的积弊，在刑事普通程序中推进庭审的实质化改革，2012 年《刑事诉讼法》的修改实行了原来的案卷移送制度，并修改了庭审程序的启动条件，完善了鉴定人、证人出庭作证制度，但无论是从立法还是司法解释层面，庭审实质化改革依旧很难摆脱案卷中心主义之束缚。[②] 司法实践中，关于侦查阶段收集侦查人员以卷宗形式固定的证据资料和相关案件事实，除非其卷宗制作本身存在严重的事实问题和逻辑矛盾，在进入审判程序后一般都会被法官采纳和采信。[③] 因此，卷宗中心主义下的书面审判模式，强调客观真实的实事求是原则优先于证据裁判主义，分工配合下的司法一体化优先于制约监督，而有限的诉讼资源促使对效率的追求优先于程序公正。所以，在传统的书面审判模式得以延续的前提下，证人出庭可能会与客观真实、司法一体化以及诉讼效率产生内在冲突，最终结果可能就是继续无视证人出庭的必要性和对书面证言采纳的维持。

四、我国证人出庭的改革进路

证人出庭作证制度本身并非目的，而是落实传闻证据规则或直接言词原则，以确保控辩双方尤其是辩方的对质权。证人不出庭就意味着当事人对质权的落空，该证人证言应作为传闻证据予以排除而不得作为定案根据，这是传闻证据规则和直接言词原则的应有之义。[④] 虽然我国 2012 年《刑事诉讼法》规定有强制证人出庭作证制度、关键证人出庭制度，但该法第 190 条并没有明确禁止书面证言在法庭上的使用。书面证言只要经过庭审质证，其关联性、合法性、客观性被确认之后，仍然可以作为认定案

---

① 1998 年六机关共同颁布的《关于刑事诉讼法实施中若干问题的规定》第 42 条规定，人民检察院对于在法庭上出示、宣读、播放的证据材料应当当庭移交人民法院，确实无法当庭移交的，应当在休庭后三日内移交。对于在法庭上出示、宣读、播放未到庭证人的证言，如果该证人提供过不同的证言，人民检察院应当将该证人的全部证言在休庭后三日内移交。

② 参见汪海燕《论刑事庭审实质化》，《中国社会科学》2015 年第 2 期。

③ 左卫民：《"印证"证明模式反思与重塑：基于中国刑事错案的反思》，《中国法学》2016 年第 1 期。

④ 参见万毅《新刑诉法证人出庭制度的若干法解释问题》，《甘肃政法学院学报》2013 年第 6 期。

件事实的依据。因此，有必要在宪法法律层面明确规定被告人的对质权，排除不符合关键证人出庭作证例外之传闻证据，完善证人作证补偿与保护、强制证人出庭作证、证人拒绝作证等配套制度。

1. 在宪法层面赋予被告人对质权

我国在宪法和刑事诉讼法层面并没有明确规定被追诉人享有对质权，虽然 2012 年《高法解释》第 199 条、《高检规则》第 438 条似乎已经部分承认了被追诉人的对质权。但是，《高法解释》中的规定仅适用于共同被告人之间的对质，而对于被害人、鉴定人、其他证人之间的对质没有作出明确规定。只有在"必要"时，才可以传唤同案被告人等到庭对质，这应该是赋予合议庭或者主审法官查明案件事实真相的职权。因此，严格来讲，《高法解释》并没有赋予被告人对质权。虽然《高检规则》扩大了对质询问主体的范围，即"被告人、证人对同一事实的陈述存在矛盾需要对质的，公诉人可以建议法庭传唤有关被告人、证人同时到庭对质"，但这并非意味着赋予了被告人对质权，仔细斟酌也会发现这实质上是法庭查明案件事实真相的一种方法，公诉人仅可以"建议"法庭传唤相关主体对质，是否可行还需要法官最终定夺。在我国，被告人对质权的缺失实际上是证人不出庭的根本原因，而对质权在实践中未获得保障的原因是其在制度层面未获得承认，证人不出庭问题的根源并不是什么证人法治观念不够强，也不是没有建立证人经济补偿制度、证人保护制度等。[①] 虽然在理论上认为检察官有客观义务，法官对被告人也有澄清义务和照料义务，这在一定程度上可以弥补对质权缺失对被告人辩护权保障的不足，但在缺乏宪法法律和司法解释明确规定的情况下，以及诉讼目标对控制犯罪和发现真实的优先定位，司法实践中多数检察官、法官很难兼顾被追诉人的对质权，即积极传唤必要证人出庭与被告人对质。

美国宪法第 6 条修正案规定被告人有权在法院中与控方证人对质，这一被告人面对证人的权利（对质权），能使其对证人提供之证言提出质问或质疑，被告人对质权的实质不是被告人能面见证人，而是保障被告人质问控方证人之宪法权利。[②]《欧洲人权公约》第 6 条规定："……询问不利于他的证人，并在与不利于他的证人具有相同的条件下，让有利于他的证人出

---

① 参见易延友《证人出庭与刑事被告人对质权的保障》，《中国社会科学》2010 年第 2 期。

② 参见薛波主编《元照英美法词典》，北京大学出版社 2014 年版，第 284 页。

庭接受询问……"《公民权利和政治权利国际公约》第 14 条第 3 款规定："（戊）讯问或业已讯问对他不利的证人，并使对他有利的证人在与对他不利的证人相同的条件下出庭和受讯问；""国家和法只有当它在一定程度上反映了社会的共同意志和普遍利益，在人民内心得到认同的时候，才有充分的实效。因此，权威的问题必须转换为公平性的问题来处理。而具体的决定或措施的公平性则由正当过程原则来决定，基本上可归纳为程序的正义和程序的合理性。"① 笔者认为，有必要在宪法层面上明确规定被告人享有对质权，以保障其强制证人出庭、询问相关证人，同公诉方具有同等的诉讼权利。不当地限制或剥夺被追诉人的质证权，并不符合公正审判和正当程序要求，导致司法裁判结果的公正性难以得到有效保障。刑事裁判的程序的正义性和合理性，实际上与"人民内心的认同"即司法裁判的可接受性是一致的。特别是随着社会的发展变迁和整体转型，与权利保护相悖的外在强制措施，已经不再可能成为实现司法裁判正当性的合理手段。相反，通过程序正义实现被告人对法院判决结果的服从和认可，已经逐渐成为社会公众的普遍呼声。对此，在宪法层面赋予被告人对质权，不仅有利于发现案件真实，实现程序公正，也有利于强化被告人对司法裁判的可接受性，并促使其刑满释放后更好地回归和融入社会。

2. 明确规定传闻证据排除规则

有学者指出，2012 年《刑事诉讼法》第 187 条就有关证人出庭规定的条件过于严苛，法院拥有几乎不受约束的自由裁量权，所谓"对案件定罪量刑有重大影响"以及"人民法院认为证人有必要出庭作证的"，赋予了法院双重裁量的权利，在法院不能保持公正、客观、中立的情况下，或者怠于对证人进行调查的情况下，相应的证人出庭作证率仍然较低，辩方很难实现与必要证人进行对质的权利。② 同时，2012 年《刑事诉讼法》第 190 条"调查核实书证、物证"规定："公诉人、辩护人应当向法庭出示物证，让当事人辨认，对未到庭的证人的证言笔录、鉴定人的鉴定意见、勘验笔录和其他作为证据的文书，应当当庭宣读。审判人员应当听取公诉人、当事人和辩护人、诉讼代理人的意见。"我国刑诉法不仅限制证人出庭范围，而且对未到庭证人证言的宣读"容忍"了证人的不出庭。

---

① 季卫东：《法治秩序的构建》，中国政法大学出版社 1999 年版，第 53 页。
② 参见史立梅《我国刑事证人出庭作证制度的改革及其评价》，《山东社会科学》2013 年第 4 期。

这也在制度层面上导致了我国证人出庭率较低。

我国刑事诉讼法没有规定传闻证据排除规则,书面证言可毫无阻碍地进入庭审调查环节。加之诉讼效率、司法一体化的影响,检察院和法院也缺乏传唤证人出庭的动力。为落实法院传唤证人出庭以及保障被告人的对质权,控辩双方应承担一定的责任,这种责任的主要保障条款,是法律关于排除书面证言(传闻证据)的规定,即如果证人不到庭,控辩双方将难以实施其辩护和指控,尤其是公诉人将无法支持由起诉书提出的指控。[①] 王兆鹏教授认为:"传闻证据之所以不能为证据,即因其涉及两个人的知觉、记忆、表达瑕疵,且又不能以具结或诘问的方式予以克制;在A转述B所言案发事实时,所产生的知觉、记忆、表达、真诚等瑕疵及真诚性,变成应以数倍计算;因为除B的知觉、记忆、表达、真诚问题外,尚应计算A是否正确了解B之意思,A能否记忆,A能否将B的意思表达清楚,A是否真诚地陈述B的意思;且法律所设计的'诘问'及'具结'方式,虽然能考验A所陈述之真实性,但对B所言部分,却未能发挥作用,所以B陈述之真实性,实令人怀疑;因此证人审判外的陈述,原则上不得为证据。"[②] 考虑到传闻证据的误传危险,以及无法保障审判的公正性,有必要在我国刑诉法中确立传闻证据规则。

二战后,日本、意大利、我国台湾地区"刑事诉讼程序"的转向,必然会伴随与英美法系诉讼模式相适应之技术措施的借鉴,包括对传闻证据排除规则的采纳,这就使得庭审对书面证词的使用,较以往直接言词原则的运用受到更为严格的限制,法官需按照法律的具体规定,来决定传闻证据是否被排除或采纳。[③] 尽管这些国家和地区仍较为注重对职权的运用,以及对案件事实真相的顽强追求,但传闻证据排除规则的确立,可以通过促使必要证人的出庭,维护程序正义和保障被告人基本权利。[④] 林钰

---

① 参见龙宗智《刑事庭审制度研究》,中国政法大学出版社 2001 年版,第 250 页。

② 参见王兆鹏《美国刑事诉讼法》,北京大学出版社 2014 年版,第 435 页。

③ 参见龙宗智《证据法的理念、制度与方法》,法律出版社 2008 年版,第 131—132 页。

④ The Confrontation Clause of the Sixth Amendment to the United States Constitution, which guarantees to the accused the right to be confronted with the witnesses against him, and the Hearsay Rule, which generally bars the admission into evidence of a statement made out of court by someone other than the witness, have similar goals-assurance of the reliability of evidence which is presented to the fact-finder. See Steve Vaughn, Rhona Weaver, "Interplay of the Confrontation Clause and the Hearsay Rule", *Arkansas Law Review*, vol. 29, 1975, p. 375.

雄教授认为："严格证明法则之下，任何证据都必须经过'审判期日合法的调查证据程序'之后，才能作为判断依据，就算是受命法官在准备程序亲自搜集、调查的证据，也必须经过上述严格证明程序才能取得证据能力，更何况是司法警察或检察官在侦查程序所搜集之证据。"① 我国台湾地区实务界曾经也面临证人不出庭的困扰，证人在庭审之外提供的证言笔录被法庭大量采用，而日益严重的书面审理问题招致了民众的强烈批评。

2003 年我国台湾地区"刑事诉讼法"修改时，在直接言词原则之外确立了传闻证据规则和交互诘问制度，并对证人作证义务、保护、补偿等作了进一步规定，随着制度的完善，诉讼实践中证人出庭情况有了明显改善，有数据统计显示，证人出庭率高达 90%。② 台湾地区"刑事诉讼法"第 159 条规定："被告以外之人于审判外之言词或书面陈述，除法律有规定者外，不得作为证据。前项规定，于第 161 条第 2 项之情形及法院以简式审判程序或简易判决处刑者，不适用之。其关于羁押、搜索、鉴定留置、许可、证据保全及其他依法所为强制处分之审查，亦同。"传闻证据因有悖言词审理主义和直接审理主义诸原则应予排除，已为大陆法系和英美法系法治发达国家和地区的普遍共识。大陆法系和英美法系诉讼模式不同，当事人主义重视当事人与证据资料之间的关系，排除传闻证据是为保障被告人的反诘问权；而职权主义重视法院与证据资料之间的关系，排除传闻证据因该证据资料未在法院直接调查。③《日本刑事诉讼法》第 320 条关于"排除传闻证据的原则"也明确规定："除第 321 条至第 328 条规定的以外，不得以书面材料作为证据代替公审期日的供述，或者将以公审期日外其他人的供述为内容所作的供述作为证据。对已经作出第 291 条之二的裁定案件的证据，不适用前款的规定。但检察官、被告人或者辩护人对作为证据已经表明异议时，不在此限。"④ 日本和我国台湾地区的传闻证据规则对促进必要证人的出庭发挥了重要作用。

我国大陆地区的刑事诉讼法并没有明确规定直接言词原则，虽然理论上认可而且立法上也有一定体现，但实践中并没有真正贯彻直接言词原则

---

① 林钰雄：《严格证明与刑事证据》，法律出版社 2008 年版，第 66 页。
② 参见罗海敏《两岸刑事证人出庭作证制度之比较》，《证据科学》2012 年第 3 期。
③ 林钰雄主编《新学林分科六法：刑事诉讼法》，新学林出版股份有限公司 2011 年版，第 A–306 页。
④ 《日本刑事诉讼法》，宋英辉译，中国政法大学出版社 1999 年版，第 73 页。

的要求，更遑论借鉴英美法系当事人进行主义诉讼构造中所确立的传闻证据规则。传闻证据规则所蕴含的强制效果在于控辩双方若希望本方提出的证人证言被法庭采纳，就必须保证必要证人在审判期日出席法庭提供证言。这无疑给控辩双方尤其是控方，确保必要证人出庭接受交叉询问和对质询问施加了压力。传闻证据规则相较于直接言词原则，优势在于注重保障被告人的对质权，实现审判对定罪与量刑的精细化，防止冤假错案，并限制法官的自由裁量权，以及强化检察官的举证责任。① 同时，强调传闻证据的排除也是阻断侦审联结的重要措施，即通过保障庭审实效以推进庭审实质化改革的实现。

　　传闻证据规则和直接言词原则的区别如下。一方面，直接言词原则具有简略性、原则性、酌定性、正面性等特点，而传闻证据法则具有法定性、规范性以及可操作性等特点。英美法系国家和地区传闻证据法则采用原则加例外的立法模式，通常禁止裁判者采纳传闻证据资料，并明文规定传闻证据资料可采性的例外。大陆法系国家（如德国、法国）采职权主义诉讼模式，刑诉法规定有直接言词原则，并没有明确规定在哪些情况下可以容许例外。大陆法系国家所采的直接言词原则在缺乏明文"约束"的前提下，为提高诉讼效率或发现真实，法官更容易采纳传闻证据资料，而传闻证据规则对当事人和法官的约束力较强，传闻证据资料的例外适用由于法律的明确规定受到更多限制。另一方面，在裁判者依职权审理的诉讼结构中，直接言词原则调整的主要是裁判者与证人的关系，并强调裁判者直接询问出庭的证人。而传闻证据法则重视保障控方和辩方的对质权，调整的主要是控辩双方与证人的关系。因此，直接言词原则限制书面证言的强制力要弱于传闻证据规则。直接言词原则与传闻证据规则在制度融合的潮流之下，学理已经可以在同一程序体系中，将前者作为指导原则，将后者作为证据规则来处理，这样做也比较符合目前包括我国在内的许多国家和有的地区的诉讼制度所显现出的融合特征。② 笔者认为，根植于对抗式诉讼中对证人的交叉询问和对质询问，是事实裁判者如陪审团或法官形成

① 对质权与传闻证据规则相关但有些许不同。传闻证据规则是指需用口头证据证明有争议案件事实的规则，这样就限制了可以用于追诉和防御的证明方式。相比之下，对质权纯粹单方面属于被告方。但是，传统的观点认为传闻证据规则在于保障被告人的对质权。See J. R. Spencer, *Hearsay Evidence in Criminal Proceedings*, Hart Publishing, 2008, p. 39.
② 参见龙宗智《论建立以一审庭审为中心的事实认定机制》，《中国法学》2010 年第 2 期。

合理心证的基本条件。在我国刑事诉讼法中确立传闻证据规则，即通过对传闻证据原则排除但存在例外的方式来保障当事人对质权，而不是宣示性地规定直接言词原则，进而不合理地赋予法官对传闻证据过大的自由裁量权。

3. 完善证人出庭作证配套制度

任何一项法律制度都必须在特定的空间内发挥作用，其中作为其配套的相关制度在一定程度上会直接或者间接影响该项制度功能的发挥。我国1996年《刑事诉讼法》在审判方式上转向当事人主义，但证人不出庭、书面审理方式、司法一体化等架空了审判方式的改革，审判方式的改革基本没有取得任何成效。这不仅与我国诉讼理念、司法体制有关，也与传闻证据规则、直接言词原则未能建立，以及强制证人出庭作证、证人补偿与保护等规定之瑕疵存在关联。

第一，强制证人出庭作证。若要在我国刑诉程序中确立传闻证据规则，必须首先确保证人能够出庭作证，法院传唤相关证人出庭，除非有法定的特殊事由，必要证人必须出庭作证，否则法院可以采取强制措施要求证人出庭，对于拒绝出庭以及出庭后拒绝提供证言的，有必要对其采取相应的惩处措施。我国2012年《刑事诉讼法》第188条规定："经人民法院通知，证人没有正当理由不出庭作证的，人民法院可以强制其到庭，但是被告人的配偶、父母、子女除外。证人没有正当理由拒绝出庭或者出庭后拒绝作证的，予以训诫，情节严重的，经院长批准，处以十日以下的拘留。被处罚人对拘留决定不服的，可以向上一级人民法院申请复议。复议期间不停止执行。"因此，对于无正当理由不出庭提供证言的证人，法院可对其采取强制手段以确保其到庭，情节严重的给予训诫、拘留。但是，相比于我国台湾地区和日本有关强制证人出庭的相关规定，大陆地区的强制证人出庭制度还仍有许多不足。① 有关强制证人到庭的规定，日本刑诉

---

① 例如，我国台湾地区"刑事诉讼法"第178条（证人之到场义务及制裁）规定："a. 证人经合法传唤，无正当理由而不到庭者，得科以新台币三万元以下之罚锾，并得拘提之；b. 再传不到者，亦同。前项科罚锾之处分，由法院裁定之。检察官为传唤者，应声请该管法院裁定之。c. 对于前项裁定，得提起抗告。d. 拘提证人，准用第七十七条至八十三条及第八十九条至九十一条之规定。"林钰雄主编《新学林分科六法：刑事诉讼法》，新学林出版股份有限公司2011年版，第A-442页。《日本刑事诉讼法》第150条（违反到场义务与罚锾、赔偿费用）规定："受到传唤的证人没有正当理由而不到场时，可以裁定处以10万元以下的罚锾，并可以命令赔偿由于不到场所产生的费用。对前款的裁定，可以提起即时抗告。"第151条（拒绝到场罪）规定："作为证人受到传唤没有正当理由而不到场的，处以10万元以下罚金或者拘留。犯前款罪的，（转下页注）

法中的规定要严于我国台湾地区的规定，不仅可以对拒绝出庭作证的证人进行拘传、罚款、命令赔偿费用，还可对情节严重的追究其刑事责任（拒绝到场罪），选处或者并处 10 万元以下罚金、拘留。我国台湾地区"刑事诉讼法"规定可以对拒绝出庭作证的证人处以罚款、拘提（拘传），2002 年修订后规定，证人无正当理由拒绝出庭作证的，处 3 万元以下新台币的罚款，这较之以往旧规中 50 元以下罚款足足增长了 600 倍，再次传唤无正当理由不到庭的还可以再次罚款，而为免予被高额罚款和被拘提，证人出庭作证就成了更为现实的选择。① 有学者指出，大陆地区《刑事诉讼法》第 188 条规定的"先训诫、后拘留"处罚模式不妥。一方面，"训诫"对于拒不出庭提供证言的证人很难形成强制压力以督促其出庭作证；另一方面，"拘留"措施又过于严厉，而关键是以"拘留"方式处罚证人尚不能真正达至强制证人出庭的目的。因为证人一旦被法院拘留，即已"身陷囹圄"而无法作为证人出庭，反而会延宕庭审的进行。② 因此，笔者认为我国大陆地区的刑诉法有关强制证人出庭作证的规定，应该借鉴这些法治发达国家和地区的有益经验，有必要在训诫与拘留之间增加罚款、命令赔偿费用措施，并可以考虑通过刑事立法的方式，追究拒绝履行提供证言义务证人的刑事责任。当然，这需要先将享有拒证权的主体如近亲属、特定职业群体等排除在外。

第二，出庭证人的保护与补偿。我国刑事庭审中证人出庭率低是多方面因素交织作用的结果，从鼓励、支持证人出庭作证的角度来看，对这一问题的解决既需要完善强制证人出庭制度，也需要完善对证人的保护与补偿。正如丹宁勋爵（Lord Denning）所言："因为就蔑视法庭来说，没有比在证人作证以前威胁证人或在作证之后迫害证人的行为更为严重的了；假如案件一结束，证人就要受到那些不喜欢他作证的人的报复，那么还怎能指望证人自由地和坦率地提供他们应当提供的证据呢？让我们承认他诚实地作了证，难道仅仅因为作了证，他就应该被解雇、被开除出工会、被撤职或被逐出社交圈子吗？我不相信英国法律会这样

（接上页注①）可以根据情节并处罚金和拘留。"第 152 条（对不到场证人的再次传唤，或者拘传）规定："对不接受传唤的证人，可以再次传唤，或者拘传。"《日本刑事诉讼法》，宋英辉译，中国政法大学出版社 1999 年版，第 34—35 页。

① 参见罗海敏《两岸刑事证人出庭作证制度之比较》，《证据科学》2012 年第 3 期。

② 参见万毅《新刑诉法证人出庭制度若干法解释问题》，《甘肃政法学院学报》2013 年第 6 期。

对待证人；如果在某个案件中发生了这类事又未受到惩罚，消息就会很快传开，其他案件的证人就会拒绝作证。即使他们愿意出来效劳，由于害怕后果，也不敢说出真情。"① 司法实践中证人自身之所以不愿意出庭，主要原因在于其财产权利和人身权利无法得到保障。对于出庭作证证人的保护，我国台湾地区 2000 年制定了"证人保护法"，随后又颁布了"证人保护法实施细则"，其目的及适用范围是"为保护刑事案件及检肃流氓案件之证人，使其勇于出面作证，以利犯罪之侦查、审判，或流氓之认定、审理，并维护被告或被移送人之权益，特制定本法"。② 根据该规定，不是所有的刑事案件都可以适用"证人保护法"，仅包括最低本刑为 3 年以上有期徒刑之罪、洗钱犯罪、帮派组织犯罪、贪污罪、贿选犯罪等。因为不是所有案件的证人及其家属都会面临被报复的危险。

除此之外，我国台湾地区的"证人保护法"就证人保护之执行机关、保密证人之身份资料保密处理及讯问方式、随身保护及禁止令、短期生活安置、证人免责协商、泄密之处罚、违反禁止令之处罚、意图妨害或报复证人到场之加重处罚、伪证罪之处罚等作出了明确规定。台湾地区证人保护制度主要有以下三方面特点。一是保护范围较广。案件适用范围最轻本刑为 3 年以上有期徒刑，以及其他列举的 14 类犯罪。受保护的人不仅包括出庭证人，还包括与证人有密切关系的人。二是保护措施多样化。不仅规定有身份保密、人身安全保护措施，还有短期生活安置和污点证人制度。三是明确规定了违背证人信息保护以及妨碍证人作证的后果。③ 我国大陆地区对出庭证人的保护并没有进行专项立法，有关证人的保护和补偿散见于《治安管理处罚法》第 20 条、第 42 条，《刑法》第 308 条（打击报复证人罪）、第 308 条之一（泄密罪），以及《刑事诉讼法》第 62 条、第 63 条。相比之下，大陆地区有关证人保护和补偿，主要存在以下不足：没有明确证人保护的责任主体；缺乏预防性的救济措施；没有污点证人制度；证人的补偿规定不明确。所以，在有关出庭证人的补偿和保护方面，有必要借鉴我国台湾地区的"证人保护法"和"证人保护法实施细则"的相关规定，从保护对象、保护主体、保护手段、补偿方式等方面进行相应完善。

---

① 参见［英］丹宁《法律的正当程序》，李克强、杨百揆、刘庸安译，法律出版社 2011 年版，第 22 页。

② 林钰雄主编《新学林分科六法：刑事诉讼法》，新学林出版股份有限公司 2011 年版，第 B - 402 页。

③ 参见罗海敏《两岸刑事证人出庭作证制度之比较》，《证据科学》2012 年第 3 期。

第五节　小结

　　有关庭审实质化改革人证问题的讨论，本章主要就证据调查发展变化、人证调查基本方法、关键证人出庭进行了论述。当前各国刑诉制度发展的趋势是彼此交融、相互借鉴，通过融合彼此优越之处弥补自身诉讼模式的不足，特别是采职权主义诉讼结构的国家和地区，有的积极通过吸收英美法系当事人进行主义的部分制度，已逐渐完成本国和地区诉讼制度的现代转型。这种新型的混合式诉讼结构，无论是在程序推进抑或真实发现方面，均有许多不同于传统两大法系诉讼程序的特点。既不是由控辩双方完全主导法庭调查，也不是主要由法庭依职权积极调查证据，它是由控辩审三方共同进行的"三方作业"，即控辩双方起主导作用而法庭起辅助作用。传统上法官的积极主导作用被大大削弱，法官通常根据公诉人的开庭陈述决定证据调查的方法和范围，也可以控辩双方的意见对此作出调整。相应地，新型的混合式诉讼结构下人证调查也体现了"混合式"特点，既吸收了当事人进行主义的交叉询问制度、对质询问制度，也保留了职权主义法官依职权主动收集、调查证据资料的特点，并确立了控辩双方交叉询问为主、法官依职权调查为辅的混合式人证调查方法。这不仅可以调动控辩双方进行证据调查的积极性、减小主审法官负担，也可以弥补当事人进行主义法官完全消极被动的不足，进而可以避免在证据调查过程中力量悬殊造成控辩对抗失衡。现阶段我国的刑事审判结构，是一种更为强调控辩双方积极举证，关键证人出庭接受控辩双方询问，以及法官居中"听证"的混合调查模式。而以人证调查为中心，附带提出物证、书证等实物证据必将成为未来庭审调查的基本方式。人证主体包括狭义的证人、被告人、被害人、鉴定人，但在英美法系采当事人进行主义的国家和地区统称为证人。然而，在大陆法系采职权主义的国家和地区，证人仅指狭义上的证人、被害人，而被告人、鉴定人被排除在证人范围之外，尽管被告人供述和鉴定意见仍然是非常重要的证据资料来源。因此，证人仅属于人证主体的一部分，二者不能画等号。证人作为证言的信息源、鉴定人作为鉴定意见的提供者无疑都是质证的对象，同时实物证据的发现者、提取者和保管者同样也是质证的对象，只有作为亲历者的他们才能说清楚证据资料的来源、提取、制作和保管过程。^① 对于提取过程不清、来源不明或者保管不妥的实物证据，如果控辩双方无法说明其如何取得、是否确实存在以及存放于何处，任何对其进行核实的法庭调查都将毫无意义。因此，不管是言词证据还是实物证据，在存在争议的情况下都有必要通过人之证据方法进行调查。

我国诉讼结构由职权主义审问式转向了职权主义控辩式，而基于现代诉讼结构下传闻法则或者直接言词原则的要求，法庭质证的方法主要是控辩双方对相关人证的交叉询问以及诉讼参与人之间的对质询问。交叉询问有广义和狭义之分，前者是指主询问、反询问、再主询问、再反询问等共同组成法庭调查程序的总体；后者是指对抗制法庭调查的一环，由提出证人的相对方对证人进行发问，也即反询问。交叉询问是对抗式诉讼的主要特色，在美国是通过宪法第六修正案规定的对质条款得到保障的一项权利。该询问方式是一种使证人的可信性受到攻击的程序设置，允许控辩双方揭露对方证人提供证言的弱点和不可信性。一般来讲，反询问的范围由主询问加以限定，反询问只能根据主询问的范围展开。交叉询问的类型可分为典型的交叉询问和混合式交叉询问，前者的询问方式纯粹由控辩双方主导，法官一般处于消极、中立的地位，但这种证据调查方式对控辩双方的法律知识和询问技巧要求较高；后者兼采了两大法系一些特色和优点，既重视控辩双方参与法庭调查的积极性，也强调法官对证据调查程序的控制和平衡。我国1996年《刑事诉讼法》修改后，未完全采用当事人主义证据调查模式，对传统职权主义审问式诉讼结构进行了一定改良，庭审调查采用的询问方式属于混合式交叉询问方式。交叉询问既可以最大限度发现案件真实，也可以防止政府滥权。如果政府以秘密方式询问证人，更容易造成权力的滥用，特别是检察官有动机和能力，使证人依照自己所期待的方式回答。人证调查方式因诉讼结构不同存在差异，职权主义诉讼模式下证人由法庭询问，一般采取叙述式陈述其体验事实，利在于陈述完整、不至割裂，易于发现案件事实真相，而弊则易致不着要点、混淆争点，使法官产生预断或者偏见；当事人主义诉讼模式下的证据调查控辩双方居于

---

① 参见韩旭、王剑波《刑事庭审质证运行状况实证研究——以 100 个庭审案例为样本》，《法治研究》2016 年第 6 期。

· 222 ·

主导地位，基于当事人处分主义理论采问答式，人证先由传唤一方当事人发问，次由他造一方当事人根据主询问的范围发问，此种询问方式的利弊正好与叙述式相反。关于诱导询问的规定，各法制发达国家和地区的立法大致趋同，反询问中可以使用诱导询问方式，而主询问中原则上不得使用诱导询问方式，但存在一定例外。我国刑事诉讼法就控辩双方的对抗性制度设置并不明确，没有严格划分控方证人和辩方证人，也没有严格区分控辩双方主询问和反询问的不同，以至于我国证据调查中的禁止诱导询问规则，属于一种对主询问和反询问不作任何区别的绝对禁止诱导询问规则。除此之外，证据调查主体的多元化以及证据调查方式不合理布局也是阻碍庭审实质化改革的重要因素。美国宪法修正案第6条的对质诘问权，除了包括一般熟悉的交叉询问外，还包括被告人与证人面对面的权利，对此也可以称为狭义上的对质诘问权。对质通常以法庭询问（职权询问或交叉询问）为基础，通常是在对同一事实询问证人出现矛盾后，方可产生对质的必要。对质询问的功能与交叉询问大体相同，即刑事被告人与证人面对面的权利，为宪法法律所保障的基本人权，旨在维持审判程序的公平与发现真实。当前，我国刑诉法中对质主体、启动主体、对质阶段等设置并不合理，有必要通过修法对其进行完善。

证人出庭作证是现代刑诉制度的基本要求，尤其是在对抗式诉讼以控辩双方主导证据调查，需要有证人出庭的前提下才能有效展开法庭调查。证人出庭是对抗式刑事诉讼的基本条件。在德国的正式刑事诉讼程序中，虽然法庭依靠检察官提交的卷宗进行庭前准备，但卷宗中的任何部分都不得作为证据使用，所有的证据资料必须在公开的法庭上口头提出，只有在极其有限的情况下才能宣读庭外的书面证言。[1] 在强调证人出庭以贯彻传闻证据规则或者直接言词原则要求的诉讼构造中，人之证据方法不仅针对言词证据也包括实物证据，这体现了人证调查的重要作用。虽然证人出庭对于实现刑诉法的基本目标意义重大，但并不意味着刑诉活动中所有的证人都必须出庭，仅在控方和辩方对证人提供的证言存在疑问或争议，需要通过对相关证人发问以消除疑点时证人出庭才是必要的。[2] 刑事诉讼中之

① See Thomas Weigend, "Continental Cures for American Ailments: European Criminal Procedure as a Model for Law Reform", *Crime and Justice: An Annual Review of Research*, Vol. 2, 1980, p. 410.
② 参见易延友《证人出庭与刑事被告人对质权的保障》，《中国社会科学》2010年第2期。

所以仅要求关键证人出庭：一方面，控辩双方对证人证言没有任何异议，意味着双方认可证人证言所包含的事实，证人出庭接受控辩双方的询问就没有任何意义；另一方面，诉讼资源是有限的，控辩双方无争议证人不用出庭，有利于诉讼资源的合理配置。相比之下，对比庭中鉴定人和侦查人员都不出庭，而示范庭中部分案件鉴定人和侦查人员作为关键证人出庭。这体现了庭审实质化关于证人出庭的改革取得了初步成效，更多种类的关键证人出庭，对于丰富证据体系、强化证明能力、科学认定事实乃至公正审判都具有重大意义。值得注意的是，虽然庭审实质化改革试点案件促使了大量证人出庭，但与卷宗记载的证人总数相比较为有限，必要证人出庭数量仍然偏低，而且出庭证人主要以控方证人为主。必要证人出庭率偏低既与诉讼文化理念有关，也与我国刑诉法证人出庭制度不合理、配套制度不健全，以及司法资源配置不均有关。犯罪控制模式下的积极实体真实主义强调犯罪必须被发现，有罪必罚支配的诉讼理念必然更加重视卷宗在庭审中的作用，承认违法取得的证据资料具有证据能力。从发现真实的角度来看，证人出庭接受控辩双方质询以及与被告人对质，对于积极实体真实强调犯罪控制贡献不大，反而还可能妨碍公权力机关打击犯罪的效率。卷宗中心主义下的书面审理模式，强调客观真实的实事求是原则优先于证据裁判主义，分工配合制约下的司法一体化受到制约监督，而有限的诉讼资源促使对效率的追求优先于程序公正。因此，传统书面审理模式得以延续，可能在于证人出庭与客观真实、司法一体化以及诉讼效率存在冲突。证人出庭作证本身并非目的，旨在通过落实传闻证据规则或直接言词原则，确保控辩双方尤其是辩方的反对询问权。关于关键证人出庭问题的解决，笔者认为有必要在宪法层面明确规定被告人享有的对质权，制定排除不符合必要证人出庭例外的传闻证据规则，完善强制证人出庭作证、证人作证补偿与保护等配套制度。此外，有必要对传唤关键证人出庭不力的司法人员进行必要的程序性制裁[1]，最大限度确保辩方反对询问权的实现。

---

[1] 与实体性裁判不同，程序性裁判并不解决被告人是否有罪、如何量刑等实体性问题，而是法官或依据职权或根据控辩双方所提出的程序性申请，就案件的诉讼程序问题所作的裁判活动。程序性裁判主要是指法院对警察、检察官、法官以及其他参与刑事司法活动的官员是否违反诉讼程序，有无侵犯公民权利的问题，所作的专门性裁判活动。参见陈瑞华《程序性制裁理论》，中国法制出版社 2010 年版，第 236—237 页。

第六章　刑事庭审调查
改革的法庭认证

第一节　导语：法庭认证的价值意义

认证是指在诉讼过程中的裁判者，对控辩双方当庭提出的证据和法院依法依职权自行调查的证据，经控辩双方相互质证后进行分析研究、鉴别真伪，按照一定标准确认其能否作为定案根据的诉讼活动。[①] 但认证是裁判者对证据资料的认定，而不是对案件事实的认定。在诉讼活动中，案件事实需要认定，各种证据资料也需要认定。认定证据与认定案件事实是两个密切相关又相互区别的概念。前者是后者的基础和手段，后者是前者的目的和归宿，二者不应混为一谈。[②] 认证活动主要在两个层面上展开：一是对单个证据资料之证据能力和证明力的逐一甄别；二是对全案证据资料的综合评定。其中，对全案证据资料的综合评定，某种意义上就是对案件事实的认定，此时它与案件事实的内涵和外延是相互重合的。

相应地，认证标准之研究对象是证据资料，是裁判者对证据资料进行审查判断的根据和尺度；证明标准之研究对象是证明活动，是运用证据证明案件事实应达到的程度和范围。认证标准与证明标准这两组概念的内涵与外延不完全等同。认证标准包括对证据资料的采纳和采信，证明标准则不涉及对证据资料的采纳问题，其主要关涉的是证据资料的证明力，与证据资料的采信标准相同。由于证据资料采信标准是案件事实证明标准的基

---

① 参见胡锡庆、张少林《刑事庭审认证规则研究》，《法学研究》2001 年第 4 期。
② 参见江显和《刑事认证制度研究》，法律出版社 2009 年版，第 12 页。

础，所以二者对证据资料质与量的要求基本相同。不过，采信标准衡量的是证据资料之充分性和真实性；证明标准衡量的是案件事实之证明程度。[1] 在诉讼活动中明确证据资料的认证标准，不仅对审判人员的认证活动具有指导意义，也对当事人的取证、举证、质证活动具有参考价值。按照时间的不同，我国法庭认证主要划分为庭审认证和裁判认证，前者是指法庭审理过程中的认证，包括当庭认证和迟延认证；后者是指对于经控辩双方质证过的证据，独任法官或者合议庭不在庭审中作出采信与否的表态，而是在随后的判决书中予以确认。[2] 法庭认证有利于探知审判人员对证据资料的取舍，提升司法裁决的透明度，防止案外因素对司法人员的影响，当然，心证的公开也有利于接受控辩双方当事人和公众的监督。另外，庭审认证的当庭认证和迟延认证，一定程度上赋予了控辩双方当庭异议权，而司法人员通过对异议的审查也可以及时纠正错误，避免冤假错案和不公正裁决的生成。值得注意的是，裁判认证是不直面控辩双方的书面认证，相较于庭审认证，其透明度、公正性可能有所偏低，特别是司法人员裁决说理不充分、故意规避责任风险或者不根据法律认证的情形。但总体上讲，法庭认证尤其是庭审认证有利于防止司法人员因证据认定错误而酿成冤假错案，符合集中审理、直接审理、言词审理、公开审理等审判原则的基本要求。

第二节　认证方式：关于当庭认证的纷争

在我国以往的职权主义审问式庭审结构中，法官通过庭前审查已对证据资料做出一定取舍，加之证据调查不受证据规则的严格限制，当庭认证问题还并不突出。[3] 但是，随着诉讼结构由审问式向控辩式的现代转型，裁判者对证据资料的当庭认证逐渐引起了学界的关注。

---

[1] 证明标准是指履行证明责任需以证据评估案件事实所需达到的范围和程度。证明标准的要求有时会因问题性质不同而有所差异，但最根本的差异是刑事案件和民事案件。See Richad Glocer, Peter Murphy, *Murphy on Evidence*, Oxford University Press, 2013, p. 104.

[2] 参见胡锡庆、张少林《刑事庭审认证规则研究》，《法学研究》2001 年第 4 期。

[3] 参见龙宗智《刑事庭审制度研究》，中国政法大学出版社 2001 年版，第 376—377 页。

一、对当庭认证的质疑

有学者指出，当庭认证似乎是裁判者听取了控辩双方的意见后才宣布的决定，具有依法裁判之外部特征，但本质上是一种恣意妄断的裁决。①其反程序性主要体现在以下几个方面。

第一，在对抗制审判模式中，证据资格的争议原则上应在庭前会议而非正式审判程序中解决，否则审理指控事实是否成立的庭审程序就会被程序争议不当分散。

第二，证明力问题在证据调查阶段仅可就个别证据进行判断，争论焦点主要是证据的真实性和充分性，而单个证据一般无法自己证明其是否真实可信。在全部证据没有调查核实完毕以前，或者虽然调查完毕但没有综合审查分析，就当庭做出采信与否并不科学，而且在运作上有难以克服的障碍。

第三，裁判者通过分组确认证据是否采纳或采信，已就案件的部分事实做出了相关认定，这可能会剥夺辩方的辩论权，从而导致辩方在法庭辩论环节无理可辩。

第四，当庭认证使主审法官必须在每一项或者每一组证据资料认证前与两边的合议庭成员进行交流，在排除合议庭之间或者法院与检察院之间，在正式庭审之前可能"非正式"接触的前提下，合议庭成员在庭上耳语两三句就做出证据是否采纳或采信，甚至于当庭确认部分案件事实的行为，实际上只是主审法官的主观擅断。司法实践中对于复杂疑难案件一般需经审委会讨论决定，而如果急于在审理过程中做出认定势必造成案件审理的不严谨。

第五，审判中对于控方出示证据较多的疑难复杂案件，在经过辩方逐一质证后部分证据仍然可能无法当庭认证，而在总结辩论时代表合议庭宣布认证结果的主审法官，可能无法完全准确记忆哪些证据已经在之前确认。

总之，质疑者认为当庭认证违反了法庭审判的认识规律、不当压缩辩护空间、造成诉讼程序紊乱。合议庭在没有全面听取控辩双方质证、辩论的基础上进行裁判，难以确保审判的公正性，极易导致控辩双方与法官的直接对抗。

---

① 参见孙长永《探索正当程序：比较刑事诉讼法专论》，中国法制出版社 2005 年版，第 483—484 页。

二、对当庭认证的支持

也有学者认为，控辩式审理模式要求对证据进行当庭认证，主要有以下两方面原因。一是 1996 年刑事诉讼法对庭前审查程序的改革是裁判者当庭认证的法律前提。当庭认证使证据的效力通过法庭审理固定下来，使庭审证据调查之目的得以实现，为随后的法庭辩论提供了基础，有利于证据整体运用效能的发挥，使新刑事诉讼法确立之当庭举证、质证规则得到维护。二是当庭认证是控辩式审判结构对司法公正和司法透明的要求，这对于改变以往存在的先定后审、审判形式化以及法官控审不分等问题意义重大。① 因此，强调裁判者对证据的当庭认证，最直接的原因是要求裁判者公开心证。所谓公开心证，是指裁判者认证的理由和结论应向控辩双方及社会公众公开。裁判者心证的公开是审判公开制度在认证阶段的体现，有利于提高案件审理质量和增强司法裁决的权威。② 为顺利推进庭审实质化改革的有效展开，有必要就法官对证据资料的认证作适当调整，通过加强当庭认证来促使法官心证以看得见的方式呈现。

法官心证的公开（认证方式）在理论上可划分为三种方式（见图 6-1）。

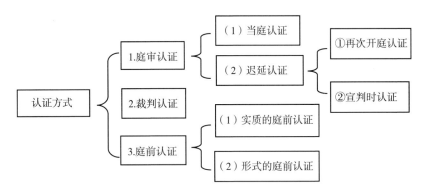

图 6-1　法官心证的公开（认证方式）

---

① 参见李颖《试论现行刑事证据制度的立法缺陷及其完善——兼论现行庭审方式改革对证据制度的要求》，《法律科学》1999 年第 1 期。

② 参见何家弘、南英主编《刑事证据制度改革研究》，法律出版社 2002 年版，第 535 页。

一是法庭审理过程中心证的公开，包括当庭认证和迟延认证。当庭认证是指裁判者在开庭审理案件的过程中，对控辩双方提出的证据资料，以及法院依职权收集的证据资料，经过控辩双方相互举证、质证后，裁判者在法庭上当庭公开确认其效力的活动。但当庭认证并不等同于法庭调查中控辩双方质证后裁判者当即作出认证。当庭认证强调的是对经过庭审质证后的证据当庭予以确认，而不是另外安排时间进行延期认证。认证方法可以是"一证一质一认"，相关联的一组证据质证后分组认定，甚至待全案证据资料质证完毕后予以综合认定。当庭认证的时间既可在证据调查过程中，也可在法庭辩论后宣布闭庭前。[1] 对于经过庭审质证后的证据，由于某些特殊原因，裁判者无法当场认证，待再次开庭或者宣判时在法庭上予以确认的，属于迟延认证而非当庭认证。

二是裁判文书中心证的公开，是指通过法官在裁判文书中说明采纳或采信证据的理由和依据。有时对疑难案件证据之资格和证明力的认定需要在庭审后进行，所以，裁判文书中法官心证的公开实际上是心证公开的方式之一。裁判者应在判决书中对裁决的理由和根据作出具体说明，尤其是对证据资格和证明力的认证。需注意的是，裁判者不仅要对采纳或采信为定案根据之证据进行说明，也要对已经采纳但未予采信或者未予采纳的证据进行说明。[2] 裁判认证与庭审认证的区别是，是否面对控辩双方在法庭上作出认证。裁判认证不面对控辩双方而直接在判决书中认证，容易导致随意认证问题，特别是判决说理不充分的情形。在缺乏应有规范和保障措施的情况下，司法实践中裁判认证不讲理、遗漏认证或者故意不认证的现象并不罕见。

三是庭前程序中心证的公开。庭前心证的公开仅涉及证据的采纳问题，即证据的资格问题。笔者认为，庭前认证可以划分为实质的庭前认证和形式的庭前认证。在英美法系或部分大陆法系国家和地区，当控辩双方涉及对证据资料的资格存在争议时，一般通过庭前动议或预备程序进行答辩或者质证、辩论，由负责审理案件的法官在庭前认证后决定是否采纳和采信。但我国由于没有赋予庭前会议确定证据效力，也没有确立审前的证据保全制度，因而法官在庭前对证据资料仅能在形式上"了解情况、听取意见"，不能对"回避、出庭证人名单、非法证据排除等与审判相关的问题"作出实质性的处理。而证据资料尚未被控辩双方进行质证就予以确认，也不符合刑事诉讼法要求

① 参见胡锡庆、张少林《刑事庭审认证规则研究》，《法学研究》2001年第4期。
② 参见何家弘、南英主编《刑事证据制度改革研究》，法律出版社2002年版，第535页。

证据资料必须经过查证属实后才能作为定案根据的相关规定。① 再者，侦诉审三机关在分工配合制约原则下形成的流水作业模式，审判阶段法院的判决深受侦查机关搜集证据资料和起诉意见的影响，不规范的庭前认证在一定程度上被贴上了"卷宗中心主义"或"侦查中心主义"的标签。

三、实践中的积极探索

我国《刑事诉讼法》和《高法解释》没有对裁判者在庭审中如何审查证据作出明确规定，实践中改革首先在经济、民事领域的审判活动中，创造性地提出"当庭认证"或"当即认证"要求，随后推广到刑事审判活动中，并得到最高人民法院的积极支持。② 虽然在法律层面回避了法官的当庭认证问题，但发布的一系列文件对此作出了相应的明确规定。③ 正如有学者指出，"法官认证是随着 1996 年刑事审判模式改革，实行控辩双方分别向法庭出示证据所产生的新问题，控辩举证使法官的认证特别是当庭认证，甚至对某些问题的一证一认成为审理案件所需要"。④ 域外国家刑诉法典也有关于当庭认证和针对证据调查声明异议的规定。⑤ 在我国，裁判

---

① 例如，2012 年《刑事诉讼法》第 48 条、第 59 条、第 193 条。
② 参见孙长永《探索正当程序：比较刑事诉讼法专论》，中国法制出版社 2005 年版，第 483 页。
③ 例如，1998 年 7 月施行的《最高人民法院关于民事经济审判方式改革问题的若干规定》第 12 条；1999 年 3 月施行的《最高人民法院关于严格执行公开审判制度的若干规定》第 5 条；1999 年 10 月最高人民法院印发的《人民法院五年改革纲要》第 10 条；2017 年 2 月"两高三部"发布的《关于全面推进以审判为中心的刑事诉讼制度改革的意见》第 18 条、第 26 条。
④ 参见龙宗智《刑事庭审制度研究》，中国政法大学出版社 2001 年版，第 376—377 页。
⑤ 《日本刑事诉讼法》第 309 条（声明异议）规定："检察官、被告人或者辩护人，可以对证据的调查声明异议。检察官、被告人或者辩护人，除前款规定的声明异议以外，还可以对审判长作出的处分声明异议。法院应当对前两款的声明作出裁决。"《日本刑事诉讼法》，宋英辉译，中国政法大学出版社 1999 年版，第 70—71 页。《意大利刑事诉讼法典》第 190 条（采纳证据的权利）规定："证据根据当事人的请求而获采纳。法官采用裁定的方式立即排除法律禁止的证据和明显多余或意义不大的证据。法律规定在哪些情况下证据将当然获得采纳。在听取当事人的辩论后，可以撤销有关采纳证据的决定。"第 495 条（法官就证据问题作出处置）规定："法官在听取当事人意见后，依照第 190 条第 1 款的规定裁采纳证据。在构成指控对象的问题上，被告人有权要求采纳对其有利的证据；在能够开脱被告人责任的问题上，公诉人也有权要求采纳对被告人不利的证据。在法官对有关请求作出决定前，当事人有权查看被要求加以采纳的档。在法庭调查过程中，法官以裁定的形式就当事人针对证据的可采性提出的抗辩作出裁决，法官在听取当事人的意见后，可以裁定撤销对于不必要的证据的采纳或者采纳曾经被加以排除的证据。"《意大利刑事诉讼法典》，黄风译，中国政法大学出版社 1994 年版，第 67 页、第 177—178 页。

者对证据资料之资格不能在庭前会议中作出认定，确定其证据能力的审查程序被转移至正式庭审调查程序之前。成都中院的改革试点推出了"两步法"排除非法证据程序。将"排非"程序分为庭前说明和庭审调查两个阶段，并明确将"排非"事项列入庭前会议重要内容。（1）庭前说明阶段。庭前会议中辩方提出"排非"申请后，控方认为申请理由成立，决定排除申请针对的证据，不作为指控证据出示，或控方作出说明，辩方认为控方解释合理，也可以撤回"排非"申请，此两种情形下，"排非"程序结束，将相关内容记录在庭前会议笔录中并经控辩双方签字确认，庭审中不再进行"排非"调查。控辩双方对证据的合法性不能达成一致意见的，法官不对证据的合法性进行审查，而是记载于庭前会议报告中。（2）庭审调查阶段。庭审中法官针对"排非"申请，首先作出是否启动"排非"调查程序的决定；启动"排非"的，控辩双方分别就证据的合法性进行举证质证辩论，法官进行审查判断并当庭作出决定。① 所以，控辩式庭审制度改革要求裁判者对控辩双方提出的证据资料作出当庭认证，特别是对证据资料之资格的审查。

批评者认为当庭认证违反审判规律、不当压缩辩护空间、造成诉讼程序紊乱、导致两造与法官的直接对抗等观点有待商榷。首先，批评者没有认识到当庭认证对控辩式刑事庭审制度改革的重要性。当庭认证是在控辩双方质证、辩论后当场作出认证，这赋予了控辩双方就裁判者对证据资料认证后的当庭异议权。就案件审理自身来讲，法庭一旦发现证据资料认证错误，也可以及时予以纠正，避免认证错误导致冤假错案的发生。当庭认证符合集中审理原则和直接言词原则的要求，即所有的证据、事实以及法律适用，都应在庭审中一并提出、辨明，审判结论也应在庭审中形成。② 辩方之所以要求法官当庭认证，无非是想知道法官对这一证据资料的态度，担心庭后各种非正式沟通方式形成的暗箱操作。当庭认证可以使有理摆在法庭，以求得司法的公正透明，避免关系案、人情案的发生。其次，批评者将当庭认证与当即认证等同起来，实际上是对当庭认证的误读，没有真正厘清当庭认证的时间范围。在法庭辩论结束后，合议庭休庭进行评议，紧接着恢复法庭审理，法官当庭说明认证的结果和理由，此时的认证

---

① 参见成都中院《全省法院刑事庭审实质化改革工作推进会资料汇编》，2016，第 23 页。

② 参见胡锡庆、张少林《刑事庭审认证规则研究》，《法学研究》2001 年第 4 期。

并未受到法庭外不当因素的影响，仍然是当庭认证。[①] 显然，当庭认证的范围要大于当即认证的范围；当庭认证的时间既可在证据调查阶段，也可在法庭辩论后闭庭前。对于证据能力问题，应当在庭前准备程序认定，承认庭前认证的效力，但需要进一步调查核实的，可以在正式庭审程序中优先当庭认定；对于证明力问题，在具备认证条件的情况下，法官应作出当庭认证，特别是当庭宣判的案件。

四、认证实证比较分析

庭审实质化改革的本质在于构建更加精密、规范的刑事审判制度，以促成我国刑事政策所要求的难案精审、简案快办合理格局。按照庭审实质化改革试点方案要求开庭的案件，主要限于控辩双方对案件事实认定较难、证据争议较大的一审案件；符合轻罪快处机制案件、被告人全部认罪案件、职务犯罪案件，不适用庭审实质化改革的要求。[②] 成都市两级法院的改革试点是否对以往的证据认定模式有所改变，示范庭和对比庭案件当庭认证和裁判认证的具体情况如何呢？

第一，改革促进了裁判者对实物证据的当庭认证，但总体上对证据的认证属于片面的简单认证。根据表 6 - 1 的数据统计，示范庭的物证、书证、勘验笔录、视听资料等，每案平均大约有 0.79 份、1.68 份、1.13 份、0.49 份；对比庭的物证、书证、勘验笔录、视听资料等，每案平均大约有 0.44 份、0.86 份、0.58 份、0.20 份。前者分别是后者的 1.80 倍、1.95 倍、1.95 倍、2.45 倍。示范庭当庭认证率明显高于对比庭的当庭认证率，这对于促进裁判者认真办案、实现司法公正具有重要作用。但调查发现，示范庭和对比庭控方出示证据都倾向于分组略式举证，对关键证据缺乏一证一举一质，导致辩方无法针对有争议证据资料展开充分质证。裁判者对证据的认证属于简单的笼统认证，很少在一组证据举证、质证完毕后及时认证，而是待控辩双方的证据全部出示并质证后，统一以"公诉人出示的本案证据经过当庭举证、质证，被告人、辩护人都没有异议，本庭当庭予以采纳"进行总结式认证。这反映出法检之间的

---

① 参见江显和《刑事认证制度研究》，法律出版社 2009 年版，第 19 页。
② 参见成都中院《全省法院刑事庭审实质化改革工作推进会资料汇编》，2016，第 20 页。

和合性仍占主导地位，法官居中、控辩平等对抗的格局尚未形成；裁判者对证据当庭认证的形式化和表演化，不仅没有改变证据认定的既定模式，也无法达到防止法官擅断、提高司法判决权威性的效果。

第二，当庭认证率随着证人出庭增多明显提升，但合议庭尚未对证据资格和证据价值的认定作出适当区分，审判人员存在混用"采纳"和"采信"的情形。根据表 6－1 的数据统计，示范庭平均证人书面证言、被害人书面陈述、被告人庭前供述、书面鉴定意见分别有 1.54 份、0.41 份、1.03 份、0.86 份；对比庭平均证人书面证言、被害人书面陈述、被告人庭前供述、书面鉴定意见分别有 0.92 份、0.31 份、0.56 份、0.61 份。示范庭平均证人当庭证言、被害人当庭陈述、被告人当庭供述、当庭鉴定意见的数量，平均每件大约分别有 0.48 份、0.01 份、0.38 份、0.09 份；对比庭平均证人当庭证言、被害人当庭陈述、被告人当庭供述、当庭鉴定意见的数量，平均每件大约分别有 0.03 份、0 份、0.15 份、0 份。可见，不管是书面证言还是当庭证言，示范庭的当庭认证率均高于对比庭，特别是随着证人出庭的增多，这一变化趋势更加明显。[1] 笔者认为，示范庭当庭认证率的提高主要与改革试点要求法庭对当庭出示的证据应当庭作出判断有关。正如达马斯卡教授所言，当国家开始接近于实现其最充分的能动主义潜质的时候，司法与行政便开始融合为一种政策实施型司法，审判活动便带有一定的行政色彩。[2] 成都中院的改革试点方案在强化当庭宣告裁判部分提出，举证、质证的实质化为法庭当庭宣判提供了条件，法庭要尽可能通过庭审确立裁判心证，庭下阅读证据只能作为对心证的检验性补充，努力做到裁判理由形成在法庭，有效防止诉讼参与方利用庭后补交书面意见之机影响裁判，同时也限制庭下和庭后阅卷可能带来的消极影响。对于当庭出示的证据资料、证人当庭作证的证言是否采纳或采信，法庭应尽量当庭作出判断；判决结果能够当庭作出的，当庭着力阐述

---

[1] 《成都市中级人民法院刑事庭审实质化改革试点实施方案》在强化关键人证出庭作证部分提出，证人出庭作证是直接言词原则的本质要求，对应当出庭作证的关键证人、鉴定人、侦查人员等，应做到"应出尽出"；让证人在法官面前陈述案件事实，接受控辩双方及被告人的质询，改变过去仅宣读书面证言的传统做法，使证人证言回归其言词证据的本质特征。参见成都中院《全省法院刑事庭审实质化改革工作推进会资料汇编》，2016，第 25 页。

[2] 参见［美］达马斯卡《司法和国家权力的多种面孔：比较法视野中的法律程序》，郑戈译，中国政法大学出版社 2015 年版，第 115 页。

裁判理由并宣告判决，真正实现法官心证、裁判理由形成在法庭。① 然而，我国刑诉法和司法解释尚未分离证据资料之资格和价值的审查认定，以致司法实践中存在采纳与采信混用的情况，裁判者本意在表示采信证据往往可能代之以采纳证据。这既直接体现出裁判者法庭用语的不规范，也在一定程度上表明我国审判认证规则体系的不完备，包括证据实体规则和审查程序规则。

表6-1　普通程序法官当庭认证情况统计结果

单位：件，份，%

数据类型	有效案件数量	物证	书证	证人证言		被害人陈述		被告人供述		鉴定意见		勘验笔录	视听资料、电子数据
				当庭证言	书面证言	当庭陈述	书面陈述	当庭供述	庭前供述	当庭鉴定意见	书面鉴定意见		
示范庭数据	80	63/8.89	134/18.90	38/5.36	123/17.35	1/0.14	33/4.65	30/4.23	82/11.57	7/0.99	69/9.73	90/12.69	39/5.50
对比庭数据	61	27/9.51	54/19.01	2/0.70	56/19.72	0	19/6.69	9/3.17	34/11.97	0	37/13.03	34/11.97	12/4.23

　　第三，裁判认证仍然占据主导地位，对有争议证据资料的认定说理不充分。表6-1、表6-2统计的数据显示，示范庭和对比庭裁判认证的平均证据数量，均要高于示范庭和对比庭当庭认证的平均证据数量。示范庭裁判认证的物证、书证平均有2.34份、8.65份，当庭认证的平均有0.79份、1.68份，前者大约是后者的2.96倍、5.15倍；对比庭裁判认证的物证、书证平均有2.56份、10.65份，当庭认证的平均有0.44份、0.89份，前者大约是后者的5.82倍、11.97倍。由于对比庭没有进行庭审实质化改革试点，仍然按照以往的模式进行审判，所以，对比庭物证、书证的裁判认证比例，均超过了示范庭物证、书证的裁判比例，前者大约是后者的1.97倍、2.32倍。大陆法系国家刑事案件的审判实际上是对某些事实适用法律规范的过程，而一元化的裁判者与上级法院的存在使得刑

---

① 当庭宣判的案件，法官非因故意或重大工作失误产生差错的，一般不追究责任。同时强调不以当庭宣判率为庭审实质化的评判标准和考核指标，避免为追求当庭裁判率强行当庭宣判。对于重大疑难复杂案件或需进一步补充证据、查明事实的案件，不能当庭宣判的则定期宣判。参见成都中院《全省法院刑事庭审实质化改革工作推进会资料汇编》，2016，第24—25页。

事判决书呈现与英美法系国家迥异的特点，它的作出需要满足上级法院、当事人和社会大众三方面的要求。① 针对此问题，成都中院的改革试点方案在裁判文书部分明确要求，依法启动非法证据排除程序的案件，应当简要列明控方对证据合法性的说明，以及辩方的质证意见，并对证据的合法性予以认定，确认该证据资料能否继续在举证程序中出示；裁判理由应根据证据资料、案件事实和相关法律作出，控辩双方对证据资料的认定持有不同意见的，应着重阐明有争议证据资料的合法性、客观性、关联性，并论证采纳或采信与否的理由。② 然而，我国的刑事裁判认证说理受多种因素影响，既有隐藏弱点、注重判断、直接沟通等普遍原因，也有其特殊原因，即特定的"法民关系"。③ 示范庭和对比庭案件的裁判理由，出现了不同程度的模糊认证和简单认证问题。特别是对有争议证据资料的认定，裁判认证不讲理、遗漏认证或故意不认证的现象尤为严重。

总之，虽然成都市两级法院的改革试点对裁判者就证据之资格和证明力作出当庭认证具有一定的促进作用，但并没有明显提升证据资料的当庭认证率。这与我国刑事审判认证规则体系缺乏可操作性、审判人员的裁判说理能力有限相关。以下探讨将结合证据理论和立法规定进行深入分析，并就如何完善我国刑事审判认证规则体系提出改革建议。

表 6-2　普通程序法官裁判认证情况统计结果

单位：件，份，%

数据类型	有效案件数量	物证	书证	证人证言	被害人陈述	被告人供述	鉴定意见	勘验笔录	视听资料、电子数据
示范庭数据	74	173/8.18	640/30.27	526/24.88	70/3.31	270/12.77	109/5.16	274/12.96	52/2.47
对比庭数据	43	110/8.25	458/34.33	278/20.83	59/4.42	123/9.22	62/4.65	222/16.64	22/1.65

---

① 在实行起诉状一本主义的英美法系国家，一审认罪案件或适用陪审团审理案件，法官一般仅就量刑问题发表意见，不对事实本身作过多评判。陪审团参与审理的刑事案件，事实问题一律交由陪审员来判断，在判决时法官不需要针对事实问题说服公众，因为陪审团本身就体现着民众的判断，自身就蕴含着向公众说理，这种借由民众参与作出的判断也自然而然地取得了判决的权威性和正当性。参见孔祥承《诉讼模式下案卷移送制度研究》，《当代法学》2018 年第 5 期。

② 参见成都中院《全省法院刑事庭审实质化改革工作推进会资料汇编》，2016，第 28—29 页。

③ 参见凌斌《法官如何说理：中国经验与普遍原理》，《中国法学》2015 年第 5 期。

第三节 认证依据：严格规则抑或自由裁量

在确定某一证据资料是否具有证据能力和证明力时，一般认为证据能力是指相关证据资料必须为法律所容许，可用于证明案件之待证事实，判断主要依靠法律的价值预设；而证明力是对可采证据相对于争议事实证明价值的量化估计，判断主要依靠逻辑和经验。

一、证据能力

1. 证据资格评判的比较分析

在现代法律制度下，一项资料能否作为证据提交庭审调查，通常有两种裁量模式：英美法系的规则调整模式和大陆法系的自由裁量模式。① 这两种模式的区别在于立法模式和审查判断主体、方式的不同，使裁判者在对证据资料进行审查认定时，对证据规则的依赖程度存在差异。综观英美法系国家之证据立法，尽管有关证据可采性的规定较为具体，但尚未达到绝对的法定化程度，对证据资料之适格性的筛选仍然需要赋予司法人员一定的自由裁量权。例如，《美国联邦证据规则》第 403 条规定："如果相关证据的证明价值为以下一个或者多个危险所严重超过，则法院可以排除该证据：不公平损害、混淆争点或者误导陪审团、不当拖延、浪费时间或者不必要地出示重复证据。"② 此条规定赋予了法官是否采纳证据的自由裁量权。法官在适用证据规则时并不是机械的，需要综合衡量证据资料之证明力和相关政策的要求。审理者要作出评估推论可能性之裁决；要对给陪审团裁决带来危险的可能性和危险的程度作出判断；要对证明力和相关

---

① 参见吴宏耀、魏晓娜《诉讼证明原理》，法律出版社 2002 年版，第 112 页。

② Fed. R. Evid. 403 recognizes the power and duty of the court to exclude cumulative evidence or evidence which consumes more time than its probative value justifies. See Dennis D. Prater, Daniel J. Capra, Stephen A. Saltzburg, Hon. Christine M. Arguello, *Evidence：The Objection Method*, LexisNexis, 2011, p. 107 - 109.

的危险性进行比较后作出判断。① 在此平衡检验规则下，负责案件审理的法官可以采纳其认为更具证明力的证据资料，排除其认为不可信或者证明力较低的证据资料。

又如，《美国联邦证据规则》第 1002 条关于"要求原件"规定，"为证明书写品、录制品或者影像的内容，应当提供其原件，本证据规则或者联邦制定法另有规定的除外"。随后的第 1003 条至第 1007 条规定了要求原始证据的例外。在判断证据是否属于原件、副本是否可采、是否符合例外规定时，法官在《美国联邦证据规则》第 1002 条至第 1007 条规则的范围内享有自由裁量权，毕竟法律规则在具体案件中的适用需要司法人员根据最佳证据规则所蕴含的政策法理进行衡量，特别是控辩双方在对证据是否属于原始证据存在争议的情况下。这在美国诉达非案②、美国诉斯托克顿案③等中都有所体现。英美法系国家证据规则之形成往往没有事先计划，而是随着时间推移把单个案件判决形成之相关规则拼凑在一起。④ 因此，是否采纳某个特定有争议的证据，裁判者具有一定之自由裁量权，只是在各种规则和判例的约束下，享有的自由裁量权相较于其他证据规则不是很严密的国家而言，在允许法官自由裁量的程度和范围上有所不同。

相比之下，在大陆法系国家对证据资格的判断中，法官拥有的自由裁量权要大于英美法系国家。英美法系较为重视程序正当性，强调控辩双方的"平等武装"，人权保障在刑诉程序中以公平竞争获得正当性；而大陆法系比较重视实体结果的正确性，但同样强调人权保障，只不过其以发现真实获得正当性。因此，证据能力的法定主义和自由裁量是相对的，不同法系之间由于诉讼结构、司法传统及文化背景的差异，在"法定"与"自由"之间的程度可能有所不同。以美国为代表的英美法系国家以正当程序理论为基础，构建了以保障被追诉人宪法权利为中心的严格非法证据排除规则，包括违反不受强迫自证其罪、获得律师帮助的规定而取得的言词证据以及违反搜查、扣押规定获取的实物证据；以德国为代表的在大陆

---

① 参见［美］艾伦、［美］库恩斯、［美］斯威夫特《证据法：文本、问题和案例》，高等教育出版社 2006 年版，第 175 页。

② *United states v.* Duffy，454 F. 2d 809（5ᵗʰ Cir. 1972）.

③ *United states v.* Stockton，968 F. 2d 715（8ᵗʰ Cir. 1992）.

④ ［美］达马斯卡：《漂移的证据法》，李学军等译，中国政法大学出版社 2003 年版，第 11 页。

法系国家和地区虽然也有关于排除非法证据的规定，但其实施是个别而不是普遍的，且大部分非法证据的排除有赖于法官的自由裁量。例如，我国台湾地区有关非法证据排除的法源大致可划分为如下两类。

一是概括及间接的规定。我国台湾地区"刑事诉讼法"第 155 条第 2项规定："无证据能力、未经合法调查之证据不得作为判断之依据。"通过概括性地规定承认证据资格的限制，而理论上借此推演消极和积极的要件限制。特定证据之禁止使用，属于消极要件的限制；已经禁止使用的证据确定无证据能力，不属于证据裁判原则下所称得以推断犯罪事实的证据，纵使依照严格证明程序的调查，也不得作为自由心证的评价对象，更不得作为裁判的基础。① 虽然抵触证据规则搜集禁止之证据资料有可能导致禁止采用之后果，但并非所有违反证据搜集禁止而搜得之证据，必然地导致证据采用禁止之后果，因为刑事程序不能完全置真实之发现于不顾，若将所有违反法定程序搜得之证据全部认定为无证据能力，则在刑事诉讼上将会窒碍难行而束手无策。② 我国台湾地区"刑事诉讼法"第 158 条之四规定："除法律另有规定外，实施刑事诉讼程序之公务员因违背法定程序取得之证据，其有无证据能力之认定，应审酌人权保障及公共利益之均衡维护。"至于人权保障及公共利益之均衡维护，如何求其平衡，因各个国家和地区情况不同，学说亦有理论分歧，依实务所见，一般而言，违背法定程序取得证据之情形，常因个案之形态、情节、方法而有差异，法官进行个案权衡时，允宜斟酌：违背法定程序之情节；违背法定程序时之主观意图；侵害犯罪嫌疑人或被告人权益之种类及轻重；犯罪所生之危险或实害；禁止使用证据对于预防将来违法取得证据之效果；侦查人员如依法定程序有无发现该证据之必然性；证据取得之违法对被告诉讼上防御不利益之程度；等。③ 因此，概括及间接规定的证据排除规定，需要法官根据具体情况进行裁量，以判断该证据有无证据能力。

二是法定的证据使用禁止。我国台湾地区"刑事诉讼法"第 156 条第 1 项规定："被告之自白，非出于强暴、胁迫、利诱、疲劳讯问、违法羁押或其他不正之方法，且与事实相符者，得为证据。"此条即法定的证

---

① 参见林钰雄《刑事诉讼法》（上册），元照出版有限公司 2010 年版，第 589 页。
② 参见林山田《刑事程序法》，五南图书出版股份有限公司 2004 年版，第 379—380 页。
③ 参见林钰雄主编《新学林分科六法：刑事诉讼法》，新学林出版股份有限公司 2011 年版，第 A－287 页。

据使用禁止的"立法"典型,"立法者"已针对某种违法取证明示了其所得证据应禁止使用者而言。虽然本条明白宣示"立法者"之基本价值,并得据以类推适用至出于不正讯问之证人供述,但就违法取得之非供述类证据而言(如违法搜索、扣押所得之物证),其能否直接作为类推基础则存在疑问。2001 年"修法"在第 416 条第 2 项增订"前项之搜索、扣押经撤销者,不得作为证据",但本条并非如第 156 第 1 项般之实质要件规定,即于何种违法情形得排除搜索、扣押之证据,据此可知,该条规定并非属于法定证据使用禁止之规定。① 因为违法所得之实物证据应否排除,需经法官确认该搜查或者扣押行为违法,这其中涉及裁判者在法律规则范围内的自由裁量。2003 年"修法"就违背法定障碍事由和禁止夜间讯问被告人与告知义务等规定既违背未经具结所取得供述证据的证据能力,增订第 158 条之二:"Ⅰ违背第 93 条之一第二项、第 100 条之三第一项之规定,所取得被告或犯罪嫌疑人之自白及其他不利之陈述,不得作为证据。但经证明其违背非出于恶意,且该自白或陈述系出于自由意志者,不在此限……";第 158 条之三规定:"证人、鉴定人依法应具结而未具结者,其证言或鉴定意见,不得作为证据。"一般认为,供述证据与非供述证据之性质不同,供述证据之采取过程如果违法,即系侵害了个人自由意思,故而应严格禁止,而搜集非供述证据之过程如果违背法定程序,则因证物之形态并未改变,尚不生不可信之问题。② 上述法条规定所取得犯罪嫌疑人或被告人的供述和证人、鉴定人的证言、鉴定意见,不具备对证据资料的正当性、可靠性标准要求而应予以强制性排除,属于法定的证据使用禁止范畴,不得经法官自由裁量决定是否予以排除。值得注意的是,虽然我国台湾地区法定证据使用禁止范围有些许扩大,但仍然仅限于部分违反正当程序而获得的言词证据,而其他非法证据特别是实物证据需依靠法官的自由裁量。

2. 证据资格评判的模式选择

大陆法系国家证据能力规则的法定化程度有限,多数仅存在于采用刑讯逼供、威胁、引诱等方法获得的非法言词证据,而大量的证据资料之正当、可靠与否的判断,仍然需要委托法官就个案作出认定,这涉及法官裁

---

① 参见林钰雄《刑事诉讼法》(上册),元照出版有限公司 2010 年版,第 590 页。

② 参见林钰雄主编《新学林分科六法:刑事诉讼法》,新学林出版股份有限公司 2011 年版,第 A-287 页。

量权的运用。在确定性规则非常有限的情况下，有关证据资格的判断不得不借助于概括性或者原则性的规定。在我国，传统的证据法律制度存在对证据资格的刚性制约不足问题，虽然诉讼法和司法解释中有相当多的证据规定，但这些规定主要针对证据种类、证明程度、证明主体、审查原则等内容泛泛而定，结果法官在认定证据资料之资格方面的裁量权远远超过了其他国家和地区的规定。① 在打击犯罪优先的诉讼理念驱使下，裁判者对非法获取的证据往往不愿排除或排除不彻底，在庭审中大量采用不出庭关键证人的书面证言。对于法官而言最重要的不是证据是否可采，而是证据之价值的大小问题。这在一定程度上可以解释无法贯彻直接言词原则、非法证据排除难以及控辩双方无法形成真正对抗的原因。

需指出的是，侦查中心主义是我国证据能力规则不彰、无法发挥其过滤证据作用的重要原因。现代证据法的发展历程表明，以证据能力为核心的证据规则的构建、实施，必须以审判中心格局的形成为前提。我国对证据的适格要求过于宽松，以致违反法律规定的证据资料可畅行无阻，公诉方出示有争议书面证言亦鲜少受到挑战。司法实践中逐渐形成了处理证据能力问题的潜规则，没有采取严格排除非法证据的做法，而是将其证明力减等，通过从轻量刑来解决敏感的证据能力问题。一定程度上，证据能力问题被不当转化为了证明力、量刑问题。② 但须知，证据能力是自由心证的拦砂坝、挡土墙。如果证据能力的功能萎缩，所有的证据资料便会一拥而入，成为法官自由心证的素材。正因如此，自由心证可能造成的恣意擅断才会发挥得淋漓尽致。③ 一种观点认为，究竟应倾向于法定主义模式还是自由裁量模式，很大程度上取决于审查主体的素质。虽然我国主要实行法官审，陪审员只是在极少数案件中采用，但目前法官的总体素质不容乐观，而这一状况并不能在短期内得到改善。因而，我国的证据改革应坚持以严格规则为主、以自由裁量为辅的模式。④ 另一种观点认为，证据能力规则涉及的是最为复杂的案件事实认定问题，规则的滞后及其调整对象的多变矛盾异常明显。证据排除是综合考虑各种诉讼价值的结果，因而赋予

---

① 参见何家弘、刘品新《证据法学》，法律出版社 2013 年版，第 95 页。

② 参见李训虎《证明力规则检讨》，《法学研究》2010 年第 2 期。

③ 参见林钰雄《刑事诉讼法》（上册），元照出版有限公司 2010 年版，第 485 页。

④ 参见何家弘、刘品新《证据法学》，法律出版社 2013 年版，第 96 页。

裁判者一定的自由裁量权尤为必要。[①]　笔者认为，证据能力规则的明确化可有效防止法官的恣意擅断，也对侦查人员的取证行为具有一定的规范和威慑作用。在制定规则时必须注意在既有的司法体制环境下，证据能力规则能否发挥过滤证据资料的功能。例如，传闻证据法则较之于直接言词原则，通常前者具有规范性和明确性，而后者具有简略性和概括性。在法官的独立性不强的司法体制中，缺乏明文约束的自由裁量权必然会导致大量不可靠的书面证言被法庭采纳。

二、证明力

自由心证是现代法治国家共同的理想认证模式，证据之证明力主要由负责审理案件的法官或者陪审团自由裁量。但不能认为自由心证毫无限制，裁判者可根据自己的内心偏好逾越恣意禁止的界限，忽略经验、伦理法则和自白须有补强证据等要求。

1. 自由心证例外限制的考量

现代证据法的核心仅为可采性规则，它们仅告诉法官某一特定证据资料可否提交案件事实的裁判者审查，但它不会告诉其如何评价已被采纳之证据资料；然而，我们可以假设存在这样一类证据规则，能指导案件事实认定者并帮助其衡量证据资料之证明力，如可规定传闻证据的证明力较低。[②]　在许多普通法适用地区，法官有义务告知陪审团关于目击证人辨认笔录潜在的不可靠性。[③]　另外，普通法判例确立的补强证据规则、偏离常规的证言不可信，无利害关系证人证言的证明力较强，家庭医生记录的证明力高于其后提供的证言等，也是法定证据制度对证据之证明力进行预设的体现。我国理论界对法定证据制度基本持否定态度，认为这一制度对证据之证明力作出了不科学的限制，是非理性的；这一制度将口供视为证据之王，认同酷刑取证的合法性，因此也是不人道的。[④]　法律不应预先对证

---

① 参见孙远《证据能力的法定与裁量》，《中国法学》2005 年第 5 期。

② See Charles L. Barzun，"Rules of Weight"，*Notre Dame Law Review*，vol. 83，2008，p. 1958. 参见李训虎《美国证据法中的证明力规则》，《比较法研究》2010 年第 4 期。

③ See Terence Anderson，David Schum，William Twining，*Analysis of Evidence*，Cambridge University Press，2005，p. 227.

④ 参见陈瑞华《以限制证据证明力为核心的新法定证据主义》，《法学研究》2012 年第 6 期。

据的证明力作出规定，并用形式上的证明力规则束缚裁判者的手脚，而应给予其相应的自由裁量权，并要其根据具体情况作出判断。[1] 但在论及自由心证能否成为我国证据法的基本原则时，学者们对此保持了一定的谨慎态度。

一种观点认为，在历史上，为更好地发现案件事实真相，而废止通过法定证据规则直接加于证据评价、事实认定的束缚过程，同时也是一些能够对此加以间接制约的法律制度形成或充实、发展的过程。这些法律制度中经常被提及的有当事人诉讼构造、公开口头原则、证据能力制度、司法独立、法官的资格限制与身份保障、判决理由、上诉制度等。[2] 也就是说，自由心证的确立需要具备一定的制约条件，包括事前制约（如法官独立办案）、事中制约（如直接言词原则）以及事后制约（如判决说理机制）。另一种观点认为，自由心证的建立，引起了诉讼结构的变革，否定了法定证据制度的形式主义，抛弃了法定证据制度中的封建特权，废除了刑讯逼供的证明方法，确定了举证责任由控诉方承担原则，使被告人获得了辩护权。这是历史的进步，对诉讼制度是一个重大的革新，它推动了诉讼制度的民主化进程。但法官是社会中具体的人而不是抽象的个体。如果对其认证行为不加约束，在缺乏独立性的制度环境下可能无法保证实现社会正义。[3] 笔者赞同上述观点。有关证据之证明力评价，绝对的自由心证是不存在的，有必要对裁判者的心证作出一定限制[4]；完全否认证明力规则存在合理性的观点有失偏颇，没有必要对证据评价之法定化抱持一种回避或者敌意态度，不公正地视之为纠问制诉讼制度的残余。

2. 新法定证据主义的体现

2010 年"两高三部"出台了《关于办理死刑案件审查判断证据若干

---

[1]　何家弘、刘品新：《证据法学》，法律出版社 2013 年版，第 96 页。

[2]　王亚新：《刑事关于自由心证原则历史和现状的比较研究——刑事诉讼中发现案件真相与抑制主观随意性的问题》，《比较法研究》1993 年第 2 期。

[3]　参见樊崇义主编《证据法学》，法律出版社 2012 年版，第 25—26 页。

[4]　现代证据法创始人之一威格莫尔教授认为部分证明力规则仍具有一定价值。在证据被法官根据可采性规则采纳后，不应有具体的证据规则来控制陪审团对证据的判断，但存在例外情形。例如，The rule as to the measure of persuasion（证明标准），i. e., whether by preponderance of evidence or beyond reasonable doubt. The rules of law as to presumptions（法律推定）affecting a party's duty to produce evidence. The rules of quantity, requiring more than one witness, or corroboration, or the like, in specific issues. See John H. Wigmore, *Wigmore's Code of the Rules of Evidence in Trials at Law*, little, Brown and company, 1942, p. 9.

问题的规定》（以下简称《死刑案件证据规定》），2012 年修订的《刑事诉讼法》《高法解释》《高检规则》吸收了其中的部分规定。无论是言词证据的审查还是实物证据的评判，《死刑案件证据规定》都对裁判者提出了明确的方法和要求，规定了一系列限制证据之证明力的规则。[①] 特别是对于被告人当庭翻供、证人提供证言出现矛盾的情况，间接证据与直接证据、传来证据与原始证据之证明力问题。事实上，最高人民法院和个别高级人民法院曾颁行的审判规定，以及最高人民法院出台的《关于民事诉讼证据的若干规定》和《关于行政诉讼证据若干问题的规定》，其中的一些条款对各类证据的证明力大小强弱做出了明文规定，这种以限制证据之证明力为核心的理念，在相当长的时间内一直影响着中国的证据立法，并逐渐成为支撑中国证据立法的指导性原则。[②] 可见，我国证据立法不仅重视证据能力的限制和规范，还重视对部分证据资料之证明力大小进行限定。这些关于证据之证明力大小的限制性规定，远远超过了其他国家对裁判者心证的限制，逐渐演化为颇具特色的新法定证据主义。但需注意的是，间接证据的证明力有时会高于直接证据的证明力；经过涂改或者不当损毁后的原始证据之证明力，却未必大于作为复制件的传来证据；而社会团体依职权制作的书证之证明力，也不一定高于其他书证资料。

　　自由心证的理性基础在于，它适应并反映了证据资料与待证案件事实之间逻辑关系的多样性，更重要的是，它充分尊重了人类之理性能力，即作为个体认识把握客观事实之能力。1808 年法国《刑事诉讼法典》对自由心证作出了较为生动的规定，它要求法官在陪审团评议案件事实之前作如下告知：法律并不要求陪审团阐明他们获得内心确信的途径和方法；法律也不给他们设置预定规则，要求他们必须依照这些规则判断证据资料是否真实和充分；法律所规定的是要求他们必须集中精神，在自己良心深处探求对于控方提出针对被告人的证据资料和被告人的辩护证据在自己头脑中形成的印象。[③] 两大法系对证据价值的评判要求基本相同，法律和判例通常不会设置标准来限定裁判者（有例外）对证据之证明力的评价和对案件事实的认定。但是，受各国证据制度、审判制度、法官素质、司法环

---

① 例如，《死刑案件证据规定》第 5 条、第 11 条、第 15 条、第 18 条、第 22 条、第 25 条、第 33 条、第 34 条、第 37 条。

② 参见陈瑞华《以限制证据证明力为核心的新法定证据主义》，《法学研究》2012 年第 6 期。

③ 何家弘、刘品新：《证据法学》，法律出版社 2013 年版，第 28—29 页。

境等因素影响，对裁判者自由心证程度的限定存在差异，形成了各具特色的印证证明模式。"印证证明模式"是我国刑事证据法中的一大特色，刑诉法和司法解释中数量众多的印证规则旨在确保证据的真实性和充分性。印证证明模式仍属于自由心证制度体系，但其作为自由心证的一种"亚类型"，与典型、通行的自由心证制度有明显区别。① 有学者指出，口供补强规则是证据印证方法运用的特殊情形，在运用口供补强规则的案件中，除口供以外的其他证据往往都是间接证据，仅能够对口供涵盖的案件事实的某一片段或某个方面进行印证；印证证明模式既用作检验单个证据的真实性，又是用以认定案件是否达到了证据确实、充分的标准。② 在刑事诉讼中，证据资料之采信标准可表述为真实性和充分性（确实、充分）；案件事实之证明标准可表述为"排除合理怀疑"。这里所说的"排除合理怀疑"具有两个层面的含义：第一，每份证据资料的证明内容是否有值得怀疑之处；第二，整个案件之证据资料组合的证明结论是否有值得怀疑之处。③ 总之，印证证明模式属于对传统证明模式的限缩，体现了法定证据制度对自由心证的限制，其证明标准相较于"内心确信"或"排除合理怀疑"严格。但是，印证证明模式不仅是对全案证据对认定案件事实客观性保障（证明标准）的要求，也是对证据资料之证明力真实性、充分性（采信标准）的要求。

3. 证明力规则的局限与转向

我国证据立法如此强调对证明力的限定，并且实务界（主要是一线法官④）对"新法定证据主义"较为偏爱和推崇。一是现阶段刑事政策强调实体真实而忽视正当程序，毕竟证据越多可能更有利于查清案件事实；二是理论上重视证据的客观性，而轻视证据之正当性，以至于正当性沦为了客观

---

① 参见龙宗智《印证与自由心证——我国刑事诉讼证明模式》，《法学研究》2004 年第 2 期。

② 参见向燕《论口供补强规则的展开及适用》，《比较法研究》2016 年第 6 期。

③ 参见何家弘主编《刑事审判认证指南》，法律出版社 2002 年版，第 13—14 页。

④ 他们希望构建详尽的证明力规则以解决认证问题，并以此来提高判决的准确率和诉讼效率。有关部门为了回应司法实践的需求，解决三大诉讼法中粗疏的证据规定，相继出台了一系列司法解释来规范诉讼证明活动。而《关于民事诉讼证据的若干规定》《关于行政诉讼证据若干问题的规定》《关于办理死刑案件审查判断证据若干问题的规定》，在首部宗旨部分都大体一致规定，"为保证人民法院正确认定案件事实，公正、及时审理×案件，保障和便利×依法行使诉讼权利，根据×等有关法律的规定，结合×审判经验和实际情况，制定本规定"。参见李训虎《证明力规则检讨》，《法学研究》2010 年第 2 期。

性的依附。另外，裁判者借助证明力规则以规避再审程序发动的无序、程序外救济途径等风险，也是促使证明力规则生成的直接动因。因此，当前在有关证据立法中证明力规则如此繁多，与我国的民众认同、法官素质、诉讼构造及司法环境存在关联，而证明力规则的潜在价值也使我们必须认真对待此问题。在某种程度上，证明力规则的"印证证明模式"和对于死刑案件证明标准的客观规则保障有利于防范冤假错案的生成。在司法资源极其有限的情况下，证明力规则既可以提高认定案件事实的公正性和高效性，也可以起到规范侦查机关的取证行为的作用，以及贯彻刑事政策价值选择的引领功能。但是，证明力规则的大量存在确实也带来了不少问题。

第一，我国证据规则大多采用"不得作为定案根据"的表述方式，有些规定会不恰当地混淆了证据能力规则和证明力规则。例如，2010 年《死刑案件证据规定》第 15 条规定中的"经依法通知不出庭作证证人的书面证言经质证无法确认的，不能作为定案的根据"属于证据能力规则；而"未出庭作证证人的书面证言出现矛盾，不能排除矛盾且无证据印证的，不能作为定案的根据"属于证明力规则。

第二，证明力规则过多容易导致滥用逻辑法则和经验法则。大量本属于经验和逻辑层面之证明力规则，被不当地规定为法定的证据规则，忽略了不同条件下证据资料之证明力可能发生的变化。最高法出台的《关于民事诉讼证据的若干规定》《关于行政诉讼证据若干问题的规定》分别在第 77 条和第 63 条规定，间接证据之证明力一般大于直接证据，原始证据的证明力一般也大于传来证据。但林钰雄教授指出，刑事案件未必都要有直接证据；有罪判决不以有直接证据为必要；而直接证据的价值也未必高于间接证据；例如，直接证人 C 证言的证据价值，未必高于凶刀及其指纹鉴定。到底案件所凭的证据是否足以为有罪判决，取决于证据综合评价之后，能否达到毫无合理的怀疑的确信程度，而非取决于直接或间接证据的定性。[①]

第三，证明力规则可能导致证据资料采用和案件事实认定的法定化、片面化，比较典型的是"印证证据规则"。这种带有证据公示性质的证据规则可能造成法官认证思维的僵化。同时，印证证明模式无论是内部结构还是外部机制，都是没有外在程序机制作配套支撑的无根之木，很多看起

[①]　参见林钰雄《刑事诉讼法》（上册），元照出版有限公司 2010 年版，第 490—491 页。

来精致的印证实际上是一种宣示性、职权性的证明过程。这种没有正当程序基础的暗箱操作式印证，是裁判者在侦控机关单方构建有罪证据体系基础上的比较与权衡。虽然印证模式强调证据资料与案件事实的真实性和客观性，但其无法弥补在证据资料收集过程和审判阶段正当性不足的根本缺陷，可以认为没有正当程序作为支撑的印证仍是权力者的掌中之物。①

综上，笔者认为应当构建一种证明机制与程序规则相融合的证明模式，通过理性的、适当的程序机制，包括引入证据审查认定分离、多方主体参与、证人接受交叉询问、判决说理展示等，保障法官对证据的自由评断。虽然证明力规则在当前的司法实践中具有一定的应景性、替代性，但从长远来看，证明力规则只可作为自由心证的例外。无论在英美法系国家还是大陆法系国家，证据之证明力自由评价的正统地位毋庸置疑。我国证据立法和司法解释应该重视证据能力规则的完善，并构建以证据能力规则为中心的证据规则体系。

第四节　证据能力和证明力的混同与厘清

证据能力是指决定某个证据能否被采纳，证明力是指某个或某组证据能否被采信。但刑诉法和司法解释未能清晰界定基本的证据能力和证明力概念，将各类不同的证据规则以不得作为定案根据条款的形式进行规范，导致裁判者在法庭上对证据资料进行认定，经常出现"采纳"与"采信"混用的情况。

一、证据属性的误解与纠偏

证据的属性是其内涵的具体分解或表现，不仅是证据资料本身赖以构成的要件因素，也是判断某物是否为证据资料的标准，以及区别于其他非证据事物的标志。②"三性说"中的合法性与大陆法系的证据能力、英美

---

① 参见左卫民《"印证"证明模式反思与重塑：基于中国刑事错案的反思》，《中国法学》2016 年第 1 期。

② 参见占善刚《民事证据法研究》，武汉大学出版社 2009 年版，第 34 页。

法系可采性的内涵和外延并不完全一致。"合法性"极力强调依法取证、依法认证，忽略了基于政策性考虑采纳或者排除某些证据的适当性。合法的证据资料也可能因其他方面原因的考虑而不予采纳，如为提高诉讼效率而排除某些重复性证据资料；而不合法的证据资料也可能予以采纳，如善意例外、毒树之果例外。另外，"三性说"在刑诉法和司法解释中的理解和适用均存在困难，尤其是无法准确解释中国法语境中的瑕疵证据问题，这是需要对传统"三性说"进行理论完善的主要原因。[①] 瑕疵证据是指法定证据要件存在轻微违法情节，而是否具备可采性取决于证据资料自身的缺陷，能否得到补正或者合理解释。如果该证据资料的瑕疵能够得到补正或者合理解释，则该证据资料就具备可采性，在随后的诉讼程序中可以继续使用；但如果该证据资料的瑕疵无法予以补正或者作出合理解释，则该证据资料不具备可采性，不得在后面的诉讼程序中继续使用。[②] 瑕疵证据可以补正或者作出合理解释的特征，使其外延和内涵有别于"合法证据"以及与之相对应的"非法证据"。本质上，瑕疵证据属于违法情节较轻的情形，司法人员可通过补正、合理解释或者转化、重新提取使其可采。[③] 这种介于"合法"与"非法"之间的效力待定证据，"三性说"无法涵盖其属性。

由于传统的"三性说"无法准确阐释证据的基本属性，现在学界对证据属性的探讨开始转向大陆法系的证据能力和证明力。这既有利于对证据的认定更富层次性、位阶性，形成一个层层过滤的动态递进模式，也有

---

① 参见张斌《论我国刑事证据属性理论的重构——刑事证据"四性说"的提出与意义》，《四川大学学报》（哲学社会科学版）2015年第1期。也有学者指出，我国一些证据法学教材存在以合法性代替可采性的问题，误将合法性作为证据的三个基本属性之一；2010年"两高三部""两个证据"颁布后，非法证据排除规则更是铺天盖地成为研究热点，仿佛非法证据排除规则就等于"证据排除规则"，而对品格证据规则、传闻证据规则、不得用以证明过错和责任的证据规则、特免权规则等缺乏应有的关注。参见张保生《序言：艾伦教授阐释的证据理念》，载［美］罗纳德·J.艾伦《艾伦教授论证据法》（上），张保生等译，中国人民大学出版社2014年版，第6页。

② 参见万毅《论瑕疵证据——以"两个〈证据规定〉"为分析对象》，《法商研究》2011年第5期。

③ 在刑事诉讼的整个过程中都应当遵守关于使用证据禁止性规定；不论是判决还是先前的决定或者裁定，都不能建立在不可采纳的证据基础之上。但是，法庭可以尽力纠正先前发生的程序错误，从而"挽回"有争议的证据。例如，如果侦查法官忘记了告知被告人的配偶其具有免证特权，审判法庭可以告知其这一内容，之后再从被告人的配偶处获得可以采纳的陈述；法院甚至认为，在证人被告知其权利后果后如果征得其同意，在上述情形下可以提交先前的陈述。此处关于"侦查法官忘记告知被告人的配偶其具有免证特权"，审判庭可以通过告知、征得证人同意的前提下补正先前取证的程序性瑕疵，属于无证据能力证据通过转化、重新提取而获得"可采"的证据。参见［德］托马斯·魏根特《德国刑事诉讼程序》，岳礼玲、温小洁译，中国政法大学出版社2003年版，第200—201页。

利于克服"三性说"的无序性、静态性。"三性说"之所以受到较多批评，与证据属性的定位错置和相关概念的混用有关。合法性仅属于证据能力一般标准的部分内容，而客观性和关联性属于证据能力和证明力共同涵括的一般标准，在认证程度、认证形式、认证范围上有所差别。龙宗智教授指出，证据的"三性"，即相关性、合法性、客观性，不再适合被表述为"证据的基本属性"——传统刑诉法教科书的说法，而只能被看作质证和证据判断的标准；与案件事实相关，可以用于证明案件事实并合法取得的信息材料都可以作为诉讼证据，而只有经过客观真实性检验，证据才具有"定案依据"的资格。[①] 因此，证据的本质属性应为证据能力和证明力，而不是仅涵盖部分一般标准的客观性、关联性、合法性。

证据之证明价值与关联性不能截然分开，前者很大程度上以后者为基础，证据资料与案件事实的关联越近其证明价值就越高，直接关联的证据要比间接关联证据具有更高的证明价值。[②] 证据的关联性可分为证据能力关联性与证据价值关联性两种，前者属于调查范围和调查前的关联性；后者属于判断范围，亦即调查后的关联性。[③] 裁判者在认定证据的属性时都要考察证据的关联性，只是对证据能力和证明力的考察层面有所不同，对证据之证据能力进行考察时，关联性主要集中于证据资料与案件事实在形式上有无联系；对证据之证明力进行考察时，关联性主要集中于证据资料与案件事实之间在实质上有无联系。与案件事实没有形式关联的证据当然不具有证据能力，如警犬鉴别结论、测谎仪鉴别结论等；而具有形式关联的证据也不一定具有证明力，对证据证明力的考察需要结合真实性和充分性标准。另外，证据的真实性也是一个贯穿认证活动的概念，虚假的证据当然不符合证据能力可靠性要求，也不符合证明力对实质关联性的要求。在证据能力审查阶段不要求证据具备实质客观性，仅要求具备形式上的客观性保障条件即可；至于证据到底是否具备实质客观性，对案件事实的证明力大小如何，则是在证明力审查阶段要解决的问题。[④]

笔者大致赞同上述学者的观点，同时认为，虽然证据属性的一般标准

---

① 龙宗智：《进步及其局限——由证据制度调整的观察》，《政法论坛》2012 年第 5 期。
② 参见何家弘、刘品新《证据法学》，法律出版社 2013 年版，第 245 页。
③ 参见陈朴生《刑事证据法》，三民书局，1979，第 276 页。
④ 参见纵博、马静华《论证据客观性保障规则》，《山东大学学报》（哲学社会科学版）2013 年第4 期。

有存在重合的可能，但基于认证阶段、认证程度的不同，完全可对证据的关联性、证据能力、证明力的一般标准作出划分（见图 6 - 2）。[1] 关联性的一般标准是实质性标准和证明性标准[2]；证据能力的一般标准是正当性标准和可靠性标准[3]；证明力的一般标准是真实性标准和充分性标准。第一，实质性标准是指证据必须与待证明的事实有关，如果证据可以用来证明案件事实的主要部分，并且出示的证据能使这个事实成立，则该证据就可能具有关联性。第二，证明性标准是指所举证据资料与案件事实之间的经验或逻辑关系，具有使相关实质性问题更真实或不真实的可能性。第三，正当性标准是指证据收集的主体、证据来源的程序以及证据收集的方法等必须具备合法性。在大陆法系国家，正当性标准被称为消极条件，是指证据资料取得和使用的禁止，也可以称为证据排除，比如以暴力、胁迫等方法取得之言词证据，不得作为认定案件事实的根据。第四，可靠性标准是指必须有一系列条件能够保障证据的客观真实性，如果不具备这些条件则证据就很有可能是虚假的、不可靠的。在大陆法系国家，可靠性标准被称为积极条件或者严格证明法则。严格证明法则是指证据资料必须经过严格证明之法庭调查程序，才能终局性地取得证据能力，作为认定案件事实的基础。第五，真实性标准是指审查所有据以证明案件事实的证据资料，裁判者应当逐一审查各证据资料是否真实可靠。就审查方法而言，单

① 参见李文军《法庭质证的内在结构与理论剖析——兼评"三项规程"的相关规定》，《北方法学》2018 年第 5 期。

② 为了具有相关性，证据必须使一个次终待证事实（penultimate probandum）更有可能或更无可能（或必须与案件中证人或提供其他证据的可信性有关）。简言之，次终待证事实提供了建立证据相关性的试金石。See Terence Anderson, David Schum and William Twining, *Analysis of Evidence*, Cambridge University Press, 2005, p. 62.

③ 证据能力规则（competence rules）可基于可靠性（reliability concerns）和外部政策（external policies），划分为可靠性标准和正当性标准。前者是指有时法庭排除证据是因其可靠性令人怀疑，如传闻证据规则和最佳证据规则；后者是指证据能力规则，也可是基于一些对审判程序外在的政策，如特权规则。客户与律师之间的通信被法庭排除在外，是为鼓励这样的交流；其他常见的特权包括丈夫和妻子、医生与病人以及牧师与信众之间的交流。这些被排除的证据可能兼具相关性和可靠性。See Paul C. Giannelli, *Understanding Evidence*, LexisNexis, 2009, p. 5. 另外，威格莫尔把可采性证据规则作了如下分类：It follows, from the foregoing considerations, that the rules of admissibility may be grouped under three heads, the first dealing with the probative value of specific facts, the second including artificial rules which do not profess to define probative value but yet aim at increasing or safeguarding it, and the third covering all those rules which rest on extrinsic policies irrespective of probative value. See John H. Wigmore, *A Treatise on the Anglo-American System of Evidence in Trials at Common Law*, little, Brown and company, 1923, p. 37.

个证据是否可靠也要通过与其他证据资料印证进行综合评断。第六，充分性标准是指据以定案之证据应达到之程度。① 证据充分既可是单个证据，也可是案件中的一组证据资料或全部证据资料。前者是指一个或一组证据资料的证明价值，是否足以证明该事实或情节存在或不存在。后者是指案件中的全部证据资料的证明价值是否足以证明案件的真实情况。

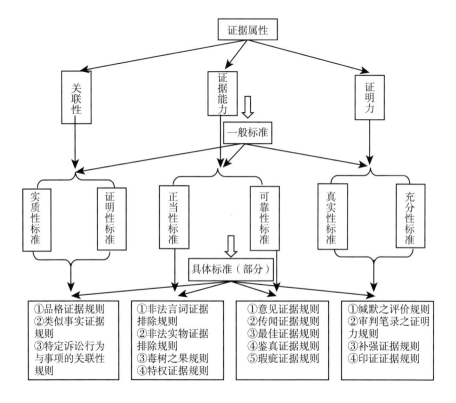

图 6 - 2　认证标准

　　综上，关联性、证据能力和证明力共同构成证据的属性，只不过关联性是证据的外部属性，而证据能力和证明力是证据的内部属性或本质属

---

① 　参见林钰雄《刑事诉讼法》（上册），元照出版有限公司 2010 年版，第 340—414 页；郭志媛《刑事证据可采性研究》，中国人民公安大学出版社 2004 年版，第 92—378 页。

性。① 因而，关联性也具有自己的独立品格特征，可将明显不具备实质性标准和证明性标准的证据资料排除；证据能力是正当性标准和可靠性标准的结合，可针对单个证据是否严格遵循取证规则（正当性标准）、是否虚假（可靠性标准）作出判断，但无法对证据资料之间是否存在矛盾和能否印证进行审查；证明力是真实性标准和充分性标准的结合，只有将全案证据资料集中起来进行审核后，才能判断证据资料是否客观真实以及能否作为定案的根据。

二、不得作为定案根据的学理辨析

在我国，"定案根据"是刑诉法和司法解释中的重要概念，1979年、1996年《刑事诉讼法》《高法解释》《高检规则》有关"定案根据"或者类似"定案根据"（如不得作为起诉意见、起诉依据或者判决的依据）的概念在条文中曾多次出现。随着2010年"两个规定"的出台，2012年修订后的《刑事诉讼法》《高法解释》《高检规则》吸收了其中的大部分内容，有关或者类似"定案根据"的规定在法律和司法解释中的出现更加频繁，远远超过了以往的规定。法官在对证据进行认定时，是否采纳或者采信的依据集中于"定案根据"的规定。事实上，这些以"定案根据"形式出现的条文，与大陆法系中证据能力和证明力涵括的标准相同，只不过我国理论未能清晰界分证据的本质属性，导致立法和司法解释笼统以"定案根据"或者类似以"定案根据"的形式出现。在有些条款中甚至同时出现了证据能力规则和证明力规则。例如，《高法解释》第69条："对物证、书证应当着重审查以下内容……物证、书证在收集、保管、鉴定过程中是否受损或者改变……与案件事实有关联的物证、书证是否全面收集。"

刑诉法和司法解释以"定案根据"的形式统摄规定证据能力和证明力，源于对证据本质属性定位错置和对学理建议采纳有限，司法实务中裁判者经常混用"采纳"和"采信"两组概念。证据规则的制定主要为遏制接连出现的冤假错案，并制约裁判者审查评断证据。从相关负责人对立法的解读、说明就可以发现这一点，如消除证据问题导致的冤假错案，规

---

① 关联性只是证据的外部属性，不是其内部属性或本质属性。参见易延友《证据法学：原则　规则　案例》，法律出版社2017年版，第12页。

范侦查机关的取证行为，规范司法人员对证据的审查等，但尚未说明或提及制定这些规则之理论基础。① 正因立法层面和司法解释缺乏相应的理论指导，我国 2012 年《刑事诉讼法》和"两高"的司法解释中的证据规则缺乏条理，而且多数是对规范裁判者审查评断证据之禁止性规定。虽然刑诉法和司法解释笼统规定"不得作为定案根据"条款，旨在限制裁判者的自由裁量权，并规范证据的收集、审查，以防止冤假错案的生成，但若不从证据学原理进行分类，仅简单地将各种证据规则一律规定为"不得作为定案根据"条款，可能会导致证据规则实效的减弱和证据规则适用的疑难。② 我国台湾地区"刑事诉讼法"第 155 条（自由心证、严格证明法则）规定："a. 证据之证明力，由法院本于确信自由判断。但不得违背经验法则及论理法则。b. 无证据能力、未经合法调查之证据，不得作为判断之依据。"该条第 2 项规定无证据能力之证据，与未经合法调查之证据，不得作为判断之依据，正足以表示"严格证明"之要求，至于删掉原条文中的"显与事实有违"，与该条第 1 项修正增加法院之自由心证，不得违背经验法则及论理法则即属重复，应予删除，另"与认定事实不符之证据"，究竟是证据能力还是证明力之问题含义不明，避免与前条第 2 项发生逻辑矛盾一予删除。③ "不得作为判断之依据"在我国台湾地区的"刑事诉讼法"中仅指不符合证据能力要求和未经合法调查的证据资料。但据此认为，我国台湾地区"刑事诉讼法"第 155 条"不得作为判断之依据"和大陆地区的刑诉法"不得作为定案根据"的含义相同实属误解，从学理上看，强调"作为定案根据"在于对证据资料的证据能力有无而非证据价值大小的要求。在传统的大陆法系职权主义审理模式中，法庭对证据资料的准入和评估的裁定未作明确区分，通常是由同一法官或合议庭在正式庭审程序中一并解决。如果一项证据资料被认定不具有证据能力，引起的唯一程序性后果是法庭不得在论证判决理由时引用该证据资料，并将证据能力由一种接受法律调查的资格，变成了判断其能否作为定案依据的资格。这在一定程度上可以解释对不符合正当性标准和可靠性标准证据资料排除难的重要原因。

---

① 参见张军主编《刑事证据规则理解与适用》，法律出版社 2010 年版，第 1—5 页。

② 参见纵博《"不得作为定案根据"条款的学理解释》，《法律科学》2014 年第 4 期。

③ 参见林钰雄主编《新学林分科六法：刑事诉讼法》，新学林出版股份有限公司 2011 年版，第 A－216 页。

三、证据能力与证明力的审查认定

有学者指出大陆地区刑事诉讼并无证据能力之概念，此种情形与台湾地区早期的刑事诉讼非常类似，可见其职权主义相当浓厚；台湾地区"最高法院"1986 年度台上字第 933 号判例："刑事诉讼本于职权主义之效能，凡得为证据之资料，均具有论理之证据能力，是以法律上对于证据之种类，并未设有若何之限制。"① 而相关立法和司法解释对证据能力和证明力的不加区分，主要是学理上受传统证据理论"三性说"的不当影响，致使裁判者在审理案件过程中，对证据概念"采纳"与"采信"的误用时有发生，甚至影响到了对证据资料之资格和价值大小的认证顺序。为控制犯罪的需要，证据能力常被不当转化为证明力问题。当出现疑似侦查机关刑讯逼供时，法院不是根据证据能力规则将此非法证据排除，而是将其证明力减等或从轻量刑来解决敏感的证据资格问题。② 证据能力是证据能否进入诉讼程序的"入口"，而证明力是证据能否作为定案的根据。一般来讲，对证据的证据能力的认证在前，而对证明力的认定在后；对证据能力既可以进行庭前认证也可以当庭认证，而对证明力既可以当庭认证也可以迟延认证。证明力和证据能力之不同，在于证明力是否存在及大小的判断，是证据具有证据能力后的问题；在评断证据对于判断案件事实的真伪能否发生心证的作用之前，以该证据已具有证据能力为条件。③ 如果相关法律规定不严格区分证据规则，就可能导致证据能力规则和证明力规则的混用，形成惯习性的证明力反制证据能力局面，裁判者往往会对证据的证明力进行评价后再考虑证据资格问题，赋予证明价值高的证据以证据能力，这可能导致证据能力规则对证据资料的过滤功能被虚置。

证据准入和证据评估相分离的审查规则，两大法系对其功能已达成较为一致的共识，尤其是在提升正式庭审程序的效率方面。在美国陪审团审判中，证据资料的认证是典型的"采纳"与"采信"两步模式，对证据

---

① 此判例因"刑事诉讼法"之修正，业经"最高法院"公告不再援用。参见黄朝义《中国刑事诉讼法：从比较法观点论起》，新学林出版股份有限公司 2010 年版，第 26—27 页。

② 参见李训虎《证明力规则检讨》，《法学研究》2010 年第 2 期。

③ 参见林朝荣《证据能力与证明力——以刑事诉讼所奉行之主义为制高点》，载黄东熊等著《刑事证据法则之新发展——黄东熊教授七秩祝寿论文集》，学林文化事业有限公司 2003 年版，第 48 页。

能力之认定属于法官的职能（预审之后排非动议程序法官与正式庭审程序法官相同）；对证据价值或证据效力的认定属于陪审团的职能。证据排除听审是一种法官确定是否允许控方，使用被提出异议的证据作为听审的资料。这种听审通常在正式审判前举行，这样既可以使法庭集中审理有罪或无罪的争议焦点，还可以事先告知双方当事人在正式庭审中可以使用什么样的证据。在证据排除听审中由法官而不是陪审团作出裁决。被告人可以在庭审结束后针对大多数事项上诉，包括可以对排除证据的裁决寻求上诉；也可在排非动议失败后及时在审前提出撤销令的特殊中间程序。① 台湾地区 2003 年"修法"尝试赋予准备程序某些"法律"效果，其中有关证据能力之问题，法院依刑事诉讼法规定认定无证据能力者，产生拘束效力，该证据不得于审判期日主张之（273Ⅱ）。② 第 288 条之三规定："当事人、代理人、辩护人或辅佐人对于审判长或受命法官有关证据调查或诉讼指挥之处分不服者，除有特别规定外，得向法院声明异议。法院应就前项异议裁定之。"需要说明的是，当事人或辩护人异议权之对象，应仅限于"不法"之处分，在"旧法"第 174 条第 2 项规定法院应就异议之"当否"裁定之，容易误导认为声明异议之对象包括"不当之处分"，所以在修订该条文时删除了"当否"二字的表述。③ 如果被告人对法官认定的证据能力有争执，不仅可当场声明异议，还可以在判决后据此为上诉理由，主张案件之审判违背法令提出非常上诉。在大陆地区，虽然采纳与采信在证据理论上属于较新的提法，但司法实践中法官都在自觉或不自觉地使用这两个术语。根据法官对证据资料的认定过程是否划分为采纳与采信两个阶段，对证据的审查程序可分为"一步认证"和"两步认证"。④ "一步认证"对证据的认定程序不作阶段划分，由裁判者一次性地完成对证据之资格和价值的认定，适用于案情和证据比较简单的案件；"两步认证"是将证据认定划分为采纳和采信两个阶段，通常证据的采纳在庭前程序中完成，而证据的采信在庭审中完成，适用于案情和证据比较复杂的案件。当前，我国法律尚未确立对证据资料之资格和证明力当庭认证方式，以及针

---

① 参见［美］菲尼、［德］赫尔曼、岳礼玲《一个案例两种制度：美德刑事司法比较》，中国法制出版社 2006 年版，第 61—69 页。
② 参见林钰雄《刑事诉讼法》（下册），元照出版有限公司 2010 年版，第 202 页。
③ 参见林钰雄主编《新学林分科六法：刑事诉讼法》，新学林出版股份有限公司 2011 年版，第 A–671 页。
④ 参见何家弘主编《刑事审判认证指南》，法律出版社 2002 年版，第 10—11 页。

对法庭证据调查结论的声明异议制度和争议证据问题的备档制度，对于庭审中提出的不恰当证据资料，即使一方当事人提出异议，也无法得到裁判者的及时、明确回应，而对于控辩双方出现有争议的证据问题，一般裁判者也不会对此当庭作出认证。成都市两级法院的庭审实质化改革在于构建更加规范化的刑事审判制度。通过推行繁简分流和专业化审判相结合，促成我国刑事诉讼资源的优化配置，形成难案精审、简案快审的合理格局。而要实现改革所要求的"诉讼证据质证在法庭、案件事实查明在法庭、辩诉意见发表在法庭、裁判理由形成在法庭"，裁判者需要对控辩双方出示的证据资料作出"两步认证"，并在法律层面保障当事人、代理人、辩护人等对证据调查结论提出异议的权利和获得上诉救济的程序保障。

四、认证具体标准的局限与完善

1. 认证具体标准的局限

结合两大法系国家的规定，刑事审判认证具体标准主要有：第一，与关联性相关的有类似事实证据规则、品格证据规则、特定诉讼行为与事项之关联性规则等；第二，与证据能力相关的可划分为正当性标准和可靠性标准，前者包括非法言词证据排除规则、非法实物证据排除规则、毒树之果规则、特权证据规则等，后者包括意见证据规则、传闻证据规则、最佳证据规则、鉴真证据规则、禁止诱导询问规则、瑕疵证据规则等；第三，与证明力相关的有缄默之评价规则、审判笔录之证明力规则、补强证据规则、印证证据规则等；第四，证据准入和证据评估相分离的审查规则，两大法系对其功能已达成较为一致的共识，尤其是在提升正式庭审程序的效率方面。2010 年"两个证据规定"出台，2012 年《刑事诉讼法》的修改，以及"两高"随后制定的司法解释，使我国证据体系已经初具规模，确立了若干重要的原则和规则（见表 6 - 4），包括：有限的无罪推定原则[①]、证据裁判原则[②]、程序法定原则[③]；非法证据排除

---

① 2012 年《刑事诉讼法》第 12 条，第 118 条。
② 《关于办理死刑案件审查判断证据若干问题的规定》第 2 条；2012 年《高法解释》第 61 条。
③ 《关于办理死刑案件审查判断证据若干问题的规定》第 3 条；2012 年《高法解释》第 62 条。

规则①、关联性规则②、意见证据规则③、严格证明规则④、鉴真证据规则⑤、原始证据优先规则⑥、补强证据规则⑦、印证证据规则⑧、有限的直接言词规则⑨等。

我国刑事证据立法体系存在以下两方面问题。一是证据能力规则与证明力规则的混同和误用，使裁判者无法根据具体规则评判两造对证据的争议。一旦涉及对证据资格和证据效力的判断，裁判者可能采取回避的态度对此不予以作出认证，或随意套用传统的"三性说"笼统作出回应，对证据"采纳"和"采信"的阶段和标准不作任何区分。二是刑事认证具体标准存在立法技术落后、结构不完整、可操作性不强等问题。例如，2012年《刑事诉讼法》第187条第1款规定："公诉人、当事人或者辩护人、诉讼代理人对证人证言有异议，且该证人证言对案件定罪量刑有重大影响，人民法院认为证人有必要出庭作证的，证人应当出庭作证。"此款规定属于有限的直接言词规则。法院对必要证人出庭的裁量权过大，以致司法实务中证人较少出庭或几乎不出庭。当然，必要证人出庭率偏低也与我国诉讼文化理念和司法资源配置不均衡相关。为贯彻庭审实质化改革对证人出庭的要求，有必要在新的修法中对此进行完善，具体可在宪法层面赋予被告人对质权，并在刑诉法层面

① 《关于办理刑事案件排除非法证据若干问题的规定》第1—14条；2012年《刑事诉讼法》第55—58条；2012年《高检规则》第65—74条；2012年《高法解释》第四章"非法证据排除"一节；《关于办理刑事案件严格排除非法证据若干问题的规定》第1—41条。
② 《关于办理死刑案件审查判断证据若干问题的规定》第6条第4项和第5项，第27条第5项，第29条第4项；2012年《高法解释》第69条第4项和第5项，第84条第8项，第85条第8项，第92条第6项。
③ 《关于办理死刑案件审查判断证据若干问题的规定》第12条第3款；2012年《高法解释》第75条第2款。
④ 《关于办理死刑案件审查判断证据若干问题的规定》第4条，第13条；2012年《高法解释》第63条。
⑤ 《关于办理死刑案件审查判断证据若干问题的规定》第8条，第9条第1、3款，第20条，第24条，第26条第1款，第28条，第30条。
⑥ 《关于办理死刑案件审查判断证据若干问题的规定》第8条，第9条；2012年《高法解释》第70条，第71条。
⑦ 《关于办理死刑案件审查判断证据若干问题的规定》第22条；2012年《刑事诉讼法》第53条；2012年《高法解释》第83条。
⑧ 《关于办理死刑案件审查判断证据若干问题的规定》第11条，第15条，第18条，第22条，第25条，第33条，第34条，第37条；2012年《高法解释》第74条，第78条第2款，第80条，第83条，第105条，第106条，第109条。
⑨ 《关于办理死刑案件审查判断证据若干问题的规定》第15条；2012年《刑事诉讼法》第187条；2012年《高法解释》第205条。

确立传闻证据排除规则，以此来保障被告人的对质权。宪法层面的对质权与刑诉法层面的传闻证据排除规则相关，但有些许不同。传闻证据排除规则是指需用口头证据证明有争议案件事实的规则，这样就限制了可以用于追诉和防御的证明方式。相比之下，对质权纯粹单方面属于被告方。传统的观点认为传闻证据规则在于保障被告人的对质权。① 除此之外，相关法律没有规定或明确规定一些重要的证据规则，如品格证据规则、毒树之果规则、特权证据规则、诱导询问规则、证据保全规则等也应补充完善。

2. 认证具体标准的完善

作为一套完整的证据规则体系，刑事证据的具体规定之间应当互相协调、衔接，否则就会使很多具体规定名存实亡，失去实际意义。② 认证的具体标准旨在规范证据的取得和运用，不仅无法使刑事追诉更加便利，反而可能使对犯罪的追诉变得低效，甚至因严格遵循证据规则的要求而放纵罪犯。作为认证具体标准的证据规则，通常表现为否定不符合法律规定证据的资格和价值，这对于提升证据的正当性和可靠性意义重大。刑事诉讼程序的价值基础可分为犯罪控制和正当程序，前者要求人们关注刑事诉讼程序，甄别犯罪嫌疑人，以及对被判有罪者进行适当处置的运作效率；后者的诉讼模式看上去非常像障碍赛，它每一个阶段之设计，对把被告带入下一程序阶段构成障碍。③ 证据规则体系的完善对证据资料的层层过滤，在一定程度上可提升诉讼程序的运行效率。如果让所有的证据资料在不加甄别的前提下全部进入诉讼程序，不仅会造成有限诉讼资源的浪费，也会使司法人员的心证受到不符合证据能力要求证据资料的影响。

完整的刑事认证规则体系可为裁判者识别和评估证据资料提供法律依据，以确保诉讼效率的提高和防止冤假错案的生成。绝大多数证据规则体现了人类对客观世界认识的经验总结和升华，它可以有效防范审判人员对事物认识出现偏差或错误。证据规则的功能还体现在促进诉讼程序之公正，通过排除一些可能具有不公正偏见之证据，使法庭审理成为公平的对抗式审判，并削弱或排除裁判者受其他非程序性因素影响的可能性。具体

---

① See J. R. Spencer, *Hearsay Evidence in Criminal Proceedings*, Hart Publishing, 2008, p. 39.

② 参见张栋《中国刑事证据制度体系的优化》，《中国社会科学》2015 年第 7 期。

③ 参见［美］赫伯特·L. 帕克《刑事诉讼的两种模式》，载［美］虞平、郭志媛编译《争鸣与思辨：刑事诉讼模式经典论文选译》，北京大学出版社 2013 年版，第 9—12 页。

来看可从以下方面着手。

第一，重视证据能力规则构建的完整性和有效性。对任何法律原则或规则的制定应该做到体系完整、不留空白，从抽象的原则或规则再到程序操作直至违反规定的法律后果形成一个完整锁链，只有这样才能保证法律具有可操作性。[1] 塞耶认为证据法的主要任务与其说是确定什么是可采的证据，不如说是确定什么是不可采的证据，是否应该排除某个证据应取决于两个因素。一是通过相关性，这主要事关逻辑和经验而非法律规定；二是通过证据规则，它决定是否排除任何具有逻辑证明性的特定事项。[2]" 刑事认证实体规则的完善应集中于静态层面的证据能力规则，立法者既要完善与取证程序正当性、可靠性有关的证据规则，也要完善与形式关联性有关的证据规则。

第二，公正司法裁决的生成需要有一套合理、严密的证据审查规则作为保障。根据裁判者对证据资料的认定过程，是否划分为采纳与采信两个阶段，可以将认证分为"一步认证"与"两步认证"。前者仅针对案情比较简单、被告人认罪的案件，后者针对的是大案要案和被告人不认罪案件。庭审实质化改革的本质在于构建更加精密、规范的刑事审判制度，以促成我国刑事政策所要求的难案精审、简案快办的合理格局。所以，在动态层面上有必要适当分离对证据之资格和效力的审查认定程序，在庭前会议已确定无证据资格的证据资料不得在正式审判程序中出示。

第三，不同证据规则之间应当协调、衔接，严格区分证据能力规则和证明力规则。各项法律原则、程序、规则之间必须尽量一致，条文之间不能互相冲突，以确保法律条文在体系上的逻辑完备性。证据的本质属性是证据能力和证明力。相应地，证据能力规则和证明力规则对证据的筛选、甄别具有层层递进、过滤的作用。但前一阶段证据规则或后一阶段证据规则的完备并不意味着整个证据规则体系的互相协调、衔接顺畅（表6-3）。

---

① 参见史立梅《论司法改革的合法性》，《北京师范大学学报》（社会科学版）2005 年第 6 期。

② See James Bradley Thayer, *A Preliminary Treatise on Evidence at the Common Law*, Adamant Media Corporation, 2005, p. 251.

表6-3 认证内容

认证内容	证据属性	一般标准	具体标准（部分）	备注
	1.关联性①(relevance)：是指那些相关观点或者争议事实或者能够证明待证事实有直接联系，并且能够证明待证事实或者倾向于证明待证事实的证据。如果某个主张或者证据会使某个争议事实的存在成为可能，它就具有关联性。关联性具有关联性的证据，并因此具有关联性的判断主要靠逻辑和经验	(1)实质性标准(materiality)：是指如果证据与待证明的事实有关，它就具有实质性。如果该证据可以用来证明案件的主要部分，并且出示的证据就可能是使这个主要事实成立，则该证据倾向于证明待证有关联性的 (2)证明性标准(provability)：是指依据证据之间的逻辑可能更为真实或者不真实的能力。证明性是一个使真实的事实更真实的能力，是由事物之间的客观联系，是由事物之间的客观性有关，是由事实所决定的。证据如果能够证明证据所称有事实，就具有证明性	①品格证据规则：是指有关一个人品格优劣及是否具有特定品格（如暴力倾向）的证据应予以排除。但提交品格证据的是为证明被告人或者其他证据的可信性时，存在例外。（《美国联邦证据规则》第404条a） ②类似事实证据规则：是指一方当事人为反对另一方当事人而提出或者具有其他不法行为或者具有某种不良嗜好或兴趣的关联的证据。这类证据因与证明争执中的事实无关联证据应予以排除。（《美国联邦证据规则》第404条b） ③特定诉讼行为与争项的关联性规则：是指某些诉讼行为如"和解"和解要求和要求""有罪答辩""等、以及某些特定事项如"随后的补救措施""支付医疗或类似费用"等，不得作为一方的不利证据。（《美国联邦证据规则》第407—411条）	陈朴生教授指出，证据的关联性得分为证据价值（证明力）关联性与证据能力（证明力）关联性两种，前者属于关联性；后者属于关联范围，前者属于关联范围，而后者调查后之关联性，亦即调查后以及调查前之关联性，亦即调查后属于判断范围。证据能力之关联性，可称为形式上的关联性，而证明力关联性可称为实质上的关联性。因此，关联性、证据能力、证明力共同构成证据的基本属性，只不过关联性在某种意义上可涵摄于证据能力与证明力之中②

① 艾伦教授对相关性的定义包含了证据与事实主张、事实主张与审判之间的两种关系。第一、提出某个证据，与证明案件中的某个"要素性事实"是否相关？这个问题关涉及两个问题归于法需实质要证明的要素性事实。第二，提出的实质性要素证据，对该实质性证据是否有助于实质实质要证明的问题。参见张保生《序言：艾伦教授阐释的证据理念》，载[美]罗纳德·J.艾伦《证据法》（上），张保生等译，中国人民大学出版社2014年版，第3页。

② 关联性可分为证据能力关联性和证明力关联性两种，也可称为形式的关联性。参见陈朴生《刑事证据法》，三民书局1979年版，第276页。

续表

证据属性	一般标准	具体标准（部分）	备注
2. 证据能力：又称可采性 (admissibility)，是指证据必须为法律所容许，可用以证明案件的待证事实。证据能力的判断主要依据法律为裁判的价值预设	(1) 正当性标准：在大陆法系称为消极条件，即违反消极条件之证据无证据能力，不得采用。消极条件是说证据使用的禁止，比如以暴力、胁迫等方法取得之言词证据，不得作为证据	①非法言词证据排除规则：是指违反关于不受强迫自供述以及获得律师帮助的规定而取得的证据。（《美国宪法修正案》第5条）；（我国台湾地区"刑事诉讼法"第156条1） ②非法实物证据排除规则：是指违反关于搜查、扣押的规定所获取的物证，不得用作不利于被告人的证据。（《美国宪法修正案》第4条；我国台湾地区"刑事诉讼法"第158条之四） ③毒树之果规则：是指以非法方法收集的证据（每棵树）为线索，进一步取得的其他证据（毒果）一般不可采。如以刑讯逼供获得的被告人供述为线索发现的作案工具。（《美国宪法修正案》第4条、第5条） ④特权证据规则：为保护某些法庭之外的关系和利益，如律师与委托人之间的关系，医生与病人之间的关系，神职人员与忏悔者之间的关系等，相关主体有权以此为由拒绝就特定案件事作证。（《美国联邦证据规则》第501—502条）；（《德国刑事诉讼法》第52—55条）	证据禁止类型包括：①证据取得的禁止是指国家追诉机关取得证据过程（泛指取证据等）的行为，关系及保全法定证据寻找、搜集及保全法定证据的行为规范；②证据使用的禁止，主要在于禁止在法院将已经取得的特定证据作为裁判的基础；从结论上，落入证据使用禁止范围的证据，因为欠缺证据能力的消极要件而不得采为裁判的基础。如作出明定禁止的非法自白，又称证据使用禁止
认证内容	(2) 可靠性标准：在大陆法系称为积极条件或严格证明法则。严格证明法则条件必须为法律所容许，可用以证明案件的待证事实	①意见证据规则：普通证人依据其特别知识经验，陈述其判断某事项的意见所进行的陈述不可采。但专家证人不受此限制。（《美国联邦证据规则》第701—702条）	

续表

	证据属性	一般标准	具体标准(部分)	备注
认证内容		是指证据必须经过严格证明之调查程序后,始能终局取得证据能力。而严格证明为认定事实之基础。是指犯罪事实之证明与调查,必须使用法定之证据方法,并且遵守法定之调查程序	②传闻证据规则:任何人所提供的包含他人先前陈述的证据,如果提出该证据的目的是证明某人以前所说的事实为真,则该证据是不可采的。但存在例外。(《美国宪法修正案》第6条;我国台湾地区"刑事诉讼法"第159条) ③最佳证据规则:是指关于文书内容的证据容许性之法则。该法则需要文书原本的提出,如果不能提出原本,直至有可满意的说明。中国的最佳证据规则不仅适用于书证,而且也适用于物证。(《美国联邦证据规则》第1001—1008条) ④鉴真证据规则:在对某一物证的真实性存在疑问的情况下,法官通常会调查该物证的来源以及提取物证的整个过程,这被视为确保物证真实性的程序要求。(《美国联邦证据规则》第901—903条) ⑤禁止诱导询问规则:是指询问人者通过在提问中添加暗示被询问者如何回答的内容,或者将需要被询问人作证的有争议的事实假定为业已存在的事实而加以提问,或者借助发问时语气轻重缓急、声调的抑扬顿挫,或某种动作的示意,使其按发问人的意向进行回答的提问。(我国台湾地区"刑事诉讼法"第166条之一、第166条之二)	大陆法系关于证据可靠性标准的严格证明法则的内容如下。①法定之证据方法如(5种):人证、被告、鉴定、勘验、文书。②法定之调查程序:各个证据方法有其特别程序,如人证的出庭陈述,具结,诘问;各个证据方法的共通原则,如直接审理原则,言词审理原则,公开审理原则。(我国台湾地区"刑事诉讼法"第155条Ⅱ、第175—219条;《德国刑事诉讼法典》第250条)

续表

证据属性	一般标准	具体标准（部分）	备注
认证内容 3. 证明力（weight）：是对可采证据相对于争议事实的量化评估。证明力的判断主要依靠逻辑和经验。	（1）真实性标准：审查证据是否确实，或者审查证据是否具有真实性，是指审查所有证据以证明案件事实可靠。人员应当逐一审查其是否真实可靠，就审查方法而言，单个证据是否可靠，也要通过与其他证据的互相印证进行综合评断。	①缄默之评价规则：被告行使缄默权者，该项权利之行使本身，不得依照本条而作为推断犯罪事实的基础；但若被告部分缄默，即就个别问题选择性陈述者，法院便得依照自由心证而予评价。（我国台湾地区"刑事诉讼法"第156条Ⅳ） ②审判笔录之证明力规则：审判期日审判程序之践行，例如公开、专以审判之诉讼程序有无违背法令等证，据此"最高法院"审查下级法院审判有无违背法令，并不取决于"自由心证"，而是取决于审判笔录之记载。但应注意，在笔录未有真伪于审判笔录之记载，或是笔录缺漏、矛盾者，便应解除成为争执问题，或是笔录缺漏、矛盾者，此项自由心证之限制。（我国台湾地区"刑事诉讼法"第47条） ③补强证据规则①：是指被告或者共犯的自白，不得作为有罪判决的唯一依据。因此，法官不能单凭被告或共犯自白，就依自由心证而确信其犯罪事实，而判处被告有罪。此时法官仍应该调查其他必要的证据，以察其是否与案件事实相符	①论理法则与经验法则：前者是指以理论认识之方法及逻辑分析方法；后者是指人类历史相沿相承，本于经验累积归纳所得之定则。（我国台湾地区"刑事诉讼法"第155条Ⅰ）

① 补强证据规则属于证明力还是证明能力范畴存在争议，但主流观点认为其属于证明力决定的证据而可以将案件交给陪审团时，它显然是对于证据充分性的要求。它是否也是对于可采性的要求呢？因为其要求控方予以使其关于供认的证据可获采纳，必须提供充足的辅助性证据，可以肯定，该要求的某些表述被认为是对举证证明责任作为前提的要求。法院有时也将其作为最终提出了充分的辅助性但无论其概念是否这种，它都不太可能是具有可采性的一种意义。审判法官仅是对可采性的决定权意味着，恐怕公诉人不能满足该要求的审理上的证据。任何在接受一项早先的供认方面的错误都不再是同早的共识，则意味着因审判无罪并因而对任何错误就会要求再次开庭而不是宣判无罪。而该要求一直就是一种对证据充分性要求的共识，错误的供认都不是宣判无罪。[美]约翰·斯特龙主编《麦考密克论证据》，汤维建等译，中国政法大学出版社2004年版，第275页。
未接受供认的错误都不再审查。

续表

证据属性	一般标准	具体标准（部分）	备注
认证内容	（2）充分性标准：是指证据以定案的程度。所应达到的程度。从事理论上讲，证据充分"可以是就单个证据而言的，证据充分"可以是就案件中的一组证据或全部证据而言的。就案件中的某个事实或某一组证据是否充分是指该个证据或证据是否足以证明该个事实或证据的存在或者不存在。就整个案件中的全部证据是否充分是指案件的证明值是否足以证明案件的真实情况	（大陆地区《刑事诉讼法》第53条）；（我国台湾地区"刑事诉讼法"第156条 II）；《美国宪法》第3条第3款）④印证据规则①要求认定案件事实至少两个以上的证据，其证明内容相互支持，排除自身矛盾以反彼此间矛盾，由此形成一个稳定可靠的证明结构。如果将证据本身标准充分区分为证据充分与证据确实两项基本标准要求，那么，证据确实即证据相互认认，而证据充分则证据间内容具有同一性。因此，证据相互印证，是达到信息有同一性。（大陆地区《高法解释》第83条、第105条、第106条第109条，第78条第2款，第80条、第74条、《死刑案件规定》第11条、第15条、第18条，第22条、第25条第33条、第34条、第37条	②自由心证法则：有两层含义，即一为自由，即审判人对于证据的证明力的评断，享有自由裁量权，但是不得违反社会生活常识、法律专业知识和法官职业道德。其二为心证，即审判人员对于证据真实性内心确信或者排除合理怀疑的程度。（《德国刑事诉讼法典》第261条）；（我国台湾地区"刑事诉讼法"第155条 I）

资料来源：参见林钰雄《刑事诉讼法》（上册），元照出版有限公司2010年版，第340—414页；郭志媛《刑事证据可采性研究》，中国人民公安大学出版社2004年版，第92—378页；向燕《论口供补强规则的展开及适用》，《比较法研究》2016年第6期；王进喜《美国联邦证据规则》（2011年重塑版）条解》，中国法制出版社2012年版，第56—353页。

① "印证证明模式"仍然属于自由心证的一种亚类型、与典型、通行的自由心证有明显的区别。参见龙宗智《印证与自由心证——我国刑事诉讼证明模式》，《法学研究》2004年第2期，也有学者指出，口供补强规则与印证证明模式既用作检验单个证据的真实性，又是用以认定案件是否达到了"证据确实、充分"的标准。向燕：《论口供补强规则的展开及适用》，《比较法研究》2016年第6期。

第四，可以引入法典式的证据立法。英美证据规则的立法路径有两种模式：一是将证据规则分散规定在不同的法律体系中，多集中于刑诉和民诉的制定法，以英国为代表；二是将证据规则以法典的形式单独规定，以美国、加拿大、澳大利亚、以色列以及其他的英国前殖民地国家为代表。[①] 证据规则立法模式的选择，不管是分散模式还是独立模式，都以约束司法人员的心证为其基本目标，当前在我国有学者就此两种模式分别提出了相关立法建议。[②] 事实上，分散模式和独立模式证据立法中的证据规则，大部分适用于民事诉讼程序、行政诉讼程序和刑事诉讼程序，但分散模式证据立法不仅会出现重复立法，造成立法资源的浪费，还会导致相同的证据规则在不同诉讼法典中适用和解释的分歧。这种重复性立法还可能损害法律的权威，给司法实践和学术研究带来不便。所以，有必要制定一部独立、完整的证据法典，以解决当前证据规则立法和司法解释的分散与混乱局面（表6-4）。

表6-4　我国现有的证据规则体系

我国证据规则体系	1. 三项原则	(1) 有限的无罪推定原则	①《刑事诉讼法》第12条："未经人民法院依法判决，对任何人都不得确定有罪。" ②《刑事诉讼法》第118条："侦查人员在讯问犯罪嫌疑人的时候，应当首先讯问犯罪嫌疑人是否有犯罪行为，让他陈述有罪的情节或者无罪的辩解，然后向他提出问题。犯罪嫌疑人对侦查人员的提问，应当如实回答。但是对与本案无关的问题，有拒绝回答的权利。侦查人员在讯问犯罪嫌疑人的时候，应当告知犯罪嫌疑人如实供述自己罪行可以从宽处理的法律规定。"
		(2) 证据裁判原则	①《高法解释》第61条：认定案件事实，必须以证据为根据 ②《死刑案件证据规定》第2条：认定案件事实，必须以证据为根据
		(3) 程序法定原则	①《高法解释》第62条：审判人员应当依照法定程序收集、审查、核实、认定证据 ②《死刑案件证据规定》第3条：侦查人员、检察人员、审判人员应当严格遵守法定程序，全面、客观地收集、审查、核实和认定证据

---

① 参见易延友《证据规则的法典化——美国〈联邦证据规则〉的制定及对我国证据立法的启示》，《政法论坛》2008年第6期。

② "分散模式"的代表为陈光中教授主编的《中华人民共和国刑事证据法专家拟制稿（条文、释义与论证)》；"独立模式"的代表为江伟教授主编的《中国证据法草案（建议稿）及立法理由书》。

续表

我国证据规则体系	2.九项规则	（1）非法证据排除规则	①《刑事诉讼法》第55—58条 ②《高法解释》第四章"非法证据排除"一节 ③《高检规则》第65—74条 ④《排除非法证据规定》第1—14条 ⑤《严格排除非法证据规定》第1—41条
		（2）关联性规则	①《高法解释》第69条第4项和第5项、第84条第8项、第85条第8项、第92条第6项 ②《死刑案件证据规定》第6条第4项和第5项、第27条第5项、第29条第4项。 例如，《死刑案件证据规定》第6条第4项和第5项："……物证、书证与案件事实有无关联。对现场遗留与犯罪有关的具备检验鉴定条件的血迹、指纹、毛发、体液等生物物证、痕迹、物品，是否通过DNA鉴定、指纹鉴定等鉴定方式与被告人或者被害人的相应生物检材、生物特征、物品等作同一认定。与案件事实有关联的物证、书证是否全面收集。"
		（3）意见证据规则	①《死刑案件证据规定》第12条第3款：证人的猜测性、评论性、推断性的证言，不能作为证据使用，但根据一般生活经验判断符合事实的除外 ②《高法解释》第75条第2款：证人的猜测性、评论性、推断性的证言，不得作为证据使用，但根据一般生活经验判断符合事实的除外
		（4）严格证明规则	①《高法解释》第63条：证据未经当庭出示、辨认、质证等法庭调查程序查证属实，不得作为定案的根据，但法律和本解释另有规定的除外 ②《死刑案件证据规定》第4条、第13条 例如，《死刑案件证据规定》第13条：具有下列情形之一的证人证言，不能作为定案的根据：询问证人没有个别进行而取得的证言；没有经证人核对确认并签名（盖章）、捺指印的书面证言；询问聋哑人或者不通晓当地通用语言、文字的少数民族人员、外国人，应当提供翻译而未提供的
		（5）鉴真规则	①《死刑案件证据规定》第8条、第9条第1、3款、第20条、第24条、第26条第1款、第28条、第30条 例如，《死刑案件证据规定》第9条第1、3款："经勘验、检查、搜查提取、扣押的物证、书证，未附有勘验、检查笔录，搜查笔录，提取笔录，扣押清单，不能证明物证、书证来源的，不能作为定案的根据……对物证、书证的来源及收集过程有疑问，不能作出合理解释的，该物证、书证不能作为定案的根据。"
		（6）原始证据优先规则	①《死刑案件证据规定》第8条、第9条 ②《高法解释》第70条、第71条 例如，《高法解释》第71条：据以定案的书证应当是原件。取得原件确有困难的，可以使用副本、复制件。书证有更改或者更改迹象不能作出合理解释，或者书证的副本、复制件不能反映原件及其内容的，不得作为定案的根据。书证的副本、复制件，经与原件核对无误、经鉴定为真实或者以其他方式确认为真实的，可以作为定案的根据

我国证据规则体系	2. 九项规则	(7)补强证据规则	①《刑事诉讼法》第53条 ②《高法解释》第83条 ③《死刑案件证据规定》第22条 例如,《死刑案件证据规定》第22条:对被告人供述和辩解的审查,应当结合控辩双方提供的所有证据以及被告人本人的全部供述和辩解进行。被告人庭前供述一致,庭审中翻供,但被告人不能合理说明翻供理由或者其辩解与全案证据相矛盾,而庭前供述与其他证据能够相互印证的,可以采信被告人庭前供述。被告人庭前供述和辩解出现反复,但庭审中供认的,且庭审中的供述与其他证据能够印证的,可以采信庭审中的供述;被告人庭前供述和辩解出现反复,庭审中不供认,且无其他证据与庭前供述印证的,不能采信庭前供述
		(8)印证证据规则	①《高法解释》第74条、第78条第2款、第80条、第83条、第105条、第106条、第109条 ②《死刑案件证据规定》第11条、第15条、第18条、第22条、第25条、第33条、第34条、第37条 例如,《高法解释》第105条:"没有直接证据,但间接证据同时符合下列条件的,可以认定被告人有罪:证据已经查证属实;证据之间相互印证,不存在无法排除的矛盾和无法解释的疑问;全案证据已经形成完整的证明体系;根据证据认定案件事实足以排除合理怀疑,结论具有唯一性;运用证据进行的推理符合逻辑和经验。"
		(9)有限的直接言词规则	①《刑事诉讼法》第187条 ②《高法解释》第205条 ③《死刑案件证据规定》第15条 例如,《死刑案件证据规定》第15条规定,具有下列情形的证人,人民法院应当通知出庭作证:经依法通知不出庭作证证人的书面证言经质证无法确认的,不能作为定案的根据:人民检察院、被告人及其辩护人对证人证言有异议,该证人证言对定罪量刑有重大影响的;人民法院认为其他应当出庭作证的。证人在法庭上的证言与其庭前证言相互矛盾,如果证人当庭能够对其翻证作出合理解释,并有相关证据印证的,应当采信庭审证言。对未出庭作证证人的书面证言,应当听取出庭检察人员、被告人及其辩护人的意见,并结合其他证据综合判断。未出庭作证证人的书面证言出现矛盾,不能排除矛盾且无证据印证的,不能作为定案的根据

注:非法证据排除规则是我国现行证据规则中条文最多、规定相对完备的一个证据规则。

资料来源:参见2010年"两高三部"发布的《死刑案件证据规定》;2017年最高人民法院、最高人民检察院、公安部、国家安全部、司法部联合发布的《关于办理刑事案件严格排除非法证据若干问题的规定》(简称《严格排除非法证据规定》)。

第五节　小结

有关庭审实质化改革法庭认证问题的讨论，本章主要就法庭认证的意义、当庭认证的纷争、认证依据、认证内容进行了论述。认证是合议庭成员或独任法官对控辩双方提出，或者法院依职权自行调查取得的证据资料证据能力和证明力的认定。认证的对象是证据资料而不是案件事实，但认定证据资料与认定案件事实是两个既有区别又有联系的概念，前者是后者的基础而后者是前者的目的。认证主要是对单个证据资料的逐一甄别以及对全案证据的综合评价。认证标准与证明标准不同，认证标准包括证据的采纳与采信，而证明标准则不涉及证据的采纳问题，其要求的实质是证据的证明力，与证据的采信相同。从一定意义上来说，证据的采信标准是案件证明标准之基础，两者对证据资料的质和量之基本要求相同。但两者的认识角度和对象有所不同。前者之认识对象为证据资料，衡量的是证据资料的真实性和充分性；后者的认识对象是案件相关事实，衡量的是证据资料的证明程度。① 按照独任法官或者合议庭成员认证时间的不同，法庭认证可以分为庭前认证、庭审认证、裁判认证，而庭审认证又可以分为当庭认证和迟延认证。法庭认证有利于提升司法裁决的透明度，防止案外因素对司法人员的影响。

当然，裁决理由的公开也有利于接受控辩双方和社会公众的监督。但是，学者们对当庭认证存在争议。批评者认为当庭认证具有"纠问性"和"反程序性"，特别是对于疑难复杂案件当庭认证根本无从展开。实际上，这种观点将当庭认证等同于"当即认证"，明显是对当庭认证时间范围的误读。当庭认证强调在法庭上对经质证后的证据资料当庭予以确认，而不是另定时间延期认证，认证方法既可以是一证一质一认，也可以是分组举证、质证后认定。② 当庭认证的时间既可在法庭调查阶段，也可在法庭辩论后闭庭前。支持者认为当庭认证为控辩式诉讼模式所必需，可以使

---

① 参见何家弘主编《刑事审判认证指南》，法律出版社 2002 年版，第 13—14 页。
② 参见胡锡庆、张少林《刑事庭审认证规则研究》，《法学研究》2001 年第 4 期。

证据资料的效力通过当庭举证、质证、辩论后确定下来，以增强司法裁决的透明度和可接受性，从而改变过去先定后审、控审不分、庭审虚化等问题。当庭认证是控辩式审判方式的基本要求，可以促使独任法官和合议庭成员认真办案，减少最终裁决结果对书面卷宗的依赖。笔者赞同此观点。当庭认证将裁决理由和结论向控辩双方和社会公众公开，有利于防止司法人员恣意擅断并提高司法裁决的权威性。为顺利推进庭审实质化改革的展开，有必要就审判人员对证据资料的认证方式作适当调整，通过提高当庭认证率来促使裁判者的心证以看得见的方式呈现。审判人员不仅要对已采纳或采信的证据说明理由，而且还要对未采纳或采信的证据进行解释。

在确定某一证据资料是否具有证据能力或者证明力时，通常前者是指证据资料必须为法律所容许，判断依据主要是法律规则的价值预设；而后者是对具备证据资格之证据资料，相对于争议事实证明价值的量化评估，判断依据主要是逻辑和经验。但实际上，无论是对证据资料的适格性还是证据价值的判断，并不进行严格意义上的法定主义或自由裁量。关于证据能力规则，不管立法多么严格、明确都无法排除审判人员的自由裁量；而证据资料之证明力的判断也不是仅依靠审判人员自由裁量，需要受到一定法律规则或者司法判例的约束。有关证据资料之证据资格的判断，采当事人主义诉讼结构的国家和地区倾向规则调整模式；采职权主义诉讼结构的国家和地区除极少数严格规则外，对多数证据资格的判断倾向于自由裁量模式。在当事人进行主义诉讼结构中，需要通过具备可预测之证据规则，对控方和辩方进行引导以有效进行审判，特别是在采纳反对刑事被告的证据时，应当采取更为严格的方法。因此，证据立法将裁判者的自由裁量权最小化，尤其是有关证据资料的可采性规则，应尽可能以具体规则形式体现这一点，仅在虑及有关政策因素的情况下才采用自由裁量的形式。[①]

但是，两大法系关于证据资格判断的规则调查和自由裁量的区别，在于诉讼结构和理念不同导致对被告的保护、解决争端方式以及对规则的依赖程度的不同。英美法系证据规则是根据以下两种观念发展起来的：一是限定证据容许性的观念，即为了使外行的陪审员在认定事实上不犯错误而限定证据；二是在双方当事人的证明活动中保护有关参与人

[①] 参见澳大利亚司法部编《澳大利亚联邦证据法》（译者导言），王进喜译，中国法制出版社2013年版，第5页。

的权利。① 实际上，有关证据资格判断的法定与裁量，司法实践无法在二者之间画出一条明确的分界线，对证据资格的判断往往是法定与裁量的结合。有学者指出，刑事证据法学至今尚未研发出一个在何种条件下的证据搜集禁止会导致证据采用禁止的一般规定，故除刑事程序法设有明文规定的证据采用禁止外，只有委诸司法人员就个案作出认定。② 英美法系法治发达国家和地区的证据立法，虽然有关证据可采性的规定较为明确、具体，但还没有达到绝对法定化的程度，证据资料的资格筛选仍需要赋予司法人员一定的自由裁量权，特别是有争议的证据资料，需要在既定规则和判例的约束下，允许法官对此作出符合常识、常理、常情的裁决，遵循先例的国家和地区有时还可以突破以往的司法判例。值得注意的是，澳大利亚《1995 年证据法》第 135 条规定："如果证据的证明价值将会为下列危险所严重超过，则法院可以拒绝采纳该证据：该证据可能给一方当事人造成不公平的损害；或者该证据可能具有误导性或者迷惑性；或者该证据可能导致或者造成不合理的时间耗费。"由此看来，英美法系国家和地区的证据法也并非严格规则，仍然赋予法官一定的综合衡量证据资料之资格的自由裁量权。相比之下，大陆法系国家和地区对证据资格的自由裁量权要明显大于英美法系国家和地区。除了对极个别非法言词证据采取绝对排除外，其他的委诸法官根据宪法法律以及刑事政策要求自由裁量。笔者认为，证据能力规则的明确化、法定化可以有效防止法官的恣意擅断，对司法人员的取证、采证行为可以发挥一定的威慑和规范作用。在制定与证据规则相关的法规时，务必要注意考虑司法环境、法官素质、被告人权利保障等因素对法律适用的影响。

　　虽然证据能力和证明力是两个颇为不同的概念，但它们之间仍然存在关联，尤其在刑事诉讼中当法官必须考虑证据资料之资格时其证明力的大小有时会涉及是否排除该项证据。因为在刑事诉讼中，如果法官认为指控证据对陪审团可能产生不适偏见超过其证明力时，他可以裁量排除该证据。证据资料之证明力是对可采证据相对于争议事实的证明价值的量化估计。如果说一项证据是相关的、可采的，实际上就等于解决了法律问题，

---

① 参见［日］松尾浩也《日本刑事诉讼法》（下卷），张凌译，中国人民大学出版社 2005 年版，第 2 页。

② 参见林山田《刑事程序法》，五南图书出版股份有限公司 2004 年版，第 380 页。

当事人就有权将该证据资料提交法庭，具有说服法庭相信它所要证明的那种可能的潜力，但是它对于那些事实的实际证明价值则取决于审判法庭对事实真实性、证据可靠性和说服力所持的总体评价。① 无论是英美法系国家和地区还是大陆法系国家和地区，有关证据之证明力的评价通常是依靠裁判者的自由判断，但也不能认为自由心证可以毫无限制、随心所欲。裁判者不能根据自己的内心偏好而恣意判断，或者逾越一般的常识经验。需注意的是，自由心证的确立需要一定的前提条件，包括法官独立办案、直接言词原则的贯彻、充分的判断说理机制等。裁判者作为证据之证明力的认定主体，是具体的人而不是抽象的个体，如果对其认证行为不施加一定的约束，也可能会与公平正义的追求相悖。因此，有关证据之证明力的评价，绝对的自由心证是不存在的，有必要对裁判者的心证给予一定的限制。但在我国，不管是"两高三部"颁布的《死刑案件证据规定》，还是2012 年修订后的《刑事诉讼法》《高法解释》《高检规则》，其中有较多关于证据之证明力的规定，特别是为确保证据资料客观性和真实性的印证规则，以至于有学者称这一现象为"新法定证据主义"。证明力规则之所以如此之多，而且受到实务界司法人员的偏爱，既与我国重犯罪控制而轻正当程序有关，也与裁判者试图借助证明力规则规避错案风险，以及案外因素的不当干预有关。当然，证明力规则也可以说是我国特殊国情的产物，其潜在价值和存在的风险也不得不让我们认真对待此问题。一方面，证明力规则可以提高案件事实认定的准确性，避免冤假错案的发生；另一方面也容易导致逻辑经验法则的误用，造成法官认证思维僵化，以及为达到印证而不惜采用暴力取证。从司法证明的规律来看，未来证明力规则只能作为自由心证的例外，证据规则体系的构建应该由以往偏重于证明力规则转向证据能力规则，以发挥证据能力规则过滤证据资料的作用。

证据的属性问题在我国一直争议不断，最有代表性的两种学说是"两性说"和"三性说"，前者主张证据的属性为客观性和关联性，而后者主张证据的属性为客观性、关联性以及合法性。但是，"三性说"存在无法涵盖证据全部属性的缺陷，一定程度上证据立法混淆证据能力规则和证明力规则，也与"三性说"的模糊性、单一性存在关联。实际上，"三性说"中的合法性与证据能力或可采性的内涵和外延并不一致，合法性

---

① 参见郭志媛《刑事证据可采性研究》，中国人民公安大学出版社 2004 年版，第 32 页。

不能说明为提高诉讼效率排除合法证据，以及不合法的证据有时也可以被采纳，特别是有关瑕疵证据的补正问题。证据的客观性、关联性和合法性只能作为认证的部分一般标准。质言之，证据的基本属性应该是证据能力和证明力，而不是仅涵盖认证一般标准的客观性、关联性以及合法性。关联性的一般标准是实质性标准和证明性标准，证据能力的一般标准是正当性标准和可靠性标准，证明力的一般标准是真实性标准和充分性标准。关联性通常可分为证据能力关联性和证据价值关联性，前者属于调查范围以及调查前的关联性，后者属于判断范围，即调查后的关联性。可以认为，关联性、证据能力、证明力共同构成证据的基本属性，只不过关联性可分别涵摄于证据能力和证明力之中。① 我国证据立法之所以会出现以"定案根据"形式混淆证据能力和证明力问题，既与我国刑事证据理论基础研究薄弱有关，也与实务界对学理建议采纳有限存在关联，以至于实务中审判人员经常会混用"采纳"和"采信"两组概念。

实际上，采纳与采信既有联系也有区别，采纳是指证据资料是否具备纳入诉讼程序的资格，而采信是指证据资料是否具备足以作为定案根据的价值。以定案根据形式笼统规定证据能力规则和证明力规则的问题，严重影响到了司法实践中对证据资料之证据能力和证明力的认定顺序，而为了控制犯罪的需要，有时证据能力会被不当地转化为证明力问题。当实践中疑似出现刑讯逼供非法取证问题时，有时会通过证明力减等来解决该证据资料的准入资格问题。随着 2010 年"两高三部""两个证据规定"的出台，以及 2012 年《刑事诉讼法》《高法解释》《高检规则》的修订，我国证据体系已经初具规模，大致确立了三项原则和九项规则。但与英美法系其他国家和地区相比，我国证据立法除了存在前面所述的证据能力和证明力不分问题外，还存在立法技术落后、数量不足、结构不合理、可操作性不强等问题。关于证据规则移植问题，笔者认为，不能过度夸大或者强调诉讼环境和制度的差异，而排斥或者拒绝对他国和地区成熟经验的借鉴。在证据规则立法价值取向上，应该平衡犯罪控制与人权保障。完善证据规则体系最主要的理由是约束司法人员的心证以及提高诉讼程序的公正性。未来证据立法应该注意规则构建的集中性、完整性，同时在条件成熟的时候可以引入法典式的证据立法。

---

① 参见陈朴生《刑事证据法》，三民书局 1979 年版，第 276 页。

第七章　结论

第一节　刑事庭审调查改革的实现程度

一、肯定性评价

第一，庭审调查的展开相比以往有所活化。对于庭审实质化改革是否促进了庭审调查的活化，笔者的基本判断是改革在一定程度上确实活化了庭审调查环节，主要表现在以下几个方面。其一，鉴定人和侦查人员出庭的比例明显增加。示范庭分别有 16 人、39 人，分别占对案件事实认定具有关键作用的证人类型数量的 13.11%、31.97%，而在对比庭根本没有鉴定人和侦查人员的出庭。一方面，这在一定程度上改变了以往庭审中仅有少数普通证人和被害人作为关键证人出庭的局面；另一方面，更多种类关键证人的出庭对公正审判和科学认定案件事实具有重大意义（见表 5 - 1）。其二，被告人基本上全部委托或指定了辩护律师。示范庭有律师参与的案件有 73 件，占示范庭有效案件数量的 83.9%，明显高于有学者在以前实证调研中得出的结论[①]，且远远超过了普通刑事案件律师的参与比例（见表 4 - 4）。这虽然与在选择示范庭案件时有律师参与的案件被作为试点案件的重要参考因素有关，但律师参与率的提高也在某种程度

[①] 通常情况下，律师参与一审案件中级人民法院和基层法院比例分别为 90%、30% 左右。参见左卫民《中国应当构建什么样的刑事法律援助制度》，《中国法学》2013 年第 1 期。

上表明，相比于以往，被告人权利得到了充分保障。其三，辩护律师的庭审质证活动明显强化。示范庭辩护意见内容中法定从宽情节、酌定从宽情节、基本事实成立但构成轻罪、指控证据不足且指控罪名不成立、基本事实成立但依法不构成犯罪、有证据证明被告人无犯罪事实、取证违法等提出的比率明显高于对比庭。这充分表明辩护律师庭审质证的积极性相比以往的庭审模式有了极大提升，而且辩护意见的多样化使得庭审质证的活跃性明显增强。其四，控方的质证活动相对具体化。示范庭控方详细质证的案件相较于对比庭详细质证案件增加了约 20 个百分点，大约占示范庭有效案件数量的 80%，因此，改革使得法庭调查相比以往更加具体化（见表 4-1）。其五，法庭的辩论效果相对实质化。示范庭法院对辩护意见的采纳明显提高，这对被告人最终被宣告无罪或者减轻、从轻、免除处罚具有一定作用。但必须指出的是，改革带来的庭审调查活化程度不是全方位、大幅度的提升，控方质证的详细化程度有限，仍然有 20.24% 的案件属于简化举证、质证（见表 4-1）；法庭辩论的对抗性仍然有限，示范庭大约有 16.1% 的案件没有辩护律师（见表 4-4）；而辩方的举证能力也比较有限，控辩双方的质证活动并未全方位展开。

第二，庭审调查的对抗化相比于以往有所增加。庭审的对抗化与庭审是否活化存在较大的关联，但同时也存在重大差异。改革并没有带来控辩双方普遍的对抗化，这是因为庭审的实质化并不等于庭审的对抗化，这是我们必须要考虑的因素。但从现有的数据来看，庭审调查实质化改革提升了庭审的对抗化程度。其一，被告人完全不认罪和部分不认罪的比例明显增加。示范庭完全不认罪的比例为 24.69%，而对比庭完全不认罪的比例为 20.41%，增加了大约 4 个百分点；相应地，部分不认罪中包括的认罪但对起诉事实有重大争议、认罪但对证据合法性有重大争议、认罪但对量刑情节有重大争议的案件，示范庭所占比例分别为 20.99%、4.94%、8.64%，而对比庭所占比例分别为 10.20%、0、4.09%（见表 2-2）。需要注意的是，认罪但对证据合法性有重大争议在对比庭案件中并未出现，而在示范庭案件中大约占 5%，这说明庭审实质化改革与非法证据排除之间的关系紧密，尽管所占的百分比仍然很低，但至少表明辩方开始对控方证据的合法性提出质疑。其二，辩方对控方证据的质证程度也有所增加。一方面，示范庭辩方提出实质质证案件的比例高达 83.33%，相较于对比庭增加了大约

37 个百分点；另一方面，示范庭辩方无异议或被告人自行辩护无异议案件数量的比例仅有 16.67%，相较于对比庭下降了大约 37 个百分点（见表 4-1）。其三，法庭辩论的激烈化程度也在提升。示范庭较激烈类型案件比例为 43.83%，而对比庭较激烈类型案件比例为 17.02%，增加了大约 27 个百分点。同时，示范庭不激烈类型案件比例为 13.70%，而对比庭不激烈类型案件比例为 38.30%，降低了大约 25 个百分点（见表 4-1）。这说明刑事庭审实质化改革促进了控辩双方对抗激烈程度的变化，特别是庭审激烈情况中较激烈类型和不激烈类型的改变直接与改革试点的推进存在较大关联。

第三，改革试点提升了辩方申请"排非"的比例。根据表 7-1 的数据统计，"排非"的变化主要体现在以下两个方面。一是示范庭被告人提出"排非"申请所占比例为 21.43%；对比庭被告人提出"排非"申请所占比例为 4.44%。示范庭相较于对比庭增加了大约 17 个百分点。二是庭前会议提出"排非"申请并最终予以排除的案件，示范庭和对比庭分别为 11.11%、0。对比庭很少有人提出"排非"申请，而示范庭却有更多案件启动了"排非"程序。可见，庭审实质化改革明显促进了"排非"动议的提出，且部分案件实现了"排非"。提出"排非"申请与证人出庭和召开庭前会议不同，后者所占有效案件数量的比例较高，直接源于改革目标和动员机制的激励。当前，我国对安全、效率等诉讼价值偏重形成的亚法制秩序，使权力而非法律成了支配社会生活的主要手段。[1]"排非"程序的启动并不符合法院的预期要求，公安司法机关自身职责和彼此间的宪法法律定位，注定其不会轻易主动启动"排非"程序，也不会鼓励辩方积极提出。非法证据排除本质上是一种程序性制裁，其直接针对的是违法的侦查行为，一旦否定了违法的侦查行为、排除了非法证据，其结果很可能会削弱打击犯罪的力度，阻碍对案件真实的发现。[2]但可以肯定的是，在缺乏动员机制下辩方提出"排非"是一种真实的需求，这也能解释示范庭相较于对比庭"排非"申请比例增加这一现象。虽然在庭前会议阶段予以排除的数量较少，但这明显是一个很大的进步。总之，试点改革促进了"排非"程序的启动，而庭前会议中达成"排非"协议的出现，对于贯彻集

---

[1] 参见［美］E. 博登海默《法理学：法律哲学与法律方法》，邓正来译，中国政法大学出版社 1998 年版，第 318—321 页。
[2] 参见杨波《审判中心主义视域下刑事冤错案防范机制研究》，《当代法学》2017 年第 5 期。

中审理原则以及避免后续程序裁判者受到不够格证据资料的影响意义重大。

第四，庭审实质化改革对裁判结果产生了一定的积极效果。根据初步的数据判断，庭审调查实质化改革对裁判结果虽然不能说产生了明显的影响，但还是产生了相应的积极效果，主要表现在以下两方面：其一，改革促进了裁判者对证据的当庭认证率。示范庭的物证、书证、勘验笔录、视听资料等，每案平均大约有 0.79 份、1.68 份、1.13 份、0.49 份；对比庭的物证、书证、勘验笔录、视听资料等，每案平均大约有 0.44 份、0.89 份、0.56 份、0.20 份。前者分别是后者的 1.80 倍、1.89 倍、2.02 倍、2.45 倍（见表 6-1）。示范庭当庭认证率明显高于对比庭的当庭认证率，这对于促进裁判者认真办案、实现司法公正具有重要作用。另外，示范庭平均证人书面证言、被害人书面陈述、被告人庭前供述、书面鉴定意见分别有 1.54 份、0.41 份、1.03 份、0.86 份；对比庭平均证人书面证言、被害人书面陈述、被告人庭前供述、书面鉴定意见分别有 0.92 份、0.31 份、0.56 份、0.61 份。示范庭平均证人当庭证言、被害人当庭陈述、被告人当庭供述、当庭鉴定意见的数量，平均每件大约分别有 0.48 份、0.01 份、0.38 份、0.09 份；对比庭平均证人当庭证言、被害人当庭陈述、被告人当庭供述、当庭鉴定意见的数量，平均每件大约分别有 0.03 份、0 份、0.15 份、0 份（见表 6-1）。可见，不管是书面证言还是当庭证言，示范庭的当庭认证率均高于对比庭，特别是随着人证出庭数量的增多，这一变化趋势更加明显。其二，对质证意见的采纳有所增加。示范庭法院对辩方质证意见采纳情况中全部采纳、部分采纳、未采纳类型比例分别为 31.43%、38.57%、30.00%，而对比庭中全部采纳、部分采纳、未采纳类型比例分别为 22.73%、45.45%、31.82%。因此，示范庭相较于对比庭全部采纳类型增加了大约 9 个百分点，而部分采纳和不采纳类型分别减少了大约 7 个百分点和 2 个百分点（见表 4-1）。整体上看，庭审实质化改革使得法院对质证意见的全部采纳类型比例提高，在一定程度上可能会对裁判的最终结果产生相应的积极影响。其三，示范庭对律师辩护意见的采纳比例也有所增加。示范庭法院采纳辩护意见后，被告人最终被判无罪、减轻、从轻、免除处罚的比例分别为 7.69%、7.69%、82.69%、1.92%，而对比庭无罪、减轻、从轻、免除处罚的比例分别为 0、3.23%、96.77%、0（见表 4-4）。由此可见，改革试点对无罪释放、减轻、免除刑罚的情况有一定改善，不过示范庭和对比庭的大部分案件仍然侧重于采纳从轻处罚的辩护意见。

二、否定性评价

第一，改革没有使庭审调查的结构发生根本性变化。其一，控方的调查占据优势。例如，示范庭出庭证人类型属于控方证人和辩方证人的分别有 100 件、22 件，占示范庭有效案件数量的 81.97%、18.03%；而对比庭出庭证人类型属于控方证人和辩方证人的分别有 1 件、2 件，占对比庭有效案件数量的 33.33%、66.67%（见表 5－1）。因此，改革试点案件的证人出庭以控方证人的出庭为主，控方证人出庭多数情况下有利于公诉方而不利于辩护方，而且辩方通常很难从控方证人证言找到案件的突破口。控辩双方举证能力的不对等可能带来的后果是控方的主张被法院采纳的可能性较高。其二，庭审调查过程整体上仍然是简化质证。示范庭有超过 20% 的案件属于简化质证（见表 4－1），这对于查明案件事实以及法庭上对辩方的有效质证带来了诸多障碍。其三，辩方的质证活动呈现局部性和有限性。示范庭辩护意见内容包括法定从宽情节、酌定从宽情节、构成轻罪、不构成犯罪、取证违法，分别占示范庭有效案件数量的 28.71%、36.63%、10.89%、5.94%、17.82%（见表 4－4）。可见，律师辩护意见多集中于法定从宽情节、酌定从宽情节、取证违法，而不是普遍通过积极调查取证对案件的基本事实提出质疑来证明被告人无罪或罪轻。其四，控方的压倒性地位仍然强大。法庭对辩护意见采纳的类型包括全部采纳、部分采纳、未采纳，示范庭分别有 11 件、41 件、21 件，占示范庭有效案件数量的 15.07%、56.16%、28.77%；对比庭分别有 7 件、24 件、9 件，占对比庭有效案件数量的 17.50%、60.00%、22.50%（见表 4－4）。虽然示范庭相较于对比庭全部采纳类型增长了大约 2 个百分点，但未采纳类型增长了大约 6 个百分点。所以，总体上看，控方意见得到法院的支持仍是压倒性的，远远多于辩方得到的支持。

第二，试点改革案件必要证人出庭比例偏低，法官认定案件事实多依赖庭前形成的书面证言。根据表 5－1 的数据统计，关键且争议证人、关键且非争议证人、争议且非关键证人、非争议且非关键证人占比，示范庭分别为 49.18%、20.49%、26.23%、4.10%；对比庭分别为 33.33%、0、66.67%、0。庭审实质化改革需要证人出庭接受控辩双方的询问，也就是要求以往案件中提供书面证言的关键证人出庭作证。示范庭关键且争议证人有将近 50%，剩下的主要是关键且非争议证人和争议且非关键证人，属于非争议且非关键证人类型的不到 5%。这表明示范庭有将近一半的证人是必须且应当出庭的，而且其出庭的价值较高。然而，示范庭和对比庭出庭证人总数分别有 122 人、3 人，案件证人总数分别有 572 人、336 人。出庭证人总数与案件证人总数的比例，示范庭和对比庭分别为 21.33%、0.89%（见表 5-1）。因此，不管是示范庭还是对比庭，出庭证人数量相较于案件卷宗记载的证人总数较低，相应地，出庭作证的必要证人数量相对较少。另外，根据表 5-1 的数据统计，示范庭有证人出庭的案件有 58 件，占示范庭有效案件数量的 65.17%；对比庭有证人出庭的案件有 2 件，占对比庭有效案件数量的 5.00%。示范庭相较于对比庭增加了大约 60 个百分点，但示范庭仍然有大约 35% 的案件没有证人出庭。在证人特别是关键证人不普遍出庭的情况下，法官认定案件事实多依赖控方案件卷宗提供的书面证言。发现案件事实真相需要在一定程度上，以牺牲司法公信力和正当法律程序为代价，大范围地采用庭外特别是审前程序中形成的书面证言。所以，庭审实质化改革并未达到改革方案的诉讼证据质证在法庭、案件事实查明在法庭、辩诉意见发表在法庭、裁判理由形成在法庭的预期目标。

第三，"排非"的调查方式以侦查人员出庭为主，最终没有被排除的比例仍然很高。根据表 7-1 的数据统计，其一，"排非"调查方式中侦查人员出庭、播放录音录像、出示体检报告，在示范庭的比例分别为 58.62%、17.24%、24.14%；对比庭的分别为 0、50.00%、50.00%。对比庭"排非"的庭审调查侦查人员基本不出庭，而示范庭"排非"的庭审调查主要是侦查人员出庭，大约占示范庭有效案件数量的 59%。尽管试点改革提高了侦查人员出庭作证率，但播放同步录音录像的调查方法较少。这表明，"排非"调查对侦查讯问同步录音录像的运用相当有限。正如有学者指出，虽然 2012 年刑诉法将同步录音录像作为预防刑讯逼供的重要手段，《高法解释》等也将播放同步录音录像作为证明取供过程合法性的重要途径，但受到人、财、物等因素的限制，加上办案压力大、认识不到位，实践中同步录音录像的实施情况并不乐观，适用率非常低。① 其二，"排非"类型中全部排除、部分排除、不排除的案件，示范庭分别为

① 参见闫召华：《"名禁实允"与"虽令不行"：非法证据排除难研究》，《法制与社会发展》2014 年第 2 期。

11. 11%、16. 67%、72. 22%；对比庭分别为 0、50. 0%、50. 0%。虽然示范庭大多数情况下不排除非法证据，但相较于对比庭全部"排非"类型，增加了大约 11 个百分点。"排非"的目的是限制政府权力行使，故健全非法证据排除机制可以有效防止政府滥权。① 全部排除类型的从无到有，反映出刑事庭审实质化改革给"排非"带来了一些变化，也间接表明国家权力与个人权利之间有平衡和调适的可能空间。不过，"排非"问题的进一步改善可能更多需要寻求制度层面的变革和法院中心性地位的确立。

第四，裁判认证仍然占据主导地位。根据表 6 - 1 的数据统计，示范庭平均物证、书证、证人证言、被害人陈述、被告人供述、鉴定意见、勘验笔录、视听资料、电子数据分别有 0. 79 份、1. 68 份、2. 01 份、0. 43 份、1. 40 份、0. 95 份、1. 13 份、0. 49 份；对比庭平均物证、书证、证人证言、被害人陈述、被告人供述、鉴定意见、勘验笔录、视听资料、电子数据分别有 0. 44 份、0. 89 份、0. 95 份、0. 31 份、0. 70 份、0. 61 份、0. 56 份、0. 20。根据表 6 - 2 的数据统计，示范庭平均物证、书证、证人证言、被害人陈述、被告人供述、鉴定意见、勘验笔录、视听资料、电子数据分别有 2. 34 份、8. 65 份、7. 11 份、0. 95 份、3. 65 份、1. 47 份、3. 70 份、0. 70 份；对比庭平均物证、书证、证人证言、被害人陈述、被告人供述、鉴定意见、勘验笔录、视听资料、电子数据分别有 2. 56 份、10. 65 份、6. 47 份、1. 37 份、2. 86 份、1. 44 份、5. 16 份、0. 51 份。通过对比可以发现，示范庭和对比庭裁判认证的平均证据数量，均要高于示范庭和对比庭当庭认证的平均证据数量。特别是裁判认证中的物证、书证，示范庭平均有 2. 34 份、8. 65 份，而当庭认证分别有 0. 79 份、1. 68 份，前者大约分别是后者的 2. 96 倍、5. 15 倍；对比庭平均有 2. 56 份、10. 65 份，而当庭认证分别有 0. 44 份、0. 89 份，前者大约分别是后者的 5. 82 倍、11. 97 倍。对比庭案件由于没有进行庭审实质化试点改革，仍然按照以往的审理模式进行审判，可以发现对比庭物证、书证的裁判认证比例均超过了示范庭物证、书证的裁判比例，前者大约分别是后者的 1. 09 倍、1. 23 倍。

成都市中院的改革方案明确要求，裁判理由应根据证据资料、案件事实和相关法律作出，控辩双方对证据资料的认定持有不同意见的，应着重

---

① 参见王兆鹏《美国刑事诉讼法》，北京大学出版社 2014 年版，第 22 页。

阐明有争议证据的合法性、客观性、关联性，并论证采纳或采信与否的理由。[1] 然而，裁判认证因不直接面对控辩双方作出，示范庭和对比庭出现了不同程度的随意认证、简单认证问题。特别是对有争议证据资料的认定，裁判认证不讲理、遗漏认证或故意不认证的现象尤为严重。法官针对证据和事实的分析、讨论基本上是一种内部化的闭门决策程序，实践中更不乏对控方证据的全面继受；法官对证据分析的过程和对事实认定的说理仍显粗糙、简略而不充分，甚至对辩方举出的部分证据既不采信也不说明理由，而是进行了一种选择性遗忘式的过滤。[2] 总之，虽然庭审实质化改革对当庭认证具有一定的促进作用，但没有明显提升法官对证据资料的当庭认证率。这与我国证据规则体系缺乏可操作性、审判人员的裁判说理能力有限相关。[3]

表 7 - 1　普通程序示范庭和对比庭非法证据排除情况统计结果

单位：件，%

数据类型	被告人提出排非申请的案件	在庭前会议予以排除的案件	非法证据排除调查方法			庭审中非法证据排除情况		
			侦查人员出庭	播放录音录像	出示体检报告	全部排除	部分排除[1]	不排除
示范庭	18/21.43	2/11.11	17/58.62	5/17.24	7/24.14	2/11.11	3/16.67	13/72.22
对比庭	2/4.44	0	0	1/50.00	1/50.00	0	1/50.00	1/50.00

通过现有案件材料能查明的有效案件数量，示范庭和对比庭分别有 84 件、45 件。

第二节　改革有效但有限：一个深度追寻

根据前面的数据统计分析，我们可以得出这样一个结论：改革试点对庭审调查对抗化的提升以及裁判结果的生成产生了一定的积极效果，不过

---

[1]　参见成都中院《全省法院刑事庭审实质化改革工作推进会资料汇编》，2016，第 29 页。

[2]　参见左卫民《"印证"证明模式反思与重塑：基于中国刑事错案的反思》，《中国法学》2016 年第 1 期。

[3]　辩护律师对案件涉及的数个非法证据申请排除，但法院最终仅支持了部分排除请求。

技术型导向的改革试点并没有使庭审结构发生根本性转变。因此，庭审调查实质化改革虽然有效但有限，远远没有达到改革的预期目标。究其原因，既与改革的规划不足、执行不力有关，也与公检法三机关之间宪法法律定位存在关联。

一、改革规划执行有限

以审判为中心的庭审实质化改革是一项整体性的改革，这项改革既必须通盘考虑、周全部署，也需要得到各方面的配合、支持。[①] 刑事诉讼程序由一系列相互连接的部分组成，每一个阶段都建立在先前阶段已经完成工作的基础上，而先前的那些阶段的设计，又在某种程度上取决于对以后阶段将要发生情况的预期。不同阶段相互补充和弥补，共同形成了整个刑事诉讼程序的特征。例如，美国各州法律制定者在考虑是否通过一项可能改变规范程序某一阶段标准的改革时，必须顾及该项标准与程序其他阶段运作之间的关系。[②] 成都市两级法院的改革整体上看属于缺乏统筹规划的"制度改良型"试点，即以矫正或者弥补既有制度的缺陷为出发点，但这类改革仅着眼于既有制度的局部调整或充实，一般不会突破既定制度框架，也不会违反既定法律，更不会与之直接产生冲突。[③] 但是，"改革总是要对现行制度有所突破，否则也就不成其为改革，司法改革也应如

---

① 参见徐昕《司法改革的顶层设计及其推进策略》，《上海大学学报》（社会科学版）2014 年第 6 期。

② 参见［美］伟恩·R. 拉费弗、［美］杰罗德·H. 伊斯雷尔、［美］南西·J. 金《刑事诉讼法》（上），卞建林、沙金丽等译，中国政法大学出版社 2003 年版，第 5—6 页。

③ 参见郭松《刑事诉讼制度的地方性试点改革》，《法学研究》2014 年第 2 期。当然，"制度改良型"试点可能与改革的目标定位有关，即"通过试点改革，使庭审在审判中的核心位置得以确立，庭审在审判中的重要功能充分发挥，形成程序规范、衔接流畅、权威公正的庭审模式，实现庭审实质化的各项机制建立健全，诉讼参与人的诉讼程序意识全面提升，审判程序的正当和公正价值得以彰显"。参见成都中院《全省法院刑事庭审实质化改革工作推进会资料汇编》，2016，第 19 页。强调"庭审"在"审判"中的核心地位，而不是诉讼程序中的核心地位，足以体现本次改革聚焦点主要在审判阶段，而不直接涉及以审判为中心强调的侦查、审查起诉面向审判、服务审判。可以认为成都市两级法院的庭审实质化改革属于"案件处理机制的优化调整"，而非国家权力与公民权利之间的重新分配以及不同国家机关之间权力的再行分配。但是，侦查、审查起诉与审判是相互密切联系的程序设置，相关庭审制度的改革或多或少会涉及前面阶段对案件的处理，因而忽略诉讼体制层面的改革注定试点效果极其有限，同时也与以审判为中心的改革差距甚大。实践表明，刑事诉讼地方试验式改革在优化案件处理机制方面较为有效，而一（转下页注）

此"①而现有试点方案的局部调整，不仅无法达到改革的预期效果，也可能导致出现反复改革。例如，有关证据资料资格的认定问题，改革试点仅关注如何完善"排非"程序，忽略了其他证据规则的运用和完善，似乎非法证据排除规则就等同于"证据排除规则"，而对品格证据规则、意见证据规则、传闻证据规则、最佳证据规则、鉴真证据规则、特免权规则等缺乏应有的关注。须知，这些事关证据资料之证据能力的规则，是法官自由心证的"拦砂坝""挡土墙"。如果对其缺乏应有的运用和关注，势必会造成证据规则体系的残缺不全和功能萎缩，以至于所有证据资料（特别是书面证言）可以不加甄别地出现在法庭上，成为影响审判人员自由心证的素材。又如，有关当庭认证的"采纳"和"采信"问题，司法实践中当庭认证对二者出现混用的情况并不鲜见，直接影响到对证据资料之证据能力和证明力的认证顺序。"采纳"是关乎证据资料能否进入诉讼程序"入口"的问题，而"采信"是关于证据资料能否作为定案根据的问题。一般来讲，对证据资料证据能力的认证在前，而证明力的认定在后；对证据能力既可以庭前认证也可以当庭认证，而证明力既可以当庭认证也可以迟延认证。除此之外，庭审调查中举证顺序、举证主体、举证范围、质证方法、交叉询问、对质询问的设置等都存在不同程度与诉讼程序基本原理相悖的情形，但改革试点并未对其有任何创新突破，基本上属于既往操作模式的细微调整。改革试点的理性规划或者创新规划有限，导致改革出现了不同程度的"形式化""表演化"倾向。笔者认为，此问题的解决既有赖于理论研究的不断跟进，也需要实务部门积极采纳学理建议，合理突破既有规则的限制。

成都市两级法院关于庭审调查实质化改革执行的有限性，主要体现在基层法院对案件对象的选择上。简易程序选入庭审实质化改革试点的示范庭和对比庭（各项指标见表7-2），违背了试点方案"难案精审、简案快办"的要求。部分基层法院在庭审实质化改革的前期阶段，并没有足够重视改革试点方案的具体要求，抑或者仅仅是为了完成上级法院分派的

（接上页注③）且涉及权力的再行分配或权力与权利之间的重新配置，地方司法机关的改革试验就很难获得成功，甚至根本无法启动。死刑案件二审开庭审理、审查逮捕权的优化配置、刑事证据制度改革均表明，如果没有来自中央层面的强力推动与明确要求都不会取得实质性进展。参见郭松《刑事诉讼地方试验式改革的优势与局限性》，《江苏行政学院学报》2014年第5期。

① 参见史立梅《论司法改革的合法性》，《北京师范大学学报》（社会科学版）2005年第6期。

任务简单了事。需注意的是，其他普通程序案件也没有全部选择具有强烈对抗性的被告人不认罪案件，即试点法院没有选择具有针对性的疑难复杂案件。统计的数据显示，多数示范庭案件不是在以被告人完全不认罪前提下进行的改革，相反主要是把一般的普通程序案件实质化，导致最终无法达到一个充分的对抗性要求，也显现不出庭审实质化改革的有效性和实质性。在我国，以普通程序审理的认罪案件可能要占85%到90%，所以在被告人认罪或者基本认罪的前提下，庭审实质化改革就不可能实现其预期效果，同时也没有在庭审环节对抗质证的实质化。在这种庭审模式下，关键证人的出庭也完全没有必要，统计结果显示，有争议且有重大影响证人的出庭比例很低（见表5-1）。大多数证人证言是没有争议的，有些案件虽然有一些争议但无重大影响，还有些案件虽然有重大影响但并没有争议。案件的选择问题也就是改革对象的确定问题。这会涉及改革到底是为了解决被告人不认罪的案件应该怎么审理，还是普通程序的案件如何进行审理的问题。

笔者认为改革试点在案件对象选择上是不科学的，没有选择被告不认罪的案件作为庭审实质化改革所需要解决的关键问题。相反，选择了一般普通程序的案件，而且是毫无针对性的随机选择。大多数按普通程序审理的案件被告人通常都是认罪的，而对于认罪案件一般应采用普通程序简化审程序。需要注意的是，两级法院对于容易出现争议的职务犯罪案件和死刑案件，基本上没选或象征性地选择了一两件。改革执行的有限性导致试点效果不明显，无法有针对性地设置一些相应的程序。如果将有争议的职务犯罪案件以及被告人可能被判处死刑的案件作为改革对象，控辩双方在庭审调查过程中的对抗程度会明显提升，而交叉询问、对质询问等质证方法的使用会更加频繁。可以认为，两级法院的改革并没有真正迎难而上，因为真正需要庭审实质化改革试点的是那种高度复杂、对立、尖锐的案件，但目前来看还没有任何大的突破。实际上，在以审判为中心的整体架构下，庭审实质化改革只是一种"例外"而不是普遍方式。也就是说，对于被告人部分不认罪的案件、具有少量争议的案件或者普通程序简化审的案件，都不应纳入庭审实质化改革试点的对象范围。相反，庭审实质化改革主要适用于被告人完全不认罪或者大部分不认罪的案件，而这类案件可能占所有刑事案总量的1%到10%。总之，虽然两级法院的改革试点整体上值得肯定，但未来若要有所突破就必须注意改革规划的合理性以及改革执行的有效性。

表 7 - 2 简易程序示范庭和对比庭庭审各项指标统计结果

单位：件，%

数据类型	简易程序案件	被告人认罪情况		证人出庭案件	有律师辩护案件	辩方质证案件	召开庭前会议案件	非法证据排除案件	法院采纳辩护意见情况		
		完全认罪	部分不认罪						全部采纳	部分采纳	未采纳
示范庭	6/5.88	2/33.33	4/66.67	4/66.67	3/50.00	3/50.00	3/50.00	0	0	3/100	0
对比庭	38/41.76	36/94.74	2/5.26	0	8/21.05	6/15.79	0	0	5/45.45	4/36.36	2/18.18

注：成都市两级法院 2015 年 2 月至 2016 年 4 月审理的示范庭和对比庭案件分别有 102 件、91 件。

二、既有制度框架束缚

我国的"分工负责、互相配合、互相制约原则"，最先出现于 1979 年《刑事诉讼法》第 5 条，之后颁布的 1982 年《宪法》第 135 条延续了此项规定，自此具有宪法位阶的分工配合制约原则成了阐释侦诉审关系的法律依据。尽管历经两次大改后的诉讼程序有向当事人进行主义迈进的趋势，但 1996 年、2012 年《刑事诉讼法》在第 7 条仍保留了此项规定，而程序设置也较多体现这一原则的要求。2018 年 3 月十三届全国人大一次会议表决通过的《监察法》第 4 条第 2 款规定："监察机关办理职务违法和职务犯罪案件，应当与审判机关、检察机关、执法部门互相配合，互相制约"。① 虽然侦诉审各机关的分工配合制约模式，可以高效率打击犯罪、实现国家刑罚权，但容易造成庭审虚化、酿成冤假错案。十八届四中全会提出以审判为中心的诉讼制度改革，使分工配合制约原则的正当性受到了前所未有的挑战。

1. 共议格局下的过度配合

在共同完成刑事诉讼任务理念支配之下，刑事诉讼之三角关系似乎不被重视与强调，法官并非中立之第三者角色，在审判中系由院、检通力合

---

① 监察委员会调查手段的强制程度严于原行政监察机关，与侦查权有所类似，均通过对物、对人较高程度的强制手段实现查证犯罪，监察委员会针对职务犯罪以"调查"为名展开的一些手段及其强制措施，都与检察机关职务犯罪侦查手段相似。参见左卫民、安琪《监察委员会调查权：性质、行使与规制的审思》，《武汉大学学报》（哲学社会科学版）2018 年第 1 期。

作，借由互相合作、配合、制约以发现真实。① 虽然在具体的职务中侦诉审各机关必须在既定的职权范围内活动，但作为同为维护社会秩序的国家专门机关，也必然要求紧密合作、互相协调，共同完成控制犯罪和保障人权的双重任务。强调侦诉审各机关之间的互相配合，对于追诉惩罚犯罪，防止犯罪分子逃脱法律的制裁具有积极作用。但按照现代刑事诉讼程序运行规律的要求，追诉惩罚犯罪必然需要建立于正当程序基础之上。任何违背正当程序的互相配合，必然会损及被追诉人的诉讼权利。然而，在强调严厉打击犯罪的时代背景下，突出强调配合为主、支持第一，过度的配合使得侦诉审各机关之间的互相制约严重虚化。正如有学者指出，侦诉审各机关之间的"共议格局"已成为一种制度化的非正式行动，这是在长期的互动过程中逐步形成的、与正式制度脱离的、旨在得到相互支持与认同的行动规则和策略；同样的规范结构、人缘化与对应化的组织空间结构是其形成的主要原因。② 为不破坏检法两家的合作关系，法院不可能对公诉机关的诉求置之不顾，径行依照事实和法律轻易作出无罪或罪轻判决，相反更多会对公诉人法庭上的举证给予支持。

一定程度上，讲配合就是顾全大局，由此顺理成章地将配合放在了更高的位置。由于互相配合的强势作用，互相制约必然退居次要地位，甚至逐步被削弱乃至丧失其原本应有的功能，并使诉讼程序长期处于异化状态。当出现疑难复杂、证据不充分或被告人拒绝认罪案件时，通过联合办案或政法委协调办案，就成了解决此类有争议案件的惯常办法。但采取批示、调阅、协调的做法，不仅未能调适侦诉审各机关的分工配合制约关系，反而将原本应独立运行的诉讼程序，不恰当地强制结合在一起，致使法院的独立性受到影响。③ 另外，各机关基于自身利益考量，也是产生过

---

① 参见黄朝义《中国刑事诉讼法：从比较法观点论起》，新学林出版股份有限公司 2010 年版，第 32 页。

② 参见徐清《刑事诉讼中公检法三机关间的"共议格局"——一种组织社会学解读》，《山东大学学报》（哲学社会科学版）2017 年第 3 期。

③ 例如，安徽周继坤等 5 人故意杀人冤假错案。被害人父亲周继鼎在法院自杀后，当地各级领导和机关开始了一系列的请示、汇报、批示等流程。随后一审判决结果发生了惊天逆转：本来合议庭和审委会均确定无罪的案件，变成了 2 人死刑，1 人无期，2 人各 15 年。被告人上诉安徽高院后发回重审，原审法院另行组成合议庭重审后作了"留有余地"的判决，最终：2 人死缓，1 人无期，2 人 15 年。这是一起典型的人为干预司法审判的恶性案例。https://mp.weixin.qq.com/s/qOe9qeHDbqgTiRcWGd2BtQ，2018 年 4 月 11 日。

度配合的重要原因，这主要体现在检察院提起公诉案件的高定罪率上。根据表7-3对中国法律年鉴的数据统计，我国判决生效人数的刑事处罚率历年来一直维持在98%以上，并且逐年整体上呈上升趋势，特别是2015年刑事处罚率已达98.45%；而判决生效人数的免予刑事处罚率和无罪判决率分别维持在1.46%—1.78%、0.06%—0.14%，且呈逐年下降趋势。[①] 究其原因，一是法院将原本可作无罪判决的案件通知检察院按撤诉处理，检察院在撤诉后或作出不起诉决定或退回侦查机关补充侦查；二是若证据不足以证明犯罪要件，或被告犯罪情节轻微，依法可作无罪判决或免予刑事处罚，但侦诉审各机关通过非正式合作，淡化甚至掩盖事实和证据勉强下判。总之，过度配合严重背离了诉讼程序的规定，导致各机关之间的相互制衡机制难以形成。

表7-3　全国法院判决生效人数和判决情况统计

单位：人，%

年份 \ 项目	判决生效人数	给予刑事处罚人数	免予刑事处罚人数	宣告无罪人数	刑事处罚率	免予刑事处罚率	无罪判决率
2008	1008677	989992	17312	1373	98.15	1.72	0.14
2009	997872	979443	17223	1206	98.15	1.73	0.12
2010	1007419	988463	17957	999	98.12	1.78	0.09
2011	1051638	1032466	18281	891	98.18	1.74	0.08
2012	1174133	1154432	18974	727	98.32	1.62	0.06
2013	1158609	1138553	19231	825	98.27	1.66	0.07
2014	1184562	1164531	19253	778	98.31	1.63	0.07
2015	1232695	1213636	18020	1039	98.45	1.46	0.08
2016	1220645	1199603	19966	1076	98.28	1.64	0.09

2. 顺承模式下的非均衡制约

侦诉审各机关在分工配合基础上，通过相互制衡以避免滥用职权，对于重要的诉讼活动或者采取强制措施，应由其他机关予以把关，以达到互相约束、牵制的目的，以防止权力滥用导致冤假错案。分权制衡作为现代法治国通行的一套权力制约机制，既要求通过分权来防止权力过于集中，

---

① 参见《中国法律年鉴》（2009、2010、2011、2012、2013、2014、2015、2016、2017），中国法律年鉴社，第1000、919、1051、1065、1210、1133、1014、1019、1297、1160页。

又要求通过制衡来寻求权力的相互平衡。分权是前提，制衡是目的，二者是不能分割的整体。侦诉审各机关之间的分工负责，仅明确了彼此间的职能匹配和权力划分，而互相制约则要求各机关在行使职权的过程中，发现其他机关的错误或者偏差应该及时予以纠正。制约作为一项诉讼程序运行机制，要求某一机关诉讼职权的行使必然要考虑到另一机关职权的存在；各机关职权的行使必须符合程序规则，不妨碍其他机关职权的行使以及诉讼任务的实现。例如，侦查机关移送审查起诉的案件，公诉部门作出不起诉决定而侦查机关认为不起诉决定错误，此时其有权要求检察院复核或复议；人民检察院发现公安机关侦查活动有违法行为时，有权提出纠正意见。

在我国，侦诉审各机关的制约失衡表现为，后面程序阶段对前面程序阶段的制约较弱，甚至沦为前面程序阶段的背书。

第一，批捕、起诉阶段对侦查阶段的制约有限。一是审查批捕程序的书面化审查，使检察院对侦查机关侦查活动的制约，无论在广度还是深度上都极为有限。为配合侦查机关对犯罪嫌疑人的追诉，部分地方检察机关宽泛解释运用审查批捕中的"刑罚要件"和"必要性要件"，不自觉地偏离了审查逮捕的法定标准①；二是在审查起诉阶段发现移送受理的案件不符合提起公诉条件的，一般通过退回补充侦查或不起诉来制约侦查机关。但对于退回补充侦查的案件，侦查机关不按照检察院的要求补充取证，原封不动地将案卷材料重新移送检察院的情况时有发生。另外，受检察机关内部协作关系的影响，在监察委改革之前的贪污渎职类自侦案件，侦监部门一旦作出逮捕决定后，公诉部门也倾向于作出起诉决定，以至于部分不符合起诉要件的案件被不当提起公诉。

第二，检察院对法院存在制约过度问题。检察院既可对法院的未生效裁判提起二审抗诉，也可对法院的生效裁判提起再审抗诉。同时，不管是一审、二审或者再审，各级人民检察院检察长均有权列席法院审委会讨论案件，因此，法院的最终判决结果受到控方的影响很大。而以成绩为中心的考评机制，即通过一套数字化的运算方式得出的成绩，来衡量各组织及个人工作质量及能力的管理制度，也是检察院对法院制约过多的重要原因。根据《国家赔偿法》第 21 条第 3 款规定："对公民采取逮捕措施后决定撤销案件、不起诉或者判决宣告无罪的，作出逮捕决定的机关为赔偿

① 参见郭松《审查逮捕制度实证研究》，法律出版社 2011 年版，第 167 页。

义务机关。"《人民检察院审查逮捕质量标准》第 26 条规定："具有下列情形之一的，属于办案质量有缺陷：（一）批准逮捕后，犯罪嫌疑人被依照刑事诉讼法第一百四十二条第二款决定不起诉或者被判处管制、拘役、单处附加刑或者免予刑事处罚的。但符合本标准第五条第六项以及第二十三条有关依法从宽处理规定的情形除外；"笔者根据对司法实务部门人员的访谈得知，侦监部门对逮捕后被提起公诉被告人有罪判决的结果相当重视，主要是受逮捕后"无罪判决"和"轻刑判决"办案瑕疵标准的约束。所以，犯罪嫌疑人被捕后被提起公诉的概率较高，而被判处有期徒刑以下刑罚案件却甚少。因为存在国家赔偿和绩效考核的双重风险，批准逮捕的检察机关不愿意接受无罪或者管制、拘役、单处附加刑或者免予刑事处罚的判决，以至于私下与法院沟通或者通过施压，以寻求与被告人羁押期限大致相等的有期徒刑判决。

根据表 7-4 对中国法律年鉴的数据统计，逮捕占提起公诉的比例呈逐年下降趋势，2015 年相较于 2008 年，案件比例下降了 20.9 个百分点、人数比例下降了 20.14 个百分点；而批捕、决定逮捕的案件数量却逐年呈上升趋势。① 这明显与上述我国的"批准、决定逮捕—提起公诉—判处有期徒刑以上刑罚"的顺承关系模式相悖。原因如下。一是《刑法修正案（八）》将以往仅需行政处罚的"危险驾驶"和"扒窃"行为入刑，以及劳动教养制度废除后大量的轻微犯罪行为入刑有关。② 其中，大量未采取逮捕措施的案件增加了提起公诉案件的总量。二是员额制改革和司法责任制改革对案件质量终身负责的要求，部分地方检察院侦监部门对审查批捕条件把关变严，以至于采取逮捕措施的案件数量相较以往有所下降。实务中，出现了采取逮捕强制措施不及时导致犯罪嫌疑人脱逃、串供或者毁灭证据的问题。不过，针对采取逮捕措施后被提起公诉的被告人，公诉人在法庭上或协调过程中要求法院判处其徒刑以上刑罚的意愿仍然非常强烈。随着国家监察体制改革的继续推进，以调查权取代侦查权意味着职务犯罪案件的办理将会呈现一种全新的"调查—公诉"模式，与以往的"侦查—公诉"模式相比，主要特征是检察院以监察机关的调查结论为审查

---

① 参见《中国法律年鉴》（2009、2010、2011、2012、2013、2014、2015、2016、2017），中国法律年鉴社，第 1005、924、1056、10170、1215、1138、1302、1165 页。

② 参见陈伟《劳教制度废除后的法律衔接机制探究》，《暨南学报》（哲学社会科学版）2015 年第 12 期。

对象。由于已对被追诉人采取实质上的强制措施，所以对其作不起诉的决定将极为困难。这与当前监察机关的特殊地位、监察权的政治属性以及预先公布立案决定等因素紧密相关。但是，这一全新模式可能引发多种隐忧，尤其是调查主义中心格局或将呈现，导致非典型错案风险的增加和被调查人权利保障的弱化。① 我国侦诉审各机关之间的制约是一种失衡的单向制约，而非一种在力度和范围上平衡的双向制约。这种非均衡制约使得诉、审机关对侦查机关的结论持整体认同态势，并在诉讼程序上形成侦查机关制约检察机关、检察机关制约审判机关的逆向制约关系。在此反向制约模式下，侦查阶段的结论尤其是对案件事实的认定，一般对后续程序的展开和判决结果的生成具有决定性影响。

表7-4　全国检察机关批捕、决定逮捕和提起公诉情况统计

项目\年份	批捕、决定逮捕		提起公诉②		逮捕占提起公诉的比例	
	案件(件)	人数(人)	案件(件)	人数(人)	案件比例(%)	人数比例(%)
2008	632253	970181	750934	1177850	84.21	82.37
2009	633118	958364	749838	1168909	84.43	81.99
2010	627642	931494	766394	1189198	81.91	78.33
2011	640567	923510	824052	1238861	77.73	74.55
2012	680539	986056	979717	1435182	69.46	68.71
2013	642671	896403	958727	1369865	67.03	65.44
2014	658210	899297	1027115	1437899	64.08	62.54
2015	665305	892884	1050879	1434714	63.31	62.23
2016	631211	842372	1069547	1440535	74.93	58.48

第三节　刑事庭审调查改革的优化路径

当前，庭审实质化改革是极为热门但充满争议的话题，尤其是以审判

---

① 参见李奋飞《"调查——公诉"模式研究》，《法学杂志》2018年第6期。
② 这其中包含没有被逮捕或采取羁押替代措施（监视居住、取保候审）而被提起公诉的被告人。

为中心改革的基本问题尚未得到定型，有必要对改革试点的路径进行反思。及时发现问题并找准改革方向，构建符合诉讼规律的刑诉体系，才能保障被追诉人权利，避免冤假错案生成。

一、技术路径的完善

如前所述，有关地方试点的"制度改良"一般不会突破既有的法律框架，能够契合相关政策、法律法规、司法解释的规定，是在原有制度框架内对相关制度（如管理体制和工作机制）的完善，其正当性通常不会遭到社会各界的强烈质疑。而"制度创新"旨在创制现有法律和司法解释都未规定的新制度，相较于制度改良它不会受到法律和司法解释的约束，甚至会不同程度地突破现有的法律框架，改革依据多来自刑事政策或中央司改方案的要求，并多以发达国家和地区的刑诉制度为样本，以此为基础的改革试点明显具有法律移植的痕迹。[1] 例如，检察院曾试点的附条件不起诉制度就是对日本的起诉犹豫制度和德国的暂缓起诉制度的借鉴。

成都市两级法院庭审实质化改革的内容包括证据出示规则、排非程序规则、证人出庭规则、人证询问规则、证据排除规则等。笔者认为，这些改革试点有的仅通过制度改良就可以完成对相关操作程序的改革，而有的却需要通过制度创新才能取得改革的突破性进展，否则也仅是对原有法律规定的简单重复罗列或者强调。因此，庭审实质化改革的内容实质上需要"制度改良"与"制度创新"的结合。中国恢复法制建设之期，面对"百废待兴"的立法局面，一些立法决策人士在坚持立法宜吸收成熟经验的同时，提出了"边立法、边完善""法律要备而不繁"的立法主张，认为法律应该要达到完备的程度，但基本法律的规定不能过于细化和烦琐，只能被用于解决最重要的问题。[2] 这在一定程度上为地方试点的制度优化提供了空间，成都市中院的改革试点方案中有关庭审操作规范的改革，既是对案件处理程序的优化调整，也应该属于这种"宜粗不宜细"立法思想的体现，通过实务部门试点经验的总结来完善原则性规定或者填补以往的

---

① 参见郭松《刑事诉讼制度的地方性试点改革》，《法学研究》2014 年第 2 期。
② 参见陈瑞华《制度变革中的立法推动主义——以律师法实施问题为范例的分析》，《政法论坛》2010 年第 1 期。

立法空白。

但问题是，司法改革的最终目的是通过相关制度变革，建立良法秩序的法治国家，改革之深层动因在于现有法律制度技术和目标存在瑕疵，不能为法治建构提供制度支持，而改革之目标就是要打破既有法律规定的限制，重新进行制度安排。① 严格奉行源于过去的法律规范，可以使人们遵循一条安全且可预见的道路；但它可能阻挠对法律秩序进行必要的或可欲的变革。② 成都市中院本次改革最大的缺陷在于未能合理平衡庭审程序的"制度改良"和"制度创新"，在涉及一些刑诉立法规定不尽合理之处的改革时踟蹰不前、犹豫徘徊。对于法律没有明文规定程序的补白，以及在既有制度框架内的部分创新之举，成都中院的改革无疑值得肯定。不过，固守对刑诉法的规定不得对其有任何合理突破的改革思路，对于纠正现有诉讼程序中的不合理之处毫无帮助；相应地，对于确保庭审功能发挥、充分保障人权、理顺程序机制等改革目标的实现程度不无怀疑。不仅如此，改革者对以审判为中心蕴含改革要求的理解偏差，以及如此不着重点的"形式化"改革，可能会导致同一问题的反复改革，以至于理论界对此试点的成效和前景不太看好。笔者认为成都市两级法院改革试点的定位是不准确的，虽然部分制度属于法律留有空白或者亟待完善的"制度改良"试点，但仍有部分制度涉及需创新之处，如《成都市中级人民法院刑事诉讼人证出庭作证操作规范（试行）》《成都市中级人民法院非法证据排除规则（讨论稿）》《成都市中级人民法院刑事庭审人证询问指引（讨论稿）》等。

可以认为，成都市中院确立的相关试行规则，几乎是在原有法律框架内规定了一些日常操作流程，没有任何实质意义的创新突破。例如，《成都市中级人民法院刑事诉讼人证出庭作证操作规范（试行）》第 46 条（对质规则）规定："同案有多名被告人的，如果有必要，法庭可在单独询问结束后，传唤同案被告人之间进行对质。法庭不应组织同案人证之间进行对质。"③ 这实际上是《高法解释》第 199 条规定："讯问同案审理的被告人，应当分别进行。必要时，可以传唤同案被告人等到庭对质"的翻版。值得注意的是，"人证"所涵括的范围包括狭义上的证人、被

---

① 参见万毅《转折与展望：评中央成立司法改革领导小组》，《法学》2003 年第 8 期。
② ［美］博登海默：《法理学：法律哲学与法律方法》，邓正来译，中国政法大学出版社 1998 年版，第 321 页。
③ 参见成都市中院《全省法院刑事庭审实质化改革工作推进会资料汇编》，2016，第 61 页。

害人、被告人、鉴定人，这条规定似乎将"同案被告"之间的对质也排除掉了，进而在同一条规定里出现了彼此矛盾、互不兼容的规定。本条规定似乎不愿突破《高法解释》第 199 条"仅以共同被告人作为对质主体"的规定，当然也不愿意被识别出是对既有规定的照搬。所以，才会出现"证人"和"人证"概念误用，甚至连《高法解释》中"等"字可能蕴含的解释空间都被不当删除掉了。对质询问是指被告人之间、证人之间以及被告人与证人之间面对面地进行相互询问，许多国家和地区的立法和国际人权公约，都将对质作为被追诉人的一项基本人权加以规定。[①] 对质询问对证言的提供者具有一定的威慑作用，当面对被追诉人以及其他证人时说谎的动机容易受到抑制，也有助于及时辨别其提供证言的真伪。

　　如此看来，没有任何理由阻止同案人证之间进行对质。如果担心同案证人之间相互影响，难道不担心同案被告人之间相互串供吗？实际上，这些问题都可以经过一定的技术处理消减人证之间相互对质带来的负面影响。《意大利刑事诉讼法典》第 211 条对质的前提条件规定以及第 212 条对质的方式值得借鉴。[②] 不难看出，成都市中院对于庭审实质化改革可谓谨小慎微，凡是有法律明确规定的绝不会逾越"雷池"半步。因此，成都市中院的庭审实质化改革囿于制度改良而忽视制度创新，已经在理论和实践层面暴露其改革路径的先天不足。而有关证人、被害人、鉴定人、有专门知识的人、侦查人员出庭或者不出庭的条件，也与 2012 年《刑事诉讼法》第 187 条的规定以及《高法解释》第 206 条的规定如出一辙，并无任何改变。所以，未来的庭审实质化改革有必要兼顾制度改良与制度创新，并通过多方充分准备具备理论可行性后，向全国人大常委会申请授权改革试点，以解决突破既有法律规定改革的合法性问题。

---

① 参见陈光中主编《中华人民共和国刑事证据法专家拟制稿（条文、释义与论证）》，中国法制出版社 2004 年版，第 481 页。

② 第 211 条规定："对质只能在已接受过询问或讯问的人员之间进行，并且以他们对重要的事实和情节说法不同为前提条件。"第 212 条规定："法官先向参加对质的主体列举他们以前的陈述，然后询问他们是确认还是更改这些陈述，在必要时可以要求他们相互辩驳。在笔记中记入法官提出的问题，参加对质的人所作的陈述以及其他在对质过程中发生的情况。"《意大利刑事诉讼法典》，黄风译，中国政法大学出版社 1994 年版，第 74 页。

二、法治路径的展望

刑事诉讼制度的改革通常包括三方面内容：公权力机关之间的权力再分配，公民权利与国家权力的重新配置，以及案件处理程序的优化调整。前两方面的内容涉及国家的基本司法制度和政治体制问题，它们属于刑诉制度改革的重大问题，也是中国刑诉制度亟待变革的重要问题。对于这些问题的改革，需要做好顶层设计，形成一个改革路径清晰、改革方向明确、具体措施及配套制度健全的总体性方案，而不能仅简单通过地方司法机关的改革试验来推动。相对于"立法推动主义"而言，"司法能动主义"（地方试点）改革道路在形成一些具有操作性的法律制度（管理体制和工作机制）方面具有明显的优势，但一旦涉及不同国家机关权力重新配置的改革就很难取得成功，如法院对民事生效裁判的执行权、公安机关对看守所的管理权、检察机关的侦查权等。①

20 多年的司法改革经验表明，缺少顶层设计（法治路径）的改革会迷失方向、偏离正轨，固化甚至加剧司法体制的既有缺陷，最终使司法改革本身（改革方法）成为"被改革"对象。② 庭审实质化改革虽然更多涉及微观层面的技术问题，但不可否认也会涉及侦查、审查起诉、审判三阶段权力再分配的法治改革，特别是法官如何独立行使审判权、侦查人员出庭、"排非"的预防惩治。笔者认为，庭审实质化改革的技术路径与法治路径，相互间应属于协同关系而非排斥关系，二者的直接目的虽有不同，但最终目标都在于充分保障人权、提升司法能力、维护司法独立。技术路径是法治路径达成的基本方式，而法治路径是技术路径的前进方向。破除技术路径遇到的制度框架障碍，可以提升技术路径改革的可行性和有效性。在我国，侦诉审各机关的权力分配主要体现在，宪法法律规定分工配合制约原则之下设置的相关制度。但分工配合制约原则使得各机关之间的关系普遍出现了扭曲、错位问题。而以审判为中心的庭审实质化改革要求突出该原则的制约功能。具体来看，侦诉审各机关的权力再分配可从以下

---

① 参见陈瑞华《制度变革中的立法推动主义——以律师法实施问题为范例的分析》，《政法论坛》2010 年第 1 期。

② 参见徐昕《司法改革的顶层设计及其推进策略》，《上海大学学报》（社会科学版）2014 年第 6 期。

三方面进行调整。

　　第一，强化侦诉审各机关之间制约的本体地位。孟德斯鸠曾言："自古以来的经验表明，所有拥有权力的人，都倾向于滥用权力，而且不用到极限绝不罢休。为了防止滥用权力，必须通过事物的统筹协调，以权力制约权力。"① 宪法法律之所以规定侦诉审各机关之间应当分工负责、互相配合、互相制约，很大程度上是对以往法制不健全和无法状态的痛彻反思。② 在此诉讼构架下，每一阶段仅有一个拥有决定权的机关，而其他机关的权力较小，通过阶段性的多层次递进认识，以保证案件事实真相的查明。但此项原则在司法实践中出现了异化，大量冤假错案的生成与此相关。立法者对分工配合制约原则所预设的愿景并未实现，诉讼阶段论式的过度配合造成制约失衡，特别是侦诉审各机关之间权力的不对等使诉讼阶段论最终沦为了侦查决定论。权力需要制约是人类社会发展的客观经验，各机关在责任分工基础上有点重叠和竞争，不失为防止权力滥用的良方。③ 所以，侦诉审各机关之间制约关系应占据本体地位，配合关系主要体现在权力分工问题上，形成互相制约为前提、分工负责为本体、互相配合蕴含于分工负责的权力运行模式。

　　第二，强化法院的中心性制约功能。在我国，法官对公诉方提出的证据资料很少有异议，且大多是随卷宗移送不利于被告人的书面证据资料。公诉方很少传唤证人出庭作证，一般仅摘录式地宣读侦查人员收集的笔录资料。法院几乎代行了公诉方的追诉职能，检察官无须在法庭上充分开展庭审活动，法官倒成了实质意义上的公诉人，往往自觉或不自觉地站到了辩护方的对立面。这就使得审判原本以控、辩双方的横向对抗为主，转化为以法官、辩护人的纵向对抗为主。在分工配合制约原则下，互相配合并非指侦诉审各机关两两之间权能平等的双向制约，而是一种递进制约关系，即在侦诉关系中以检察院为主导，而在诉审关系、侦审关系中应以法院为主导。严格来讲，法院与侦查机关之间并无任何实质上的制约关系，其联系主要通过检察院对案件审查起诉后向法院提起公诉来实现。西方国家基于正当法律程序和司法终局理念，普遍建立了对侦查行为的司法审查

---

① 参见［法］孟德斯鸠《论法的精神》（上卷），许明龙译，商务印书馆2012年版，第185页。

② 参见左卫民《价值与结构：刑事程序的双重分析》，法律出版社2003年版，第160页。

③ 参见熊秋红《监察体制改革中职务犯罪侦查权比较研究》，《环球法律评论》2017年第2期。

制度，只有法院才有权处分犯罪嫌疑人和被告人。然而，根据我国《监察法》第 11 条、第 18—30 条、第 43 条的规定，监察机关拥有监督、调查、处置三项职权，实现方式包括讯问、查询、冻结、调取、查封、扣押、搜查、勘验检查、留置等措施。其中，留置取代了纪检监察机关曾经使用的"双规""两指"调查手段，旨在使以往非规范化的强制性措施予以法治化和反腐败治理国家权力行使的规范化。省级以下监察机关采取留置措施，仅需报上一级监察机关批准或备案。监察机关对职务犯罪的调查权不受检察机关批捕权的制约，但缺乏司法权的适当参与可能无法制约监察委调查权的行使。侦查和证明的早期阶段非常关键，如果案件在此阶段发生错误，很有可能会一直延续到审判环节，因而将诉讼早期阶段司法化就尤为必要。① 而强调法院对于审前活动的检验和制约才能最大限度地发挥其防止冤假错案的功能。② 所以，凡是在非紧急状态下，涉及对公民采取强制性措施的事项，均应纳入司法审查的控制范围，而不应由侦控机关自己决定或批准。

第三，强化检察院审前阶段的制约功能。社会的快速发展为犯罪提供了崭新的时空条件，隐秘性、流动性、跨区域性是信息化时代犯罪的典型特征，它决定了案件非经侦查人员及时展开侦查，便无法查获犯罪嫌疑人和证据资料。但以国家公权力为后盾的刑事强制措施，通常以剥夺或限制被追诉人的人身自由和财产权利为代价，而侦查程序的违法和侦查结论的错误，往往给后续阶段的诉讼程序带来严重影响。萨维尼在探讨德国引入检察官制度时指出，警察的侦查行动始终蕴藏着侵害民权的危险，而检察官的基本任务就是杜绝此等流弊，在警察采取行动时就赋予其法的基础；如此一来，新创的检察官制度才能获得民众支持。③ 现代法治国家要求对侦查权力必须作出限制，以确保侦查过程的正当性和侦查结论的可靠性。尽管侦查权的行使受到辩护律师和司法官员的多重制约，但检察官对侦查人员的监督无疑是制约侦查人员滥权行为的有效方式。为确保侦查活动的及时展开，防止侦查人员滥用职权，法律一般要求侦查人员接受检察官的指导和监督。在我国，尽管检察院对侦查机关在理论上有监督制约权，但

① 参见［英］L. H. 利《刑事诉讼中的自由与效率》，载［美］虞平、郭志媛编译《争鸣与思辨：刑事诉讼模式经典论文选译》，北京大学出版社 2013 年版，第 125 页。
② 参见杨波《审判中心主义视域下刑事冤假错案防范机制研究》，《当代法学》2017 年第 5 期。
③ 参见林钰雄《检察官论》，法律出版社 2008 年版，第 8 页。

除了审查批捕、审查起诉这样的职能活动，其他的监督方式较弱且鲜有普遍的监督制约。相反，刑诉法、监察法和司法解释却赋予侦查机关对检察院较多的反监督制约措施，侦查机关可针对检察院的不捕、不诉要求复议、复核，而最新通过的《监察法》对检察院不起诉决定的约束更加严格。2012 年《刑事诉讼法》第 175 条规定："对于公安机关移送起诉的案件，人民检察院决定不起诉的，应当将不起诉决定书送达公安机关。公安机关认为不起诉的决定有错误的时候，可以要求复议，如果意见不被接受，可以向上一级人民检察院提请复核。"同时，《高检规则》第 414—416 条对此进行了细化。《监察法》第 47 条第 4 款规定："人民检察院对于有《中华人民共和国刑事诉讼法》规定的不起诉的情形的，经上一级人民检察院批准，依法作出不起诉的决定。监察机关认为不起诉的决定有错误的，可以向上一级人民检察院提请复议。"虽然检察权和侦查权是两种性质不同的权力类型，但前者可以适当引导和制约后者的运行。检察院作为审前诉讼程序的主导者，除了严格执行审查逮捕的法定标准外，应在宪法、法律允许范围内，全面、有效地监督制约侦查机关移送审查起诉的案件，而这种监督制约应严格贯彻检察机关向法院提起公诉的标准来要求。

参考文献

一 国外译著

[1] ［德］考夫曼、［德］哈斯默尔主编《当代法哲学和法律理论导论》，郑永流译，法律出版社 2013 年版。

[2] ［美］巴比：《社会学研究方法》，邱泽奇译，华夏出版社 2009 年版。

[3] ［法］迪尔凯姆：《社会学方法的准则》，狄玉明译，商务印书馆 1995 年版。

[4] ［美］爱伦·豪切斯泰勒·斯黛丽、［美］南希·弗兰克著《美国刑事法院诉讼程序》，陈卫东、徐美君译，中国人民大学出版社 2002 年版。

[5] ［美］乔治·费希尔：《辩诉交易的胜利：美国辩诉交易史》，郭志媛译，中国政法大学出版社 2012 年版。

[6] ［美］哈罗德·伯曼编《美国法律讲话》，陈若桓译，三联书店 1988 年版。

[7] ［日］松尾浩也著《日本刑事诉讼法》（下卷），张凌译，中国人民大学出版社 2005 年版。

[8] ［德］托马斯·魏根特：《德国刑事诉讼程序》，岳礼玲、温小洁译，中国政法大学出版社 2003 年版。

[9] ［日］田口守一：《刑事诉讼法》，张凌、于秀峰译，中国政法大学出版社 2010 年版。

[10] 《日本刑事诉讼法》，宋英辉译，中国政法大学出版社 1999 年版。

[11] 《意大利刑事诉讼法典》，黄风译，中国政法大学出版社 1994 年版。

[12] ［美］巴隆、［美］布兰斯科姆、［美］伯恩：《社会心理学》，邹智敏、张玉玲等译，机械工业出版社 2011 年版。

［13］［美］菲尼、［德］赫尔曼、岳礼玲：《一个案例两种制度：美德刑事司法比较》，中国法制出版社 2006 年版。

［14］［美］艾伦、［美］库恩斯、［美］斯威夫特：《证据法：文本、问题和案例》，高等教育出版社 2006 年版。

［15］［英］霍布斯：《利维坦》，黎思复、黎延弼译，商务印书馆 1986 年版。

［16］［英］洛克：《政府论（下）》，叶启芳、瞿菊农译，商务印书馆 1964 年版。

［17］《德国刑事诉讼法典》，宗玉琨译注，知识产权出版社 2013 年版。

［18］［德］罗科信：《刑事诉讼法》，吴丽琪译，法律出版社 2003 年版。

［19］［美］约翰·W. 斯特龙主编《麦考密克论证据》，汤维建等译，中国政法大学出版社 2004 年版。

［20］［美］罗尔斯：《正义论》，何怀宏等译，中国社会科学出版社 1988 年版。

［21］［美］乔恩·R. 华尔兹：《刑事证据大全》，何家弘等译，中国人民公安大学出版社 2004 年版。

［22］［美］达马斯卡：《司法和国家权力的多种面孔：比较法视野中的法律程序》，郑戈译，中国政法大学出版社 2015 年版。

［23］［日］西原村夫主编《日本刑事法的形成与特色》，李海东等译，北京法律出版社 1997 年版。

［24］［美］波斯纳：《法理学问题》，苏力译，中国政法大学出版社 2001 年版。

［25］［英］麦高伟主编《英国刑事司法程序》，姚永吉等译，法律出版社 2003 年版。

［26］［美］Brian Kennedy：《证人询问的技巧》，郭乃嘉译，元照出版有限公司 2002 年版。

［27］［日］谷口安平：《程序的正义与诉讼》，王亚新、刘荣军译，中国政法大学出版社 1996 年版。

［28］［美］兰博约：《对抗式刑事审判的起源》，王强之译，复旦大学出版社 2010 年版。

［29］［美］E. M. 摩根：《证据法之基本问题》，李学灯译，世界图书出版公司 1982 年版。

［30］《美国联邦刑事诉讼规则和证据规则》，卞建林译，中国政法大学出版

社 1996 年版。

[31] ［美］伦斯特洛姆：《美国法律辞典》，贺卫方等译，中国政法大学出版社 1998 年版。

[32] ［美］戴维·迈尔斯：《社会心理学》，侯玉波、乐国安、张智勇等译，人民邮电出版社 2016 年版。

[33] 《法国刑事诉讼法典》，罗结珍译，中国法制出版社 2006 年版。

[34] 《俄罗斯联邦刑事诉讼法典》，黄道秀译，中国人民公安大学出版社 2006 年版。

[35] ［美］虞平、郭志媛编译《争鸣与思辨：刑事诉讼模式经典论文选译》，北京大学出版社 2013 年版。

[36] ［美］达马斯卡：《比较法视野中的证据制度》，吴宏耀等译，中国人民公安大学出版社 2006 年版。

[37] ［英］丹宁：《法律的正当程序》，李克强、杨百揆、刘庸安译，法律出版社 2011 年版。

[38] ［美］达马斯卡：《漂移的证据法》，李学军等译，中国政法大学出版社 2003 年版。

[39] ［美］罗纳德·J. 艾伦：《艾伦教授论证据法》（上），张保生等译，中国人民大学出版社 2014 年版。

[40] ［澳］澳大利亚司法部编《澳大利亚联邦证据法》，王进喜译，中国法制出版社 2013 年版。

[41] ［美］伟恩·R. 拉费弗、［美］杰罗德·H. 伊斯雷尔、［美］南西·J. 金：《刑事诉讼法》（上），卞建林、沙金丽等译，中国政法大学出版社 2003 年版。

[42] ［美］博登海默：《法理学：法律哲学与法律方法》，邓正来译，中国政法大学出版社 1998 年版。

[43] ［法］孟德斯鸠：《论法的精神》（上卷），许明龙译，商务印书馆 2012 年版。

二、中文著作

[1] 成都中院：《全省法院刑事庭审实质化改革工作推进会资料汇编》，2016。

[2] 郭松：《审查逮捕制度实证研究》，法律出版社 2011 年版。

〔3〕岳礼玲：《刑事审判与人权保障》，法律出版社 2010 年版。

〔4〕王禄生：《刑事诉讼的案件过滤机制：基于中美两国实证材料的考察》，北京大学出版社 2014 年版。

〔5〕姜涛：《刑事程序分流研究》，人民法院出版社 2007 年版。

〔6〕林钰雄：《刑事诉讼法》（上册），元照出版有限公司 2010 年版。

〔7〕蔡墩铭：《两岸比较刑事诉讼法》，五南图书出版公司 1996 年版。

〔8〕黄翰义：《程序正义之理念》（二），元照出版有限公司 2010 年版。

〔9〕陈朴生：《刑事证据法》，海天印刷厂有限公司 1979 年版。

〔10〕王兆鹏：《美国刑事诉讼法》，北京大学出版社 2014 年版。

〔11〕林山田：《刑事程序法》，五南图书出版股份有限公司 2004 年版。

〔12〕林钰雄主编《新学林分科六法：刑事诉讼法》，新学林出版股份有限公司 2011 年版。

〔13〕林钰雄：《刑事诉讼法》（下册），元照出版有限公司 2010 年版。

〔14〕樊崇义主编《刑事诉讼法学》，法律出版社 2016 年版。

〔15〕黄朝义：《刑事诉讼法·制度篇》，元照出版公司 2002 年版。

〔16〕陈光中主编《〈中华人民共和国刑事诉讼法〉修改条文释义与点评》，人民法院出版社 2012 年版。

〔17〕孙长永：《探索正当程序：比较刑事诉讼法专论》，中国法制出版社 2005 年版。

〔18〕吴巡龙：《新刑事诉讼制度与证据法则》，学林文化事业有限公司 2003 年版。

〔19〕郭彦主编《刑事庭审实质化改革的成都样本》，人民法院出版社 2016 年版。

〔20〕何家弘、刘品新：《证据法学》，法律出版社 2013 年版。

〔21〕龙宗智：《刑事庭审制度研究》，中国政法大学出版社 2001 年版。

〔22〕尚华：《论质证》，中国政法大学出版社 2013 年版。

〔23〕黄朝义：《刑事诉讼法》，新学林出版股份有限公司 2017 年版。

〔24〕黄翰义：《程序正义之理念》（一），元照出版有限公司 2010 年版。

〔25〕王进喜：《美国〈联邦证据规则〉（2011 年重塑版）条解》，中国法制出版社 2012 年版。

〔26〕何家弘：《从应然到实然：证据法学探究》，中国政法大学出版社 2008 年版。

［27］苏力：《法律与文学：以中国传统戏剧为材料》，三联书店 2017 年版。

［28］左卫民、周长军：《刑事诉讼的理念》，北京大学出版社 2014 年版。

［29］朗胜主编《中华人民共和国刑事诉讼法释义》，法律出版社 2012 年版。

［30］陈光中主编《刑事诉讼法》，北京大学出版社 2013 年版。

［31］何家弘主编《刑事审判认证指南》，法律出版社 2002 年版。

［32］卢映洁：《犯罪与被害：刑事政策问题之德国法制探讨》，新学林出版股份有限公司 2009 年版。

［33］李哲：《澳门刑事诉讼法总论》，社会科学文献出版社 2015 年版。

［34］陈瑞华：《刑事审判原理论》，北京大学出版社 2003 年版。

［35］江必新主编《〈最高人民法院关于适用《中华人民共和国刑事诉讼法》的解释〉理解与适用》，中国法制出版社 2013 年版。

［36］张军、姜伟、田文昌：《刑事诉讼：控辩审三人谈》，法律出版社 2001 年版。

［37］孙长永、黄维智、赖早兴：《刑事证明责任制度研究》，中国法制出版社 2009 年版。

［38］陈瑞华：《刑事诉讼前沿问题》，中国人民大学出版社 2013 年版。

［39］林钰雄：《严格证明与刑事证据》，法律出版社 2008 年版。

［40］刘品新主编《刑事错案的原因与对策》，中国法制出版社 2009 年版。

［41］何家弘、南英主编《刑事证据制度改革研究》，法律出版社 2002 年版。

［42］陈光中主编《〈公民权利和政治权利国际公约〉与我国刑事诉讼》，商务印书馆 2005 年版。

［43］张保生主编《证据法学》，中国政法大学出版社 2014 年版。

［44］陈一云主编《证据法》，中国人民大学出版社 2010 年版。

［45］易延友：《证据法学：原则 规则 案例》，法律出版社 2017 年版。

［46］何家弘主编《证据学论坛》（第 3 卷），中国检察出版社 2001 年版。

［47］张保生主编《〈人民法院统一证据规定〉司法解释建议稿及论证》，中国政法大学出版社 2008 年版。

［48］卞建林主编《刑事证明理论》，中国人民大学出版社 2004 年版。

［49］陈光中主编《中华人民共和国刑事证据法专家拟制稿（条文、释义与论证)》，中国法制出版社 2004 年版。

［50］郭志媛：《刑事证据可采性研究》，中国人民公安大学出版社 2004 年版。

［51］黄东熊等：《刑事证据法则之新发展——黄东熊教授七秩祝寿论文集》，学林文化事业有限公司 2003 年版。

［52］王兆鹏：《当事人进行主义之刑事诉讼》，元照出版有限公司 2002 年版。

［53］薛波主编《元照英美法词典》，北京大学出版社 2014 年版。

［54］李昌盛：《论对抗式刑事审判》，中国人民公安大学出版社 2009 年版。

［55］张丽卿：《刑事诉讼法理论与运用》，五南图书出版股份有限公司 2013 年版。

［56］陈瑞华：《程序性制裁理论》，中国法制出版社 2010 年版。

［57］林俊益：《刑事诉讼法概论》（上），新学林出版股份有限公司 2015 年版。

［58］易延友：《证据法的体系与精神：以英美法为特别参照》，北京大学出版社 2010 年版。

［59］朱曾汶编译《美国宪法及其修正案》，商务印书馆 2014 年版。

［60］毕玉谦主编《中国司法审判论坛》（第 1 卷），法律出版社 2001 年版。

［61］陈朴生：《刑事诉讼法实务》，海天印刷厂有限公司 1981 年版。

［62］王兆鹏：《刑事被告的宪法权利》，元照出版有限公司 2004 年版。

［63］廖耘平：《对质权制度研究》，中国人民公安大学出版社 2009 年版。

［64］何家弘主编《迟到的正义：影响中国司法的十大冤案》，中国法制出版社 2014 年版。

［65］陈瑞华：《刑事诉讼的中国模式》，法律出版社 2010 年版。

［66］季卫东：《法治秩序的构建》，中国政法大学出版社 1999 年版。

［67］龙宗智：《证据法的理念、制度与方法》，法律出版社 2008 年版。

［68］江显和：《刑事认证制度研究》，法律出版社 2009 年版。

［69］吴宏耀、魏晓娜：《诉讼证明原理》，法律出版社 2002 年版。

［70］樊崇义主编《证据法学》，法律出版社 2012 年版。

［71］占善刚：《民事证据法研究》，武汉大学出版社 2009 年版。

［72］张军主编《刑事证据规则理解与适用》，法律出版社 2010 年版。

［73］《中国法律年鉴》（2009、2010、2011、2012、2013、2014、2015、2016、2017），中国法律年鉴社出版。

［74］左卫民：《价值与结构：刑事程序的双重分析》，法律出版社 2003 年版。

［75］林钰雄：《检察官论》，法律出版社 2008 年版。

三、期刊

［1］余建华、孟焕良：《浙江推进以审判为中心的诉讼制度改革》，《人民法院报》2015 年 2 月 8 日。

［2］徐建新、吴程远：《以审判为中心的诉讼制度改革的温州实践》，《人民司法（应用）》2016 年第 25 期。

［3］孙长永、王彪：《论刑事庭审实质化的理念、制度和技术》，《现代法学》2017 年第 2 期。

［4］左卫民：《一场新的范式革命？——解读中国法律实证研究》，《清华法学》2017 年第 3 期。

［5］龙宗智：《庭审实质化改革的路径和方法》，《法学研究》2015 年第 5 期。

［6］汪海燕：《论刑事庭审实质化》，《中国社会科学》2015 年第 2 期

［7］熊秋红：《刑事庭审实质化与审判方式改革》，《比较法研究》2016 年第 5 期。

［8］闵春雷：《以审判为中心：内涵解读及实现路径》，《法律科学》2015 年第 3 期。

［9］左卫民：《审判如何成为中心：误区与正道》，《法学》2016 年第 6 期。

［10］魏晓娜：《庭前会议制度之功能"缺省"与"溢出"——以审判为中心的考察》，《苏州大学学报》（哲学社会科学版）2016 年第 1 期。

［11］魏晓娜：《以审判为中心的刑事诉讼制度改革》，《法学研究》2015 年第 4 期。

［12］龙宗智：《论建立以一审为中心的事实认定机制》，《中国法学》2010 年第 2 期。

［13］易延友：《我国刑事审级制度的建构与反思》，《法学研究》2009 年第 3 期。

［14］陈卫东、李奋飞：《刑事二审"全面审查原则"的理性反思》，《中国人民大学学报》2001 年第 2 期。

［15］葛琳：《证明如同讲故事？　故事构造模式对公诉证明的启示》，《法律科学》2009 年第 1 期。

［16］施鹏鹏：《为职权主义辩护》，《中国法学》2014 年第 2 期。

［17］李文军：《庭审实质化改革案件适用范围研究——基于案件类型和审级制度的分析》，《交大法学》〔2018 年第 4 期。

［18］万毅：《论"不强迫自证其罪"条款的解释与适用——〈刑事诉讼法〉解释的策略与技术》，《法学论坛》2012 年第 5 期。

［19］强卉：《刑事证人证言的可信性问题研究——以美国证据法中的证人弹劾制度为视角》，《法律科学》2016 年第 3 期。

［20］万毅：《刑事被害人诉讼权利保障若干问题研究》，《兰州学刊》2016 年第 12 期。

［21］龙宗智：《被害人作为公诉案件诉讼当事人制度评析》，《法学》2001 年第 4 期。

［22］龙宗智：《我国刑事庭审中人证调查的几个问题——以"交叉询问"问题为中心》，《政法论坛》2008 年第 5 期。

［23］龙宗智：《证明责任制度的改革完善》，《环球法律评论》2007 年第 3 期。

［24］韩旭、王剑波：《刑事庭审质证运行状况实证研究——以 100 个庭审案例为样本》，《法治研究》2016 年第 6 期。

［25］张社军、王玉明：《庭审虚化的实证分析与防范》，《河南财经政法大学学报》2015 年第 5 期。

［26］王亚新：《民事诉讼中质证的几个问题——以最高法院证据规定的有关内容为中心》，《法律适用》2004 年第 3 期。

［27］卞建林、郭志媛：《刑事证明主体新论——基于证明责任的分析》，《中国刑事法杂志》2003 年第 1 期。

［28］孙志伟：《关键证人出庭作证的欧洲模式及其借鉴意义》，《重庆大学学报》（社会科学版）2017 年第 2 期。

［29］陈瑞华：《证据的概念与法定种类》，《法律适用》2012 年第 1 期。

［30］龙宗智：《进步及其局限——由证据制度调整的观察》，《政法论坛》2012 年第 5 期。

［31］杨宇冠、刘曹祯：《以审判为中心的诉讼制度改革与质证制度之完善》，《法律适用》2016 年第 1 期。

［32］左卫民：《"印证"证明模式反思与重塑——基于中国刑事错案的反思》，《中国法学》2016 年第 1 期。

［33］张志铭：《中国司法的功能形态：能动司法还是积极司法?》，《中国人

民大学学报》2009 年第 6 期。

[34] 左卫民：《未完成的变革——刑事庭前会议实证研究》，《中外法学》2015 年第 2 期。

[35] 施鹏鹏、陈真楠：《刑事庭前会议制度之检讨》，《江苏社会科学》2014 年第 1 期。

[36] 谢佑平、吴羽：《刑事法律援助与公设辩护人制度的构建——以新〈刑事诉讼法〉第 34 条、第 276 条为中心》，《清华法学》2012 年第 3 期。

[37] 陈永生：《刑事法律援助的中国问题与域外经验》，《比较法研究》2014 年第 1 期。

[38] 左卫民：《中国应当构建什么样的刑事法律援助制度》，《中国法学》2013 年第 1 期。

[39] 樊崇义、张中：《论以审判为中心的诉讼制度改革》，《中州学刊》2015 年第 1 期。

[40] 顾永忠：《试论庭审中心主义》，《法律适用》2014 年第 12 期。

[41] 胡铭：《鉴定人出庭与专家辅助人角色定位之实证研究》，《法学研究》2014 年第 4 期。

[42] 陈瑞华：《实物证据的鉴真问题》，《法学研究》2011 年第 5 期。

[43] 杨宇冠、刘曹祯：《以审判为中心的诉讼制度改革与质证制度之完善》，《法律适用》2016 年第 1 期。

[44] 易延友：《"眼球对眼球的权利"——对质权制度比较研究》，《比较法研究》2010 年第 1 期。

[45] 张明伟：《英美传闻法则与对质条款的历史考察》，《月旦法学杂志》2006 年第 4 期。

[46] 龙宗智：《论刑事对质制度及其改革完善》，《法学》2008 年第 5 期。

[47] 史立梅：《美国对质权条款与传闻证据规则的关系考察》，《环球法律评论》2010 年第 6 期。

[48] 左卫民、马静华：《刑事证人出庭率：一种基于实证研究的理论阐释》，《中国法学》2005 年第 6 期。

[49] 史立梅：《我国刑事证人出庭作证制度的改革及其评价》，《山东社会科学》2013 年第 4 期。

[50] 易延友：《证人出庭与刑事被告人对质权的保障》，《中国社会科学》2010 年第 2 期。

［51］龙平川、李晓娟：《北京探索"关键证人"出庭作证机制》，《检察日报》2009 年 6 月 11 日。

［52］万毅：《新刑诉法证人出庭制度的若干法解释问题》，《甘肃政法学院学报》2013 年第 6 期。

［53］胡铭：《审判中心、庭审实质化与刑事司法改革——基于庭审记录和裁判文书的实证研究》，《法学家》2016 年第 4 期。

［54］王永杰：《刑事案件关键证人出庭作证制度论纲》，《社会科学研究》2012 年第 3 期。

［55］龙宗智：《刑事庭审人证调查规则的完善》，《当代法学》2018 年第 1 期。

［56］陈瑞华：《案卷笔录中心主义——对中国刑事审判的重新考察》，《法学研究》2006 年第 4 期。

［57］李训虎：《证明力规则检讨》，《法学研究》2010 年第 2 期。

［58］王尚新：《刑事诉讼法修改的若干意见》，《法学研究》1994 年第 5 期。

［59］罗海敏：《两岸刑事证人出庭作证制度之比较》，《证据科学》2012 年第 3 期。

［60］胡锡庆、张少林：《刑事庭审认证规则研究》，《法学研究》2001 年第 4 期。

［61］李颖：《试论现行刑事证据制度的立法缺陷及其完善——兼论现行庭审方式改革对证据制度的要求》，《法律科学》1999 年第 1 期。

［62］孔祥承：《诉讼模式下案卷移送制度研究》，《当代法学》2018 年第 5 期。

［63］凌斌：《法官如何说理：中国经验与普遍原理》，《中国法学》2015 年第 5 期。

［64］孙远：《证据能力的法定与裁量》，《中国法学》2005 年第 5 期。

［65］李训虎：《美国证据法中的证明力规则》，《比较法研究》2010 年第 4 期。

［66］陈瑞华：《以限制证据证明力为核心的新法定证据主义》，《法学研究》2012 年第 6 期。

［67］王亚新：《刑事关于自由心证原则历史和现状的比较研究——刑事诉讼中发现案件真相与抑制主观随意性的问题》，《比较法研究》1993 年第 2 期。

[68] 龙宗智：《印证与自由心证——我国刑事诉讼证明模式》，《法学研究》2004 年第 2 期。

[69] 向燕：《论口供补强规则的展开及适用》，《比较法研究》2016 年第 6 期。

[70] 张斌：《论我国刑事证据属性理论的重构——刑事证据"四性说"的提出与意义》，《四川大学学报》（哲学社会科学版）2015 年第 1 期。

[71] 万毅：《论瑕疵证据——以"两个〈证据规定〉"为分析对象》，《法商研究》2011 年第 5 期。

[72] 纵博、马静华：《论证据客观性保障规则》，《山东大学学报》（哲学社会科学版）2013 年第 4 期。

[73] 李文军：《法庭质证的内在结构与理论剖析——兼评"三项规程"的相关规定》，《北方法学》2018 年第 5 期。

[74] 纵博：《"不得作为定案根据"条款的学理解释》，《法律科学》2014 年第 4 期。

[75] 黄朝义：《中国刑事诉讼法：从比较法观点论起》，新学林出版股份有限公司 2010 年版。

[76] 张栋：《中国刑事证据制度体系的优化》，《中国社会科学》2015 年第 7 期。

[77] 史立梅：《论司法改革的合法性》，《北京师范大学学报》（社会科学版）2005 年第 6 期。

[78] 易延友：《证据规则的法典化——美国〈联邦证据规则〉的制定及对我国证据立法的启示》，《政法论坛》2008 年第 6 期。

[79] 徐昕：《司法改革的顶层设计及其推进策略》，《上海大学学报》（社会科学版）2014 年第 6 期。

[80] 郭松：《刑事诉讼制度的地方性试点改革》，《法学研究》2014 年第 2 期。

[81] 郭松：《刑事诉讼地方试验式改革的优势与局限性》，《江苏行政学院学报》2014 年第 5 期。

[82] 左卫民、安琪：《监察委员会调查权：性质、行使与规制的审思》，《武汉大学学报》（哲学社会科学版）2018 年第 1 期。

[83] 徐清：《刑事诉讼中公检法三机关间的"共议格局"——一种组织社会学解读》，《山东大学学报》（哲学社会科学版）2017 年第 3 期。

［84］ 陈伟：《劳教制度废除后的法律衔接机制探究》，《暨南学报》（哲学社会科学版）2015 年第 12 期。

［85］ 李奋飞：《"调查——公诉"模式研究》，《法学杂志》2018 年第 6 期。

［86］ 陈瑞华：《制度变革中的立法推动主义——以律师法实施问题为范例的分析》，《政法论坛》2010 年第 1 期。

［87］ 万毅：《转折与展望：评中央成立司法改革领导小组》，《法学》2003 年第 8 期。

［88］ 熊秋红：《监察体制改革中职务犯罪侦查权比较研究》，《环球法律评论》2017 年第 2 期。

［89］ 杨波：《审判中心主义视域下刑事冤假错案防范机制研究》，《当代法学》2017 年第 5 期。

四、外文资料

［1］ Paul C. Giannelli, Understanding Evidence, LexisNexis, 2009.

［2］ John H. Wigmore, A Treatise on the System of Evidence in Trials at Common Law vol. II, little, Brown and company, 1904.

［3］ Jefferson L. Ingram, Criminal Evidence, Anderson, 2009.

［4］ JR Spencer, Hearsay Evidence in Criminal Proceedings, Hart Publishing, 2008.

［5］ Richad Glocer, Peter Murphy, Murphy on Evidence, Oxford University Press, 2013.

［6］ Terence Anderson, David Schum, William Twining, Analysis of Evidence, Cambridge University Press, 2005.

［7］ Terence Anderson, David Schum and William Twining, Analysis of Evidence, Cambridge University Press, 2005.

［8］ Judy Hails, Criminal Evidence, Wadsworth Cengage Learning, 2009.

［9］ Christopher Allen, Practical guide to evidence, Routledge-Cavendish, 2008.

［10］ Adrian Keane & Paul Mckeown, The Modern Law of Evidence, Oxford University Press, 2012.

［11］ John H. Wigmore, Wigmore's Code of the Rules of Evidence in Trials at

Law，little，Brown and company，1942.

［12］John H. Wigmore，A Treatise on the Anglo-American System of Evidence in Trials at Common Law，little，Brown and company，1923.

［13］James Bradley Thayer，A Preliminary Treatise on Evidence at the Common Law，Adamant Media Corporation，2005.

［14］Dennis D. Prater，Daniel J. Capra，Stephen A. Saltzburg，Hon. Christine M. Arguello，Evidence：The Objection Method，LexisNexis，2011.

［15］John M. Scheb，John M. Scheb II，Criminal Law and Procedure，Wadsworth，Cengage Learning，2011.

［16］Thomas Weigend，"Continental Cures for American Ailments：European Criminal Procedure as a Model for Law Reform"，Crime and Justice：An Annual Review of Research，1980.

［17］William T. Pizzi，"Victims' Rights：Rethinking Our Adversary System"，Utah Law Review，1999.

［18］Richard A. Posner，Retribution and Related Concepts of Punishment，Economics of Justice，Harvard University Press，1981.

［19］Michael Heise，"The Past，Present，and Future of Empirical Legal Scholarship：Judicial Decision Making and the New Empiricism"，University of Illinois Law Review，vol. 2002，2002.

［20］Marco Fabri，"Criminal Procedure And Public Prosecution Reform In Italy：A Flash Back"，Journal of Comparative Law，Vol. 1，2008.

［21］Thomas Weigend，"Is the Criminal Process about Truth：A German Perspective"，Harvard Journal of Law & Public Policy，Vol. 26，2003.

［22］Herbert L. Packer，"Two Models of the Criminal Process"，University of Pennsylvania Law Review，Vol. 113，1964.

［23］Charles L. Barzun，"Rules of Weight"，Notre Dame Law Review，vol. 83，2008.

［24］Mirjan Damaska，"Evidentiary Barriers to Conviction and Two Models of Criminal Procedure：A Comparative Study"，University of Pennsylvania Law Review，vol. 121，1973.

［25］Nicholas Nybo，"Preserving Justice：A Discussion of Rhode Island's Raise or Waive Doctrine"，Roger Williams University Law Review，vol. 20，

2015.

[26] Stephen A. Saltzburg, "The Harm of Harmless Error", Virginia Law Review, vol. 59, 1973.

[27] Anne Bowen Poulin, "Double Jeopardy Protection against Successive Prosecutions in Complex Criminal Cases: A Model", Connecticut Law Review, vol. 25, 1992.

[28] George L. Ashley, "Uncertain Relationship between the Hearsay Rule and the Confrontation Clause," Texas Law Review, vol. 52, 1974.

[29] Paul W Grimm, Jerome E Deise & John R Grimm, "The Confrontation Clause and the Hearsay Rule: What Hearsay Exceptions Are Testimonial", University of Baltimore Law Forum, vol. 40, 2010.

[30] Michael H. Graham, "Confrontation Clause, the Hearsay Rule, and the Forgetful Witness," Texas Law Review, vol. 56, 1978.

[31] Steve Vaughn, Rhona Weaver, "Interplay of the Confrontation Clause and the Hearsay Rule", Arkansas Law Review, vol. 29, 1975.

[32] F. Andrew Hessick III, Reshma M. Saujani, "Plea Bargaining and Convicting the Innocent: the Role of the Prosecutor, the Defense Counsel, and the Judge", BYU Journal of Public Law, vol. 16, 2002.

[33] Joachim Herrmann, "Bargaining Justice-A Bargain for German Criminal Justice", University of Pittsburgh Law Review, vol. 53, 1992.

[34] Carol A. Brook, Bruno Fiannaca, David Harvey, Paul Marcus, "A Comparative Look at Plea Bargaining in Australia, Canada, England, New Zealand, and the United States", William & Mary Law Review, vol. 57, 2016.

[35] Darryl K. Brown, "Judicial Power to Regulate Plea Bargaining", William & Mary Law Review, vol. 57, 2016.

[36] Roger W. Kirst, "Hearsay and the Right of Confrontation in the European Court of Human Rights", Quinnipiac Law Review, vol. 21, 2003.

[37] Dennis J Turner, "Judicial Notice and Federal Rules of Evidence 201 – A Rule Ready for Change", University of Pittsburgh Law Review, vol. 28, 1983.

[38] David L. Roland, "Progress in the Victim Reform Movement: No Longer the

Forgotten Victim", Pepperdine Law Review, vol. 17, 1989.

[39] Katie Long, "Community Input at Sentencing: Victim's Right or Victim's Revenge", Boston University Law Review, vol. 75, 1995.

[40] Lynne Henderson, "Revisiting Victim's Rights", Utah Law Review, vol. 1999, 1999.

[41] Amy K. Posner, "Victim Impact Statements and Restitution: Making the Punishment Fit the Victim," Brooklyn Law Review, vol. 50, 1984.

[42] "Federal Rule of Evidence 801 (d) (2) (E) and the Confrontation Clause: Closing the Window of Admissibility for conspirator Hearsay", Fordham Law Review, vol. 53, 1985.

[43] Charles J. Jr. Ogletree, "An Essay on the New Public Defender for the 21st Century", Law and Contemporary Problems, vol. 58, 1995.

[44] Kim Taylor-Thompson, "Individual Actor v. Institutional Player: Alternating Visions of the Public Defender", Georgetown Law Journal, vol. 84, 1996.

[45] Jacqueline M. Wheatcroft, Sarah Woods, "Effectiveness of Witness Preparation and Cross-Examination Non-Directive and Directive Leading Question Styles on Witness Accuracy and Confidence", International Journal of Evidence & Proof, vol. 14, 2010.

[46] Bruce L. Hay, "Allocating the Burden of Proof", Indiana Law Journal, vol. 72, 1997.

[47] Allen D. Boyer, "The Trial of Sir Walter Ralegh: The Law of Treason, the Trial of Treason and the Origins of the Confrontation Clause", Mississippi Law Journal, vol. 74, 2005.

[48] Lindsay Hoopes, "The Right to a Fair Trial and the Confrontation Clause: Overruling Crawford to Rebalance the U.S. Criminal Justice Equilibrium", Hastings International and Comparative Law Review, vol. 32, 2009.

索　引

A

案件范围　5，14，16，17，21—24，28，
　34，36，37，157
案件类型　9，10，16，20，21，47，162
案件审级　22，28

B

被告人　4，5，7，14—19，21—24，26，
　31，32，34—42，44—50，52—57，59，
　62—75，77—81，84—95，97—102，
　104—107，109—115，117—120，126，
　129—134，136—144，146—150，152—
　159，161，163，165，166，168，170—
　172，174—176，179—192，194—197，
　199—201，203，206—218，221，223，
　224，230，232—235，238，239，242，
　243，247，254，256—258，265，266，
　269，272—276，278，279，282—284，
　287，289—291，293，294
被害人　26，40—42，48，49，51—55，
　59—66，70—86，89—93，97，99—
　101，106，109，117，118，124，125，
　132，133，141，153，165，166，170，

175，179—182，185—188，190，192，
　194—198，203，205，206，210，213，
　221，233—235，265，272，275，278，
　284，290，291
辩方证人　44，134，166，185，204，205，
　223，276
辩诉交易　14—16，18，19，149，162，200
部分审查原则　16，31，33，34
补强证据规则　241，255，256，266

C

材料说　121，122，160
采纳　50，110，115，116，122，123，126，
　128，129，153—155，166，173，176，
　181，183，194，205，210—212，215，
　217，225，227，229，230，232—237，
　241，242，246，247，251，253，254，
　256，258，267—269，271，273，275，
　276，278，281，283
采信　50，62，127—129，212，225—227，
　229，233—235，244，246，251，253，
　254，256，258，266—268，271，278，
　279，281
裁判权　23，26，39，46
裁判认证　226，229，232，234，235，267，

278，279

查证责任 5，41，101，102，160

沉默权 66，87，88，94，96，166

澄清义务 101，117，119，120，184，213

迟延认证 129，226，229，253，267，281

充分性标准 127，248—251，271

传闻证据 20，23，170，172，183，189，192，200，210，212，213，215—218，223，224，241，247，249，255，257，281

传闻证据规则 170，183，192，200，210，212，215—218，223，224，247，249，255，257，281

D

当即认证 230—232，267

当事人 14，15，23—28，30—34，36，41—44，46，47，57，59，60，63，66—68，70，72—75，77—81，84，85，87，89，92，94，99，101，104—107，116—120，125，128，133—135，138，139，141—143，146，148—150，157，159，160，164—166，173，174，176，180，183—186，196，199，200，203，205，212，214，216—218，221—223，226，230，235，242，254—256，268，269，283

当事人主义 23，41，44，46，66—68，89，104，107，118，134，148，149，164，165，176，183，216，218，222，268

当庭翻供 92，102，107，184，243

当庭供述 54，94，233，275

当庭认证 50，129，226—235，253，254，266—268，275，278，279，281

调查权 45，120，184，283，287，294

调查主体 185，223

定案根据 92，124，125，127—129，183，208，212，225，229，245，246，251，252，271，281

对抗式 18，35，44，67，77，137，149，159，164，170—172，174，179，185，202，204，207，209，211，217，222，223，257

对质权 111，120，137，172，175，183，188—192，194，195，197—199，207，208，212—215，217，218，223，224，256，257

对质询问 134—137，159，161，162，171，172，175，187，190—199，204，213，217，221—223，281，282，291

F

法定证据 123，167，239，241—244，247，270

法官责任制 26

法律审 23，29，39

法律援助 12，56，94，138，147，149—158，162，163，272

法庭教育 45

法庭调查 2，7，15，36，37，39—41，43—50，55，68，74—76，79，80，88，92，98—100，105，108—114，117—119，123—127，131，132，134—136，138，147，149，150，153，154，158—161，165，166，168，170，171，173，178，181，183—185，194，203，210，221—223，229，230，249，265，267，273

法庭调查规程 2，118，119，124，127，

131，134，166，178，181，183—185

法庭举证　17，40—44，47，51，52，66，
68，69，97，202

法庭质证　40，53，108—114，116，119，
123，124，126，132，134，135，137，
146，148，155，158—161，187，222，
249

法庭认证　225，226，266，267

发现真实　23，24，39—42，99，102，109，
134，135，145，146，176，191，213，
217，223，224，237，283

繁简分流　4，7，12，14，15，21，37，
139，161，255

反询问　134，137，172—174，180，181，
185，203，205，222，223

非法证据排除　7，12，50，141，142，
146，229，235，238，240，253，255，
265，273，274，277—279

附加诉讼人　81，82，84，106

复审制　24，28—30，32

辅助人　42，81，83—85，106，117，168，
186

G

公正审判　5，12，112，114，132，214，
224，272

公开审理　17，59，75，92，116，141，142，
226

公设辩护人　149，150，162

共议格局　283，284

关联性　54，108，119，126—128，158，165，
173，176，183，206，212，235，248—
251，255，258，265，270，271，278

关键证人　5，51，66，98，105，120，

133，165，183，187，198，199，202—
206，212，213，221，224，233，240，
272，276，277，282

H

合法性　21，22，50，52，54，118，129，
141，158，165，183，206，209，212，
231，235，241，246—249，258，270，
271，273，277，278，281，291

混合式诉讼结构　14，43，104，135，
173，221

J

集中审理　17，47，128，130，139，140，
146，161，162，226，231，254，274

交叉询问　12，44，93，112，115，123，
133—137，149，159，161，162，165，
167，168，170—175，178—180，182，
183，185，188，190—192，199，200，
203，204，208，217，221—223，246，
281，282

间接证据　243—245，266

简易程序　15—21，37，38，138—142，
281，283

鉴真证据规则　169，255，281

鉴定人　1，26，36，40，41，49，51，57，
64，73—76，79，80，92，97，99，101，
105，110—112，117，119，133，136，
137，141，142，149，159，165—168，
170，171，174，176—181，186—188，
199，200，202，203，205，206，208，
212—214，221，224，233，239，272，291

禁止双重危险　25

举证责任 5，36，44，47，99，105，107，
　118，119，135，217，242
举证主体 70，107，119，281
卷宗中心主义 207，209，210，212，224，
　230

K

可采性 123，127，128，160，209，217，
　230，236，241，242，247，249，250，
　268—270
可靠性标准 126—128，160，239，249，
　251，252，255，271
客观到主观 42，50，51，66，70，105，
　186，187
客观义务 97，102，104，107，213
客观性 54，66，82，104，106，126，
　169，176，178，183，185，186，212，
　235，244，246，248，270，271，278
客体化 70—72，92，94，107，184
控辩式 35，36，44，46，68，89，109，
　113，150，159，162，171，173，198，
　222，226—228，231，267，268
控方证人 89，134，166，170，185，
　188，204，205，213，223，224，276
控制权 63，184

L

两审终审 27，31，33
量刑程序 7，19，45，100
量刑证据 66，97，99—101，107，132，186
留置 150，216，294
轮替询问 136，161，172

M

免予质证证据 160
免证事实 124—126，160

P

陪审团 19，68，69，128，172—174，176，
　189，191，192，217，235，236，241—
　243，253，254，269
普通程序 2，11，16—19，21，22，25，
　26，34—38，50，51，97，100，116，
　118，119，124，127，131，134，144，
　146，155，166，178，181，183—185，
　206，212，234，235，279，282
排除非法证据规程 2，119，129，166，
　184
排除合理怀疑 104，244，266
排非 5，7，50，129，130，143，231，
　254，274，277—279，281，289，292

Q

强制措施 53，91，92，196，214，218，
　283，285，287，288，294
全面审查原则 16，22，29，31—34，39

R

认证标准 225，226，250，267
认证规则体系 234，235，257
认罪认罚 19—22，37，38，49，129，130，
　132，200
人证调查 66，70，93，105，107，130，

133, 135, 136, 161, 164—166, 168, 170—173, 175—179, 185, 186, 202, 204, 205, 220—223

人证主体 112, 133, 166, 170, 173, 221

S

三项规程 47, 122, 128, 129, 134, 166, 178, 181, 183, 185, 249

三性说 246—248, 253, 256, 270

审判对象 32, 34, 139, 161

审问式 35, 40, 44, 45, 67, 87, 110, 133, 159, 172, 222, 226

审委会 26, 227, 284, 286

事实审 23, 24, 29, 30, 39, 176

实体真实主义 207—209, 224

实质性标准 249, 251, 271

书面审判模式 209—212

顺承模式 285

司法裁判 14, 112, 114, 214

司法能动主义 41, 101, 292

司法认知 125

司法责任制 26, 287

司法证明 108, 109, 113, 130, 136, 159, 270

实物证据 25, 40, 50, 51, 64, 66, 70, 105, 117, 122—125, 133, 136, 140, 160, 161, 168—171, 186, 187, 202, 203, 221—223, 232, 237, 239, 243

死刑复核 23, 28

速裁程序 16, 18, 20, 77, 138

诉讼参与人 31, 37, 42, 72, 73, 85, 89, 92, 104, 117, 118, 149, 157, 161, 172, 186, 222, 280

诉讼角色 70—72, 74, 80, 81, 84, 85, 106, 107, 184, 186, 203

诉讼结构 14, 41, 43—45, 67, 68, 71, 80, 84, 89, 99, 101, 104, 105, 107, 109, 110, 120, 121, 133, 135, 136, 146, 149, 150, 156, 159, 160, 162, 164, 171—174, 179, 183, 185, 202, 211, 217, 221, 222, 226, 237, 242, 268

诉讼主体 40, 48, 70, 72, 74, 75, 78, 80, 83, 86, 89, 92, 94, 106, 117, 118, 139, 156, 159

诉因制度 23

T

庭前会议 2, 7—9, 12, 17, 20, 47, 49, 52, 53, 55, 75, 98, 122, 129, 130, 138—147, 161, 162, 166, 227, 229, 231, 258, 274, 279

庭前会议规程 2, 47, 122, 129, 166

庭前认证 50, 129, 229, 230, 232, 253, 267, 281

庭审笔录 2, 8, 9, 27, 28, 33, 52, 59, 74, 76, 91, 180, 181, 206

庭审调查 5, 7, 11—14, 16, 19, 22, 27, 34, 36, 40, 43—46, 48—50, 85, 89, 90, 94, 95, 100, 107, 108, 115, 126, 130, 133, 135—137, 148, 154, 164—166, 168, 170, 171, 173, 183, 184, 187, 195, 198, 202, 204, 207, 215, 221, 222, 225, 231, 236, 272, 273, 275—277, 279—282, 288

庭审实质化 2—7, 11—13, 15—21, 23, 24, 26—28, 34—39, 41, 43—45, 47, 50, 66, 67, 70, 97—100, 102, 107,

109，111，114，115，138，140，142，143，146，147，149，153，155，157，158，161，162，165，166，171，172，178，181，183，186，202，204—206，211，212，217，220，223，224，228，231—235，255，256，258，266，268，272—282，288—292

庭审结构　18，41，44，99，105，179，226，280

庭审认证　225，226，229，231，267

庭审虚化　5，17，109，110，132，136，147，212，268，283

庭审中心主义　27，143，157

W

未提出视为放弃法则　25

问答式　134，176，177，186，223

无害错误法则　25

无罪推定　41，58，94，95，107，183，255，264

X

瑕疵证据　247，255，271

刑事政策　15，35，82，92，96，102，107，184，207，232，244，245，258，269，289

刑讯逼供　93，95，102，110，189，239，242，253，271，277

续审制　28，29，32，34，39

叙述式　134，176，177，186，222，223

Y

言词证据　50，51，64，66，98，122—

125，127，133，140，160，168—171，203，206，210，222，223，233，237，239，243，249，269

严格规则　235，240，268，269

严格证明　19，20，36，57，101，104，117，120，127，149，168，216，238，249，252，255，265

以审判为中心　1，2，4—7，16—19，24，28，35，37，38，48，124，138，140，144—146，156，170，230，280，282，283，288，290，292

以侦查为中心　4

印证证据规则　245，255，256，266

印证证明模式　244，245

诱导询问　134，137，172，177—181，185，223，255，257

有专门知识的人　41，76，79，80，99，141，142，165，168，180，181，291

员额制　287

冤假错案　4，5，16，22，26，36，102，104，109，113，128，180，193，203，217，226，231，245，251，252，257，270，283—285，289，293，294

Z

侦查中心主义　27，109，198，230，240

争点　7，30，49，56，98，99，130，134，139，140，144，146，161，165，173，176，186，222，236

真实性标准　107，127，249，251，271

政策实施型司法　143，233

正当程序　36，85，88，91，94，112，114，135，148，154，164，214，220，227，230，237，239，244，246，257，270，284

正当性标准　126，128，249，251，252，255，271

证据保全　138，140，146，150，161，216，229，257

证据裁判　1，25，38，171，206，209，212，224，238，255，264

证据方法　36，57，72，86，111，122，127，133，140，167—169，171，203，222，223

证据分类　97，123

证据链　51，105，113

证据能力　58，120，126—130，140，160，169，216，224，225，231，232，235—243，245—258，267—271，281

证据开示　2，5，7，87，138，145，146，149，162

证据排除规则　183，214，215，237，247，255，257，265，266，281，289，290

证据属性　246—248

证明标准　51，68，118，225，226，242，244，245，267

证明力　57，66，105，120，123，126—130，160，168，180，187，210，225，227，229，232，235—237，240—256，258，267—271，281

证明模式　41，102，132，212，244—246，279

证明性标准　249，251，271

证明责任　41—43，45，99—102，117—119，125，159，160，226

证明主体　101，117，118，159，240

制度创新　3，289—291

制度改良　3，280，289—291

质证程式　130—133，136，160，161

质证对象　121，123—125，160，168

质证内容　126，128，160

质证权　17，98，114，117，124，125，137，140，145，159，208，214

质证主体　116—119，123，155，159，160

主导权　43，45，105，136

主观到客观　50，51，64—66，70，98，105，133，186，187

主询问　134，137，172，173，178，180，181，185，222，223

直接言词原则　39，51，59，135，139，140，161，171，183，200，203，206，210，212，215—218，222—224，231，233，240—242，270

直接证据　243，245，266

职权主义　5，14，34—36，40，41，43—46，67，68，85，87—89，99，101，104，105，107，110，118—122，128，133，135，136，145，148，158—160，164，172，173，176，183，186，216，217，221，222，226，252，253，268

资料说　121，160

自由裁量　63，84，100，128，152，160，183，201，214，217，218，235—242，252，268，269

自由心证　139，161，238，240—244，246，252，270，281

自由证明　20，111

专家证言　168

后　记

本书在我博士论文的基础上修改完成，感谢"中国社会科学博士后文库"编委会和社会科学文献出版社老师们的大力支持和辛勤付出。

博士论文的写作是一段艰辛的历程，只有亲身经历后才知道，完成一篇三十多万字的论文，与完成两三万字小论文之间的差距。从论文选题、材料搜集到写作，无不浸透着我的导师左卫民教授的心血。导师的谆谆教诲、悉心点拨和鼓励督促，是我能顺利完成本课题研究的关键。必须提及，博士阶段三年学习，导师在经济上、生活上给了我莫大的帮助，使我能渡过学习经费短缺的难关。特别是资料费用、调研补助，让我能沉下心来认真做研究，不至于因生活窘迫而浪费宝贵的学习时间去兼职赚钱。导师经常鼓励我们多读书、读好书，遇到经典的著作一定要多做笔记、多思考；而论文写作必须有所创新，不能研究一些没有任何理论和实践价值的选题。当然，最让我难忘和感动的是刚到导师门下，他就特别叮嘱要做一个诚实守信、品德高尚的人。导师所教导的这一切学生会一直铭记和践行，并时刻提醒自己做人的基本准则和道德素养。

我硕士阶段研习的是实体刑法，对于程序性的知识仅限于司法考试的皮毛。步入博士阶段后，研究的转向使我不得不花大量的时间去弥补此领域的"ABC"。就此，左老师给予我非常多的关心和帮助，使我能更快投入学术研究。根据我个人的学习体会，刑诉法和司法制度领域的知识比较散乱，又与司法实务紧密相连，没有一定实务经验的人，很难对相关程序和制度有一个全面、深刻的认识。很多研习者对此望而却步、不敢轻易尝试的原因可能就在于此。这也正是刑诉法和司法制度的魅力所在。而我国刑诉法和司法制度与其他国家和地区有些许不同，也是初学者无法对照学习、形成完整知识图谱，并迅速对相关领域问题展开研究的重要原因。若不妥善解决这些认知层面的谜团，就可能出现知识结构的混乱、偏差，也就无法洞察理论和实务中存在的相关问题。在此，也要感谢我的硕士导师陈伟教授的帮助，特别是您在学术研究方面的建议和鼓励，从您那里学到的知识终身受用。

在近24年的读书生涯中，给予我保护和帮助的父母是我一直砥砺前行的依托和保障，没有你们一路支持我就无法顺利完成小学、中学、大学、硕士、博士阶段的学习。爸爸和妈妈含辛茹苦把我养大，最后又把仅有的积蓄给我成家，到目前为止我还没有给过你们任何回馈。特别是爸爸，此生已无法报答您的养育恩情。2015年10月17日，当我还在台湾地区参加学术交流时，突然接到姐姐传来父亲突发重病去世的噩耗，记得当天下午正在台大法学院图书馆翻阅资料，乱了方寸的我顿时吓懵在地。在朋友们的帮助下，我当晚改签了机票并在第二天凌晨几经波折抵家。到家的一刹那周围的空气似乎瞬间凝固住了，以往爸爸乐呵呵出门迎接我的场景不见了，现在只有妈妈、姐姐、姐夫、亲戚们悲痛、忙碌的身影。爸爸已经在十多个小时前停止了呼吸，身体已经变得冰冷僵硬，微微还能感觉到他眼角泛出的点点泪光，但是他的眼睛却永远闭上了，任我如何呼喊、哭泣仍无济于事。

在川大学习期间我很少回家，已经成家的我对另一半亏欠甚多。爱妻江春秀女士是一名高中教师，她在怀孕期间我因忙于毕业论文对她疏于照顾，所以临产前的每次产检和其他日常生活几乎都由她一个人完成。现在我们的儿子李谨睿小朋友已满两岁，非常活泼可爱。希望我这个丈夫、父亲能在以后的日子对你们母子多加补偿。

最后，感谢岳父母、姨妈、姨父、哥哥、姐姐的无私帮助，祝愿你们身体健康、开心幸福！感谢在我人生路上帮助过我的每一位师友，谢谢你们在我困难时伸出的援手。愿我们友谊长存、共同奋进！

李文军

2020年1月5日修改

征稿函附件：

第八批《中国社会科学博士后文库》专家推荐表 1

《中国社会科学博士后文库》由中国社会科学院与全国博士后管理委员会共同设立，旨在集中推出选题立意高、成果质量高、真正反映当前我国哲学社会科学领域博士后研究最高学术水准的创新成果，充分发挥哲学社会科学优秀博士后科研成果和优秀博士后人才的引领示范作用，让《文库》著作真正成为时代的符号、学术的标杆、人才的导向。

推荐专家姓名	左卫民	电 话	
专业技术职务	教授	研究专长	诉讼法；司法制度
工作单位	四川大学法学院	行政职务	法学院院长
推荐成果名称	刑事庭审调查实质化改革实证研究——基于对成都市两级法院试点案件的分析		
成果作者姓名	李文军		

（对书稿的学术创新、理论价值、现实意义、政治理论倾向及是否具有出版价值等方面做出全面评价，并指出其不足之处）

　　李文军博士撰写的《刑事庭审调查实质化改革实证研究——基于对成都市两级法院试点案件的分析》，是我指导其研究完成的博士论文选题，已于 2017 年 12 月答辩通过，得到了外审专家和答辩专家的一致好评。刑事庭审调查实质化改革是我国司法改革中值得关注的问题。2014 年 10 月中共十八届四中全会通过的《中共中央关于全面推进依法治国若干重大问题的决定》，在"保证公正司法，提高司法公信力"部分明确提出，"推进以审判为中心的诉讼制度改革，确保侦查、审查起诉的案件事实证据经得起法律的检验。全面贯彻证据裁判规则，严格依法收集、固定、保存、审查、运用证据，完善证人、鉴定人出庭制度，保证庭审在查明事实、认定证据、保护诉权、公正裁判中发挥决定性作用"。因此，以审判为中心的诉讼制度改革，成为当前中国司法改革的重要内容，受到了理论界和实务部门的强烈关注和讨论。但就如何推进以审判为中心的诉讼制度改革，有关部门由于身处的立场和考虑视角不同，对此所涵括的理论意义以及未来走向得出了不尽相同的结论。部分地方司法机关结合《决定》的顶层设计要求，对以审判为中心的诉讼制度改革做了许多有益尝试，并取得了一定的积极效果。全国范围内已有两个地方法院率先进行了改革试点，一个是四川成都，另一个是浙江温州。其中，四川省成都市中级人民法院及其下辖的 20 个基层法院共同进行的刑事庭审调查实质化改革尤其突出，得到了专家学者和中央政法机关的积极肯定。2016 年 10 月最高人民法院、最高人民检察院、公安部、国家安全部、司法部联合印发《关于推进以审判为中心的刑事诉讼制度改革的意见》，2017 年 2 月最高人民法院印发《关于全面推进以审判为中心的刑事诉讼制度改革的实施意见》的相关内容，以及 2018 年 1 月最高人民法院印发的《人民法院办理刑事案件庭前会议规程（试行）》《人民法院办理刑事案件排除非法证据规程（试行）》《人民法院办理刑事案件第一审普通程序法庭调查规程（试行）》（简称"三项规程"），实质上是吸收了上述相关单位的试点改革经验，特别是其出台的一系列切实推进刑事庭审改革的制度规范和重要文件。在此背景下，李文军博士围绕地方法院刑事庭审调查实质化改革展开的实证研究，对于深化我国司法体制改革、推进依法治国建设具有重要意义。

签字：（签名）

2018 年 12 月 22 日

说明：该推荐表须由具有正高级专业技术职务的同行专家填写，并由推荐人亲自签字，一旦推荐，须承担个人信誉责任。如推荐书稿入选《文库》，推荐专家姓名及推荐意见将印入著作。

第八批《中国社会科学博士后文库》专家推荐表 2

　　《中国社会科学博士后文库》由中国社会科学院与全国博士后管理委员会共同设立,旨在集中推出选题立意高、成果质量高、真正反映当前我国哲学社会科学领域博士后研究最高学术水准的创新成果,充分发挥哲学社会科学优秀博士后科研成果和优秀博士后人才的引领示范作用,让《文库》著作真正成为时代的符号、学术的标杆、人才的导向。

推荐专家姓名	马静华	电　话	
专业技术职务	教授	研究专长	诉讼法;司法制度
工作单位	四川大学法学院	行政职务	院长助理
推荐成果名称	刑事庭审调查实质化改革实证研究——基于对成都市两级法院试点案件的分析		
成果作者姓名	李文军		

　　(对书稿的学术创新、理论价值、现实意义、政治理论倾向及是否具有出版价值等方面做出全面评价,并指出其不足之处)

　　李文军博士撰写的《刑事庭审调查实质化改革实证研究——基于对成都市两级法院试点案件的分析》,是在其博士论文基础上修改完成的。本文以刑事庭审调查实质化改革为主要研究对象,通过对成都两级法院 2015 年 2 月至 2016 年 4 月审理的示范庭(102 件)和对比庭(91 件)案件的实证分析,并结合刑事诉讼法的基本理论,重点研究了法庭举证、法庭质证、人证调查、法庭认证以及改革成效等问题。本选题着眼于在特定的社会与时代背景下如何进一步推进刑事庭审调查实质化改革,这需要以既有的研究为基础,与以往研究不同之处主要在于研究对象和研究思路的转化。自 2014 年 10 月十八届四中全会提出"推进以审判为中心的诉讼制度改革,确保侦查、审查起诉的案件事实证据经得起法律的检验"以来,地方法院推行的庭审实质化改革就成为以审判为中心改革的重要内容,对于解决法院以往审理案件"形式化"、"走过场"的弊病有着重要意义。改革方案包括规范证据开示制度、规范庭前会议制度、完善证据"排非"程序、突出庭审的中心地位、强化关键证人出庭、明确改革内容在裁判文书中的体现方式、完善改革配套制度。当前,有关刑事庭审调查实质化改革的论述,大多是结合中央司法机关的相关文件"诉讼证据质证在法庭、案件事实查明在法庭、辩诉意见发表在法庭、裁判理由形成在法庭"的要求,从理论层面就如何构建更加精密化、规范化、实质化的刑事审判制度作出分析。研究对象多集中于法律层面和事实层面可能导致庭审虚化的各种因素,包括证人出庭、非法证据排除、侦审阻断机制、庭前会议、人民陪审、裁判方式、法律援助、繁简分流、法官素质、司法资源等。研究思路大致是"分析、评价制度层面的不合理性—考察制度运行存在的具体问题—提出针对性的对策建议"。毋庸置疑,这种规范层面的研究范式对庭审实质化改革的初期性探索是必要的,也是推进下一步深入研究、改革应当具备的基础性沉淀。但是,它们并没有提供一种真正有效且具有可操作性的改革方案。在此背景下,李文军博士对庭审调查实质化改革的研究对象,转换为正在进行试点改革的示范庭和对比庭案件,并对试点法院正在探索的改革措施进行研究。很显然,这不同于应然性研究,而是对各种应然性设计进行实证检验之后的再研究,具有实验性研究或试错性研究的性质。这对于进一步推动庭审实质化改革意义重大,包括未来的发展方向以及可能的优化路径。

　　　　　　　　　　　　　　　　　　　　　签字: 马静华

　　　　　　　　　　　　　　　　　　　　　2018 年 12 月 22 日